Jugendschutz im Rundfunk und in den Telemedien

Schriften zum Wirtschafts- und Medienrecht, Steuerrecht und Zivilprozeßrecht

Herausgegeben von Jürgen Costede
und Gerald Spindler

Band 23

PETER LANG
Frankfurt am Main · Berlin · Bern · Bruxelles · New York · Oxford · Wien

Mona Bandehzadeh

Jugendschutz im Rundfunk und in den Telemedien

Eine Würdigung des Staatsvertrages über den Schutz der Menschenwürde und den Jugendschutz in Rundfunk und Telemedien unter verfassungsrechtlichen Aspekten

PETER LANG
Europäischer Verlag der Wissenschaften

Bibliografische Information der Deutschen Nationalbibliothek
Die Deutsche Nationalbibliothek verzeichnet diese Publikation in der Deutschen Nationalbibliografie; detaillierte bibliografische Daten sind im Internet über <http://www.d-nb.de> abrufbar.

Zugl.: Göttingen, Univ., Diss., 2005

D 7
ISSN 1614-2071
ISBN 3-631-55124-X

www.peterlang.de

Vorwort

Die vorliegende Arbeit wurde im Wintersemester 2005 von der Juristischen Fakultät der Georg-August-Universität Göttingen als Dissertation angenommen. Aktuelle Entwicklungen wurden für die Drucklegung bis Januar 2006 berücksichtigt.

Besonderer Dank gilt Herrn Prof. Dr. Gerald Spindler, der mein Promotionsvorhaben betreut hat. Frau Prof. Dr. Christine Langenfeld danke ich für die Erstellung des Zweitgutachtens.

Darüber hinaus möchte ich meiner Schwester und Frauke Wenzl für die Mühe des Korrekturlesens danken. Meinen Eltern danke ich herzlich für die Ermöglichung der Arbeit und ihre uneingeschänkten Unterstützung während dieser Zeit.

Köln, im März 2006 Mona Bandehzadeh

Inhaltsverzeichnis

Einleitung

Am 1. April 2003 trat der Staatsvertrag der Länder über den Schutz der Menschenwürde und den Jugendmedienschutz in Rundfunk und Telemedien (Jugendmedienschutz-Staatsvertrag – JMStV) sowie das neue Jugendschutzgesetz des Bundes (JuSchG) in Kraft.

Knapp ein Jahr zuvor hatte ein 19-jähriger Schüler an einem Erfurter Gymnasium 16 Menschen und anschließend sich selbst getötet.[1] Im Anschluss entfachte eine breite, insbesondere von den Medien ausgetragene Diskussion, die sich mit der Frage befasste, wodurch die Gewaltbereitschaft des Schülers verursacht worden war. Berichte in Presse und Fernsehen machten Horrorvideos, Rockbands und vor allem Computerspiele für die Tat verantwortlich. Alsbald wurde in der Öffentlichkeit der Ruf nach schärferen Regelungen für einen strengeren Jugendmedienschutz laut. Gefordert wurden schnelle politische Reaktionen. Dementsprechend wurde diese „aktuelle" Materie – weniger als ein halbes Jahr vor der Bundestagswahl – als Wahlkampfthema aufgegriffen. Die *CDU/CSU* fügten kurzerhand Forderungen nach einem härteren Waffenrecht und einige Absätze zum Thema Werte und Erziehung in ihr Wahlprogramm ein.[2] Bundeskanzler *Schröder* trieb nach der Tat mehrere Gesetzesvorhaben, über die jahrelang Parteistreit geherrscht hatte, voran, indem er die Ministerpräsidenten der Länder am 6. Mai 2002 zur Erzielung einer Einigung über Verschärfungen des Waffenrechts, Verbesserungen des Jugendschutzes und ein rascheres Tempo bei der Bildungsreform ins Kanzleramt einlud.[3]

Die Reform des Jugendmedienschutzes, die sich bereits gut zwei Jahre in der Planung befunden hatte[4] und vor der Tat erneut auf die nächste Legislaturperiode

---

1 Zu diesem Geschehnis am 26.04.2002 statt vieler: *Brinkbäumer u.a.*, Der Spiegel Nr. 19 v. 06.05.2002, 118 ff.

2 *Bornhöft u.a.*, Der Spiegel Nr. 19 v. 06.05.2002, 24, 26.

3 *Bornhöft u.a.*, Der Spiegel Nr. 19 v. 06.05.2002, 24, 25.

4 Obwohl sich die Bundesregierung und die Regierungschefs der Länder über die Notwendigkeit einer Reform grundsätzlich einig waren, wurde der Prozess verzögert, weil die angestrebte Vereinheitlichung des Jugendmedienschutzes durch Zuständigkeitsstreitigkeiten blockiert wurde. Schließlich einigten sich die Ministerpräsidenten mit der Regierung am 08.03.2002 in Eckpunkten auf eine umfassende Reform des Jugendmedienschutzes, vgl. BT-Drs. 14/9013, 13 ff.

verschoben worden war,[5] wurde sodann unter dem massiven Druck der großen medialen Aufmerksamkeit sichtlich beschleunigt: Innerhalb kürzester Zeit wurde das für den Erlass des JuSchG erforderliche parlamentarische Verfahren durchgeführt,[6] wodurch auch der kompetenzrechtliche Weg für den JMStV frei wurde.[7] In Fachkreisen wurde die Eile als Reaktion auf Erfurt teilweise beanstandet.[8] Wenngleich zu begrüßen ist, dass eine längst fällige Reform endlich ins Rollen kam, ist der Kritik insofern beizupflichten, als weder der Umgang der meisten Medien,[9] noch das Verhalten vieler Politiker[10] einer angemessenen Behandlung des Themas gerecht wurde.

---

5 S. heise online news v. 07.05.2002, abrufbar unter: http://www.heise.de/newsticker/meldung/27218 (abgerufen am: 10.01.2006).

6 Am 08.05.2002 stimmte das Kabinett einem veränderten Gesetzesentwurf aus dem Familienministerium zu, bereits eine Woche später debattierte der Bundestag darüber, s. politik-digital v. 30.05.2002, abrufbar unter http://www.politik-digital.de/netzpolitik/netzrecht/jugend.shtml (abgerufen am: 16.01.2003). Das JuSchG wurde am 14.06.2002 vom Bundestag abgesegnet und am 21.06.2002 vom Bundesrat verabschiedet, s. heise online news v. 21.06.2002, abrufbar unter: http://www.heise.de/newsticker/data/jk-21.06.02-004 (abgerufen am: 10.01.2006).

7 S. *Hartstein/Ring/Kreile/Dörr/Stettner*, RfStV, Bd. III, C 2, Rn. 59.

8 Vgl. *Merz*, epd medien 54/2002, 3, 4; *Nolden*, JMS-Report 3/2002, 50; *Roll*, KJuG 4/2002, 112; *Spürck*, KJuG 4/2002, 113, 116; *Strick*, KJuG 4/2002, 117; *Waldenberger*, MMR 2002, 413, 414.

9 Die Frankfurter Allgemeine Sonntagszeitung schrieb bspw. am Tag nach der Tat, welches Computerspiel den Amokläufer „trainiert" habe (FAS v. 27.04.2002, zitiert bei *Lischka*, Reiz und Reaktion, Frankfurter Rundschau v. 29.04.2002). In einem Artikel des Spiegels (Nr. 19 v. 06.05.2002, 118, 131) wurden die in dem Zimmer des Täters vorgefundenen Computerspiele als „Das perfekte Trainingslager" bezeichnet. An anderer Stelle heißt es, „in der virtuellen Welt von Videos und Computerspielen übte Robert Steinhäuser das Töten" (S. 6). Im Fernsehen wurden bereits sieben Stunden nach der Tat erste Experten-Interviews gegeben, die eine Verbindung zwischen der Tat und gewalthaltigen Computerspielen herstellten (s. *Lischka*, Reiz und Reaktion, Frankfurter Rundschau v. 29.04.2002).

10 Viele Politiker konzentrierten sich in erster Linie auf einen medienwirksamen Aktionismus. So sprach der damalige Kanzlerkandidat *Stoiber* von einem „Bündnis gegen Gewalt" (*Bornhöft u.a.*, Der Spiegel v. 06.05.2002, 24, 26), die *SPD* plädierte für eine „Allianz gegen Gewalt" (s. *Keller*, die tageszeitung v. 06.06.2002) und Bildungsministerin *Bulmahn* forderte die „Task Force Gewaltfreie Schule", s. Interview mit ihr, in: Der Spiegel v. 06.05.2002, 24, 27. Bundeskanzler *Schröder* versammelte kurz nach der Tat die Intendanten von 19 Rundfunkanstalten im Kanzleramt zu einem „Runden Tisch" gegen Gewalt im Fernsehen (*Bornhöft u.a.*, Der Spiegel v. 06.05.2002, 24, 26). Bayerns Innenminister *Beckstein* ließ sich sogar zu dem an die *SPD* und *die Grünen* gerichteten „Vorwurf" hinreißen: „Da wird geprüft statt gehandelt", s. heise online news v. 04.05.2002, abrufbar unter http://www. heise.de/newsticker/data/cp-04.05.02-008 (abgerufen am: 10.01.2006).

Hierdurch geschürt, setzte sich in der Öffentlichkeit die Meinung durch, pauschale Verbote bestimmter Medieninhalte seien als Reaktion auf Erfurt geboten. Anderen Umständen, die zweifellos eine nicht zu verachtende Mitverantwortung für die Tat tragen, wurde deutlich weniger Aufmerksamkeit gewidmet – wahrscheinlich, weil soziale Faktoren weniger greifbar sind und sich durch Gesetze nicht regulieren lassen. Aber selbst mit der Einsicht, dass ein Geschehnis wie in Erfurt sich allein durch Inhibitionen nicht verhindern lässt, und ein tatsächlicher Wirkungszusammenhang zwischen dem Konsum gewalthaltiger Medien und real begangener Gewalttaten bisher nicht nachgewiesen worden ist, wurden Verbote bestimmter Inhalte mit der Begründung befürwortet, dass zumindest feststehe, dass gewalthaltige Medien nicht friedfertiger machten. Insofern könne es doch nicht schaden, gewalthaltige und andere jugendgefährdende Inhalte ganz zu untersagen oder zumindest aus dem Rundfunk zu verbannen. Politiker haben mit populistischen Forderungen nach kategorischen Verboten, die teilweise offensichtlich mit der Verfassung unvereinbar sind, diese Auffassung in der Bevölkerung noch bestärkt.[11]

So sehr man nach einem solch erschütternden Ereignis geneigt sein mag, sich einer solchen Argumentation zu bedienen und damit für strengere Bestimmungen des Jugendmedienschutzes zu plädieren, darf der Stellenwert der Kommunikationsfreiheiten des Art. 5 Abs. 1 GG nicht aus dem Blickfeld geraten. Eine Diskussion um neue Regelungen des Jugendschutzes hat unabhängig von den Emotionen, die durch Geschehnisse wie in Erfurt in der Öffentlichkeit freigesetzt werden, zu erfolgen. Die Bestimmungen müssen das zwischen den Kommunikationsfreiheiten und dem Jugendschutz bestehende Spannungsverhältnis sachgerecht lösen. Im Hinblick auf die Rundfunk- und die Informationsfreiheit Erwachsener sind absolute Verbote im Rundfunk aus Gründen des Jugendschutzes nur in seltenen Ausnahmefällen zulässig. Das Grundgesetz sieht in Art. 5 Abs. 2 GG zwar vor, dass der Jugendschutz Beschränkungen der Kommunikationsfreiheiten aus Art. 5 Abs. 1 GG rechtfertigen kann. Allerdings unterliegt die Schranke des Jugendschutzes dem Gebot der Verhältnismäßigkeit. Notwendig ist eine fallbezogene Güterabwägung zwischen den kollidierenden Interessen, bei der der überragende Rang der Freiheiten des Art. 5 Abs. 1 GG zu berücksichtigen ist.[12] Die

11 Z.B. kritisierte Bayerns Innenminister *Beckstein* sogar die neuen Jugendschutzregelungen als unzureichend und sprach sich für absolute Verleih- und Produktionsverbote gewaltverherrlichender Filme und Computerspiele aus. Ohne ein altersunabhängiges Verbot könne nicht verhindert werden, dass Minderjährige sich entsprechende Medien über andere Wege besorgten, vgl. heise online news v. 04.05.2002, abrufbar unter http://www.heise.de/newsticker/data/cp-04.05.02-008 (abgerufen am: 10.01. 2006).

12 *BVerfGE* 35, 202, 221 f.; *Jarass*, in: Jarass/Pieroth, GG, Art. 5 Rn. 57.

Kommunikationsfreiheiten sind die Kernelemente einer Demokratie und eines freiheitlichen Rechtsstaates, weshalb unsere Verfassung ihnen einen hohen Stellenwert einräumt. Aus einer bewegten Stimmung heraus darf nicht verkannt werden, dass mit einer Beschneidung der Freiheiten, die immer einen Freiheitsverlust des Individuums bewirkt, vorsichtig umzugehen ist.

Die vorliegende Arbeit geht daher, nachdem sie zunächst die sozialwissenschaftlichen Erkenntnisse und gesetzlichen Grundlagen zum Jugendmedienschutz aufzeigt, im zweiten Teil der Frage nach, ob sich die Verschärfungen der materiellen Bestimmungen im Regelungsbereich des JMStV noch im verfassungsgemäßen Rahmen bewegen. Besondere Beachtung wird dabei dem nunmehr bestehenden absoluten Ausstrahlungsverbot indizierter und einfach pornographischer Inhalte im Rundfunk geschenkt.[13] Darüber hinaus wird die Vereinbarkeit der Verbote mit der Kunstfreiheitsgarantie überprüft, die im JMStV stellenweise getroffene Unterscheidung zwischen Telemedien und Rundfunk im Hinblick auf den Gleichheitssatz beleuchtet sowie die formelle Verfassungsmäßigkeit des JMStV untersucht. Abschließend werden einige Vorschläge zur Änderung des Staatsvertrages unterbreitet, die beispielsweise im Rahmen der vorgesehenen Evaluierung Berücksichtigung finden können.

13 Für diese Verschärfungen gaben allerdings (im Gegensatz zu denen des JuSchG) nicht erst die Ereignisse in Erfurt den Ausschlag: Entgegen dem in der Öffentlichkeit – durch den Ruf nach generellen Ausstrahlungsverboten indizierter und pornographischer Inhalte im Fernsehen – erweckten Eindruck, sahen bereits die vor der Tat entstandenen Entwurfsfassungen entsprechende Verbote vor.

Teil 1: Sozialwissenschaftliche und gesetzliche Grundlagen des Jugendmedienschutzes

A. Sozialwissenschaftliche Erkenntnisse

Der Zusammenfassung der wesentlichen Erkenntnisse aus der Wirkungsforschung über die Auswirkungen von Gewalt- bzw. Pornographiedarstellungen auf die Entwicklung Minderjähriger werden Daten über deren Medienkonsum vorangestellt.

I. Das Medienverhalten Minderjähriger

Eine Statistik des *Medienpädagogischen Forschungsverbundes Südwest*[14] aus dem Jahr 2002 geht davon aus, dass in Deutschland jeder Haushalt mit Jugendlichen über ein Fernsehgerät verfügt.[15] In vielen Haushalten befinden sich sogar zwei oder noch mehr Fernsehgeräte.[16] Immer häufiger sind auch Kinderzimmer mit Fernsehgeräten ausgestattet.[17] Die Tendenz geht dahin, dass Minderjährige nicht mehr im Kreis ihrer Familie fernsehen, sondern alleine vor den Fernsehapparaten sitzen.

Die Untersuchungen, die sich mit dem Medienverhalten von Kindern und Jugendlichen auseinandergesetzt haben, zeigen, dass sich pauschale Aussagen nicht treffen lassen. Neben regionalen Unterschieden hängt der Fernsehkonsum der Kinder beispielsweise von dem Milieu, Geschlecht oder Besitz eines eigenen

---

14 Hierbei handelt es sich um eine Forschungskooperation zwischen der Landesanstalt für Kommunikation Baden-Württemberg, der Landeszentrale für private Rundfunkveranstalter Rheinland-Pfalz und dem Südwestrundfunk, s. *Feierabend/Klingler*, MP 2003, 278.

15 Abgedruckt bei *Feierabend/Klingler*, MP 2003, 278, 279.

16 *Schorb/Theunert*, Jugendmedienschutz – Praxis und Akzeptanz, S. 45.

17 Einer von *WDR*, *DLR* und *SFB* in Berlin, Brandenburg und Nordrhein-Westfalen im Jahre 2001 durchgeführten Studie zur Mediennutzung bei Kindern zufolge befindet sich in jedem dritten bis vierten Kinderzimmer aller 7- bis 14-Jährigen ein Fernsehgerät, s. *Eckhardt/Mohr/Windgasse*, MP 2002, 88, 89. Die Zahl dürfte bei Jugendlichen noch einmal deutlich höher liegen. Einer Untersuchung der *Universität Potsdam* von 1995/96 gemäß besaßen bereits zum damaligen Zeitpunkt 74 % der 11- bis 20-Jährigen in Brandenburg ein eigenes Fernsehgerät, vgl. *Mohr*, MP 1999, 119, 127 Fn. 29.

TV-Gerätes ab. Gleichwohl vermitteln Durchschnittswerte einen vagen Eindruck. Dem *Forschungsverbund Südwest* zufolge gaben 82 % der 2002 befragten Kinder im Alter von 6-13 Jahren an, täglich oder zumindest fast täglich fernzusehen[18] – bei den Jugendlichen waren es 95 %.[19] Laut einer im Jahre 2002 erhobenen Studie der *AGF/GfK Fernsehforschung*[20] zur Mediennutzung von Kindern lag der Fernsehkonsum der 3- bis 13-jährigen Kinder in Deutschland bei durchschnittlich 97 Minuten am Tag (bei den 3- bis 5-Jährigen bereits bei 70 Minuten).[21] Die 10- bis 13-jährigen Kinder verbrachten im Durchschnitt täglich 116 Minuten mit dem Fernsehen, Personen ab 14 Jahren 215 Minuten.[22] Die Studie belegt, dass die Fernsehnutzung deutlich zunimmt, wenn Kinder ein eigenes TV-Gerät besitzen: Die 3- bis 13-Jährigen halten sich dann nicht „nur" 97 Minuten täglich vor dem Fernsehapparat auf, sondern 133 Minuten.[23] *Dörr/Cole* gehen sogar davon aus, dass der Fernsehkonsum der 3- bis 13-jährigen Kinder im Jahre 1999 bei ca. 160 Minuten am Tag lag und der von Kindern dieser Altersstufe, die ein TV-Gerät ihr eigen nennen konnten, bei ca. 210 Minuten.[24]

Auch der Computer gewinnt im Rahmen der Freizeitgestaltung Minderjähriger zunehmend an Bedeutung. Wie eine Umfrage des *Medienpädagogischen Forschungsverbundes Südwest* im Jahre 2002 ergab, verfügten 67 % der Haushalte mit Kindern über einen Computer, 13 % der Kinder sogar über ein eigenes Gerät.[25] Gemäß einer Statistik desselben Verbundes beschäftigten sich im Jahr 2001 72 % der befragten Jungen und 56 % der Mädchen in ihrer Freizeit (täglich oder wenigstens mehrmals pro Woche) am Computer.[26]

Der Medienkonsum von Minderjährigen, der deutlich höher liegt als noch vor wenigen Jahren, ersetzt andere wichtige Aktivitäten im gesellschaftlichen Umfeld. Das sich wandelnde Freizeitverhalten Minderjähriger ist auf eine insgesamt zu beobachtende Veränderung der Gesellschaftsstruktur zurückzuführen, die Kinder und Jugendliche durch den stetig schwächer werdenden Einfluss des Elternhauses und der Schule, verbunden mit einer Abnahme der Erziehungsbereit-

18 *Feierabend/Klingler*, MP 2003, 278, 280.

19 *Feierabend/Klingler*, MP 2003, 450, 453.

20 „AGF" steht für „Arbeitsgemeinschaft Fernsehforschung", die von den öffentlich-rechtlichen Fernsehveranstaltern gegründet wurde. „GfK" bezieht sich auf die Messtechnik.

21 S. *Feierabend/Klingler*, MP 2003, 167, 169.

22 S. *Feierabend/Klingler*, MP 2003, 167, 169. Ähnliche Zahlen nennt *Hesse*, Rundfunkrecht, S. 87.

23 S. *Feierabend/Klingler*, MP 2003, 167, 170.

24 *Dörr/Cole*, Jugendschutz in den elektronischen Medien, S. 12.

25 *Feierabend/Klingler*, MP 2003, 278, 279.

26 Abgedruckt bei *Feierabend/Klingler*, MP 2002, 9, 13.

schaft beider, erleben.[27] Medien vermitteln daher mehr denn je Wertvorstellungen und Weltbilder.

II. Thesen zur Wirkung von Gewaltdarstellungen auf Kinder und Jugendliche

Es gibt sowohl Beispiele aus Gesellschaften, die Zusammenhänge zwischen medialen Gewaltdarstellungen und später real begangenen Gewalttätigkeiten zu belegen, als auch zu widerlegen scheinen. In den USA beispielsweise, wo Gewalt sehr intensiv und zahlreich in den Medien dargestellt wird, gibt es eine äußerst hohe Verbrechensrate.[28] In Japan werden Gewaltdarstellungen – auch in Verbindung mit Sexualität – noch häufiger und drastischer im Fernsehen gezeigt (täglich werden sexuelle Darstellungen bis hin zu Vergewaltigungen ausgestrahlt), die Verbrechensrate dort ist jedoch niedrig.[29] Trotz einer Zunahme von Gewalt- und Sexualdarstellungen, ist in den letzten Jahrzehnten in Japan sogar ein deutlicher Rückgang von Verbrechen zu verzeichnen.[30]

Obgleich in dem Bereich der Medienwirkungsforschung schätzungsweise mehr als 5.000 Untersuchungen durchgeführt worden sind, bestehen keine gesicherten Erkenntnisse über entsprechende Wirkungszusammenhänge.[31] In der soziologischen und psychologischen Fachliteratur herrscht seit jeher Uneinigkeit über den von massenmedialen Gewaltdarstellungen ausgehenden Effekt:[32] So reichen die Thesen von der Annahme, Gewaltdarstellungen wirkten sich aggressionssteigernd aus, bis hin zu den Hypothesen, sie wären wirkungslos oder gar aggressionsmindernd. Aufgrund des Umfangs der hierzu vertretenen Positionen, die sich jeweils auf empirische Studien stützen, werden hier lediglich die relevantesten – ohne sie zu bewerten – skizziert:

Die Katharsistheorie[33] schreibt medialen Gewaltdarstellungen eine Ventilfunktion im Sinne einer psychosozialen Reinigung zu. Sie führten bei dem Rezi-

---

27 Ähnlich *Schulz*, MMR 1998, 182, 183; *Käseberg*, Jugendmedienschutz im Internet, heise online news v. 05.12.2003, abrufbar unter: http://www.heise.de/newsticker/meldung/42653 (abgerufen am: 10.01.2006).

28 S. *v. Gottberg*, tv diskurs 1/1997, 28.

29 S. *v. Gottberg*, tv diskurs 1/1997, 28; *Michaelis*, tv diskurs 13/2000, 46, 47.

30 *Michaelis*, tv diskurs 13/2000, 46, 47.

31 *Kunczik/Zipfel*, in: Hausmanninger/Bohrmann, Mediale Gewalt, S. 149.

32 *Kunczik*, MP 1993, 98.

33 S. ausführliche Darstellungen dieser These bei *Schwind*, Kriminologie, § 14 Rn. 21 f. u. *Scholz/Joseph*, Gewalt- und Sexualdarstellungen im Fernsehen, S. 155. Sie gilt mittlerweile jedoch als wissenschaftlich überholt bzw. widerlegt, s. *Kunczik/Zipfel*, in: Hausmanninger/Bohrmann, Mediale Gewalt, S. 149, 153; *Schwind*, Kriminologie, § 14 Rn. 22; *Schraut*, Jugendschutz und Medien, S. 59.

pienten zu einem harmlosen Abbau der Gewaltbereitschaft, weil er den ihm angeborenen Aggressionstrieb über den Weg der Beobachtung in der Phantasie ausleben könne, was die Entfaltung der eigenen Aggression verringere.

Auch die Inhibitionsthese[34] misst dem Konsum von Gewaltdarstellungen eine positive Wirkung zu. Dies allerdings mit der Begründung, der Anblick von Gewalt führe zu einer ablehnenden Haltung ihr gegenüber und löse Angst vor den eigenen Aggressionswünschen aus. Hierdurch werde die eigene Gewaltentfaltung blockiert.

Ferner wird die Auffassung vertreten, Gewaltdarstellungen in den Medien blieben – mit Ausnahme einzelner pathologischer Individuen – ohne jegliche Auswirkungen bei dem Betrachter. Diese These der Wirkungslosigkeit[35] wird mit Feldversuchen belegt, die keinen Beweis für ein verändertes Verhalten von Minderjährigen nach dem Konsum von Gewaltdarstellungen erbracht hätten.

Anhänger der Habitualisierungsthese[36] nehmen an, der Zuschauer gewöhne sich bei ständiger Rezeption von Gewalt in Medien an Gewalt als ein alltägliches Ereignis und halte sie daher mit der Zeit für normal. Auf diese Weise führten violente Darbietungen zu einer Abstumpfung emotionaler Sensitivität, woraus neben einer erhöhten Gewaltbereitschaft eine gewisse Gleichgültigkeit gegenüber Opfern von Gewalt resultiere.

Die Stimulations- bzw. Imitationsthese[37] besagt, dass die Wahrnehmung von medialer Gewalt unter bestimmten persönlichkeitsspezifischen oder situativen Bedingungen die Bereitschaft zur Begehung von Gewalttätigkeiten erhöhe. Sie wirke stimulierend und enthemmend.

Die überwiegende Zahl der Wissenschaftler favorisiert die sozial-kognitive Lerntheorie,[38] die im Ansatz davon ausgeht, dass Lernen durch Beobachtung von Modellen stattfindet. Auch Aggression sei auf diese Weise erlernbar. Ein in den Medien miterlebtes Ereignis könne daher unter bestimmten Voraussetzungen, vor allem bei Identifizierung mit dem rezipierten Verhaltensmuster, nachgeahmt werden. Diese These geht allerdings davon aus, dass der reine Tatbestand des Erlernens noch nichts über die tatsächliche Ausführung besage.[39] Die Mediener-

34 S. hierzu z.B. *Scholz/Joseph*, Gewalt- und Sexualdarstellungen im Fernsehen, S. 156.

35 Überblick m.w.N. bei *Schraut*, Jugendschutz und Medien, S. 59. S. zudem *Meirowitz*, Gewaltdarstellungen auf Videokassetten, S. 77.

36 S. statt vieler die Ausführungen von *Schwind*, Kriminologie, § 14 Rn. 28 f.; *Scholz/Joseph*, Gewalt- und Sexualdarstellungen im Fernsehen, S. 155.

37 S. dazu: *Scholz/Joseph*, Gewalt- und Sexualdarstellungen im Fernsehen, S. 155; *Meirowitz*, Gewaltdarstellungen auf Videokassetten, S. 72.

38 S. *Kunczik*, in: Friedrichsen/Vowe, Gewaltdarstellungen in den Medien, S. 125, 137 ff.; *Scholz/Joseph*, Gewalt- und Sexualdarstellungen im Fernsehen, S. 155.

39 *Kunczik/Zipfel*, in: Hausmanninger/Bohrmann, Mediale Gewalt, S. 149, 155.

fahrung sei in der Sozialisation Minderjähriger nur ein Faktor unter vielen, so dass es keine monokausalen Wirkungen in diesem Bereich geben könne.[40] Diese anderen Faktoren trügen primär zu der Erlernung aggressiven Verhaltens bei. Neben der Persönlichkeitsstruktur des Rezipienten sei insbesondere auch sein soziales Umfeld – wie das kulturelle System, das Milieu und die Familie – mitbestimmend dafür, ob und inwiefern ein Hang zur Gewaltbereitschaft vorhanden sei, der durch Gewaltdarstellungen in Medien dann bestärkt werden könne.[41] Diese Einflussquellen, die in der Lebenswirklichkeit alle eine Rolle spielten und in komplexen Wechselbeziehungen verstrickt seien, ließen sich rückblickend nicht messbar voneinander trennen.[42] Feldstudien, die dies dennoch versucht haben, erklären nur ca. 1-4 % des späteren aggressiven Verhaltens mit dem vorangegangenen Konsum von Mediengewalt.[43] Zusammenfassend geht dieses Modell davon aus, dass gewalthaltige Medien unter bestimmten Bedingungen einen Beitrag zu der Herausbildung violenter Persönlichkeiten bilden können.

Selbst wenn sich Wirkungszusammenhänge folglich nicht empirisch stichhaltig untermauern lassen, bedeutet dies nicht, dass sie nicht existieren. Gerade die Tatsache, dass es keine fundierten Erkenntnisse gibt, zeigt, dass sich ein Wirkungszusammenhang jedenfalls nicht ausschließen lässt,[44] weshalb von einem Wirkungsrisiko ausgegangen werden kann. Nachdem Theorien, die dem Gewaltkonsum positive Folgen zuschreiben wollen, mittlerweile überwiegend als widerlegt gelten,[45] zeichnet sich unter den Medienwirkungsforschern zumindest ein breiter Konsens über das Vorhandensein eines ernst zu nehmenden Risikos unerwünschter Konsequenzen ab.[46]

III. Zur Auswirkung von Pornographie auf Kinder und Jugendliche

Noch weniger geklärt ist die Auswirkung von erotischen oder pornographischen Darstellungen auf das Sexualverhalten und die Sexualentwicklung von Kindern und Jugendlichen. Einschätzungen erweisen sich in diesem Bereich als besonders schwer, weil über entsprechende Wirkungszusammenhänge keine systematischen

40 *Kunczik*, in: Friedrichsen/Vowe, Gewaltdarstellungen in den Medien, S. 125, 137.
41 S. hierzu *Schwind*, Kriminologie, § 14 Rn. 36 ff.
42 *Scholz/Joseph*, Gewalt- und Sexualdarstellungen im Fernsehen, S. 159.
43 *Kunczik*, in: Friedrichsen/Vowe, Gewaltdarstellungen in den Medien, S. 125, 138.
44 *BVerwGE* 39, 197, 200.
45 *Kunczik*, in: Friedrichsen/Vowe, Gewaltdarstellungen in den Medien, S. 125, 128; *Scholz/Joseph*, Gewalt- und Sexualdarstellungen im Fernsehen, S. 160; *Schwind*, Kriminologie, § 14 Rn. 38; *Selg*, Pornographie, S. 42.
46 *Scholz/Joseph*, Gewalt- und Sexualdarstellungen im Fernsehen, S. 159.

Untersuchungen und Langzeitstudien durchgeführt worden sind.[47] Viele für die Fragestellung wichtige Experimente verbieten sich aus ethischen Gründen, so zum Beispiel Versuchsanordnungen, in denen Kindern erotisches oder gar pornographisches Material gezeigt wird, um anschließend ein verändertes Verhalten zu untersuchen oder zu erfragen.[48] Insgesamt ist Sexualität in der breiten Öffentlichkeit noch immer ein Tabuthema, so dass sich ein geändertes Verhalten aufgrund der Medieneinflüsse kaum überprüfen lässt.[49]

Anders als Gewalt ist Erotik oder einfache Pornographie[50] nicht per se negativ behaftet, sondern es kommt auf die Art und Weise der Darstellung an. Ihr kann sogar ein Wert im Rahmen sexueller Aufklärung zufallen und sie kann zum Abbau von (beispielsweise durch prüde Erziehung verursachten) Schamgefühlen bei der Auslebung der Sexualität oder von Sexualängsten führen.[51] Bei der Vermutung einer Jugendgefährdung kann es damit nur um solche Pornographie gehen, deren Identifizierung oder Nachahmung eine unerwünschte Beeinflussung bedeutete. Bereits diese Feststellung bereitet erhebliche Probleme, denn sie beruht auf einem äußerst subjektiven Empfinden. Ein negativer Effekt kann aber wohl angenommen werden, wenn die hervorgerufene Einstellung oder Verhaltensweise zwischenmenschliche Probleme nach sich ziehen kann. Kindern und Jugendlichen fehlt der reale Erfahrungshintergrund, um das Gesehene angemessen einzuordnen. Insbesondere Fiktion und Wirklichkeit können häufig nicht auseinander gehalten werden. Eine Distanzierung oder Relativierung von pornographischen Inhalten ist ihnen daher häufig nicht möglich.[52] Es besteht die Gefahr, dass die gesehenen Handlungsmuster in die Wirklichkeit übertragen werden und eine Nachahmung auslösen. Gerade ab Beginn der Pubertät suchen Kinder nach sexuellen Orientierungsmustern und können daher durch die Rezeption bestimmter einseitiger und verzerrender pornographischer Inhalte Fehlvorstellungen über sexuelle Beziehungen gewinnen. So kann die Rezeption pornographischer Medieninhalte zu einer Überbewertung der Sexualität oder zu einer entwürdigenden Einstellung gegenüber dem anderen Geschlecht führen.[53] Zudem kann der Eindruck erweckt werden, sexuelle Handlungen und Gefühl seien prinzipiell

---

47 *BVerfGE* 83, 130, 141.

48 *Knoll*, tv diskurs 15/2001, 54, 57.

49 Ähnlich *Knoll*, tv diskurs 15/2001, 54, 57.

50 Pornographie, die Gewalttätigkeiten, Kinderpornographie und Sodomie enthält (sog. harte Pornographie), wird im Rahmen dieser Ausführungen keine Beachtung geschenkt, weil ihr strafrechtliches Verbot unabhängig von Aspekten des Jugendschutzes besteht.

51 So auch *Selg*, Pornographie, S. 145.

52 *Bornemann/Kraus/Lörz*, BayMG, Bd. I, Art. 6 Rn. 20.

53 So auch *Isensee/Axer*, Jugendschutz im Fernsehen, S. 36.

voneinander zu abstrahieren, weil in den Medien häufig Sexualität gezeigt wird, die unter Fremden ausgeübt wird. Des Weiteren können Bilder von „perfektem Sex" Angst vor Unbeholfenheit und Unerfahrenheit verursachen.

Folglich kann, wie bei der Wirkung von Gewaltdarstellungen – wenngleich in geringerem Maße, zumindest bei labilen Kindern und Jugendlichen ein Zusammenhang zwischen dem Konsum von pornographischen Sendungen und einer sozialethischen Desorientierung nicht ausgeschlossen werden.[54] Allerdings kann es auch hier lediglich um eine Steigerung vorhandener, durch andere Faktoren ausgelöste Defizite gehen.

IV. Ergebnis

Letztlich kann nach dem Stand der Wirkungsforschung weder ein unmittelbarer, monokausaler Zusammenhang zwischen der Rezeption gewalthaltiger oder pornographischer Inhalte und destruktiven Verhaltensweisen angenommen werden, noch die Medien als gänzlich wirkungslos erachtet werden.[55] Insoweit besitzt die bereits 1961 von dem amerikanischen Kommunikationswissenschaftler *Willbur Schramm* getroffene Aussage –

> *„Für bestimmte Kinder, unter bestimmten Bedingungen ist bestimmtes Fernsehen schädlich. Für andere Kinder unter denselben Bedingungen, oder für dieselben Kinder unter anderen Bedingungen, ist der größte Teil des Fernsehprogramms wahrscheinlich weder schädlich noch besonders nützlich."*

– noch heute Gültigkeit.[56]

Auch das in der Einleitung angesprochene Ereignis in Erfurt lässt – entgegen laienhafter Vorstellungen in breiten Bevölkerungskreisen – keinen anderen Schluss zu. Ein großer Teil der Verantwortung für die Gewalttat wurde Ego-Shooter Spielen, vornehmlich dem Computerspiel „Counterstrike", welches der Täter nach Aussagen von Mitschülern bevorzugt gespielt habe, zugeschoben.[57] Dabei wird „Counterstrike" in Deutschland von rund 500.000 Menschen gespielt.[58] Die überwiegende Zahl der Spieler verspürt nicht die geringste Neigung,

---

54 S. hierzu *BVerfGE* 83, 130, 141.

55 *Kunczik*, in: Friedrichsen/Vowe, Gewaltdarstellungen in den Medien, S. 125, 137; *Altenhain*, in: Roßnagel, Recht der Multimedia-Dienste, Teil 9, Einl. GjS Rn. 39.

56 Zitiert bei *Lischka*, Reiz und Reaktion, Frankfurter Rundschau v. 29.04.2002.

57 Vgl. hierzu *Baumgärtel*, die tageszeitung v. 18.05.2002.

58 S. FAZ.NET v. 16.05.2002, Online-Spiel „Counterstrike" kommt nicht auf den Index, abrufbar unter: http://www.faz.net; *Jörns*, Gamer gegen Terror, heise online v. 02.05.2002, abrufbar unter: http://www.heise.de/tp/deutsch/special/game/12449/1.

Gewalt in der Realität auszuführen. Auf die Mehrheit der Betrachter haben Gewaltdarstellungen keine oder nur sehr schwache Effekte. Wer das Bedürfnis des Täters nach Entladung von Gewalt allein oder auch nur primär auf den vorangegangenen Konsum gewalthaltiger Medien zurückführt, verschließt sich einer kritischen und sachgerechten Auseinandersetzung mit dem Thema. Bei dem Täter sind zur Ermittlung der Beweggründe weitere Umstände einzubeziehen. Die Lebenssituation des Täters bietet hierbei eine Fülle von Variablen: Seine familiäre Situation,[59] beruflich mangelnde Zukunftsperspektiven,[60] ein niedriges Selbstbewusstsein, die soziale Isolation des Täters[61] sowie seine Verflechtung in ein Lügenkonstrukt, das vermutlich kurz nach der Tat aufgeflogen wäre,[62] dürften die Hauptverantwortung für die Tat tragen. Schließlich sollte nicht außer Acht gelassen werden, dass der Täter das Schießen im Schützenverein erlernt und über diesen Weg später auch legal die Tatwaffen gekauft hatte.[63] In diesem Zusammen-

html (beides abgerufen am: 10.01.2006). Spieler verteidigten sich, nachdem sie sich nach Erfurt diskriminiert fühlten, damit, dass bei diesen Spielen nicht das brutale und gedankenlose Töten der Gegner im Vordergrund stünde, sondern vielmehr die Strategie, um mit Taktik und Teamgeist erfolgreich zu sein, so bspw. ein Spieler nach den Ereignissen in Erfurt, s. *Rössner/Sagatz*, Der Tagesspiegel v. 30.04.2002. Nach Aussagen *Wittings* von der FH für Sozialpädagogik in Köln seien selbst die Spieler von noch so martialischen und blutrünstigen Computerspielen in der Regel gesellige und sportliche Typen, vgl. *Schindler*, Virtuelle Gewalt mündet nicht direkt im Amoklauf, Frankfurter Rundschau v. 30.04.2002.

59 Hierüber finden sich in den Medien widersprüchliche Angaben. Die Eltern selbst gaben allerdings an, der Sohn habe sich seit Jahren zurückgezogen. Zudem ist überwiegend von einem „Nebeneinanderherleben“ (die Eltern registrierten nicht, dass der Sohn die Schule bereits ein halbes Jahr nicht mehr besuchte) und einem besonders distanzierten Verhältnis zum Vater die Rede, der einen starken Leistungsdruck ausgeübt haben soll.

60 Bereits ein halbes Jahr vor der Tat war er von der Schule verwiesen worden. Nach dem damaligen Thüringer Bildungssystem erhielt er nicht einmal einen Hauptschulabschluss, da er die Prüfungen im Vorjahr nicht bestanden hatte. S. hierzu *Lischka*, Reiz und Reaktion, Frankfurter Rundschau v. 29.04.2002.

61 Am Gymnasium war er nicht nur überfordert, sondern auch Außenseiter. S. hierzu statt vieler: *Brinkbäumer u.a.*, Der Spiegel Nr. 19 v. 06.05.2002, 118, 134 oder n-tv online v. 04.05.2002, abrufbar unter: http://www.n-tv.de/3009708.html (abgerufen am: 05.09.2004).

62 Den Eltern spiegelte er nach dem Verweis von der Schule vor, weiter zur Schule zu gehen, Bekannten gegenüber behauptete er, eine andere Schule zu besuchen. Am Tag der Tat fand die schriftliche Abiturprüfung statt, so dass die Vermutung nahe liegt, dass zumindest seine Eltern die seit einem halben Jahr aufrecht erhaltene Lüge bald erfahren hätten. S. hierzu nur *Brinkbäumer u.a.*, Der Spiegel Nr. 19 v. 06.05.2002, 118, 140.

63 *Brinkbäumer u.a.*, Der Spiegel Nr. 19 v. 06.05.2002, 118, 141. Interessant ist in diesem Zusammenhang, dass bspw. Bayerns Innenminister *Beckstein* für ein Verbot von

hang ist darauf hinzuweisen, dass in den Jahren 1999 und 2000 in Deutschland insgesamt fünf Menschen mit Waffen umgebracht wurden, die jeweils von den Vätern – beide Sportschützen – der Täter stammten.[64]

B. Rechtliche Bedeutung des Jugendmedienschutzes

I. Verfassungsrechtliche Verankerung des Jugendschutzes

Der Kinder- und Jugendschutz (kurz „Jugendschutz") stellt nicht nur ein Ziel von bedeutsamem Rang und ein wichtiges Gemeinschaftsanliegen dar[65], sondern ist Rechtsgut mit Verfassungsrang.[66]

Im Grundgesetz wird der Jugendschutz nicht explizit als eigenständiges Rechtsgut gewährleistet, sondern lediglich an einigen Stellen als Schranke bestimmter Grundrechte genannt, vgl. Art. 5 Abs. 2, Art. 11 Abs. 2 und Art. 13 Abs. 7 GG. Aus diesen Erwähnungen als Grundrechtsschranke ergibt sich jedoch noch nicht, dass der Jugendschutz mit den Grundrechten gleichwertig ist und selbst Verfassungsrang genießt. Der Verfassungsrang des Jugendschutzes wird vielmehr aus dem in Art. 6 Abs. 2 S. 1 GG grundrechtlich geschützten elterlichen Erziehungsrecht, der Garantie der Menschenwürde in Art. 1 Abs. 1 GG sowie

---

Gewaltvideos plädierte, weil hierdurch die Hemmschwelle bei Jugendlichen erheblich herabgesetzt werden würde. Das Training mit wirklichen Waffen und scharfer Munition hielt er dagegen nicht nur für unbedenklich, sondern schrieb ihnen sogar positive Wirkung zu, s. hierzu *Rötzer*, Die Wahrheit über das Massaker in Erfurt, abrufbar unter: http://www.heise.de/ tp/deutsch/inhalt/co/12432/1.html (abgerufen am: 10.01. 2006).

64 S. *Lischka*, Reiz und Reaktion, Frankfurter Rundschau v. 29.04.2002; *Bott*, Zeitbombe Schützenvereine, heise online v. 28.04.2002, abrufbar unter: http://www.heise.de/ tp/deutsch/inhalt/co/12426/1.html (abgerufen am: 10.01.2006).

65 *BVerfGE* 30, 336, 348; 77, 346, 356.

66 *BVerfGE* 83, 130, 139 ff.; *BGHSt* 37, 55, 62 f.; *BVerwGE* 91, 223, 225; *Degenhart*, in: BK GG, Art. 5 I, II Rn. 78; *Jarass*, in: Jarass/Pieroth, GG, Art. 5 Rn. 61; *Bethge*, in: Sachs, GG, Art. 5 Rn. 160; *Altenhain*, in: Roßnagel, Recht der Multimedia-Dienste, Teil 9, Einl. GjS Rn. 20; *Gödel*, in: Löffler, Presserecht, § 1 GjS Rn. 1; *Schraut*, Jugendschutz und Medien, S. 45; *Vlachopoulos*, Kunstfreiheit und Jugendschutz, S. 146; *Meirowitz*, Gewaltdarstellungen auf Videokassetten, S. 185; *Borgmann*, JuS 1992, 916, 917; *Schulz*, RuF 1993, 339, 340; *v. Kalm*, DÖV 1994, 23, 24; *Langenfeld*, MMR 2003, 303, 305. Äußerst kritisch stehen dieser „Kreation" eines Verfassungsgutes Jugendschutz gegenüber: *Herkströter*, AfP 1992, 23, 28; *Geis*, NVwZ 1992, 25, 26 f. u. *Gusy*, JZ 1993, 796, 797.

dem allgemeinen Persönlichkeitsrecht gem. Art. 2 Abs. 1 i.V.m. Art. 1 Abs. 1 GG hergeleitet.[67]

Auf welchen dieser Anknüpfungspunkte der Verfassungsrang primär zu stützen ist, wird unterschiedlich beantwortet. Die Menschenwürdegarantie wird als alleinige und generelle Grundlage zur Begründung des Verfassungsrangs des gesamten Jugendmedienschutzes heute allerdings wohl nicht mehr herangezogen, weil nicht jeder jugendgefährdende Inhalt zugleich eine Verletzung der Menschenwürde induziert[68] und bei einem Rückgriff auf diese Garantie ohnehin Zurückhaltung geboten ist.[69] Teilweise wird die Auffassung vertreten, der Verfassungsrang des Jugendschutzes folge in erster Linie aus dem in Art. 6 Abs. 2 S. 1 GG garantierten elterlichen Erziehungsrecht, daneben aber zusätzlich aus der Garantie der Menschenwürde und dem Recht auf freie Entfaltung der Persönlichkeit.[70] Die mittlerweile überwiegende Auffassung in der Literatur führt den Verfassungsrang des Jugendschutzes dagegen ausschließlich oder zumindest vornehmlich auf Art. 1 Abs. 1 i.V.m. Art. 2 Abs. 1 GG zurück.[71]

Letztere Ansicht verdient den Vorzug. Das Recht zur freien Entfaltung der Persönlichkeit schützt nicht erst die bereits entwickelte Persönlichkeit, sondern auch die ungestörte Entwicklung zu einem Menschen, der eigenverantwortlich handeln und sich innerhalb der sozialen Gemeinschaft frei entfalten kann.[72] Da hierdurch dem elterlichen Erziehungsrecht insofern Grenzen gezogen sind, als Eltern die durch das allgemeine Persönlichkeitsrecht der Minderjährigen ge-

---

67 *BVerfGE* 83, 130, 142; *BGHSt* 37, 55, 62 f.; *BVerwGE* 91, 223, 225; *Altenhain*, in: Roßnagel, Recht der Multimedia-Dienste, Teil 9, Einl. GjS Rn. 24; *Isensee/Axer*, Jugendschutz im Fernsehen, S. 69 ff.

68 S. *Vlachopoulos*, Kunstfreiheit und Jugendschutz, S. 145.

69 Durch eine Überdehnung des Anwendungsbereichs der Menschenwürdegarantie würde sie ihre besondere Bedeutung im Gefüge des GG verlieren, s. hierzu: *Vlachopoulos*, Kunstfreiheit und Jugendschutz, S. 145; *Engels*, Das Recht der Fernsehwerbung für Kinder, S. 62.

70 *BVerfGE* 83, 130, 139 f., *BGHSt* 37, 55, 62 f.; *Bethge*, in: Sachs, GG, Art. 5 Rn. 160; *Borgmann*, JuS 1992, 916, 917.

71 *Altenhain*, in: Roßnagel, Recht der Multimedia-Dienste, Teil 9, Einl. GjS Rn. 25; *Degenhart*, in: BK GG, Art. 5 I, II Rn. 78; *Jarass*, in: Jarass/Pieroth, GG, Art. 5 Rn. 61; *Brockhorst-Reetz*, Repressive Maßnahmen zum Schutze der Jugend im Bereich der Medien, S. 5; *Schraut*, Jugendschutz und Medien, S. 45; *Vlachopoulos*, Kunstfreiheit und Jugendschutz, S. 146; *Engels*, Das Recht der Fernsehwerbung für Kinder, S. 59 ff.; *Isensee/Axer*, Jugendschutz im Fernsehen, S. 72 f.; *Fechner*, Medienrecht, S. 121 Rn. 396; *Schulz*, RuF 1993, 339, 340; *ders.*, MMR 1998, 182, 183; *v. Kalm*, DÖV 1994, 23, 24; *Gersdorf*, epd medien 46/47/2001, 21, 25; *Langenfeld*, MMR 2003, 303, 305; *Stettner*, ZUM 2003, 425, 427.

72 *BVerfGE* 79, 51, 63; *Ditzen*, NJW 1989, 2519; *Engels*, AöR 122 (1997), 212, 227; *Altenhain*, in: Roßnagel, Recht der Multimedia-Dienste, Teil 9, Einl. GjS Rn. 25.

schützte Persönlichkeit respektieren müssen und im Interesse des Kindeswohls – mithin des Jugendschutzes – sogar Eingriffe in das Elternrecht dulden müssen, eignet sich Art. 6 Abs. 2 S. 1 GG nicht für die Herleitung des Verfassungsrangs des Jugendschutzes.[73] Seiner Gesamtkonzeption nach setzt Art. 6 GG ein Kindesgrundrecht vielmehr schon voraus[74] und vermag es daher nicht zu begründen. Art. 6 Abs. 2 S. 1 GG weist den Eltern die Verantwortung sowie das Recht zur Pflege und Erziehung ihrer Kinder zu, räumt aber dem Kind kein Recht ein.[75] Im Übrigen kann weder Art. 6 Abs. 1 GG[76] noch Art. 6 Abs. 2 S. 2 GG[77] begleitend zu dem allgemeinen Persönlichkeitsrecht zur Begründung des Jugendschutzes herangezogen werden. Der Ehe- und Familienschutz des Art. 6 Abs. 1 GG ist sachlich etwas anderes, denn er will den Verbund bzw. die Institution im Ganzen schützen.[78] Art. 6 Abs. 2 S. 2 GG kommt bereits deshalb nicht als Stütze des Verfassungsrangs in Betracht, weil sich dieses staatliche Wächteramt auf das elterliche Erziehungsrecht bezieht und Maßnahmen des Jugendschutzes überwiegend von Dritten ausgehende Störungen abwenden sollen.[79]

Aufgrund des dem Jugendschutz beizumessenden Verfassungsrangs steht er mit den Grundrechten und den weiteren mit Verfassungsrang ausgestatteten Rechtsgütern auf einer Stufe. Daraus folgt zum einen, dass die Aufwertung von der bloßen Grundrechtsschranke zum Verfassungsgut sich bei dem Gewicht des Jugendschutzes im Rahmen der Abwägung mit den kollidierenden Kommunikationsfreiheiten widerspiegeln muss, und zum anderen, dass der Jugendschutz als Rechtsgut von Verfassungsrang die vorbehaltlos gewährleisteten Grundrechte wie die Kunstfreiheit des Art. 5 Abs. 3 GG verfassungsimmanent beschränken kann.[80]

---

73 *Altenhain*, in: Roßnagel, Recht der Multimedia-Dienste, Teil 9, Einl. GjS Rn. 25.
74 *Ditzen*, NJW 1989, 2519; *Engels*, AöR 122 (1997), 212, 219.
75 Vgl. *Isensee/Axer*, Jugendschutz im Fernsehen, S. 70.
76 S. jedoch *Vlachopoulos*, Kunstfreiheit und Jugendschutz, S. 148 f.
77 So aber *Meirowitz*, Gewaltdarstellungen auf Videokassetten, S. 185; *Vlachopoulos*, Kunstfreiheit und Jugendschutz, S. 149 f.; *Maiwald*, JZ 1990, 1141, 1142; *Jeand'Heur*, Strafverteidiger 1991, 165, 167 und wohl – dies ist jedoch nicht ganz deutlich – *BGHSt* 37, 55, 63.
78 Ähnlich *Isensee/Axer*, Jugendschutz im Fernsehen, S. 71 f.
79 *Isensee/Axer*, Jugendschutz im Fernsehen, S. 70 f.
80 *Altenhain*, in: Roßnagel, Recht der Multimedia-Dienste, Teil 9, Einl. GjS Rn. 22; *Bethge*, in: Sachs, GG, Art. 5 Rn. 159 a.

II. Pflicht des Staates zur Vorbeugung vor Jugendgefährdungen

Aus dem allgemeinen Persönlichkeitsrecht der Kinder und Jugendlichen gem. Art. 2 Abs. 1 i.V.m. Art. 1 Abs. 1 GG ergibt sich ein verfassungsrechtlicher Auftrag an den Staat, Kinder und Jugendliche so zu schützen, dass sie sich zu eigenverantwortlichen Persönlichkeiten innerhalb der sozialen Gemeinschaft entwickeln können. Diese Pflicht des Staates folgt daraus, dass die Grundrechte nicht nur als subjektive Abwehrrechte gegen den Staat zu verstehen sind, sondern ihnen gleichzeitig eine objektiv-rechtliche Seite im Sinne einer Werteordnung anhaftet, woraus sich staatliche Schutzpflichten ableiten lassen.[81] Gerade der Jugendschutz zeichnet sich durch einen starken objektiv-rechtlichen Gehalt aus.[82] Der hieraus resultierenden Schutzpflicht wird der Staat nur gerecht, wenn es ihm gelingt, einen effektiven Jugendschutz zu garantieren. Vorrangiges Ziel des staatlichen Jugendschutzes ist es, für Minderjährige notwendige Entwicklungsbedingungen zu schaffen und den Eintritt von erkennbaren Gefahrenquellen durch präventive Maßnahmen zu verhindern. Auf den Jugendschutz in den Medien bezogen bedeutet dies zum einen das Hinwirken auf Angebote, die auf die speziellen Bedürfnisse von Kindern zugeschnitten sind, und zum anderen das Fernhalten der Minderjährigen von für sie ungeeigneten Inhalten.

Der verfassungsrechtliche Jugendschutzauftrag ist darauf gerichtet, von Minderjährigen solche Einflüsse fernzuhalten, die zu erheblichen, schwer oder gar nicht korrigierbaren „Fehlentwicklungen" führen können.[83] Der Begriff der Fehlentwicklung ist überwiegend durch wertende Elemente geprägt, da die Steuerung einer Fehlentwicklung eine bestimmte Vorstellung hinsichtlich einer wünschenswerten Entwicklung voraussetzt.[84] In diesem Zusammenhang ist im besonderen Maße das Gebot der weltanschaulichen Neutralität zu beachten – das legitime Regelungsziel darf staatlicherseits nicht dazu missbraucht werden, bestimmte Wertvorstellungen durchzusetzen.[85] Auf die Gefahr einer Fehlentwicklung kann

81 *Altenhain*, in: Roßnagel, Recht der Multimedia-Dienste, Teil 9, Einl. GjS Rn. 25; *Engels*, AöR 122 (1997), 212, 228 ff.; *Schulz*, MMR 1998, 182, 183; *Langenfeld*, MMR 2003, 303, 305.

82 *Schulz/Korte*, ZUM 2002, 719.

83 *BVerfGE* 30, 336, 347.

84 *Hoffmann-Riem*, in: AK-GG, Art. 5 I, II Rn. 120; *Degenhart*, in: BK GG, Art. 5 I, II Rn. 80.

85 *Degenhart*, in: BK GG, Art. 5 I, II Rn. 80. *Altenhain* hält es aufgrund der Reichweite der staatlichen Neutralitätspflicht, die den Staat grundsätzlich anhalte hinzunehmen, dass in der Gesellschaft Meinungen vertreten würden, die mit der Verfassung nicht im Einklang stünden, für zweifelhaft, ob das Bekenntnis zu den Grundsätzen der Verfassung als Maßstab des Jugendschutzes angelegt werden dürfe, vgl. *Altenhain*, in: Roßnagel, Recht der Multimedia-Dienste, Teil 9, Einl. GjS Rn. 34.

daher lediglich bei Einflüssen, die geeignet sind, die geistige und seelische Entwicklung von Kindern und Jugendlichen in eine mit der maßgeblichen Werteordnung des Grundgesetzes nicht zu vereinbarende Richtung zu lenken, geschlossen werden.[86] Eine bedeutende Wertentscheidung des Grundgesetzes in diesem Sinne ist beispielsweise die Menschenwürde, das Persönlichkeitsrecht, das Gebot des Friedens, die Völkerverständigung, die Gleichheit der Geschlechter und der Rassen sowie die Demokratie.[87] Inhalte, die Gewalttätigkeiten oder Verbrechen glorifizieren, Rassenhass provozieren, den Krieg verherrlichen oder sexuelle Vorgänge in grob schamverletzender und entwürdigender Weise darstellen, lassen demzufolge vermuten, dass sie bei Kindern und Jugendlichen zu erheblichen, schwer oder gar nicht korrigierbaren Fehlentwicklungen führen können.[88] Zu bedenken ist dabei stets, dass eine bewertende Festlegung des Schutzgutes und der Toleranzgrenze dem Wandel der Zeit unterworfen ist.[89]

III. Einschätzungsprärogative des Gesetzgebers

Die Feststellung einer Jugendgefährdung als Grundlage des präventiven gesetzgeberischen Tätigwerdens bereitet allerdings Schwierigkeiten: Der Staat darf zur Erreichung seines Ziels, Jugendliche vor einer Übernahme von den Wertentscheidungen des Grundgesetzes erheblich widersprechenden sozialethischen Haltungen zu schützen, nur gegen solche Inhalte vorgehen, von denen anzunehmen ist, dass ihre Wahrnehmung eine entsprechende Haltung bei den Minderjährigen fördert.[90] In der Wirkungsforschung ist jedoch umstritten, ob und inwieweit die Wahrnehmung bestimmter Inhalte bei Minderjährigen zu einer Fehlentwicklung führen kann.[91] In einer solchen, wissenschaftlich ungeklärten Situation ist dem Gesetzgeber eine weitläufige Einschätzungsprärogative einzuräumen, die ihn befugt, Gefahrenlage und Risiken abzuschätzen und zu entscheiden, ob er Maßnahmen ergreifen will oder nicht.[92] Maßnahmen des Jugendschutzes bedür-

86 *Isensee/Axer*, Jugendschutz im Fernsehen, S. 46 f.; *Degenhart*, in: BK GG, Art. 5 I, II Rn. 81; *Altenhain*, in: Roßnagel, Recht der Multimedia-Dienste, Teil 9, Einl. GjS Rn. 33.

87 *BVerfGE* 90, 1, 18 f.; *Altenhain*, in: Roßnagel, Recht der Multimedia-Dienste, Teil 9, Einl. GjS Rn. 33; *Degenhart*, in: BK GG, Art. 5 I, II Rn. 81.

88 *BVerfGE* 30, 336, 347; *Hoffmann-Riem*, in: AK-GG, Art. 5 I, II Rn. 120.

89 *Hoffmann-Riem*, in: AK-GG, Art. 5 I, II Rn. 120.

90 *Altenhain*, in: Roßnagel, Recht der Multimedia-Dienste, Teil 9, Einl. GjS Rn. 38.

91 Vgl. hierzu die vorstehenden Ausführungen in Teil 1 A. II.-IV., S. 7 ff.

92 *BVerfGE* 49, 89, 131 f.; 83, 130, 141 f.; *Altenhain*, in: Roßnagel, Recht der Multimedia-Dienste, Teil 9, Einl. GjS Rn. 42.

fen dementsprechend keines wissenschaftlich-empirischen Nachweises darüber, ob damit ein tatsächlich schädigender Einfluss unterdrückt wird.[93]

Der Umfang des gesetzgeberischen Entscheidungsspielraums hängt insbesondere von der Bedeutung des möglicherweise gefährdeten Rechtsgutes ab.[94] Das *Bundesverfassungsgericht* hat den hohen Stellenwert des Jugendschutzes immer wieder hervorgehoben und schließlich sogar den Verfassungsrang dieses Rechtsgutes anerkannt.[95] Folglich ist der gesetzgeberische Spielraum bei Bestimmungen des Jugendschutzes beträchtlich. Voraussetzung zur Regelung dieser Materie ist lediglich, dass auf der Grundlage der in der Wirkungsforschung ermittelten Ergebnisse nicht ausgeschlossen ist, dass Kinder und Jugendliche gefährdet werden.[96] Der Gesetzgeber würde den ihm zustehenden Entscheidungsraum erst dann überschreiten, wenn eine Gefährdung der Jugendlichen nach dem Stand der Wissenschaft vernünftigerweise auszuschließen wäre.

IV. Verhältnis des elterlichen Erziehungsrechts zum staatlichen Jugendmedienschutz

Schließlich besagt die sich aus der objektiv-rechtlichen Seite des allgemeinen Persönlichkeitsrechts ergebende staatliche Verpflichtung zur Gewährleistung eines effektiven Jugendschutzes noch nichts über das Verhältnis der Aufgabenverteilung zwischen Staat und Erziehungsberechtigten zur Ergreifung der zum Schutze der Minderjährigen erforderlichen Maßnahmen.

Gem. Art. 6 Abs. 2 S. 1 GG sind die Pflege und die Erziehung der Kinder das natürliche Recht der Eltern und die „zuvörderst ihnen" obliegende Pflicht. Weil dieses Recht der Eltern dem Kindeswohl zu dienen hat, findet es dort seine Grenze, wo sich die Eltern ihrer Verantwortung gegenüber dem Kind entziehen und eine Vernachlässigung des Kindes droht.[97] Der Staat hat daher gem. Art. 6 Abs. 2 S. 2 GG über die Betätigung des elterlichen Sorgerechts zu wachen. Durch diesen staatlichen Schutzauftrag wird das in erster Linie den Eltern übertragene Recht zur Erziehung ihrer Kinder staatlich abgesichert. Bei Wahrnehmung der geschilderten Schutzaufgabe ist den Eltern im Verhältnis zum Staat somit der Vorrang einzuräumen. Das Elternrecht bildet eine Schranke für den staatlichen Jugendschutz – der Staat darf die Eltern bei ihrer Erziehung nicht durch Maßnahmen des

93 *BVerfGE* 83, 130, 140; *Altenhain*, in: Roßnagel, Recht der Multimedia-Dienste, Teil 9, Einl. GjS Rn. 42.
94 *BVerfGE* 83, 130, 141; *Schulz*, RuF 1993, S. 339, 347.
95 *BVerfGE* 83, 130, 139 ff.
96 *BVerfGE* 83, 130, 141.
97 *BVerfGE* 103, 89, 107.

Jugendschutzes bevormunden.[98] Die Verantwortung des Staates lebt grundsätzlich erst dort auf, wo die Möglichkeiten der Eltern aus vielfältigen Gründen versagen oder wenn sie schlicht nicht in der Lage sind, ihre Kinder zu schützen.[99]

Wie in anderen Bereichen sind im Medienbereich insofern vor allem Kinder und Jugendliche, deren Erziehungsberechtigte sich nicht um die Erziehung sorgen können oder wollen, durch staatliche Schutzvorkehrungen aufzufangen, um sie den Einwirkungen seitens der Medien nicht schutzlos gegenüberzustellen. Nicht selten kommt es Eltern entgegen, dass sich aus dem Medienkomsum ihrer Kinder die (bequeme) Folge ergibt, sich nicht mit ihnen beschäftigen zu müssen und sie auf diese Weise ruhig gestellt sind.[100] Die Erziehungsverantwortung nimmt in den Familien generell ab, so dass das Engagement des Staates für den Jugendschutz zunehmen muss.[101] Aber selbst Kinder und Jugendliche, deren Eltern willens sind, sich ihren Kindern zu widmen und sie zu erziehen, sind auf einen staatlichen Schutz angewiesen. Im Bereich der Medien können Eltern einen wirksamen Schutz ihrer Kinder ohne hoheitliche Hilfe nicht mehr bewältigen. Medien sind zunehmend leichter verfügbar und Eltern hierdurch nicht mehr in der Lage, den Medienkonsum ihrer Kinder permanent zu kontrollieren und regulieren.[102] Speziell auf den außerhäuslichen Konsum haben sie zumeist gar keinen Einfluss. Der Staat muss in diesem Bereich einen Rahmen für die elterliche Erziehung schaffen und Eltern damit in ihrem Erziehungswillen unterstützen.

Insgesamt lässt sich feststellen, dass Eltern durch das Einwirken der Medien auf die Sozialisation zunehmend weniger Einfluss auf die Entwicklung ihrer Kinder haben.[103] Während der Einfluss des Elternhauses, der Kirchen und Schulen auf die Werte, Zielsetzungen und Verhaltensweise der Minderjährigen zurückgeht, steigt der Einfluss medialer Inhalte.[104] Insbesondere das Fernsehen wirkt maßgeblich daran mit, Werte und Einstellungen zu formen, sowie Vorbilder und Urteile der jungen Rezipienten, deren Weltbild und Lebensorientierung noch im Entstehen und daher ungefestigt ist, zu prägen.[105] Hierdurch wächst die staatliche Verantwortung für Minderjährige stetig. Die Schutzaufgabe stellt sich

98 *Langenfeld*, MMR 2003, 303, 305.

99 *Schulz*, MMR 1998, 182, 183.

100 *Isensee/Axer*, Jugendschutz im Fernsehen, S. 50.

101 So *Käseberg*, Jugendmedienschutz im Internet, heise online news v. 05.12.2003, abrufbar unter: http://www. heise.de/newsticker/meldung/42653 (abgerufen am: 10.01.2006).

102 *Isensee/Axer*, Jugendschutz im Fernsehen, S. 50.

103 *Engels*, Das Recht der Rundfunkwerbung für Kinder, S. 31; *Schulz*, MMR 1998, 182, 183.

104 *Schwind*, Kriminologie, § 14 Rn. 6; *Schulz*, MMR 1998, 182, 183.

105 S. *Merz* (epd medien 54/2002, 3), der das Fernsehen als „Erzieher der Nation" bezeichnet.

für den Staat in drängenderer Weise als noch vor Jahren.[106] Der staatliche Jugendmedienschutz ist daher weniger als Beschneidung des elterlichen Erziehungsrechts zu erblicken, als als Abwehr der von Dritten – den Medien – drohenden Gefahren. Die Eltern werden in der Ausübung ihres elterlichen Erziehungsrechts durch die von den Medien ausgehenden Einflüsse auf die Kinder gestört.[107] Zwar ist dem Wortlaut des Art. 6 Abs. 2 S. 2 GG nach der Staat auf die Kontrolle des elterlichen Erziehungsrechts beschränkt. Dies bedeutet jedoch nicht, dass zum Schutze der Minderjährigen lediglich staatliche Maßnahmen zulässig sind, welche die missbräuchliche Ausübung des elterlichen Erziehungsrechts betreffen. Der Staat ist vielmehr auch ermächtigt, von Dritten ausgehende Gefährdungen von den Minderjährigen abzuwenden. Darf er sogar in die Rechte der vorrangig befugten Eltern eingreifen, dann erst recht, wenn Gefährdungen von Dritten ausgehen.[108] Dem staatlichen Jugendschutz obliegt somit in erster Linie die Aufgabe der Gefahrenabwehr hinsichtlich der – wenn auch nicht ausschließlich – außerhalb der Privatsphäre und der unmittelbaren elterlichen Erziehungseinwirkung liegenden jugendgefährdenden Einflüsse.[109]

Dem Gesetzgeber ist im Medienbereich demnach ein erheblicher Handlungsspielraum zuzubilligen. Dieser erstreckt sich auf die ausgestaltenden Maßnahmen im Gebiet der Rundfunkfreiheit und auf einen großen Prognosespielraum bei der Einschätzung, ob Gefahren für Kinder und Jugendliche drohen, welches Ausmaß sie haben und wie ihnen effektiv begegnet werden kann.[110] Gleichwohl darf der Vorrang des elterlichen Erziehungsrechtes nicht aus den Augen verloren werden, so dass beispielsweise technische Maßnahmen, welche die Elternautonomie unterstützen, unter verfassungsrechtlichen Gesichtspunkten grundsätzlich vorzugswürdig sind.[111] Absolute Verbote sind unter diesem Aspekt zwar kritisch zu betrachten, weil die Entscheidung, welche Inhalte ihre Kinder wahrnehmen, prinzipiell Angelegenheit der Eltern ist. Gleichwohl darf der Gesetzgeber im Regelfall bei jugendgefährdenden Inhalten – mögen einzelne Erziehungsberechtigte die Wahrnehmung dieser durch ihre Kinder mit ihren Erziehungszielen auch verein-

---

106 *Langenfeld*, Zur Neuordnung des Jugendschutzes im Internet, S. 2, abrufbar unter: http://www.jura.uni-sb.de/ projekte/Bibliothek (abgerufen am: 10.01.2006).

107 *Isensee/Axer*, Jugendschutz im Fernsehen, S. 71.

108 *Jeand'Heur*, Verfassungsrechtliche Schutzgebote zum Wohl des Kindes, S. 111 ff.; *Vlachopoulos*, Kunstfreiheit und Jugendschutz, S. 150.

109 BT-Drs. 10/722, S. 7; *Schraut*, Jugendschutz und Medien, S. 45.

110 *Engels*, Das Recht der Rundfunkwerbung für Kinder, S. 92; *Schulz*, MMR 1998, 182, 183.

111 *Schulz*, MMR 1998, 182, 183.

baren können – von einer Störung des Elternrechts ausgehen und daher Maßnahmen zur Abwehr treffen.[112]

C. Übersicht über die Vorschriften zum Schutze der Jugend in den Medien

Der Jugendmedienschutz ist sowohl in einigen Bestimmungen des Strafgesetzbuchs, als auch in Spezialgesetzen geregelt. Nach Darstellung der einschlägigen Strafnormen wird aufgrund der Reform des Jugendmedienschutzes zunächst die spezialgesetzliche Lage vor dem 1. April 2003 sowie der sich hieraus ergebende Handlungsbedarf aufgezeigt. Sodann werden die neuen Vorschriften vorgestellt, wobei insbesondere auf die Veränderungen im Vergleich zu der alten Rechtslage eingegangen wird.

I. Strafrechtliche Bestimmungen des Jugendmedienschutzes

Im Strafgesetzbuch finden sich einige die Medien betreffenden Tatbestände, die allein oder neben anderen Rechtsgütern Kinder und Jugendliche schützen wollen, vgl. §§ 130 Abs. 1 und Abs. 2, 131 Abs. 1 und Abs. 2, 184 Abs. 1-3 StGB. Tatobjekt dieser Normen sind jeweils bestimmte Schriften i.S.d. § 11 Abs. 3 StGB. Nach § 11 Abs. 3 StGB stehen Ton- und Bildträger, Datenspeicher, Abbildungen und andere Darstellungen den Schriften gleich.[113]

Am 1. April 2004 ist das Gesetz zur Änderung der Vorschriften über die Straftaten gegen die sexuelle Selbstbestimmung und zur Änderung anderer Vorschriften in Kraft getreten.[114] Hierdurch haben sich für die genannten Straftatbestände Veränderungen ergeben.

1. Volksverhetzung und Gewaltdarstellungen

Gem. § 130 Abs. 2 StGB wird unter anderem bestraft, wer volksverhetzende Schriften verbreitet, zugänglich macht, vorrätig hält oder über Rundfunk, Me-

---

112 *Isensee/Axer*, Jugendschutz im Fernsehen, S. 71.

113 S. zu den durch den Schriftenbegriff entstehenden Strafbarkeitslücken im jugendschutzrelevanten Bereich, *Liesching*, Jugendmedienschutz in Deutschland und Europa, S. 64 ff.

114 Gesetz v. 27.12.2003 (BGBl. I, 3700). S. hierzu ausführlich *Duttge/Hörnle/Renzikowski*, NJW 2004, 1065 ff.

dien- oder Teledienste[115] verbreitet. Hiervon sind Schriften solchen Inhalts erfasst, die zum Hass gegen Teile der Bevölkerung oder gegen eine nationale, rassistische, religiöse oder durch ihr Volkstum bestimmte Gruppe aufstacheln, zu Gewalt- oder Willkürmaßnahmen gegen sie auffordern oder die Menschenwürde anderer dadurch angreifen, dass Teile der Bevölkerung oder eine vorbezeichnete Gruppe beschimpft, böswillig verächtlich gemacht oder verleumdet werden. § 130 Abs. 2 Nr. 1 c StGB verbietet entsprechende Schriften einer Person unter achtzehn Jahren anzubieten, zu überlassen oder zugänglich zu machen und hat damit ausschließlich den Jugendschutz im Sinne.

§ 131 Abs. 1 und Abs. 2 StGB stellt neben anderen Handlungen die Verbreitung, das öffentliche Zugänglichmachen, die Herstellung und das vorrätig Halten von Schriften, die Gewaltdarstellungen enthalten, unter Strafe (gleiches gilt für deren Verbreitung durch Rundfunk, Medien- oder Teledienste)[116]. Zu verstehen sind hierunter Inhalte, die grausame oder sonst unmenschliche Gewalttätigkeiten gegen Menschen oder menschenähnliche Wesen[117] in einer Art schildern, die eine Verherrlichung oder Verharmlosung solcher Gewalttätigkeiten ausdrückt oder die das Grausame oder Unmenschliche des Vorgangs in einer die Menschenwürde verletzenden Weise darstellt. Im Interesse des Jugendschutzes liegt insbesondere § 131 Abs. 1 Nr. 3 StGB, der es verbietet, Schriften des vorstehend bezeichneten Inhalts einer Person unter achtzehn Jahren anzubieten, zu überlassen oder zugänglich zu machen.

2. Verbreitung pornographischer Inhalte

Das angesprochene Änderungsgesetz enthält eine umfangreiche Neugestaltung des Pornographiestrafrechts.

Mit der Verbreitung pornographischer Schriften befasste sich nach alter Rechtslage allein § 184 StGB. § 184 Abs. 2 StGB a.F. stellte die Verbreitung pornographischer Darstellungen über den Rundfunk unter Strafe. § 184 Abs. 3 StGB a.F. regelte die Strafbarkeit der sogenannten harten Pornographie, worunter pornographische Darstellungen fielen, die Gewalttätigkeiten, den sexuellen Missbrauch von Kindern oder sexuelle Handlungen von Menschen mit Tieren zum Gegenstand hatten. Entsprechende Inhalte unterlagen einem völligen Herstellungs- und Verbreitungsverbot. Dagegen bezieht sich § 184 Abs. 1 StGB –

115 Die Verbreitung durch Medien- oder Teledienste wurde durch das Änderungsgesetz eingefügt.

116 Die Verbreitung durch Medien- oder Teledienste wurde durch das Änderungsgesetz eingefügt.

117 Auch die Erweiterung auf „menschenähnliche Wesen“ erfolgte durch das Änderungsgesetz.

der unverändert beibehalten wurde – auf die sogenannte einfache Pornographie. Ausgehend von der Annahme, dass Kinder und Jugendliche durch die Wahrnehmung pornographischer Inhalte in ihrer sexuellen Entwicklung gestört werden können, enthält diese Bestimmung verschiedene Abgabe-, Präsentations-, Vertriebs- und Werbebeschränkungen. Schutzzweck dieses Tatbestandes ist überwiegend der Jugendschutz, zum Teil aber auch der Schutz junger Erwachsener vor einer Beeinträchtigung ihrer seelischen Entwicklung und ihrer sozialen Orientierung.[118]

Die übrigen Absätze des § 184 StGB a.F. wurden jedoch gestrichen oder inhaltlich modifiziert. Der Tatbestand der harten Pornographie wurde gänzlich neu strukturiert und in zwei eigenständige Paragraphen aufgesplittet. § 184 b StGB n.F. erfasst die Verbreitung, den Erwerb und den Besitz kinderpornographischer Schriften und enthält deutlich detailliertere Regelungen als zuvor. Der Tatbestand der Verbreitung gewalt- oder tierpornographischer Schriften, der inhaltlich nicht umgestaltet wurde, findet sich in § 184 a StGB n.F. wieder.

Gem. § 184 c StGB n.F. wird nach den vorgenannten Vorschriften auch bestraft, wer eine pornographische Darbietung durch Rundfunk, Medien- oder Teledienste verbreitet. Dies gilt jedoch nicht, wenn bei einer Verbreitung durch Medien- oder Teledienste in den Fällen des § 184 Abs. 1 StGB (einfache Pornographie) durch technische oder sonstige Vorkehrungen sichergestellt ist, dass die pornographische Darbietung Personen unter achtzehn Jahren nicht zugänglich ist. Entgegen dem ersten Eindruck hat sich hiermit für das Jugendmedienschutzrecht keine gravierende Änderung ergeben. § 184 c StGB n.F. ergänzt lediglich das Totalverbot des § 184 Abs. 2 StGB a.F., das nur für den Rundfunk galt, um Medien- und Teledienste. Ebenso wie § 184 Abs. 2 a.F. gilt der neue Tatbestand allerdings ausschließlich für Live-Darbietungen[119] und ist daher in seinem Anwendungsbereich stark begrenzt.[120] Die Frage, ob Inhalte, die nicht live übermittelt werden, einem absoluten Verbot unterliegen, ist weiterhin nach § 184 Abs. 1 StGB zu entscheiden.[121]

---

118 S. *Tröndle/Fischer*, StGB, § 184 Rn. 2.

119 So ausdrücklich die amtliche Begründung zu dem Gesetz, s. BT-Drs. 15/350, S. 21; s. auch *Tröndle/Fischer*, § 184 c Rn. 3.

120 S. *Duttge/Hörnle/Renzikowski*, NJW 2004, 1065, 1069; *Erdemir*, MMR 2004, 410, 412.

121 Insofern ist es unverständlich, dass der Gesetzgeber – insbesondere vor dem Hintergrund der später, unter Teil 2 B. II. 1. c) aa) (3), S. 151 ff., erörterten Entscheidung des *BVerwG* – das Änderungsgesetz nicht für eine diesbezügliche Klarstellung in § 184 I StGB genutzt hat.

II. Die spezialgesetzliche Lage vor dem 1. April 2003

Trägermedien, Rundfunk, Mediendienste und Teledienste folgten vor dem 1. April 2003 jeweils eigenen jugendmedienschutzrechtlichen Bestimmungen, die in Bundesgesetzen und Staatsverträgen der Länder zu finden waren.

1. Bundesebene

Jugendmedienschutzvorschriften des Bundes waren bisher auf zwei Regelungswerke verteilt. Der Jugendschutz für Trägermedien und Teledienste war durch Abgabe-, Verbreitungs- und Werbebeschränkungen in dem Gesetz über die Verbreitung jugendgefährdender Schriften und Medieninhalte (GjSM) geregelt, während das Gesetz zum Schutz der Jugend in der Öffentlichkeit (JÖSchG) einschränkende Vorschriften über die öffentliche Vorführung von Kinofilmen und Bildträgern vor Minderjährigen enthielt.

a) Gesetz über die Verbreitung jugendgefährdender Schriften und Medieninhalte

Das GjSM[122] regelte die Aufnahme bestimmter Schriften und der ihnen gleichstehenden Ton- und Bildträger, Datenspeicher, Abbildungen sowie anderen Darstellungen in eine Liste, vgl. § 1 Abs. 3 S. 1 GjSM. Explizit von dem Schriftenbegriff ausgenommen waren gem. § 1 Abs. 3 S. 2 GjSM Rundfunksendungen nach § 2 RfStV und inhaltliche Angebote bei Verteil- und Abrufdiensten nach § 2 MDStV, soweit die redaktionelle Gestaltung zur Meinungsbildung für die Allgemeinheit im Vordergrund stand. Teledienste i.S.d. § 1 Abs. 1 TDG waren dagegen von dem Anwendungsbereich des GjSM umfasst, s. § 1 Abs. 3 S. 1 GjSM sowie §§ 3 Abs. 1 Nr. 4, 21 Abs. 1 Nr. 3 a GjSM.[123] Die Aufnahme in die Liste,

---

122 Historischer Vorläufer war das Gesetz zur Bewahrung der Jugend vor Schmutz- und Schundschriften aus dem Jahr 1926, welches zur Zeit des Nationalsozialismus durch die Reichskulturkammergesetzgebung 1935 außer Kraft gesetzt wurde. Am 09.06.1953 trat das Gesetz über die Verbreitung jugendgefährdender Schriften (GjS) in Kraft (BGBl. I, 377). In der Fassung seiner Bekanntmachung v. 12.06.1985 (BGBl. I, 1502) wurde es durch die Gesetze v. 29.10.1993 (BGBl. I, 1817), v. 28.10.1994 (BGBl. I, 3186), v. 22.07.1997 (BGBl. I, 1870, 1876) u. zuletzt durch die 6. Zuständigkeits-Anpassungs-VO v. 21.09.1997 (BGBl. I, 2390 f.) geändert. Hervorzuheben ist, dass es zur Anpassung an die Entwicklungen im Medienbereich 1997 durch das IuKDG (Art. 6) v. 22.07.1997 (BGBl. I, 1870) in das GjSM umbenannt wurde.

123 Teledienste wurden dem Anwendungsbereich des GjSM (zuvor GjS) erstmals aufgrund Art. 6 IuKDG (dieses Gesetz trat am 01.08.1997 in Kraft) unterworfen, s. hierzu statt vieler: *Bröhl*, CR 1997, 73, 77 f.

die sog. Indizierung, sollte verhindern, dass Kinder und Jugendliche mit entsprechenden Medieninhalten in Berührung kamen, während Erwachsene Zugriff hierauf behalten sollten.

Das GjSM war in sieben Abschnitte gegliedert. Der erste Abschnitt legte primär die Voraussetzungen für die Aufnahme in die Liste und ihre Rechtsfolgen fest. Gem. § 1 Abs. 1 S. 1 GjSM waren Schriften, die geeignet waren, Kinder und Jugendliche sittlich zu gefährden, in eine Liste aufzunehmen. § 1 Abs. 1 S. 2 GjSM enthielt eine nicht abschließende Aufzählung von Beispielen, wann dies der Fall sein sollte (unsittliche, verrohend wirkende, zu Gewalttätigkeit, Verbrechen oder Rassenhass anreizende sowie den Krieg verherrlichende Schriften). Die §§ 3-5 GjSM knüpften an die Indizierung und ihre Bekanntmachung bestimmte Verbote und Beschränkungen. So enthielt § 3 Abs. 1 Nr. 1 und Nr. 2 GjSM das Verbot, indizierte Schriften Minderjährigen anzubieten, zu überlassen oder zugänglich zu machen oder sie an einem Ort zugänglich zu machen, der für Minderjährige zugänglich oder einsehbar war. Gem. § 3 Abs. 1 Nr. 3 GjSM durften im Wege einer gewerblichen Gewährung des Gebrauchs solche Schriften anderen nur angeboten oder überlassen werden, wenn dies in Ladengeschäften geschah, die Minderjährigen nicht zugänglich waren und die von ihnen auch nicht eingesehen werden konnten. § 3 Abs. 1 Nr. 4 GjSM untersagte, indizierte Schriften durch elektronische Informations- und Kommunikationsdienste zu verbreiten, bereitzuhalten oder sonst zugänglich zu machen. Letzteres galt gem. § 3 Abs. 2 S. 2 GjSM nicht, wenn durch technische Vorkehrungen Vorsorge getroffen wurde, dass das Angebot oder die Verbreitung im Inland auf volljährige Nutzer beschränkt werden konnte. Im Übrigen ließ § 4 Abs. 1 GjSM nicht zu, eine indizierte Schrift im Einzelhandel außerhalb von Geschäftsräumen, in Kiosken oder anderen Verkaufsstellen, die der Kunde nicht zu betreten pflegte, im Versandhandel oder in gewerblichen Leihbüchereien oder Lesezirkeln zu vertreiben, verbreiten, verleihen oder zu diesen Zwecken vorrätig zu halten. § 5 Abs. 1 GjSM verbot bei geschäftlicher Werbung den Hinweis darauf, dass ein Verfahren zur Aufnahme der Schrift in die Liste anhängig war oder gewesen war. Gem. § 5 Abs. 2 GjSM durfte eine Schrift, deren Aufnahme in die Liste bekannt gemacht war, grundsätzlich nicht öffentlich oder durch Verbreiten von Schriften angeboten, angekündigt oder angepriesen werden.

Schriften, die den in § 130 Abs. 2 oder § 131 StGB bestimmten Inhalt aufwiesen, die pornographisch i.S.d. § 184 StGB oder offensichtlich geeignet waren, Kinder oder Jugendliche sittlich schwer zugefährden, unterlagen gem. § 6 GjSM den Verbreitungsverboten und Werbebeschränkungen, ohne dass es einer Aufnahme in die Liste und einer Bekanntmachung bedurfte.

§ 7 GjSM behandelte die Indizierung bei periodischen Druckschriften. § 7 a GjSM bestimmte, unter welchen Voraussetzungen Telediensteanbieter einen Jugendschutzbeauftragten zu bestellen hatten.

Der zweite Abschnitt des GjSM befasste sich in den §§ 8-10 GjSM insbesondere mit der personellen Besetzung der *Bundesprüfstelle für jugendgefährdende Schriften* (BPjS), die zur Durchführung der Aufgaben des Gesetzes zu errichten war, vgl. § 8 Abs. 1 GjSM.[124] Gem. § 10 GjSM waren die Mitglieder der *BPjS* nicht an Weisungen gebunden.

Die Zuständigkeit der *BPjS* für die Entscheidung über die Aufnahme in die Liste legte der dritte Abschnitt in § 11 Abs. 1 GjSM fest. § 11 Abs. 2 GjSM gestattete der *BPjS* lediglich auf Antrag hin tätig zu werden. Antragsberechtigt waren nach § 2 der Durchführungsverordnung zum GjSM (DVO GjSM) die obersten Jugendbehörden der Länder (Ministerien der Länder), die Landesjugendämter, die Jugendämter und der Bundesminister für Frauen und Jugend.[125]

Die Indizierung erfolgte nach einem förmlichen Verfahren, das im vierten Abschnitt (§§ 12-19 GjSM) ausführlich geregelt war. Der fünfte Abschnitt bestand aus einer Vorschrift über den Rechtsweg (§ 20 GjSM). Der sechste Abschnitt enthielt in § 21 und § 21 a GjSM Straf- und Ordnungswidrigkeitstatbestände. Das Gesetz sah eine Freiheitsstrafe von bis zu einem Jahr vor, Ordnungswidrigkeiten konnten mit einer Geldbuße von bis zu 15.000 Euro geahndet werden. Das GjSM endete mit den Schlussvorschriften im siebten Abschnitt.

b) Gesetz zum Schutze der Jugend in der Öffentlichkeit

Das JÖSchG[126] regelte unter anderem den Aufenthalt Minderjähriger in Gaststätten, in öffentlichen Spielhallen und bei öffentlichen Tanzveranstaltungen, die Abgabe alkoholischer Getränke an Minderjährige sowie das Rauchen in der Öffentlichkeit. § 12 JÖSchG enthielt zahlreiche Ordnungswidrigkeitstatbestände. Die den Jugendschutz in den Medien betreffenden Jugendschutzvorschriften waren in den §§ 6 und 7 JÖSchG niedergeschrieben.

---

124 Die *BPjS* wurde 1954 in Bonn gebildet, s. http://www.bundespruefstelle.de/bpjm/Die-Bundespruefstelle/geschichte.html (abgerufen am: 10.01.2006).

125 S. *Gödel*, in: Löffler, Presserecht, § 11 GjS Rn. 3.

126 Das JÖSchG trat am 04.12.1951 in Kraft (BGBl. I, 936) und ging zurück auf das Lichtspielgesetz aus dem Jahre 1920, auf einen Entwurf zu einem Gesetz zum Schutz der Jugend bei Lustbarkeiten von 1927 und eine Polizeiverordnung zum Schutz der Jugend von 1943. Außer Kraft getreten ist es durch das JÖSchG v. 25.02.1985 (BGBl. I, 425), das zuletzt durch das VerbrBekG v. 28.10.1994 (BGBl. I, 3186) geändert wurde.

Gem. § 6 Abs. 2 JÖSchG war Kindern und Jugendlichen die Anwesenheit bei öffentlichen Filmveranstaltungen nur erlaubt, wenn die oberste Landesbehörde die Filme zur Vorführung vor ihnen freigegeben hatte. Ungeprüfte Filme durften dementsprechend unabhängig von ihrem Inhalt nicht vor Minderjährigen gezeigt werden. Hieraus wird ersichtlich, dass das JÖSchG ein entgegengesetztes System zu dem des GjSM verfolgte. Während nach dem GjSM Schriften bis zu ihrer formwirksamen Aufnahme in die Liste (mit Ausnahme der in § 6 GjSM aufgezählten Fällen) keinen Beschränkungen bezüglich des Zugänglichmachens an Minderjährige unterworfen waren, war die öffentliche Vorführung nach dem JÖSchG präventiv verboten, unterlag aber einem Erlaubnisvorbehalt.[127]

Filme, die geeignet waren, das körperliche, geistige oder seelische Wohl von Kindern und Jugendlichen zu beeinträchtigen, vermochte die Oberste Landesbehörde nicht zur Vorführung vor ihnen freizugeben. Die Freigabe erfolgte gem. § 6 Abs. 3 S. 1 JÖSchG durch Differenzierung nach Altersstufen. Geprüfte Filme erhielten eine Freigabe ohne oder mit Altersbeschränkung (in der Abstufung 6, 12, 16 oder 18 Jahre) und durften nur vor der entsprechenden Altersklasse vorgeführt werden. Filme, die das Kennzeichen „nicht freigegeben unter 18 Jahren" trugen oder nicht geprüft worden waren, durften vor Kindern und Jugendlichen nicht vorgeführt werden. Sofern ein Film eine Alterskennzeichnung erhalten hatte, war eine Indizierung nach dem GjSM ausgeschlossen, s. § 6 Abs. 7 JÖSchG.

Eine sehr ähnliche Regelung für das Zugänglichmachen vor Minderjährigen in der Öffentlichkeit wies § 7 JÖSchG für bespielte Videokassetten, Bildplatten und vergleichbare Bildträger auf. Die Kennzeichnung erfolgte dabei in den gleichen Altersabstufungen wie bei den Kinofilmen. Der Inhaber der Nutzungsrechte musste auf das Prüfergebnis mit einem fälschungssicheren Zeichen auf dem Bildträger und seiner Hülle hinweisen. Bildträger, die den Obersten Landesjugendbehörden nicht zur Prüfung vorgelegen hatten oder von ihnen mit „Nicht freigegeben unter 18 Jahren" gekennzeichnet worden waren, durften lediglich Erwachsenen angeboten, überlassen oder sonst zugänglich gemacht werden. Zudem war es verboten, entsprechende Bildträger im Einzelhandel außerhalb von Geschäftsräumen, in Kiosken oder anderen Verkaufsstellen, die der Kunde nicht zu betreten pflegte oder im Versandhandel anzubieten oder zu überlassen. Der *BPjS* war es grundsätzlich nicht gestattet, gekennzeichnete Bildträger nach dem GjSM in die Liste jugendgefährdender Schriften und Medien aufzunehmen. Von dieser Sperrwirkung des JöSchG waren Bildträger, die den Obersten Landesjugendbehörden nicht zur Prüfung vorgelegen hatten oder mit „Nicht freigegeben

127 Vgl. hierzu *Fechner*, Medienrecht, S. 258 Rn. 920; *Liesching*, Jugendmedienschutz in Deutschland und Europa, S. 135 f.

unter 18 Jahren“ gekennzeichnet worden waren, jedoch nicht erfasst, vgl. § 7 Abs. 5 JÖSchG.

Die zuständigen Obersten Landesjugendbehörden bedienten sich zur Kennzeichnung der Kinofilme und der anderen Bildträger der Gutachten der *Freiwilligen Selbstkontrolle der Filmwirtschaft* (FSK).[128]

2. Länderebene

Vorschriften der Länder zum Jugendmedienschutz waren für den Bereich des Rundfunks in dem Rundfunkstaatsvertrag (RfStV) und für den der Mediendienste in dem Staatsvertrag über Mediendienste (MDStV) verankert.

a) Jugendschutzbestimmungen des Rundfunkstaatsvertrages

Der Landesgesetzgeber hatte bisher in den §§ 3, 4 und 7 Abs. 1 S. 2, 3 des RfStV[129] a.F. umfassende, jugendschutzrechtliche Rahmenbedingungen geschaffen.

Kernstück der Jugendschutzvorschriften des RfStV war § 3 a.F. Dieser enthielt in seinem ersten Absatz einen Katalog von Inhalten, die unzulässig waren und damit im Rundfunk einem absoluten Ausstrahlungsverbot unterlagen. Hierzu gehörten Sendungen, die gegen Bestimmungen des StGB verstießen (Nr. 1), den Krieg verherrlichten (Nr. 2), offensichtlich geeignet waren, Kinder und Jugendliche sittlich schwer zu gefährden (Nr. 3), Menschen, die starben oder schweren körperlichen oder seelischen Leiden ausgesetzt waren, in einer die Menschenwürde verletzenden Weise darstellten und ein tatsächliches Geschehen wiedergaben, ohne dass ein überwiegendes berechtigtes Interesse gerade an dieser Form der Berichterstattung vorlag, wobei eine Einwilligung unbeachtlich war (Nr. 4), und schließlich solche, die in sonstiger Form die Menschenwürde verletzten (Nr. 5).

Sendungen, die geeignet waren, das körperliche, geistige oder seelische Wohl von Kindern oder Jugendlichen zu beeinträchtigen, durften gem. § 3 Abs. 2 S. 1 RfStV a.F. nur verbreitet werden, wenn der Veranstalter aufgrund der Sendezeit (22:00 – 6:00 Uhr) oder auf andere Weise Vorsorge dafür traf, dass Minderjährige der betroffenen Altersstufe die Sendungen üblicherweise nicht wahrnahmen. Die übrigen beiden Sätze des Absatzes konkretisierten die Sendezeitbeschrän-

---

128 S. http://www.fsk.de (abgerufen am: 10.01.2006).

129 Zur Entstehungsgeschichte der Jugendschutzvorschriften im Rundfunkwesen: *Hartstein/Ring/Kreile/Dörr/ Stettner*, RfStV, Bd. I, B 5, § 3 RfStV Rn. 1 ff., Stand: 01/2003.

kungen. Dabei knüpften sie bei der Sendung von Kinofilmen an die Einstufung der Obersten Landesbehörde oder der *FSK* nach dem JÖSchG an. § 3 Abs. 7 RfStV a.F. erlaubte wiederum, hiervon Ausnahmen zuzulassen. Außerdem konnten danach für sonstige Sendeformate oder Filme, auf die das JÖSchG keine Anwendung fand, durch Richtlinien oder für den Einzelfall weitere zeitliche Beschränkungen vorgesehen werden.

§ 3 Abs. 3 RfStV a.F. befasste sich mit den nach § 1 GjSM in die Liste aufgenommenen, jugendgefährdenden Medien. Grundsätzlich war die Ausstrahlung von Sendungen, die ganz oder im Wesentlichen inhaltsgleich mit indizierten Schriften waren, unzulässig. Gem. § 3 Abs. 3 S. 2 RfStV a.F. konnte jedoch eine Ausstrahlung abweichend von Satz 1 zwischen 23:00 Uhr und 6:00 Uhr auf Antrag des Intendanten durch die jeweils zuständigen Organe der in der ARD zusammengeschlossenen Landesrundfunkanstalten und des ZDF sowie auf Antrag des Veranstalters durch die zuständige Landesmedienanstalt genehmigt werden, wenn die mögliche sittliche Gefährdung von Kindern und Jugendlichen unter Berücksichtigung aller Umstände nicht als schwer angesehen wurde. Im Falle der Ablehnung dieser Ausnahmegenehmigung konnte ein erneuter Antrag gestellt werden, sofern durch eine Bearbeitung solche Teile verändert worden waren, die die Indizierung offenkundig veranlasst hatten.

Unter welchen konkreten Voraussetzungen bei digital verbreiteten Programmen des privaten Fernsehens von den Sendezeitbeschränkungen der Absätze 2 und 3 abgewichen werden konnte, wenn der Veranstalter die Sendungen nur mit einer allein für diese verwandte Technik verschlüsselte oder vorsperrte, sollten die Landesmedienanstalten gem. § 3 Abs. 5 RfStV a.F. durch Satzungen festlegen.

Im Übrigen bestimmte § 3 Abs. 4 RfStV a.F., dass Sendungen, die lediglich zwischen 22:00 Uhr und 6:00 Uhr ausgestrahlt werden durften, durch akustische Zeichen anzukündigen oder durch optische Mittel während der gesamten Sendung kenntlich zu machen waren. Gem. § 3 Abs. 6 RfStV a.F. sollten Programmankündigungen mit Bewegtbildern für Sendungen, die Sendezeitbeschränkungen unterlagen, nur zu diesen Zeiten ausgestrahlt werden. Entsprechendes galt für unverschlüsselte Programmankündigungen zu Sendungen, die verschlüsselt oder vorgesperrt gesendet wurden.

§ 3 Abs. 8 RfStV a.F. schrieb ferner vor, dass die Landesmedienanstalten die Gutachten freiwilliger Selbstkontrolleinrichtungen zu Programmfragen, insbesondere zu denen des Jugendschutzes, bei ihren Entscheidungen einzubeziehen hatten. Dem Jugendschutz im Privatfernsehen dient auch jetzt noch die *Freiwillige Selbstkontrolle Fernsehen* (FSF), die als Verein organisiert ist.[130]

Nach § 4 RfStV a.F. hatten alle bundesweit verbreiteten Rundfunkanstalten einen Jugendschutzbeauftragten zu bestellen. § 7 Abs. 1 S. 2 RfStV a.F. enthielt eine Jugendschutzbestimmung für Werbung und Teleshopping. Soweit sie sich auch an Kinder und Jugendliche richteten oder Minderjährige in ihnen eingesetzt wurden, durften sie nicht ihren Interessen schaden oder ihre Unerfahrenheit ausnutzen.

Die Aufsicht über die Einhaltung dieser jugendschutzrechtlichen Bestimmungen durch die privaten Veranstalter übte gemäß der Generalklausel des § 38 Abs. 1 RfStV, die in der jetzigen Fassung des RfStV noch enthalten ist, die jeweils zuständige Landesmedienanstalt aus. Zuständig war danach diejenige Anstalt, die dem Rundfunkveranstalter die Zulassung erteilt hatte.[131] Die Landesmedienanstalten hatten sich hinsichtlich der Verfahrensweise ihrer Aufsichtstätigkeit gem. § 38 Abs. 2 RfStV untereinander abzustimmen. Auch zur Vorbereitung von Einzelfallentscheidungen sollten sie gemeinsame Stellen bilden und schließlich bei planerischen und technischen Vorarbeiten zusammenarbeiten. Nach § 38 Abs. 3 RfStV konnte jede Landesmedienanstalt gegenüber der zuständigen Anstalt beanstanden, dass ein privater Fernsehveranstalter gegen die Bestimmungen des Staatsvertrages verstoßen habe.

In § 46 RfStV a.F. fand sich für die Landesmedienanstalten eine Ermächtigungsgrundlage zum Erlass gemeinsamer Richtlinien, unter anderem zur Durchführung der §§ 3 und 7 RfStV a.F.

Ordnungswidrigkeiten für die Verletzung der Jugendschutzvorschriften durch die privaten Veranstalter von bundesweit verbreitetem Rundfunk waren in § 49 RfStV a.F. enthalten, eine Strafvorschrift fand sich in § 49 a RfStV a.F. Mit Freiheitsstrafe von bis zu einem Jahr oder mit Geldstrafe wurde nach der letztgenannten Vorschrift bestraft, wer entgegen § 3 Abs. 1 Nr. 3 RfStV a.F. Sendungen verbreitete, die offensichtlich geeignet waren, Minderjährige sittlich schwer zu gefährden. Wer entgegen den übrigen Nummern des § 3 Abs. 1 RfStV a.F., entgegen § 3 Abs. 2, Abs. 3 S. 1, Abs. 4, Abs. 5 S. 2, Abs. 6 S. 1, 2, Abs. 7 S. 2 a.F. eine Sendung ausstrahlte oder entgegen § 4 S. 1 RfStV a.F. keinen Jugendschutzbeauftragten berief, erfüllte gem. § 49 Abs. 1 S. 1 Nr. 1-12 RfStV a.F. den Tatbestand einer Ordnungswidrigkeit. Diese konnte mit einer Geldbuße von bis zu 500.000 Euro geahndet werden, s. § 49 Abs. 2 RfStV.

130 Getragen wird sie von nahezu allen privaten Fernsehanbietern Deutschlands, s. näheres unter: http://www.fsf. de.

131 § 38 RfStV verfolgt nicht das föderale Zuständigkeitsprinzip des Sitzlandes oder des Sendelandes, sondern das des Lizenzlandes, vgl. hierzu *Schuler-Harms*, Beck'scher Kommentar zum Rundfunkrecht, § 38 RfStV Rn. 4.

b) Jugendschutzbestimmungen des Mediendienstestaatsvertrages

Daneben enthielt der MDStV[132] bis zum 1. April 2003 in den §§ 12, 13 Abs. 1 a.F. Bestimmungen des Jugendschutzes für Mediendienste. Eine Legaldefinition für Mediendienste befindet sich in § 2 Abs. 1 MDStV. § 2 Abs. 2 Nr. 1-4 MDStV führt beispielhaft bestimmte Verteil- und Abrufdienste auf, die als Mediendienste zu qualifizieren sind.

§ 12 Abs. 1 MDStV a.F. bezeichnete Sendungen, die unzulässig waren. Bezüglich seines Inhalts kann auf die Ausführungen zu § 3 Abs. 1 RfStV a.F. verwiesen werden, weil § 12 Abs. 1 MDStV a.F. diesem wortgleich nachgebildet war.

Auch § 12 Abs. 2 MDStV a.F. lehnte sich an den RfStV (§ 3 Abs. 2 a.F.) an: Angebote für Verteildienste nach § 2 Abs. 2 Nr. 1-3 MDStV, die geeignet waren, das Wohl von Minderjährigen zu beeinträchtigen, durften nicht verbreitet werden, sofern nicht der Diensteanbieter aufgrund der Sendezeit oder auf andere Weise Vorsorge traf, dass Minderjährige diese Sendungen üblicherweise nicht wahrnehmen konnten. Bei inhaltlich entsprechenden Angeboten i.S.d. § 2 Abs. 2 Nr. 4 MDStV bestimmte § 12 Abs. 4 MDStV a.F., dass sie nur zulässig waren, wenn Vorkehrungen durch den Diensteanbieter oder andere Diensteanbieter bestanden, die dem Nutzer die Sperrung dieser Angebote ermöglichte. Überdies schrieb § 12 Abs. 3 MDStV a.F. für solche Angebote in Verteildiensten nach § 2 Abs. 2 Nr. 1 MDStV zusätzlich vor, dass ihre Verbreitung durch akustische Zeichen anzukündigen, oder durch optische Mittel während des gesamten Angebotes kenntlich zu machen waren.

Abschließend regelte § 12 Abs. 5 MDStV a.F. die Verpflichtung zur Bestellung eines Jugendschutzbeauftragten, die nach Satz 1 der Vorschrift nur dann gegeben war, wenn die Mediendienste gewerbsmäßig bereitgehalten wurden und sie jugendgefährdende Inhalte enthalten konnten.

§ 13 Abs. 1 MDStV a.F. ordnete an, dass Werbung, die sich auch an Kinder und Jugendliche richtete oder bei der Minderjährige eingesetzt wurden, nicht ihren Interessen schaden oder ihre Unerfahrenheit ausnutzen durfte.

Gem. § 22 Abs. 1 S. 1 MDStV a.F. war die in den Ländern für den gesetzlichen Jugendschutz zuständige Behörde für die Überwachung der Einhaltungen der Bestimmungen des § 12 und § 13 Abs. 1 MDStV a.F. zuständig. Hilfsorgan für die Erfüllung dieser Aufgaben war die von den Jugendministerien der Länder gegründete Zentralstelle *jugendschutz-net*. Diese nach wie vor bestehende ge-

132 Der MDStV der Länder trat am 01.08.1997 zeitgleich mit dem Informations- und Kommunikationsdienste-Gesetz (IuKDG) des Bundes v. 22.07.1997 (BGBl. I, 1870 ff.) in Kraft, s. hierzu statt vieler: *Gounalakis*, NJW 1997, 2993 ff.

meinsame Einrichtung soll Mediendienste, die gegen Jugendschutzbestimmungen verstoßen, mittels einer spezifischen Software ermitteln und an die jeweils zuständige Landesbehörde weiterleiten.[133]

§§ 24, 24 a MDStV a.F. beinhalteten Ordnungswidrigkeiten und Strafbestimmungen. Gem. § 24 a MDStV a.F. war es unter Freiheitsstrafe von bis zu einem Jahr oder Geldstrafe gestellt, entgegen § 12 Abs. 1 Nr. 3 MDStV a.F. Mediendienste zu verbreiten, die offensichtlich geeignet waren, Minderjährige sittlich schwer zu gefährden. Wer die übrigen nach § 12 Abs. 1 MDStV unzulässigen Sendungen verbreitete, erfüllte gem. § 24 Abs. 1 Nr. 4-6 MDStV a.F. lediglich einen Ordnungswidrigkeitstatbestand. Die Verbreitung entgegen § 12 Abs. 2, Abs. 4 oder die Nichterfüllung der Verpflichtungen nach § 12 Abs. 5 MDStV a.F. wurde gem. § 24 Abs. 1 Nr. 7-9 MDStV a.F. ebenfalls als Ordnungswidrigkeit geahndet. Eine Ordnungswidrigkeit konnte gem. § 24 Abs. 2 MDStV a.F. mit Geldbuße von bis zu 250.000 Euro belegt werden.

3. Kritische Auseinandersetzung mit der alten Rechtslage

Nachstehend sollen die wesentlichen Schwachstellen der früheren Gesetzeslage aufgezeigt werden, die eine Neukonzeption des Jugendmedienschutzes erforderlich erschienen ließen: Handlungsbedarf wurde insbesondere aufgrund der Verstreuung der Vorschriften auf viele Gesetze, der zu der Bestimmung der Anwendungsbereiche notwendigen, problematischen Abgrenzungen, der inhaltlich divergierenden Jugendschutzregelungen, des unzureichenden Jugendschutzes im Bereich des Internets sowie der unterschiedlichen für den Vollzug zuständigen Aufsichtsbehörden erblickt.[134] Die Rechtsmaterie war dadurch im Ganzen wenig transparent gestaltet, worunter die Effektivität des Jugendmedienschutzes litt.

a) Problematische Abgrenzung der Anwendungsbereiche von GjSM, MDStV und RfStV

Ob die Jugendmedienschutzvorschriften des RfStV, des MDStV oder des GjSM zur Anwendung gelangten, richtete sich nach der Einordnung des jeweiligen Angebotes als Rundfunk, Medien- oder Teledienst. Aufgrund der bestehenden Abgrenzungsprobleme zwischen diesen elektronischen Medien – die, ohne dabei in die Tiefe zu gehen, im Folgenden dargestellt werden – bereitete die Feststellung,

133 *Kloepfer*, Informationsrecht, § 13 Rn. 68, S. 608.
134 S. hierzu die Begründung zum JuSchG, BT-Drs. 14/9013, S. 13.

welches Regelungswerk anzuwenden war, häufig Schwierigkeiten.[135] Eine klare Einordnung war dabei nicht nur in der Theorie von Bedeutung: Die rechtlichen Bestimmungen divergierten zum Teil auch inhaltlich.[136] Überdies waren verschiedene Aufsichtsstellen mit unterschiedlichen Kompetenzen zuständig.

aa) Abgrenzung von Medien- und Telediensten

Mediendienste unterfielen dem MDStV, der Jugendschutz in den Telediensten war im GjSM geregelt. Um eine Aussage darüber treffen zu können, welche Bestimmungen einschlägig waren, musste zwischen Medien- und Telediensten abgegrenzt werden.[137]

Trotz der in § 2 Abs. 2 MDStV und § 2 Abs. 2 TDG beispielhaften, nicht abschließenden Aufzählungen von Medien- bzw. Telediensten, ist die Abgrenzung nach den Legaldefinitionen von großem Interesse, weil eine Subsumtion unter die Beispielskataloge nicht immer möglich ist. Zudem verursachen teilweise gerade die verwendeten Regelbeispiele neue Abgrenzungsprobleme,[138] so dass sie wiederum im Lichte der allgemeinen Begriffsbestimmungen auszulegen sind.

In § 2 Abs. 1 TDG sind Teledienste definiert als

„[...] alle elektronischen Informations- und Kommunikationsdienste, die für eine individuelle Nutzung von kombinierbaren Daten wie Zeichen, Bilder oder Töne bestimmt sind und denen eine Übermittlung mittels Telekommunikation zugrunde liegt."

Entsprechend § 2 Abs. 4 TDG sind diese Dienste unter anderem von inhaltlichen Angeboten bei Verteil- und Abrufdiensten nach § 2 MDStV, soweit die redaktionelle Gestaltung zur Meinungsbildung für die Allgemeinheit im Vordergrund steht, abzugrenzen. Mediendienste sind gem. § 2 Abs. 1 S. 1 MDStV

„[...] an die Allgemeinheit gerichtete Informations- und Kommunikationsdienste [...] in Text, Ton oder Bild, die unter Benutzung elektromagnetischer Schwingungen ohne Verbindungsleitung oder längs oder mittels eines Leiters verbreitet werden."

---

135 S. *Holznagel/Kibele*, in: Handbuch Multimedia-Recht, Teil 5, Rn. 74; *Kröger/Moos*, AfP 1997, 675, 676 ff.; *v. Bonin/Köster*, ZUM 1997, 821.

136 S. *Hoeren/Pichler*, in: Loewenheim/Koch, Praxis des Online-Rechts, Kap. 9.5, S. 413 ff.; *v. Heyl*, ZUM 1998, 115; *Gounalakis/Rhode*, CR 1998, 487 f.

137 Die Abgrenzungsproblematik zwischen Tele- und Mediendiensten hat sich nunmehr innerhalb des Jugendschutzrechtes aufgrund ihrer Zusammenfassung unter den Begriff der „Telemedien" erübrigt. Für andere Regelungsmaterien bleibt sie hingegen weiterhin relevant, s. hierzu *Spindler*, in: Roßnagel, Recht der Multimedia-Dienste, Teil 2, § 2 TDG Rn. 2.

138 *Holznagel/Kibele*, in: Handbuch Multimedia-Recht, Teil 5, Rn. 59.

Eine Abgrenzung zum Anwendungsbereich des TDG nimmt § 2 Abs. 1 S. 3 MDStV vor.

Die grobe Abgrenzung zwischen den beiden Diensten erfolgt somit danach, ob es sich um einen „an die Allgemeinheit" gerichteten oder für die „individuelle Nutzung" bestimmten Informations- und Kommunikationsdienst handelt. Die Allgemeinheit ist angesprochen, wenn er sich an eine beliebige Öffentlichkeit wendet.[139] Ausschlaggebend hierfür sind die technischen Voraussetzungen, nicht der Inhalt des Angebotes: Einem unbestimmten Personenkreis muss es technisch möglich sein, den Dienst in Anspruch zu nehmen.[140] Ein Angebot richtet sich dagegen nicht an die Allgemeinheit, wenn der Kreis seiner Adressaten von vornherein bestimmt ist.[141] Durch den Öffentlichkeitsbezug erfährt der Mediendienst seine Prägung als Massenkommunikationsmittel. Das Merkmal der Allgemeinheit ist bei der Versendung einer E-mail an einen auf einer geschlossenen E-Mail-Liste zusammengefassten Personenkreis beispielsweise nicht erfüllt, während es erfüllt ist, wenn sich jedermann, sei es gegen Entgelt, auf der Liste eintragen kann.[142] So einfach die Abgrenzung nach diesen Kriterien auf den ersten Blick erscheinen mag, bereitet die Einordnung der Dienste unter die Individual- oder Massenkommunikation im Einzelfall doch häufig erhebliche Probleme.[143] Dies liegt nicht zuletzt an dem unterschiedlichen Blickwinkel der Definitionen, der einmal an den Anbieter und einmal an den Nachfrager anknüpft.[144] An die Allgemeinheit gerichtete Dienste können durchaus individuell nutzbar sein (selbst bei den klassischen Massenmedien wie Presse und Rundfunk entscheidet der Nutzer in gewissem Maße über die Art der Nutzung).[145] Zudem wird letztlich für jede Datenübertragung innerhalb elektronischer Kommunikationsnetze eine individualisierte Verbindung aufgebaut, so dass das Kriterium der „individuellen Nutzung" sich zur Abgrenzung nur bedingt eignet.[146]

Während damit bereits bei dem Merkmal der Adressierung an die Allgemeinheit Abgrenzungsprobleme auftreten, sorgt insbesondere die wortgleich in § 2

---

139 *Spindler*, in: Roßnagel, Recht der Multimedia-Dienste, Teil 2, § 2 TDG Rn. 33; *Altenhain*, in: Roßnagel, Recht der Multimedia-Dienste, Teil 9, § 1 GjS Rn. 38.

140 *Altenhain*, in: Hoeren/Sieber, Handbuch Multimedia-Recht, Teil 20, Rn. 53.

141 *Altenhain*, in: Hoeren/Sieber, Handbuch Multimedia-Recht, Teil 20, Rn. 53.

142 S. *Spindler*, in: Roßnagel, Recht der Multimedia-Dienste, Teil 2, § 2 TDG Rn. 79.

143 S. bspw. zu der problematischen Einordnung von Diskussionsforen, Schwarzen Brettern und ICRs: *Spindler*, in: Roßnagel, Recht der Multimedia-Dienste, Teil 2, § 2 TDG Rn. 73. Allgemein hierzu: *Brand*, Rundfunk im Sinne des Art. 5 Abs. 1 S. 2 GG, S. 224; *Kröger/Moos*, AfP 1997, 675, 676 ff.; *v. Heyl*, ZUM 1998, 115, 117.

144 S. *Roßnagel*, NVwZ 1998, 1, 3.

145 S. *v. Heyl*, ZUM 1998, 115, 117.

146 *Holznagel/Kibele*, in: Handbuch Multimedia-Recht, Teil 5, Rn. 59.

Abs. 4 Nr. 3 TDG[147] und § 1 Abs. 3 S. 2 GjSM enthaltene Einschränkung für Differenzen. Danach sind nur solche Mediendienste vom Anwendungsbereich des TDG (und waren es vom GjSM) ausgenommen, die redaktionell zur Meinungsbildung gestaltet sind. § 2 Abs. 1 MDStV eröffnet folglich einen größeren Anwendungsbereich, als § 2 Abs. 4 Nr. 3 TDG von seinem Anwendungsbereich ausgrenzt.[148] Die sich überschneidenden Formulierungen spiegeln die unterschiedliche Auffassung von Bund und Ländern über die Reichweite ihrer jeweiligen Gesetzgebungskompetenzen wider.[149] In der Rechtsprechung und in weiten Teilen der Literatur wird die von dem TDG vorgenommene Beschneidung des Anwendungsbereichs des MDStV für beachtlich gehalten.[150] Indessen wird vereinzelt die Auffassung vertreten, sie sei nicht zu berücksichtigen, so dass die Abgrenzung allein nach der Zuordnung zur Individual- oder Massenkommunikation erfolge.[151] Begründet wird dies zum einen mit § 2 Abs. 1 TDG, dessen Tatbestandsmerkmal der „individuellen Nutzung" der Definition aller Teledienste immanent sei, weshalb das TDG für an die Allgemeinheit gerichtete Dienste – un-

---

147 S. zur Entstehungsgeschichte des § 2 IV Nr. 3 TDG: *Pappi*, Teledienste, Mediendienste und Rundfunk, S. 127 ff.; *v. Heyl*, ZUM 1998, 115, 116 f.

148 § 2 I S. 3 MDStV, der für den Geltungsbereich des MDStV feststellt, dass die Bestimmungen des TDG unberührt bleiben, vermag den dadurch entstehenden Konflikt nicht zu schlichten: Die Vorschrift ist im Zusammenhang mit § 27 II MDStV zu lesen, wonach § 2 I S. 3 MDStV gegenstandslos wird, wenn das TDG Mediendienste i.S.d. MDStV nicht von seinem Anwendungsbereich ausschließt. Dieser Fall ist eingetreten, da das TDG lediglich einen Teil der Mediendienste i.S.d. MDStV von seinem Geltungsbereich ausnimmt. S. hierzu *Spindler*, in: Roßnagel, Recht der Multimedia-Dienste, Teil 2, § 2 TDG Rn. 27.

149 Vgl. BT-Drs. 13/7385, 50, 69. Demnach sind die Länder der Auffassung, ihnen stünde die Gesetzgebungskompetenz für alle an die Allgemeinheit gerichteten Dienste zu, während die Bundesregierung den Ländern die Schaffung von Regelungen nur für solche an die Allgemeinheit gerichteten Dienste überlassen will, bei denen die redaktionelle Gestaltung zur Meinungsbildung für die Allgemeinheit im Vordergrund steht.

150 S. *OVG Münster*, MMR 2003, 348, 349; *Spindler*, in: Roßnagel, Recht der Multimedia-Dienste, Teil 2, § 2 TDG Rn. 29, *ders.*, in: Hoeren/Sieber, Handbuch Multimedia-Recht, Teil 29, Rn. 48; *Meier*, in: Roßnagel, Recht der Multimedia-Dienste, Teil 4, § 2 MDStV Rn. 20; *Altenhain*, in: Hoeren/Sieber, Handbuch Multimedia-Recht, Teil 20, Rn. 50; *Tettenborn*, in: Engel-Flechsig/Maennel/Tettenborn, Beck'scher IuKDG Kommentar, § 2 TDG Rn. 95; *Beucher/Leyendecker/v. Rosenberg*, Mediengesetze, § 2 MDStV Rn. 1; *Gersdorf*, Grundzüge des Rundfunkrechts, S. 75 Rn. 161; *Engel-Flechsig/Maennel/Tettenborn*, NJW 1997, 2981, 2984; *v. Heyl*, ZUM 1998, 115, 116.

151 *Bleisteiner*, Rechtliche Verantwortlichkeit im Internet, S. 117 f. u. 229; *Germann*, Gefahrenabwehr und Strafverfolgung im Internet, S. 152 f.; *Liesching*, Jugendschutz in Deutschland und Europa, S. 168 f.

abhängig von dem Grad ihrer redaktionellen Gestaltung – keine Geltung beanspruchen könne.[152] Außerdem stünde nur eine restriktive Interpretation des § 2 Abs. 4 Nr. 3 TDG mit den Kompetenzzuweisungen des Grundgesetzes im Einklang.[153] Zum anderen wird die Einschränkung als redaktionelles Versehen des Gesetzgebers gesehen, weil § 1 Abs. 3 S. 2 GjSM bzw. § 2 Abs. 4 Nr. 3 TDG eindeutig Bezug auf inhaltliche Angebote nach § 2 MDStV nehme und sich aus der Satzstellung ergebe, dass hiermit nicht eine generelle Einschränkung der vom Anwendungsbereich ausgegrenzten Mediendienste vorgenommen werden sollte.[154] Dieser Ansicht wurde entgegengehalten, sie sei nicht nur mit dem Wortlaut des § 2 Abs. 4 Nr. 3 TDG bzw. § 1 Abs. 3 S. 2 GjSM unvereinbar, sondern übersehe zudem den Vorrang der bundesgesetzlichen Regelung.[155] Nach Art. 31 GG breche Bundesrecht Landesrecht, so dass es entscheidend auf das Abgrenzungskriterium in § 2 Abs. 4 Nr. 3 TDG ankomme.[156]

---

152 *Bleisteiner*, Rechtliche Verantwortlichkeit im Internet, S. 117 f.

153 *Bleisteiner*, Rechtliche Verantwortlichkeit im Internet, S. 118.

154 S. *Germann*, Gefahrenabwehr und Strafverfolgung im Internet, S. 152; *Liesching*, Jugendschutz in Deutschland und Europa, S. 168 f. Diese Argumentation vermag nicht zu überzeugen, da sie im eindeutigen Widerspruch zu dem Wortlaut des § 2 IV Nr. 3 TDG steht. Es ist nicht nachvollziehbar, warum der Satz „Angebote [...], soweit die redaktionelle Gestaltung zur Meinungsbildung [...] im Vordergrund steht, nach § 2 des Mediendienste-Staatsvertrages [...]“ eine andere Bedeutung durch die Umstellung des Satzbaus in „Angebote [...] nach § 2 des Mediendienstestaatsvertrages [...], soweit [...]“ erlangen sollte (so aber *Germann*), wenngleich letztere Formulierung glücklicher gewählt gewesen wäre.

155 So *Altenhain*, in: Hoeren/Sieber, Handbuch Multimedia-Recht, Teil 20, Rn. 50.

156 S. *Tettenborn*, in: Engel-Flechsig/Maennel/Tettenborn, Beck'scher IuKDG Kommentar, § 2 TDG Rn. 95; *Engel-Flechsig/Maennel/Tettenborn*, NJW 1997, 2981, 2984; *v. Heyl*, ZUM 1998, 115, 117. A.A. *Holznagel/Kibele* (in: Handbuch Multimedia-Recht, Teil 5, Rn. 64), die eine Berufung auf Art. 31 GG für fehlerhaft halten und etwaige Kompetenzkollisionen im Einzelfall unter Berücksichtigung des Grundsatzes der Bundestreue lösen wollen. Beides ist abzulehnen – die Frage der Anwendbarkeit des § 2 IV Nr. 3 TDG kann allein durch die Feststellung der Gesetzgebungskompetenz für den Bereich der Tele- und der Mediendienste beantwortet werden (so auch *Pappi*, Teledienste, Mediendienste und Rundfunk, S. 131). Die Zuordnung zu den Gesetzgebungszuständigkeiten ergibt eine abgrenzende Definition von Tele- und Mediendiensten, so dass etwaige definitorische Überlappungen des einfachen Rechts nicht relevant sind. Die Ansicht, die Einschränkung des TDG sei beachtlich, ist daher nur tragbar, wenn von der konkurrierenden Gesetzgebungskompetenz des Bundes zur Regelung der Mediendienste i.S.d. MDStV, soweit nicht die redaktionelle Gestaltung zur Meinungsbildung im Vordergrund steht, ausgegangen wird. Nur dann könnte die Reichweite des TDG bzw. GjSM den Anwendungsbereich des MDStV vorgeben. Zu stützen ist sie aber selbst dann nicht auf Art. 31 GG, sondern auf Art. 70, 72 I GG i.V.m. § 2 IV Nr. 3 TDG (Ebenso *Germann*, Gefahrenabwehr und Strafverfolgung im Internet, S. 153). Geht man dagegen von der

Soweit die „redaktionelle Gestaltung zur Meinungsbildung" als Abgrenzungskriterium anerkannt wird, ist die Aufmachung und der Inhalt des Informationsangebotes für die Abgrenzung entscheidend. Aufgrund der dem Presserecht entlehnten Formulierung bietet sich die Heranziehung der dort entwickelten Maßstäbe – unter Berücksichtigung der medienspezifischen Besonderheiten – an.[157] Eine „redaktionelle Gestaltung" liegt demnach vor, wenn verschiedene Informationen oder Meinungen gesammelt und für den Empfänger derart aufbereitet werden, dass diesem anschließend ein einheitliches Produkt zur Verfügung steht.[158] So ist beispielsweise die reine Zusammenfassung von Inhalten Dritter ohne jegliche Modifikation oder eine alleinstehende Internetseite mangels redaktioneller Gestaltung nicht als Mediendienst einzuordnen.[159] Inwieweit das Merkmal „zur Meinungsbildung" Bedeutung erlangt, wird wiederum verschiedentlich beantwortet. Teilweise wird die Auslegung eng am Presserecht orientiert, wonach lediglich Druckwerke, die ersichtlich unpolitischen Zwecken wie dem Gewerbe oder Verkehr dienen und amtliche, nur Mitteilungen enthaltende Veröffentlichungen als sogenannte „harmlose Druckwerke" überwiegend nicht den presserechtlichen Vorschriften unterfallen.[160] Dementsprechend sollen Homepages von

---

Kompetenz der Länder zur Regelung aller Mediendienste nach der Definition des MDStV aus, wäre die Regelung des § 2 IV Nr. 3 TDG formell verfassungswidrig und damit nicht mehr geeignet, dem Landesrecht gem. Art. 31 GG vorzugehen. Die Kollisionsnorm des Art. 31 GG setzt die Einhaltung der Kompetenzvorschriften der Art. 70 ff. GG voraus, so dass nur kompetenzmäßiges Bundesrecht Landesrecht brechen kann (so *Huber*, in: Sachs, GG, Art. 31 Rn. 8; *Dreier*, in: Dreier, GG, Art. 31 Rn. 19, 23, 36; *Gubelt*, in: v. Münch/Kunig, GG, Art. 31 Rn. 1, 18; *Bernhardt/ Sacksofsky*, in: BK GG, Art. 31 Rn. 22 ff.).

M.E. werden Stimmen in der Literatur, die Art. 31 GG bei Überschneidungen in der Rechtsanwendung (nicht schon der abstrakten Anwendungsbereiche der Regelungswerke) heranziehen wollen, die sich ergeben, wenn eine eindeutige Zuordnung über die Abgrenzungskriterien nicht möglich ist (so *Spindler*, in: Roßnagel, Recht der Multimedia-Dienste, Teil 2, § 2 TDG Rn. 34 und *Bröhl* [CR 1997, 73, 74], der solche Überschneidungen aufgrund der offenen Formulierungen der Anwendungsbereiche für möglich hält), in diesem Zusammenhang fehlerhaft zitiert. In diesen Fällen hilft ein Abstellen auf die Gesetzgebungskompetenz nicht weiter, weil auch hierzu eine eindeutige Zuordnung, die in der praktischen Rechtsanwendung gerade nicht gelingen will, notwendig ist.

157 *Spindler*, in: Roßnagel, Recht der Multimedia-Dienste, Teil 2, § 2 TDG Rn. 31; *Tettenborn*, in: Engel-Flechsig/Maennel/Tettenborn, Beck'scher IuKDG Kommentar, § 2 TDG Rn. 96; *Engel-Flechsig/ Maennel/Tettenborn*, NJW 1997, 2981, 2983; *Gounalakis/Rhode*, CR 1998, 487, 490.

158 *Spindler*, in: Roßnagel, Recht der Multimedia-Dienste, Teil 2, § 2 TDG Rn. 31.

159 *Spindler*, in: Roßnagel, Recht der Multimedia-Dienste, Teil 2, § 2 TDG Rn. 31.

160 *Gounalakis/Rhode*, CR 1998, 487, 490. Vgl. zum Presserecht ausführlich *Sedelmeier*, in: Löffler, Presserecht, § 7 LPG Rn. 54 ff., 59 ff.

Firmen, Verkehrsunternehmen, Privatpersonen und amtliche Inhalte in der Regel als Teledienste, elektronische Presse und Videotext dagegen aufgrund ihres meinungsbildenden Charakters als Mediendienste einzustufen sein.[161] Andere sind der Auffassung, dieses Kriterium nehme keine wirkliche Einschränkung vor,[162] weil jedes Stellung beziehende Dafürhalten von dem Begriff der Meinung umfasst sei.[163] So hat das *Bundesverfassungsgericht* immer wieder darauf hingewiesen, dass selbst in kommerzieller Werbung oder unterhaltenden Beiträgen und Darbietungen Meinungsbildung stattfinde und diese daher dem Schutz der Presse- bzw. Rundfunkfreiheit unterfielen.[164] Hieraus werden jedoch wiederum gegenläufige Konsequenzen gezogen: Das Merkmal wird teils für nebensächlich gehalten,[165] teils in dem Sinne ausgelegt, dass es für die Ausnahmeregelung, die anderenfalls entgegen der Intention des Gesetzgebers zu sehr ausuferte, im GjSM bzw. TDG auf eine politische Meinungsbildung ankommen solle.[166]

Weil eine klare Abgrenzung anhand der Kriterien häufig nicht möglich ist, soll ausschlaggebend sein, ob der Schwerpunkt eines Dienstes im massen- oder individualkommunikativen Element liegt.[167] Uneinigkeit besteht schließlich noch darüber, ob jede einzelne Informations- und Kommunikationsleistung aus dem komplexen Angebot eines Anbieters (zum Beispiel verschiedene Angebote auf einer Homepage) isoliert zu betrachten[168] oder eine wertende Gesamtschau der von ihm verbreiteten Dienste maßgeblich sei.[169]

Bereits die aufgezeigten Abgrenzungsschwierigkeiten demonstrieren, dass eine Aufteilung in Tele- und Mediendienste nicht sachgerecht sein kann.[170] Wenn Dienste sich nicht klar zuordnen lassen und damit nicht hinreichend differenzierbar sind, können unterschiedliche gesetzliche Anforderungen nicht gerechtfertigt sein. In der Literatur wird vermehrt darauf hingewiesen, dass die Aufteilung auch

161 *Engel-Flechsig/Maennel/Tettenborn*, NJW 1997, 2981, 2984; *Gounalakis/Rhode*, CR 1998, 487, 490.

162 *Spindler*, in: Roßnagel, Recht der Multimedia-Dienste, Teil 2, § 2 TDG Rn. 33; *Bender*, in: Engel-Flechsig/ Maennel/Tettenborn, Beck'scher IuKDG Kommentar, § 1 GjS Rn. 13.

163 *Spindler*, in: Roßnagel, Recht der Multimedia-Dienste, Teil 2, § 2 TDG Rn. 33 unter Bezugnahme auf *Schulze-Fielitz* (in: Dreier, GG, Art. 5 I, II Rn. 62).

164 *BVerfGE* 35, 202, 222 f.; 71, 162, 175; 101, 361, 389 f.

165 *Spindler*, in: Roßnagel, Recht der Multimedia-Dienste, Teil 2, § 2 TDG Rn. 33.

166 *Bender*, in: Engel-Flechsig/Maennel/Tettenborn, Beck'scher IuKDG Kommentar, § 1 GjS Rn. 13.

167 *Spindler*, in: Roßnagel, Recht der Multimedia-Dienste, Teil 2, § 2 TDG Rn. 34.

168 So *Engel-Flechsig/Maennel/Tettenborn*, NJW 1997, 2981, 2982; *v. Heyl*, ZUM 1998, 115, 118; *Pilcher*, MMR 1998, 79, 80.

169 *Waldenberger*, MMR 1998, 124, 125.

170 *Kröger/Moos*, ZUM 1997, 462, 471.

vor dem Hintergrund immer stärker konvergierender Technologien „unpraktikabel und wirklichkeitsfremd" sei.[171] Vor allem ist die daraus resultierende Rechts- und Planungsunsicherheit für die Diensteanbieter unzumutbar.[172] Sie wissen teilweise nicht, welche der – inhaltlich voneinander abweichenden – gesetzlichen Verpflichtungen sie zu erfüllen haben, weil nicht klar erkennbar ist, welches Gesetz auf sie Anwendung findet.

bb) Abgrenzung von Rundfunk, rundfunkähnlichen Mediendiensten und Mediendiensten

Probleme verursacht des Weiteren die Abgrenzung zwischen Mediendiensten und Rundfunk,[173] die über die Anwendbarkeit der Jugendschutzvorschriften des MDStV oder RfStV entschied. Rundfunk ist gem. § 2 Abs. 1 S. 1 RfStV legaldefiniert als

> *„[...] die für die Allgemeinheit bestimmte Veranstaltung und Verbreitung von Darbietungen aller Art in Wort, in Ton und in Bild unter Benutzung elektromagnetischer Schwingungen ohne Verbindungsleitung oder längs oder mittels eines Leiters."*

§ 2 Abs. 1 S. 3 RfStV stellt fest, dass der Staatsvertrag nicht für Mediendienste i.S.d. § 2 MDStV gilt. Im Gegenzug grenzt der MDStV den Rundfunk i.S.d. RfStV aus seinem Anwendungsbereich aus, s. § 2 Abs. 1 S. 2 MDStV.

Damit stimmen die Definitionen von Rundfunk und Mediendiensten i.S.d. § 2 Abs. 1 MDStV weitgehend überein; gemeinsam haben sie neben der technischen Art ihrer Verbreitung, dass sie sich beide an die Allgemeinheit richten.[174] Wesentlicher Unterschied der Definitionen ist, dass der Rundfunk im Gegensatz zu den Mediendiensten durch das Merkmal der „Darbietung" gekennzeichnet ist.[175] Hiermit wird die besondere Funktion des Rundfunks als Medium und Faktor der

---

171 *Gounalakis*, NJW 1997, 2993, 2995. Ebenfalls kritisch unter diesem Aspekt: *Spindler*, in: Roßnagel, Recht der Multimedia-Dienste, Teil 2, § 2 TDG Rn. 25; *Kröger/Moos*, AfP 1997, 675, 676; *v. Bonin/Köster*, ZUM 1997, 821.

172 So auch *Holznagel/Kibele*, in: Handbuch Multimedia-Recht, Teil 5, Rn. 74; *v. Bonin/Köster*, ZUM 1997, 821, 828; *Gounalakis/Rhode*, CR 1998, 487, 492.

173 Im Gegensatz zu der Abgrenzung von Medien- und Telediensten, die für den Jugendschutz aufgrund der Zusammenfassung zu der Gruppe der „Telemedien" hinfällig geworden ist, ist die Abgrenzung dieser Dienste zum Rundfunk auch im Bereich des Jugendschutzes weiterhin erforderlich, weil der Anwendungsbereich des JMStV zwar beide Bereiche umfasst, sie jedoch zum Teil unterschiedlichen Regelungen unterwirft.

174 *Kloepfer*, Informationsrecht, § 13 Rn. 15, S. 587.

175 *Kloepfer*, Informationsrecht, § 13 Rn. 15, S. 587; *Kröger/Moos*, ZUM 1997, 462, 465; *Schulz*, MMR 1998, 182, 184; *Gounalakis/Rhode*, CR 1998, 487, 488.

öffentlichen Meinungsbildung[176] beschrieben.[177] Allein die Meinungsbildungsrelevanz kann jedoch nicht dazu führen, dass die Schwelle der Darbietung i.S.d. § 2 Abs. 1 RfStV erreicht ist, denn auch Mediendiensten kann nicht jede Bedeutung für die öffentliche Meinungsbildung abgesprochen werden.[178] Hiervon geht neben dem Mediendienste-Staatsvertraggeber auch der Bundesgesetzgeber aus, wie § 10 Abs. 3 MDStV und § 2 Abs. 4 Nr. 3 TDG deutlich zeigen: Beide Vorschriften setzen voraus, dass Mediendienste einen meinungsbildenden Charakter aufweisen können. Es muss folglich ein gewisses Maß an publizistischer bzw. meinungsbildender Relevanz vorliegen, um von einer Rundfunkdarbietung sprechen zu können, wohingegen Mediendienste entweder von lediglich geringfügiger publizistischer Bedeutung sind (§ 2 Abs. 2 Nr. 1 und Nr. 3 MDStV) oder die Suggestivkraft bewegter Bilder vermissen lassen (§ 2 Abs. 2 Nr. 3 MDStV).[179] Dass sich eine klare Trennung mittels dieser Kriterien nicht immer erzielen lässt, ist offenkundig.[180] Im Einzelfall ist daher die Entscheidung, ob eine Darbietung vorliegt oder nicht, häufig schwer zu treffen,[181] weshalb die Einordnung zahlreicher konkreter Dienste in der Literatur auch umstritten ist.[182]

Der Staatsvertraggeber hat versucht, der Abgrenzungsproblematik im Einzelfall durch die Regelung des § 20 Abs. 2 RfStV Rechnung zu tragen.[183] Danach bedürfen private Anbieter von Mediendiensten einer rundfunkrechtlichen Zulassung und unterfallen den Bestimmungen des RfStV, wenn und soweit sie dem Rundfunk zuzuordnen sind; die Feststellung für das Vorliegen der Voraussetzungen trifft die zuständige Landesmedienanstalt im Einvernehmen aller Landesmedienanstalten. In der Literatur wird vorgeschlagen, entsprechend dem Sinn und Zweck der Norm, diejenigen Mediendienste unter § 20 Abs. 2 RfStV zu fassen, die dem herkömmlichen Rundfunk so nahe kommen, dass die Regelungen des MDStV der verfassungsrechtlichen Vorgabe zur Gewährleistung einer freien, in-

---

176 Zu der Aufgabe des Rundfunks als Medium und Faktor im Kommunikationsprozess: *BVerfGE* 12, 205, 260; 57, 295, 320; 73, 118, 152; 74, 297, 323; 83, 238, 296.

177 *Kuch*, ZUM 1997, 225, 228; *Gounalakis/Rhode*, CR 1998, 487, 488.

178 *Holznagel/Kibele*, in: Handbuch Multimedia-Recht, Teil 5, Rn. 52; *Kloepfer*, Informationsrecht, § 13 Rn. 15, S. 587.

179 *Kloepfer*, Informationsrecht, § 13 Rn. 15, S. 588; *Gersdorf*, Grundzüge des Rundfunkrechts, S. 76 Rn. 161.

180 *Kloepfer*, Informationsrecht, § 13 Rn. 16, S. 588.

181 *Holznagel/Kibele*, in: Handbuch Multimedia-Recht, Teil 5, Rn. 47; *Kröger/Moos*, ZUM 1997, 462, 465; *Gounalakis/Rhode*, CR 1998, 487, 491 f.

182 S. *Holznagel/Kibele*, in: Handbuch Multimedia-Recht, Teil 5, Rn. 49 ff. u. *Kloepfer*, Informationsrecht, § 13 Rn. 17, S. 588. Beide führen zur Veranschaulichung der Abgrenzungsschwierigkeiten einige Beispielfälle m.w.N. auf.

183 S. *Holznagel/Kibele*, in: Handbuch Multimedia-Recht, Teil 5, Rn. 47.

dividuellen Meinungsbildung nicht genügen.[184] Dies soll vor allem dann der Fall sein, wenn der Dienst programmschemaähnliche Strukturen aufweist.[185] Aber auch insoweit bestehen erhebliche Schwierigkeiten bei der Abgrenzung.[186]

Die Abgrenzung von den Telediensten zum Rundfunk bereitet dagegen weniger Probleme, weil zumindest die klassischen Massenmedien Fernsehen und Hörfunk sich in der Regel von dem durch seine individualkommunikative Komponente geprägten Teledienst unterscheiden lassen.[187] Während es sich bei Telediensten um individuell, autonom und interaktiv ausgestaltete Abrufangebote handelt, die Informationen „stückweise" verbreiten, kennzeichnet sich der Rundfunk durch ein zeitlich planmäßig ablaufendes Gesamtprogramm aus, auf das der Rezipient lediglich durch Ein- oder Ausschalten reagieren kann.[188]

b) Kein einheitlicher Schutzstandard von GjSM und MDStV

Tele- und Mediendienste waren im Bereich des Jugendschutzes verschiedenen Gesetzen unterworfen, deren inhaltliche Regelungen voneinander abwichen. Das Nebeneinander der Vorschriften des GjSM und MDStV führte aufgrund der problematischen Abgrenzung zwischen Tele- und Mediendiensten dazu, dass die Feststellung, welche Bestimmung im konkreten Fall anwendbar war, Probleme verursachte. Das Ergebnis der Abgrenzung war von erheblicher Bedeutung, weil GjSM und MDStV keine einheitlichen Maßstäbe an den Jugendschutz im Internet stellten. Von der Einordnung hing damit ab, welchen Schutzstandard ein Anbieter einzuhalten hatte.

Der wohl gewichtigste Unterschied zwischen den Regelungsregimen lag in der divergierenden Behandlung von jugendbeeinträchtigenden Inhalten: Während die Anbieter von Mediendiensten gem. § 12 Abs. 2-4 MDStV a.F. bereits bei solchen Inhalten Vorkehrungen ergreifen mussten, verlangte das GjSM von den Telediensteanbietern erst bei jugendgefährdenden Inhalten die Einrichtung von Schutzvorkehrungen. Zudem knüpften sich an die Verbreitung entgegen § 12 Abs. 2-4 MDStV a.F. für Mediendienste Ordnungswidrigkeitstatbestände, die mit Geldbuße von bis zu 250.000 Euro geahndet werden konnten, vgl. § 24 Abs. 1 Nr. 7, 8, Abs. 2 MDStV a.F.

Ferner waren die in § 12 Abs. 1 MDStV a.F. aufgezählten jugendgefährdenden Angebote in Mediendiensten ganz untersagt, wohingegen entsprechende In-

184 *Holznagel/Kibele*, in: Handbuch Multimedia-Recht, Teil 5, Rn. 48.
185 *Holznagel/Kibele*, in: Handbuch Multimedia-Recht, Teil 5, Rn. 53.
186 Vgl. hierzu nur *Holznagel/Kibele*, in: Handbuch Multimedia-Recht, Teil 5, Rn. 49 ff.
187 Ebenso *Kloepfer*, Informationsrecht, § 13 Rn. 14, S. 587.
188 S. *Engel-Flechsig/Maennel/Tettenborn*, NJW 1997, 2981, 2983.

halte in Telemedien – sofern sie keinen Straftatbestand erfüllten – gem. § 3 Abs. 2 S. 2 GjSM verbreitet werden durften, wenn durch technische Vorkehrungen Vorsorge getroffen wurde, dass das Angebot oder die Verbreitung im Inland auf volljährige Nutzer beschränkt werden konnte. So war beispielsweise das Angebot offensichtlich schwer jugendgefährdender Inhalte in Mediendiensten absolut verboten, in Telediensten dagegen bei Ergreifung der geforderten technischen Vorkehrungen erlaubt, s. § 12 Abs. 1 Nr. 3 MDStV a.F. sowie § 6 Nr. 3 i.V.m. § 3 Abs. 1 Nr. 4, Abs. 2 S. 2 GjSM.

Darüber hinaus setzte die Verbreitungsbeschränkung des § 3 Abs. 1 Nr. 4, Abs. 2 S. 2 GjSM grundsätzlich eine Indizierung und deren Bekanntmachung voraus (mit Ausnahme der in § 6 GjSM genannten Fälle). Ein jugendgefährdender Mediendienst war hingegen, ohne dass es eines Verfahrens bedurft hätte, nach § 12 Abs. 1 MDStV a.F. normwidrig. Ein kriegsverherrlichendes Angebot war etwa als Mediendienst per se unzulässig gem. § 12 Abs. 1 Nr. 2 MDStV, als Teledienst verbreitet setzte es erst die Aufnahme in die Liste jugendgefährdender Medien und deren Bekanntmachung voraus, s. § 1 Abs. 1 S. 1, 2 i.V.m. § 3 Abs. 1 Nr. 4 GjSM.

Warum die Anbieter bei Verbreitung desselben Inhalts – je nachdem, ob sie als Tele- oder Mediendienst erfolgte – ein unterschiedliches Schutzniveau einhalten mussten, lässt sich nicht plausibel erklären.[189] Überdies lag in der Divergenz zwischen den Regelungswerken, verbunden mit der Schwierigkeit der Feststellung des Anwendungsbereichs der Vorschriften, eine erhebliche Rechtsunsicherheit für die Anbieter.

c) Kompetenzkonflikte aufgrund einer zersplitterten Aufsichtsstruktur

Daneben führte die Zuständigkeit verschiedener Aufsichtsstellen für den Bereich des Jugendmedienschutzes zu Rechtsunsicherheit. Es war häufig schwer aufzuklären, welche Behörde im konkreten Fall im Interesse des Jugendschutzes einzuschreiten hatte. Hierdurch bedingte Zuständigkeitsstreitigkeiten der kontrollierenden Systeme lähmten die Durchsetzung des Jugendmedienschutzes erheblich.[190] Kompetenzkonflikte entfachten nicht nur zwischen den Überwachungsinstanzen von Bund und Ländern, sondern auch zwischen den unterschiedlichen Ländereinrichtungen.

Rundfunksendungen nach § 2 RfStV wurden bei Programmangeboten öffentlich-rechtlicher Rundfunkanbieter von deren Aufsichtsorganen, bei Angeboten

189 Ebenso *Altenhain*, in: Roßnagel, Recht der Multimedia-Dienste, Teil 9, § 1 GjS Rn. 41; *Holznagel/Kussel*, RdJB 2002, 295, 302.
190 S. *Roll*, KJuG 4/2002, 113 f.

der privaten Rundfunkveranstalter gem. § 38 Abs. 1 RfStV von der jeweils zuständigen Landesmedienanstalt der Länder überwacht. Die Zuständigkeit richtete sich danach, welche Anstalt die Zulassung erteilt hatte.

Die Aufsicht über die Einhaltung der Jugendschutzvorschriften i.S.d. § 12 MDStV a.F. für Mediendienste führte gem. § 22 Abs. 1 S. 1 MDStV a.F. die in den einzelnen Bundesländern für den gesetzlichen Jugendschutz zuständige Behörde. Örtlich zuständig war die Behörde des Landes, in dem der betreffende Anbieter seinen Sitz, Wohnsitz oder, in Ermangelung dessen, seinen ständigen Aufenthalt hatte, vgl. § 22 Abs. 5 MDStV. Sofern sie einen Verstoß gegen § 12 MDStV a.F. feststellte, war sie gem. § 22 Abs. 2 S. 1 MDStV a.F. ermächtigt, die zur Beseitigung des Verstoßes erforderlichen Maßnahmen zu treffen. Hierzu konnte sie insbesondere (unter bestimmten Voraussetzungen) die Angebote untersagen und deren Sperrung anordnen, vgl. § 22 Abs. 2 S. 2-5 MDStV a.F. Folgende Behörden übten die Aufsicht zur Einhaltung der Jugendschutzvorschriften des MDStV aus: In Baden-Württemberg das Sozialministerium, in Bayern das Landesjugendamt, in Berlin der Senator für Schule, Jugend und Sport, in Brandenburg das Ministerium für Bildung, Jugend und Sport, in Bremen der Senator für Frauen, Gesundheit, Jugend, Soziales und Umweltschutz, in Hamburg die Behörde für Schule, Jugend und Berufsbildung, in Hessen das Regierungspräsidium Darmstadt, in Mecklenburg-Vorpommern das Kultesministerium, in Niedersachsen und Nordrhein-Westfalen die Bezirksregierungen, in Rheinland-Pfalz das Ministerium für Kultur, Jugend, Familie und Frauen, in Saarland das Ministerium für Frauen Arbeit, Gesundheit und Soziales, in Sachsen das Sozialministerium, in Sachsen-Anhalt das Ministerium für Arbeit, Soziales und Gesundheit, in Schleswig-Holstein das Ministerium für Frauen, Jugend, Wohnungs- und Städtebau sowie in Thüringen das Ministerium für Soziales und Gesundheit.[191] Damit wird deutlich, dass sich selbst für Mediendienste höchst unterschiedliche Zuständigkeiten ergaben.

Bei den Telediensten oblag es der *BPjS*, über die Aufnahme in die Liste jugendgefährdender Medien zu entscheiden, vgl. § 11 Abs. 1 GjSM. Die Verbreitung von Telediensten entgegen § 3 Abs. 1 Nr. 4, Abs. 2 S. 2 GjSM war strafbewährt, so dass für die Überwachung der Teledienste die Polizei und die Staatsanwaltschaft zuständig waren.

Zusammenfassend besaßen im Onlinebereich verschiedenste Aufsichtsinstanzen die Zuständigkeit: Landesmedienanstalten, interne Aufsichtsorgane, Ministerien, Jugendbehörden, Regierungspräsidien, die *BPjS*, Polizei und Staatsanwalt-

191 Vgl. *Vesting*, in: Roßnagel, Recht der Multimedia-Dienste, Teil 4, § 18 MDStV Rn. 23.

schaft. Eine Bündelung der Aufsichtsinstitutionen für Rundfunk und die Online-Dienste erschien daher geboten.

d) Unzureichender Jugendschutz im Internet

Wenngleich sich im GjSM und MDStV Bestimmungen des Jugendschutzes für das Internet fanden, erfolgte in diesem Bereich kein effektiver Jugendschutz.[192] Im Vergleich zu den Jugendschutzregelungen des RfStV hatte man sich in § 12 MDStV a.F. auf die Schaffung von Mindeststandards beschränkt;[193] die geringste Regelungsdichte wiesen die unter das GjSM fallenden Teledienste auf.[194]

Zurückzuführen war der mangelnde Jugendschutz im Internet jedoch in erster Linie auf Defizite im Bereich der Aufsicht. Das ungeordnete, globale Gefüge des Internets und die Unerreichbarkeit vieler Anbieter sowie das ständige Auswechseln und das rasante Wachstum der Angebote erfordert eine Aufsichtsstruktur, die den Problemen des Internets gewachsen ist.[195] Die über das Internet verbreitete Informationsflut kann staatlicherseits nicht auf jede mögliche Rechtsverletzung hin untersucht werden.[196] Immerhin gilt es (geschätzt) über eine Milliarde Websites zu überwachen, wobei die Zahl sich jedes halbe Jahr verdoppeln soll.[197] Der hierzu notwendige personelle und zeitliche Aufwand wäre unermesslich. Eine herkömmliche Aufsicht führt daher zwangsläufig zu Vollzugsdefiziten: Der Staat ist im Bereich des Internets alleine nicht in der Lage, den Jugendschutz zu gewährleisten.[198] Notwendig ist vielmehr eine stärkere Einbindung von selbstregulativen Elementen und die Entwicklung technischer Schutzvorkehrungen.[199]

III. Die spezialgesetzliche Lage nach dem 1. April 2003

Am 1. April 2003 trat das Jugendschutzgesetz (JuSchG) des Bundes in Kraft, welches das JÖSchG und das GjSM ablöste. Mit dem gleichzeitigen In-Kraft-Treten des Staatsvertrages der Länder über den Jugendmedienschutz in Rundfunk

---

192 *Stettner*, ZUM 2003, 425, 430.

193 *Stettner*, ZUM 2003, 425 f.

194 *Landmann*, in: Eberle/Rudolf/Wasserburg, Mainzer Rechtshandbuch der Neuen Medien, S. 261.

195 *Stettner*, ZUM 2003, 425, 431.

196 *Holznagel*, NJW 2002, 2351, 2353 u. 2355.

197 *Stettner*, ZUM 2003, 425, 426.

198 *Holznagel*, NJW 2002, 2351, 2353.

199 *Schulz*, MMR 1998, 182, 185 ff.; *Holznagel*, NJW 2002, 2351, 2355 f.; *Stettner*, ZUM 2003, 425, 431.

und Telemedien (JMStV) wurden einige rundfunkrechtliche Staatsverträge abgeändert (s. § 25 JMStV); insbesondere wurden die bis dahin geltenden jugendschutzrechtlichen Bestimmungen in § 3 RfStV a.F. und § 12 MDStV a.F. ersetzt, s. nunmehr den Verweis auf den JMStV in § 4 RfStV n.F. sowie in § 12 MDStV n.F.[200]

1. Das Jugendschutzgesetz des Bundes

Bei dem JuSchG handelt es sich um eine Zusammenfassung von JÖSchG und GjSM. Regelungsgegenstand ist der Jugendschutz sowohl innerhalb als auch außerhalb[201] des Medienbereichs.

Das JuSchG unterscheidet zwischen den der modernen Medientechnik angepassten Begriffen der Träger- und Telemedien.[202] Der bisher von dem Bundesgesetzgeber verwendete Oberbegriff der Schriften wurde aufgegeben. Nach der Legaldefinition des § 1 Abs. 2 S. 1 JuSchG sind Trägermedien alle

„ [...] Medien mit Texten, Bildern oder Tönen auf gegenständlichen Trägern, die zur Weitergabe geeignet, zur unmittelbaren Wahrnehmung bestimmt oder in einem Vorführ- oder Spielgerät eingebaut sind“.

Konkret fallen unter diesen Begriff folglich körperliche Kommunikationsinhalte wie Bücher, Audio- und Videokassetten, Musik-CDs, Disketten, CD-ROMs und DVDs. § 1 Abs. 2 S. 2 JuSchG stellt dem gegenständlichen Verbreiten, Überlassen, Anbieten oder Zugänglichmachen von Trägermedien das elektronische Verbreiten gleich, soweit es sich nicht um Rundfunk i.S.d. § 2 RfStV handelt. In Abgrenzung zu den Trägermedien sind Telemedien gem. § 1 Abs. 3 S. 1 JuSchG

„ [...] Medien, die durch elektronische Informations- und Kommunikationsdienste nach dem Gesetz über die Nutzung von Telediensten (Teledienstegesetz, TDG) und nach dem Staatsvertrag über Mediendienste der Länder übermittelt oder zugänglich gemacht werden.“

---

200 Zur Entstehungsgeschichte der Regelungswerke: *Ukrow*, Jugendschutzrecht, S. 14 ff.

201 S. hierzu *Scholz/Liesching*, Jugendschutz, Teil 1, §§ 3 ff. JuSchG; *Ukrow*, Jugendschutzrecht, S. 77 ff.

202 Für den Begriff der Trägermedien wird häufig auch die Bezeichnung „Offlinemedien“ gewählt. Unter dem konträr gebrauchten Begriff der „Onlinemedien“ sind Rundfunk und Telemedien zu verstehen.

Das JuSchG untergliedert sich in sieben Abschnitte. Im ersten Abschnitt (§§ 1-3) befinden sich allgemeine Vorschriften, wie beispielsweise Begriffsbestimmungen. Der zweite Abschnitt betrifft den außerhalb des Medienrechts liegenden Jugendschutz in der Öffentlichkeit, vgl. §§ 4-10 JuSchG. Der Jugendschutz im Bereich der Medien ist im dritten Abschnitt in den §§ 11-16 JuSchG geregelt. Abschnitt vier, §§ 17-25 JuSchG, stellt die Anforderungen an die Bundesprüfstelle und die von ihr zu führende Liste auf. Mit § 26 JuSchG enthält der fünfte Abschnitt eine Verordnungsermächtigung. Der sechste Abschnitt legt in § 27 und § 28 JuSchG die Ahndung von Verstößen gegen die Vorschriften des Gesetzes fest. Daran knüpfen die Schlussvorschriften (§§ 29, 30 JuSchG) des letzten Abschnitts an. Für den hier interessierenden Jugendschutz in den Medien sind demgemäß die §§ 11 ff. JuSchG einschlägig.

Nachstehend werden die neuen Vorschriften jeweils im Vergleich zu den alten Regelungswerken im Hinblick auf Kongruenzen und Unterschiede untersucht. Die unterschiedlichen Prinzipien von GjSM, wonach die Medien grundsätzlich bis zu dem förmlichen Abschluss der Indizierung zugänglich waren, und JÖSchG, wonach Minderjährige erst nach Bewertung des Inhalts Zugang zu den für ihre Altersstufe freigegebenen öffentlich vorgeführten Medien erhielten,[203] behält das JuSchG bei.

a) Parallelen und Abweichungen zum GjSM

Das JuSchG ist inhaltlich weitgehend dem GjSM nachgebildet. So findet § 1 Abs. 1 GjSM sein Pendant in § 18 Abs. 1 JuSchG (Indizierungsvoraussetzungen), § 6 GjSM in § 15 Abs. 2 JuSchG (automatische Geltung der Indizierungsfolgen), §§ 3-5 GjSM in § 15 Abs. 1 JuSchG (Verbreitungs- und Werbebeschränkungen), § 7 GjSM in § 22 JuSchG (Aufnahme periodischer Medien), §§ 8, 9 GjSM in §§ 19, 20 JuSchG (Personelle Besetzung der Bundesprüfstelle), § 10 GjSM in § 19 Abs. 4 JuSchG (Weisungsunabhängigkeit), § 11 Abs. 2 GjSM in § 21 JuSchG (Einleitung des Verfahrens), §§ 12-19 GjSM in §§ 21-23 JuSchG (Indizierungsverfahren), § 20 GjSM in § 25 JuSchG (Rechtsweg), § 21 GjSM in § 27 JuSchG (Strafvorschriften) und § 21 a GjSM in § 28 JuSchG (Bußgeldvorschriften).

Im Einzelnen weisen die Vorschriften gleichwohl viele Unterschiede auf. Die Wesentlichen sollen im Folgenden kursorisch dargestellt werden.

203 S. hierzu bereits vorstehend Teil 1 C. II. 1. a) und b), S. 36 ff.

aa) Gegenstand der Indizierung

Der Kreis der indizierbaren Medien wurde vergrößert. Gem. § 18 Abs. 1 JuSchG können alle Medien – mit Ausnahme des Rundfunks – in die Liste jugendgefährdender Medien aufgenommen werden. Hierunter fallen insbesondere auch die Mediendienste, für die bislang allein die Länder zuständig waren. Teledienste konnten dagegen schon immer indiziert werden.[204]

Aufgrund der nach der Vereinbarung von Bund und Ländern vom 8. März 2002[205] beabsichtigten klaren Trennung von Träger- und Telemedien in Verbindung mit einer entsprechenden Kompetenzzuordnung, bleiben gem. § 16 JuSchG Bestimmungen über die Rechtsfolgen der Indizierung bei Telemedien und sonstige die Telemedien betreffenden Regelungen ausdrücklich den Ländern vorbehalten. Entgegen der vereinbarten Eckpunkte und des in der amtlichen Begründung zu § 16 JuSchG erweckten Eindrucks verzichtet der Bundesgesetzgeber aber auch abgesehen von der Indizierung und dem Verfahren nicht auf den Erlass von Bestimmungen über Telemedien, s. §§ 12 Abs. 2 S. 3, 15 Abs. 1 Nr. 6 u. Abs. 5 JuSchG.

bb) Tatbestand der schwer jugendgefährdenden Inhalte

Zudem wurde im Vergleich zu § 6 GjSM der Tatbestand derjenigen Trägermedien erweitert, die den sich aus der Indizierung ergebenden Beschränkungen und Verboten unterliegen, ohne dass es der Aufnahme in die Liste und einer Bekanntmachung bedarf, vgl. § 15 Abs. 2 JuSchG.[206] So sind jetzt auch kriegsverherrlichende Trägermedien, die bisher in § 1 Abs. 1 S. 2 GjSM als Regelbeispiel für eine jugendgefährdende Schrift i.S.d. § 1 Abs. 1 GjSM genannt wurden, als schwer jugendgefährdend zu qualifizieren. Neu eingefügt in den Katalog der schwer jugendgefährdenden Medien wurde darüber hinaus § 15 Abs. 2 Nr. 3 JuSchG, der einen speziellen Fall der Menschenwürdeverletzung erfasst und § 15 Abs. 2 Nr. 4 JuSchG, der sich auf Inhalte bezieht, die Kinder oder Jugendliche in unnatürlicher, geschlechtsbetonter Körperhaltung zeigen.

cc) Kompetenzen der BPjM

Die Neuregelung hat überdies die Kompetenzen der *Bundesprüfstelle für jugendgefährdende Medien* (BPjM), die bislang als *BPjS* bekannt war, ausgedehnt. Wie

204 S. zuvor unter Teil 1 C. II. 1. a), S. 36 ff.
205 Die Eckpunkte einer Neuregelung des Jugendschutzes sind in der amtlichen Begründung zum JuSchG abgedruckt, vgl. BT-Drs. 14/9013, S. 13.
206 Vgl. zu dieser Erweiterung *Liesching*, NJW 2002, 3281, 3285.

bereits angesprochen, hat sie nunmehr die Befugnis, auch Mediendienste in die Liste jugendgefährdender Inhalte aufzunehmen.

Obgleich sie weiterhin in der Regel erst auf einen Antrag hin tätig wird (§ 21 Abs. 1 JuSchG), darf sie in Abweichung zu der alten Rechtslage unter bestimmten Umständen von Amts wegen tätig werden,[207] vgl. § 21 Abs. 4 und Abs. 5 JuSchG.

dd) Antragsberechtigung

Die Berechtigung zum Antrag auf Aufnahme in die Liste entspricht im Wesentlichen § 2 DVO GjSM. Der Katalog wurde jedoch entsprechend den zwischen den Ländern und der Bundesregierung vereinbarten Eckwerten um die zentrale Aufsichtsstelle für den Jugendmedienschutz der Länder ergänzt und in das Gesetz aufgenommen, s. § 21 Abs. 2 JuSchG.

ee) Liste jugendgefährdender Medien

Anders als zuvor, ist die Liste der jugendgefährdenden Medien nicht mehr einheitlich, sondern gem. § 18 Abs. 2 JuSchG in vier Teilen (A, B, C und D) zu führen. Um den – insbesondere im Bereich der Telemedien – unerwünschten Effekt zu vermeiden, dass die Liste als „Leitfaden" für jugendgefährdende Inhalte verwendet wird, soll die Verbotsliste der Öffentlichkeit nicht mehr vollständig zugänglich sein.[208] Infolgedessen sind nur die ersten beiden Teile der Liste zu veröffentlichen. Einblick in die nicht öffentlichen Teile soll nur Behörden und den Entwicklern von Filterprogrammen gewährt werden. Trägermedien können in alle Teile der Liste aufgenommen werden, Telemedien dagegen lediglich in die nicht öffentlichen Teile C und D.

Alle Trägermedien, die sich nicht anderen Teilen der Liste zuordnen lassen, sind in Teil A aufzunehmen. In Teil B der Liste sind Trägermedien einzutragen, die nach Einschätzung der *BPjM* einen in den §§ 86, 130, 130 a, 131 oder § 184 Abs. 3, Abs. 4 StGB a.F. (~ §§ 184 a, 184 b Abs. 1 und Abs. 2 StGB n.F.) u be-

---

207 Entgegen der Ansicht *Stettners* (ZUM 2003, 425, 428 u. 429) setzt die Indizierung von Telemedien keinen Antrag der *KJM* voraus. Die *BPjM* nimmt die Indizierung von Träger- und Telemedien gem. § 18 I JuSchG eigenständig vor. § 18 VI JuSchG ist so zu verstehen, dass die *BPjM* jedoch verpflichtet ist, Telemedien zu indizieren, wenn die *KJM* die Aufnahme eines Telemediums beantragt und der Antrag nicht offensichtlich unbegründet ist oder sich im Hinblick auf die Spruchpraxis der *BPjM* als unvertretbar erweist.

208 S. amtliche Begründung zu § 18 II JuSchG, BT-Drs. 14/9013 sowie *Liesching*, NJW 2002, 3281, 3285.

zeichneten Inhalt aufweisen, vorausgesetzt, sie sind nicht Teil D zuzurechnen. Die Aufnahme in Teil D erfolgt bei Trägermedien, die einen Straftatbestand verwirklichen, sofern von einer Bekanntmachung der Indizierung gem. § 24 Abs. 3 S. 2 JuSchG abzusehen ist. Dies ist der Fall, wenn sie der Wahrung des Jugendschutzes schaden würde oder das Trägermedium nur durch Telemedien verbreitet wird. Aus gleichem Grund kann auch bei Trägermedien, die keinen Straftatbestand erfüllen, von einer Aufnahme in Teil A der Liste abzusehen sein, so dass sie dann in dem nicht öffentlichen Teil C zu platzieren sind.

Telemedien können ausschließlich in die beiden nicht öffentlichen Teile der Liste aufgenommen werden. Grundsätzlich sind sie daher in Teil C einzutragen. Nur wenn sie den Tatbestand einer der zuvor genannten Strafnormen erfüllen, sind sie in Teil D der Liste zu verorten.

ff) Die Ahndung von Verstößen

Bei den Ordnungswidrigkeiten ist die Höhe der möglichen Geldbuße bei Verstößen gegen das JuSchG im Vergleich zum GjSM deutlich erhöht worden: Während ein Verstoß bislang mit maximal 15.000 Euro belegt werden konnte, kann er jetzt mit bis zu 50.000 Euro geahndet werden.

b) Änderungen im Vergleich zum JÖSchG

Die außerhalb des Medienrechts anzusiedelnden, den Jugendschutz in der Öffentlichkeit betreffenden Vorschriften des JÖSchG wurden in den §§ 4-10 JuSchG aufgegriffen und inhaltlich modifiziert. Geregelt wird hier beispielsweise der Aufenthalt Minderjähriger in Gaststätten, bei öffentlichen Tanzveranstaltungen, in öffentlichen Spielhallen sowie an anderen jugendgefährdenden Orten.[209]

Was den Jugendschutz in den Medien betrifft, sind die §§ 11-14 JuSchG inhaltlich weitgehend an §§ 6 und 7 JÖSchG angelehnt. Dabei befasst sich § 11 JuSchG mit der Anwesenheit Minderjähriger bei öffentlichen Filmveranstaltungen, § 12 JuSchG mit dem öffentlichen Zugänglichmachen von Bildträgern mit Filmen oder Spielen und § 13 JuSchG mit öffentlich aufgestellten Bildschirmspielgeräten. Minderjährige dürfen mit Medien in der dort beschriebenen Weise nur in Berührung geraten, wenn diese von der obersten Landesbehörde oder einer Organisation der freiwilligen Selbstkontrolle im Rahmen des Verfahrens nach § 14 Abs. 6 JuSchG für ihre Altersstufe freigegeben worden sind. § 14 JuSchG behandelt die Kennzeichnung von Filmen sowie Film- und Spielprogrammen.

209 Vgl. zu den bedeutsamsten Änderungen in diesem Bereich: *Liesching*, NJW 2002, 3281, 3282.

Die Kennzeichnung erfolgt in den bekannten fünf Stufen.[210] Zuständig hierfür sind die obersten Landesjugendbehörden oder eine von diesen legitimierte Organisation der freiwilligen Selbstkontrolle.

Wesentlicher Unterschied zum JÖSchG ist, dass die bisher nur für Kino- und Videofilme erforderliche Alterskennzeichnung nunmehr auch auf Trägermedien mit Spielprogrammen (Computerspiele und Bildschirmspielgeräte) erweitert worden ist. Computerspiele waren von dem Anwendungsbereich des JÖSchG nicht erfasst, so dass sie erst ab der höheren Schwelle der Jugendgefährdung nach dem GjSM indiziert werden konnten (eine Alterskennzeichnung nach dem JÖSchG erfolgte dagegen bereits bei Jugendbeeinträchtigung). Seit Jahren wurde diskutiert, Computerspiele in die Altersfreigaberegelung der §§ 6-7 JÖSchG einzubeziehen. Den Anstoß zu der Aufnahme von Computerspielprogrammen in das JuSchG hat das in der Einleitung angesprochene Ereignis in Erfurt gegeben. Die bedeutsamste Neuregelung im Vergleich zum JÖSchG befindet sich damit in den §§ 12, 13 JuSchG. Gem. § 12 JuSchG dürfen neben Filmen auch Computerspielprogramme einem Minderjährigen in der Öffentlichkeit nur zugänglich gemacht werden, wenn die Programme für seine Altersstufe freigegeben und gekennzeichnet worden sind. Das gleiche gilt gem. § 13 Abs. 1 JuSchG für das Spielen Minderjähriger an öffentlich ausgestellten Bildschirmspielgeräten ohne Gewinnmöglichkeit.

Es ist allerdings darauf hinzuweisen, dass die *Unterhaltungssoftware-Selbstkontrolle* (USK) bereits neun Jahre vor Erlass dieses Gesetzes Computerspiele mit Altersempfehlungen versehen hat,[211] die für den Handel jedoch bisher unverbindlich waren. In dieser Weise gekennzeichnete Spiele müssen nicht neu bewertet werden, sondern sind mit In-Kraft-Treten des JuSchG bindend geworden.

Im Übrigen wurde auch in diesem Bereich die Geldbuße bei Ordnungswidrigkeiten von 15.000 Euro auf 50.000 Euro heraufgesetzt.

2. Der Jugendmedienschutz-Staatsvertrag

Der Staatsvertrag über den Schutz der Menschenwürde und den Jugendschutz in Rundfunk und Telemedien (Jugendmedienschutz-Staatsvertrag, JMStV)[212] bezieht neben dem Rundfunk und den Mediendiensten die Teledienste in seinen Anwendungsbereich ein. Er führt damit nicht nur die Jugendschutzbestimmungen der Länder aus dem RfStV und dem MDStV in ein einheitliches Regelungswerk

---

210 S. zuvor unter Teil 1 C. II. 1. b), S. 38 ff.

211 S. *Gersdorf*, Grundzüge des Rundfunkrechts, S. 88 Rn. 181.

212 Zur Entstehungsgeschichte des JMStV: *Hartstein/Ring/Kreile/Dörr/Stettner*, RfStV, Bd. III, C 2.

zusammen, sondern ersetzt zum Teil auch die Bestimmungen des GjSM über Teledienste. Dabei gibt der Staatsvertraggeber die Unterscheidung zwischen Tele- und Mediendiensten auf, wodurch für den Bereich des Jugendschutzes die komplizierte Differenzierung zwischen diesen Diensten[213] hinfällig wird. Unter den Oberbegriff der Telemedien zusammengefasst, werden sie nach dem JMStV einheitlichen Bestimmungen unterworfen. Die amtliche Begründung zum JuSchG[214] weist ausdrücklich darauf hin, dass hiermit die unterschiedliche Behandlung von Telediensten und Mediendiensten im Bereich des Jugendschutzes aufgrund der immer noch ungeklärten Zuordnungsfragen verhindert werden soll. Regelungsgegenstand des JMStV ist damit der Jugendschutz in allen elektronischen Informations- und Kommunikationsmedien, d.h. im Rundfunk und in den Telemedien.

Der JMStV unterteilt sich in sieben Abschnitte. Allgemeine Vorschriften befinden sich im ersten Abschnitt (§§ 1-7), der gleichermaßen für private und öffentlich-rechtliche Rundfunkveranstalter sowie für Rundfunk und Telemedien gilt. Gem. § 1 JMStV ist Zweck des Staatsvertrages

> *„[...] der einheitliche Schutz der Kinder und Jugendlichen vor Angeboten in elektronischen Informations- und Kommunikationsmedien, die deren Entwicklung oder Erziehung beeinträchtigen oder gefährden, sowie der Schutz vor solchen Angeboten in elektronischen Informations- und Kommunikationsmedien, die die Menschenwürde oder sonstige durch das Strafgesetzbuch geschützte Rechtsgüter verletzen."*

§ 2 JMStV beschreibt den Geltungsbereich des Staatsvertrages. Im Staatsvertrag verwendete Begriffe definiert § 3 JMStV. § 4 JMStV listet die unzulässigen Angebote auf, während § 5 JMStV die von den Anbietern bei entwicklungsbeeinträchtigenden Angeboten zu erfüllenden Verpflichtungen nennt. § 6 JMStV beinhaltet Regelungen über den Jugendschutz in Werbung und im Teleshopping. § 7 JMStV legt fest, unter welchen Voraussetzungen ein Jugendschutzbeauftragter zu bestellen ist.

Der zweite Abschnitt trifft Sonderregelungen für den Rundfunk. Hierbei geht es um zusätzliche Festlegungen der Sendezeiten, spezielle Ausnahmeregelungen sowie Programmankündigungen und Kenntlichmachung durch optische Mittel oder akustische Zeichen, vgl. §§ 8-10 JMStV.

Im dritten Abschnitt sind Vorschriften enthalten, die nur für Telemedien gelten. § 11 JMStV stellt Anforderungen an die Jugendschutzprogramme auf, die ein Abweichen von den Sendezeiten bei entwicklungsbeeinträchtigenden Angeboten ermöglichen. Die Kennzeichnungspflicht regelt § 12 JMStV.

---

213 S. hierzu Teil 1 C. II. 3. a) aa), S. 45 ff.

214 Abgedruckt z.B. bei *Hartstein/Ring/Kreile/Dörr/Stettner*, RfStV, Bd. III, C 1.6.

Die Abschnitte vier bis sechs gelten nicht für den öffentlich-rechtlichen Rundfunk. Bestimmungen über das Verfahren zur Einhaltung der Vorschriften des Staatsvertrages finden sich – für private Anbieter – in den §§ 13-19 JMStV. Der Anwendungsbereich ist in § 13 JMStV erörtert. § 14 JMStV beschäftigt sich mit der *Kommission für den Jugendmedienschutz* (KJM), insbesondere deren Zusammensetzung und Verhältnis zu den Landesmedienanstalten. § 16 JMStV führt die Zuständigkeiten der *KJM* beispielhaft auf, § 17 JMStV normiert das Verfahren der *KJM*. Mitwirkungs- und Einbeziehungspflichten der verschiedenen Institutionen artikuliert § 15 JMStV. Die Stellung von *jugendschutz-net* ist in § 18 JMStV beschrieben. Sie wird organisatorisch an die *KJM* angebunden. § 19 JMStV betrifft die Einrichtungen Freiwilliger Selbstkontrolle.

Der Vollzug für private Anbieter ist im fünften Abschnitt (§§ 20-22) geregelt. § 20 JMStV behandelt das Verhältnis von Aufsicht, Anbieter und Selbstkontrolleinrichtungen, § 21 JMStV statuiert Auskunftsansprüche der *KJM* gegenüber Anbietern von Telemedien und § 22 JMStV enthält eine Regelung für die Revision zum *Bundesverwaltungsgericht*.

Daran knüpft sich der die Ahndung von Verstößen der privaten Anbieter regelnde sechste Abschnitt an, vgl. §§ 23, 24 JMStV. Der Staatsvertrag endet mit den Schlussbestimmungen in §§ 25-28.

Durch das neue Regelungswerk haben sich nachstehende, erwähnenswerte Veränderungen ergeben:

a) Umverteilung der Regelungsbereiche zwischen Bund und Ländern

Eine Neuordnung des Jugendmedienschutzes befand sich bereits lange Zeit vor den abschließenden Verhandlungen zu dem JuSchG und dem JMStV in der Planung, scheiterte jedoch regelmäßig an Zuständigkeitsfragen.[215] Der Bund hatte zuvor auf Regelungen des Jugendschutzes für Teledienste nicht verzichten wollen, da er der Auffassung war, in diesem Bereich die ausschließliche Gesetzgebungskompetenz zu besitzen.[216] Dagegen strebten die Länder an, den Jugendschutz in allen elektronischen Medien einheitlich zu regeln und dem Bund nur den Bereich der Trägermedien zu belassen.[217] Zu einem Konsens kam es schließlich im März 2002: Auf der Basis eines von den Ministerpräsidenten der Länder erarbeiteten Eckpunktepapiers zum Jugendschutz erzielten Bund und

215 Vgl. z.B. *Landmann*, Jugendmedienschutz, S. 2, abrufbar unter: http://www.zdf-jahrbuch.de/2002/grundlagen-programmarbeit/landmann.htm (abgerufen am: 10.01. 2006).

216 S. *Hartstein/Ring/Kreile/Dörr/Stettner*, RfStV, Bd. III, C 3 Rn. 2.

217 S. *Hartstein/Ring/Kreile/Dörr/Stettner*, RfStV, Bd. III, C 3 Rn. 2.

Länder eine Einigung.[218] Danach hat sich die Bundesregierung verpflichtet, die gesetzgeberischen Voraussetzungen dafür zu schaffen, dass die Länder den Jugendschutz in allen elektronischen Onlinemedien umfassend neu regeln können. Dementsprechend hat der Bund im JuSchG – mit Ausnahme der Indizierungsvoraussetzungen und des Indizierungsverfahrens – keine Regelungen für den Jugendschutz in den Telediensten getroffen, und der JMStV schließt sie neben dem Rundfunk und den Mediendiensten in seinen Anwendungsbereich ein. Der Bund nimmt damit die für sich reklamierte Gesetzgebungskompetenz für Teledienste nicht mehr in Anspruch und überlässt sie weitgehend den Ländern. Die Reform des Jugendmedienschutzes hat insofern zu einer Ausweitung des Regelungsbereichs der Länder geführt.

b) Änderungen im Bereich des materiellen Rechts

Der JMStV hält an einem abgestuften System fest: Er unterscheidet zwischen unzulässigen (§ 4 Abs. 1), entwicklungsgefährdenden (§ 4 Abs. 2) und entwicklungsbeeinträchtigenden (§ 5) Angeboten.

aa) Unzulässige und entwicklungsgefährdende Angebote

In § 4 Abs. 1 S. 1 JMStV sind die unzulässigen Angebote geregelt, die einem absoluten Verbreitungsverbot unterliegen. Anders als § 3 Abs. 1 Nr. 1 RfStV a.F. verweist der JMStV nicht pauschal auf einen Verstoß gegen die Bestimmungen des StGB, sondern zählt einzelne unzulässige Angebote „unbeschadet strafrechtlicher Verantwortlichkeit“ auf.

Die Liste der unzulässigen Angebote wird durch § 4 Abs. 2 S. 1 JMStV erweitert. Im Unterschied zu § 4 Abs. 1 JMStV dürfen diese Angebote in Telemedien jedoch angeboten werden, sofern der Anbieter sicherstellt, dass sie nur Erwachsenen zugänglich gemacht werden (Verbreitung in geschlossenen Benutzergruppen). Für Telemedien hat sich auf diesem Gebiet folglich keine bedeutsame Wandelung ergeben: Entsprechende Teledienste durften auch zuvor verbreitet werden, sofern durch technische Vorkehrungen Sorge getroffen wurde, dass das Angebot oder die Verbreitung im Inland auf volljährige Nutzer beschränkt war (§ 3 Abs. 1 Nr. 4, Abs. 2 S. 2 GjSM). Für Mediendienste hat sich nach dem Gesetz sogar eine Lockerung ergeben, da offensichtlich schwer jugendgefährdende Angebote bisher selbst in geschlossenen Benutzergruppen nicht verbreitet werden durften, s. § 12 Abs. 1 Nr. 3 MDStV a.F.

218 Dieses findet sich in der amtlichen Begründung zum JuSchG abgedruckt, vgl. BT-Drs. 14/9013, S. 13.

Eine wesentliche Veränderung hat im Rundfunkbereich dadurch stattgefunden, dass indizierte Angebote nunmehr unter den Katalog der unzulässigen Angebote fallen: Die in den Teilen B und D der Liste nach § 18 JuSchG aufgenommenen oder mit solchen ganz oder im Wesentlichen inhaltsgleichen Werke[219] sind in der Nr. 11 des § 4 Abs. 1 S. 1 JMStV aufgeführt. Die in den Teilen A und C der Liste jugendgefährdender Inhalte verzeichneten Werke unterliegen dem Verbot des § 4 Abs. 2 S. 1 JMStV. Im Rundfunk ist folglich die Ausstrahlung aller indizierten Medien gänzlich unzulässig. Damit ist die Möglichkeit der Erteilung einer Ausnahmegenehmigung für indizierte Inhalte, die nach § 3 Abs. 3 RfStV a.F. für Rundfunksendungen – sofern die mögliche Gefährdung für Minderjährige nicht als schwer einzustufen war – vorgesehen war, weggefallen. Überdies bestehen gem. § 4 Abs. 3 JMStV die Verbote des § 4 Abs. 1 und 2 JMStV auch nach wesentlichen inhaltlichen Änderungen bis zu einer Entschei-

219 Die Formulierung „im Wesentlichen inhaltsgleich“ im Rahmen des § 4 I S. 1 Nr. 11, II S. 1 Nr. 2 JMStV wirft unter dem Gesichtspunkt der Bestimmtheit Probleme auf. Es wurde damit ein Rechtsbegriff aufgenommen, der schon bei § 3 II S. 1 RfStV a.F. als nicht hinreichend bestimmt kritisiert worden ist (s. zur Kritik an der alten Rechtslage: *Hartstein/Ring/Kreile/Dörr/Stettner*, RfStV, Bd. I, B 5, § 3 RfStV Rn. 65, Stand: 01/2003). Hier wäre eine Klarstellung zumindest in der amtlichen Begründung geboten gewesen. Da dies nicht geschehen ist und der Staatsvertraggeber auf eine Formulierung des RfStV zurückgegriffen hat, ist die Vorschrift entsprechend der insofern gleichlautenden Regelung des RfStV auszulegen. Wesentliche Inhaltsgleichheit wurde angenommen, wenn diejenigen Stellen im Werk, die zu der Indizierung geführt hatten, nicht verändert worden waren (s. *Hartstein/Ring/Kreile/Dörr/Stettner*, RfStV, I, B 5, § 3 RfStV Rn. 65, Stand: 01/2003). Die Abgrenzung zu einer nicht mehr im Wesentlichen inhaltsgleichen Sendung wurde demzufolge ausschließlich danach bestimmt, ob eine Kürzung und Entschärfung des indizierten Materials vorgenommen wurde. Die Anforderungen an eine Kürzung bzw. Entschärfung richteten sich danach, ob einzelne Szenen oder die Gesamttendenz zu einer Indizierung geführt hatten. Bei diesem Verständnis von wesentlicher Inhaltsgleichheit wird deutlich, dass der Zusatz der im Wesentlichen inhaltsgleichen Werke in § 4 I S. 1 Nr. 11 u. § 4 II S. 1 Nr. 2 JMStV vollkommen überflüssig ist. Schließlich sieht § 4 III JMStV vor, dass sämtliche Verbote des § 4 I, II JMStV nach Aufnahme eines Angebotes in die Liste gem. § 18 JuSchG selbst nach wesentlichen inhaltlichen Veränderungen bis zu einer Entscheidung der *BPjM* wirken. Damit wird sichergestellt, dass auch stark veränderte Fassungen eines indizierten Werkes nicht verbreitet werden dürfen, ohne dass eine nochmalige Überprüfung durch die *BPjM* durchgeführt wird. Hiervon umfasst sind selbstverständlich erst recht unwesentliche Änderungen. Von der Verwendung des unbestimmten Rechtsbegriffs „im Wesentlichen inhaltsgleich“ hätte daher abgesehen werden können. Hier zeigt sich, dass eine – überdies nicht besonders glückliche – Formulierung aus dem RfStV blind übernommen wurde, ohne dass sie zuvor auf ihren Sinn innerhalb des neuen Regelungswerkes überprüft worden wäre.

dung durch die *BPjM* fort, so dass auch insoweit wiederum allein die Entscheidung der Bundesbehörde maßgeblich ist.

Eine Verschärfung hat sich zudem bezüglich der Verbreitung von Pornographie im Rundfunk ergeben. Dass die einfache Pornographie nach alter Rechtslage keinem absoluten Ausstrahlungsverbot unterlag, lässt sich nur durch eine ausgiebige Auseinandersetzung mit dieser Thematik verdeutlichen, so dass an dieser Stelle auf nachstehende Ausführungen verwiesen wird.[220]

Neu ist auch, dass virtuelle Darstellungen (d.h. Darstellung durch elektronische Simulation[221]) den reellen stellenweise gleichgesetzt werden, vgl. § 4 Abs. 1 S. 1 Nr. 5 a.E., Nr. 9 a.E. und Nr. 10 a.E JMStV.

bb) Entwicklungsbeeinträchtigende Angebote

Bei den entwicklungsbeeinträchtigenden Angeboten, die in § 5 JMStV geregelt sind, hat sich für den Bereich des Rundfunks und der Mediendienste nur eine unerhebliche Veränderung ergeben, indem lediglich die Terminologie für entsprechende Angebote neu gewählt wurde: Während in § 3 Abs. 2 RfStV a.F. und § 12 Abs. 2-4 MDStV a.F. bisher die Rede von Sendungen war, die geeignet sind, „das körperliche, geistige oder seelische Wohl von Kindern oder Jugendlichen zu beeinträchtigen“, spricht § 5 Abs. 1 JMStV von Angeboten, die geeignet sind, „die Entwicklung von Kindern und Jugendlichen zu einer eigenverantwortlichen und gemeinschaftsfähigen Persönlichkeit zu beeinträchtigen“. Vermutet wird dies gem. § 5 Abs. 2 JMStV, wenn ein Angebot nach dem JuSchG für Minderjährige der betreffenden Altersstufe nicht freigegeben worden ist. Fraglich ist, ob mit dieser Umformulierung ein Perspektivwechsel verbunden ist oder ob die bisherige Spruchpraxis zur Jugendbeeinträchtigung[222] fortgeführt werden kann. Teilweise wird vertreten, eine Veränderung der bisherigen Beurteilungspraxis sei nicht beabsichtigt gewesen und die neue Terminologie wäre lediglich auf die mit der Zusammenfassung verschiedener Gesetze verbundene Sprachvereinheitlichung zurückzuführen.[223] Andere sind dagegen der Ansicht, es müsse zukünftig zusätz-

---

220 S. hierzu Teil 2 B. VI. 1. a), S. 235 ff.

221 Vgl. die amtliche Begründung zu § 4 I JMStV.

222 Bislang wurde eine Sendung als jugendbeeinträchtigend im Unterschied zur Jugendgefährdung gewertet, wenn sie die Nerven überreizte, übermäßige Belastungen hervorrief, die Phantasie über Gebühr erregte, die charakterliche, sittliche und geistige Erziehung hemmte, störte oder schädigte und die Erziehung zu verantwortungsbewussten Menschen in der Gesellschaft behinderte, s. *Hartstein/Ring/Kreile/ Dörr/Stettner*, RfStV, Bd. I, B 5, § 3 RfStV Rn. 57, Stand: 01/2003; *Beucher/Leyendecker/v. Rosenberg*, Mediengesetze, § 3 RfStV Rn. 62.

223 *Bornemann*, NJW 2003, 787, 789; *Liesching*, NJW 2002, 3281, 3285.

lich zu der Feststellung der generellen Eignung zur Jugendbeeinträchtigung die Prognose aufgestellt werden, ob die Angebote Minderjährige darin beeinträchtigten, dass sie sich zu „eigenverantwortlichen und gemeinschaftsfähigen Persönlichkeiten" entwickelten.[224]

Im Übrigen sollen die Anbieter bei diesen Angeboten nach wie vor dafür Sorge tragen, dass Minderjährige der betroffenen Altersstufe sie üblicherweise nicht wahrnehmen. Dieser Pflicht kann ein Anbieter durch die Wahl der Sendezeit entsprechen oder indem er Minderjährigen die Wahrnehmung durch technische oder sonstige Mittel wesentlich erschwert, vgl. § 5 Abs. 3 JMStV. Letzteres wird für den Bereich des digitalen Fernsehens in § 9 Abs. 2 JMStV, für den Bereich der Telemedien in § 11 JMStV näher konkretisiert. § 8 JMStV eröffnet die Möglichkeit, zusätzliche Sendezeitbeschränkungen für bestimmte Rundfunksendungen festzulegen.

Allerdings hat sich durch die Regelung des § 5 Abs. 1, Abs. 3 i.V.m. § 11 Abs. 1 JMStV für Teledienste eine gravierende Änderung ergeben. Sie waren bisher nur Beschränkungen ausgesetzt, sofern sie aufgrund einer von ihnen ausgehenden Jugendgefährdung indiziert worden waren, vgl. § 3 Abs. 1 Nr. 4, Abs. 2 S. 2 GjSM. Bei einer bloß entwicklungsbeeinträchtigenden Wirkung war eine Indizierung nicht vorgesehen, so dass sie ohne weitere technische Vorkehrungen verbreitet werden konnten.

c) Neugestaltung der Aufsichtsstruktur

§ 14 Abs. 1 JMStV sieht wie die zuvor einschlägige Generalklausel in § 38 RfStV vor, dass die zuständige Landesmedienanstalt die Einhaltung der für die privaten Anbieter geltenden Bestimmungen des Staatsvertrages überprüft und dementsprechend die jeweiligen Entscheidungen trifft.

aa) Einrichtung der KJM

Eine der wichtigsten Neuregelungen überhaupt liegt darin, dass gem. § 14 Abs. 2 JMStV zur Erfüllung dieser Aufgaben der Landesmedienanstalten die *Kommis-*

224 *Kreile/Diesbach*, ZUM 2002, 849, 852. Ähnlich auch *Hartstein/Ring/Kreile/Dörr/Stettner*, RfStV, Bd. III, C 3, Überblick Rn. 8. Obwohl sie bezweifeln, dass die Formulierung etwas ändern werde, sprechen sie davon, dass die Prognose bei der Entscheidung künftig „zusätzlich" aufbereitet werden müsse.

sion für Jugendmedienschutz (KJM) zu bilden ist, was mittlerweile geschehen ist.[225]

Die Zusammensetzung der *KJM* regelt § 14 Abs. 3 JMStV. Danach besteht sie aus zwölf Sachverständigen, wovon die Landesmedienanstalten die Hälfte stellen (S. 2 Nr. 1). Der Rest setzt sich zusammen aus vier Mitgliedern, die von den für den Jugendschutz zuständigen obersten Landesbehörden zu entsenden sind, und zwei Mitgliedern, die von der für den Jugendschutz zuständigen obersten Bundesbehörde zu benennen sind, S. 2 Nrn. 2 u. 3. Zudem führt ein Direktor einer Landesmedienanstalt den Vorsitz, s. § 14 Abs. 3 S. 6 JMStV. Diesem kommt bei Stimmgleichheit gem. § 17 Abs. 1 S. 2 JMStV auch das Letztentscheidungsrecht über die Fassung eines Beschlusses zu.[226] § 14 Abs. 6 JMStV schreibt vor, dass die Mitglieder der *KJM* bei der Erfüllung ihrer Aufgaben an Weisungen nicht gebunden sind. Gem. § 17 Abs. 1 S. 1 JMStV wird die *KJM* von Amts wegen oder auf Antrag einer Landesmedienanstalt tätig.

Die Beschlüsse der *KJM* sind gem. § 17 Abs. 1 JMStV gegenüber den anderen Organen der zuständigen Landesmedienanstalten bindend, so dass sie als bundesweit tätige Einrichtung eine einheitliche Rechtsanwendung bei den Landesmedienanstalten sichert. Sie soll der jeweils zuständigen Landesmedienanstalt als „Organ" bei der Erfüllung ihrer Aufgaben nach § 14 Abs. 1 JMStV dienen, vgl. § 14 Abs. 2 S. 2 JMStV. Das Verhältnis zwischen *KJM* und Landesmedienanstalten ist damit dem aus den §§ 35 ff. RfStV bekannten Organisationsmodell der *Kommission zur Ermittlung der Konzentration im Medienbereich* (KEK) weitgehend nachgebildet.[227] Gem. § 16 S. 1 JMStV ist sie zuständig für die abschließende Beurteilung von Angeboten nach dem Staatsvertrag, insbesondere für die Überwachung der Bestimmungen des Staatsvertrages, die Anerkennung von Einrichtungen der Freiwilligen Selbstkontrolle sowie deren Rücknahme oder Widerruf, die Festlegung der Sendezeit nach § 8 JMStV und von Ausnahmen nach § 9 JMStV, die Prüfung und Genehmigung einer Verschlüsselungs- und Vorsperrungstechnik, die Anerkennung von Jugendschutzprogrammen sowie deren Rücknahme oder Widerruf, die Stellungnahme zu Indizierungsanträgen bei der *BPjM* sowie für Anträge bei dieser und schließlich für die Entscheidung über

225 Die *KJM* hat sich am 02.04.2003 mit Sitz in Erfurt konstituiert, s. Pressemitteilung der *KJM* v. 24.06.2003, abrufbar unter: http://www.kjm-online.de (abgerufen am: 10.01.2006).

226 Hierdurch ist die Staatsferne der Aufsicht gesichert, s. dazu: *Langenfeld*, MMR 2003, 303, 307 f.

227 *Bethge*, in: BLM Symposion Medienrecht 2001, S. 61, 81; *Langenfeld*, MMR 2003, 303, 306. Vgl. zu den Parallelen sowie den Unterschieden: *dies.*, MMR 2003, 303, 308; *Hartstein/Ring/Kreile/Dörr/Stettner*, RfStV, Bd. III, C 3, Überblick Rn. 14 u. § 14 JMStV Rn. 4 f.; *Stettner*, ZUM 2003, 425, 433.

Ordnungswidrigkeiten nach dem JMStV, s. § 16 S. 2 JMStV. Die *KJM* fungiert damit im gesamten Bereich der privaten elektronischen Medien als zentrale Aufsichtsstelle für den Jugendschutz.

bb) Exkurs: Fortwährende Ausklammerung des öffentlich-rechtlichen Rundfunks

Folglich halten die neuen Bestimmungen daran fest, dass die öffentlich-rechtlichen Rundfunkanstalten einer anderen Aufsichtsstruktur unterworfen sind: Der verfahrensrechtliche Teil des JMStV findet ausdrücklich keine Anwendung auf den öffentlich-rechtlichen Rundfunk. Für ihn bleibt es bei dem hergebrachten System, wonach die jeweils eigenen Kontrollorgane und -gremien für den Jugendschutz sorgen.[228]

Das Land Baden-Württemberg sowie die Freistaaten Bayern und Sachsen haben sich für eine Einbeziehung des öffentlich-rechtlichen Rundfunks in ein einheitliches Aufsichts- und Kontrollsystem, das über § 15 Abs. 2 S. 2 JMStV hinausgeht, eingesetzt[229] und daher in der Protokollerklärung der Länder zum JMStV ausdrücklich darauf hingewiesen, dieser Frage im Rahmen der Evaluierung nach § 20 Abs. 7 JMStV weiter nachzugehen.[230] Auch die Landesmedienanstalten haben gefordert, die öffentlich-rechtlichen Rundfunkanstalten – aus Gründen der Gleichbehandlung mit dem privaten Rundfunk und dem Bestreben nach Vereinheitlichung in der Rechtsanwendung – ebenfalls in das neue Aufsichtssystem einzubinden.[231] *Bornemann* bedauert den „politischen Kleinmut“ der dazu geführt habe, dass der öffentlich-rechtliche Rundfunk nicht in das neue Verfahrensrecht, speziell die Aufsicht, einbezogen wurde, und spricht insoweit von einer Verfehlung des Gesetzeszwecks eines einheitlichen Schutzniveaus des JMStV.[232]

Die überwiegende Zahl der Länder lehnte dagegen die Einbeziehung des öffentlich-rechtlichen Rundfunks in das neue Aufsichtssystem mit der Begründung ab, die damit einhergehende Einschränkung der Kompetenzen der Intendanten und der Rundfunkräte sei abzulehnen.[233] Zudem hätten sich die dort geltenden

228 S. zum Rundfunkrat und Intendanten: *Fechner*, Medienrecht, S. 243 ff. Rn. 861 ff.

229 S. *Hartstein/Ring/Kreile/Dörr/Stettner*, RfStV, Bd. III, C 2, Rn. 54 Fn. 41.

230 Vgl. Protokollerklärung der Länder zum JMStV, abgedruckt bei *Hartstein/Kreile/Dörr/Stettner*, RfStV, Bd. III, C 1.2.

231 S. bspw. die Resolution des Medienrats der Bayerischen Landeszentrale für neue Medien v. 25.10.2001 (abgedruckt bei: *Hartstein/Ring/Kreile/Dörr/Stettner*, RfStV, Bd. III, C 2, Rn. 31) oder *Ring*, in: BLM-Symposion Medienrecht 2001, S. 5, 10 ff.

232 *Bornemann*, NJW 2003, 787, 791.

233 *Hartstein/Ring/Kreile/Dörr/Stettner*, RfStV, Bd. III, C 2, Rn. 55 a.E.

eigenen Regelungen bewährt.[234] Auch *Hesse* hält der Forderung nach einer Einbeziehung des öffentlich-rechtlichen Rundfunks in das Aufsichtssystem entgegen, dass regelmäßig nicht die Programme des öffentlich-rechtlichen Rundfunks den Anlass zu gesetzgeberischen Maßnahmen im Bereich des Jugendschutzes gegeben hätten und insofern nicht das bewährte System der anstaltsinternen Kontrolle aus rein prinzipiellen Erwägungen aufgegeben werden sollte.[235] Wäre der öffentlich-rechtliche Rundfunk einer einheitlichen Aufsicht unterstellt, so wäre dadurch der durch den Binnenpluralismus bedingte, anstaltsinterne Kontrollzusammenhang zwischen Intendant und Rundfunkrat zerstört worden.[236] Nach *Hertel* verbietet sich eine Einbeziehung der öffentlich-rechtlichen Rundfunkanstalten in eine externe Programmkontrolle aus verfassungs- und organisationsrechtlichen Gründen.[237]

Wenngleich sich das Aufsichtssystem im Bereich des öffentlich-rechtlichen Rundfunks bewährt haben mag[238] (was für den Bereich der Telemedien erheblich bezweifelt wird), überwiegt dies nicht das Bedürfnis nach einer Harmonisierung der Jugendschutzvorschriften im Bereich der elektronischen Medien. Die Aufsicht über den öffentlich-rechtlichen Rundfunk sollte hiervon nicht ausgenommen werden. Durch die Ausgrenzung des öffentlich-rechtlichen Rundfunks aus dem Aufsichtssystem wird es weiterhin zu unerwünschten, heterogenen Bewertungen kommen.[239] Dem Prinzip eines einheitlichen Jugendmedienschutzes steht es klar entgegen, dass weiterhin verschiedene Aufsichtsstrukturen, die jeweils eigene Maßstäbe aufstellen, bestehen.

d) Stärkung der Einrichtungen freiwilliger Selbstkontrolle

Im Vergleich zu § 3 Abs. 8 RfStV a.F. hat die Stellung der Einrichtungen Freiwilliger Selbstkontrolle eine Stärkung erfahren. Während die Gutachten der Selbstkontrolleinrichtungen bisher bei den Entscheidungen im Bereich des Rundfunks lediglich „einzubeziehen“ (für Tele- und Mediendienste existierte keine entsprechende Regelung, bei Mediendiensten befreite der Beitritt zu einer

---

234 Vgl. *Nikles/Roll/Spürck/Umbach*, Jugendmedienschutzrecht, Einl. Rn. 64. So auch der Einwand von *ARD* und *ZDF*, s. *Hartstein/Ring/Kreile/Dörr/Stettner*, RfStV, Bd. I, B 1, S. 174 Rn. 199, Stand: 01/2003.

235 *Hesse*, Rundfunkrecht, 3. Kapitel II 3 d, Rn. 28 Fn. 35.

236 *Hesse*, Rundfunkrecht, 3. Kapitel II 3, Rn. 22.

237 *Hertel*, in: Hahn/Vesting, Beck'scher Kommentar zum Rundfunkrecht, § 3 RfStV Rn. 20.

238 Kritik an dem öffentlich-rechtlichen Aufsichtssystem üben *Bornemann/Kraus/Lörz*, BayMG, Bd. I, Art. 12 Rn. 5 ff.

239 So auch *Stettner*, ZUM 2003, 425, 430 f.

Selbstkontrollorganisation lediglich von dem Erfordernis der Bestellung eines Jugendschutzbeauftragten) und damit in keiner Weise bindend waren, sieht dies nach neuer Rechtslage anders aus: Nach dem JMStV sind private Anbieter der staatlichen Aufsicht nicht mehr ausgesetzt, wenn sie die Vorgaben einer Selbstkontrolleinrichtung beachten und diese sich im Rahmen eines Beurteilungsspielraums bewegen, der durch die *KJM* in diesem Verhältnis nur begrenzt überprüfbar ist. Hiermit werden Unternehmen der Medienwirtschaft erstmals selbst in die Überwachung der gesetzlichen Vorgaben, für die sie vorrangig zuständig sein sollen, einbezogen. Bedingung für diese Einbindung der Selbstkontrolleinrichtung in die jugendschutzrechtliche Aufsicht ist jedoch eine Zertifizierung der Selbstkontrollorganisationen durch die *KJM*. Diese mit dem JMStV verwirklichte Form der „regulierten Selbstregulierung“[240] wird als Paradigmenwechsel im Jugendmedienschutz bezeichnet.[241]

aa) Darstellung der Rechtslage

In institutioneller Hinsicht findet dieses Prinzip seinen Ausdruck in § 16 Nr. 2 JMStV, wonach die Einrichtungen Freiwilliger Selbstkontrolle von der *KJM* anzuerkennen sind.[242] § 19 Abs. 3 JMStV legt die Anforderungen hierfür fest; bei deren Wegfall oder wenn sich die Spruchpraxis der Einrichtung nicht im Einklang mit den rechtlichen Vorgaben befindet, kann die Anerkennung widerrufen werden, vgl. § 19 Abs. 5 JMStV. Voraussetzung für die Anerkennung ist insbesondere die Unabhängigkeit und Sachkunde ihrer Prüfer, wobei auch Vertreter aus gesellschaftlichen Gruppen zu benennen sind, die sich in besonderer Weise mit Fragen des Jugendschutzes befassen, ferner der Nachweis einer ordnungsgemäßen Finanzierung, Spruchpraxis und Organisationsstruktur (Schaffung effektiver jugendschutzrechtlicher Vorgaben für die Prüfer, das Bestehen einer Verfahrensordnung und die Einrichtung einer Beschwerdestelle).

Sofern sich eine Einrichtung Freiwilliger Selbstkontrolle anerkennen lässt, ist sie gem. § 19 Abs. 2 JMStV im Rahmen ihres satzungsgemäßen Aufgabenbereichs zuständig für die Überprüfung der Einhaltung der Bestimmungen des JMStV sowie der hierzu erlassen Satzungen und Richtlinien bei ihnen angeschlossenen Anbietern.

---

240 Unter dieser Redewendung (synonym wird von „kontrollierter Selbstkontrolle“ oder „Co-Regulierung“ gesprochen) ist die Übertragung von hoheitlichen Kompetenzen auf die Einrichtungen Freiwilliger Selbstkontrolle bei gleichzeitiger Überwachung der Funktionsfähigkeit dieser Selbstregulierung durch den Staat zu verstehen. S. hierzu statt vieler: *Gersdorf*, Grundzüge des Rundfunkrechts, S. 95 Rn. 200.

241 *Kreile/Diesbach*, ZUM 2002, 849, 852.

242 So *Hartstein/Ring/Kreile/Dörr/Stettner*, RfStV, Bd. III, C 3, Überblick Rn. 16.

Gem. § 20 Abs. 1 JMStV ergreifen die Landesmedienanstalten bei Verstoß der Anbieter gegen Bestimmungen des Staatsvertrages die erforderlichen Maßnahmen. Die Entscheidungen sind jeweils durch die *KJM* (für den Rundfunk entsprechend den landesrechtlichen Regelungen, für Telemedien entsprechend § 22 Abs. 2-4 MDStV) zu treffen, vgl. § 20 Abs. 2 und Abs. 4 JMStV. Die Privilegierungen für Anbieter, die sich einer in obiger Weise beschriebenen anerkannten Selbstkontrolleinrichtung angeschlossen haben, finden sich in § 20 Abs. 3 und Abs. 5 JMStV.

Gem. § 20 Abs. 3 S. 1 JMStV kann die *KJM* aufsichtsrechtliche Maßnahmen gegenüber einem Rundfunkveranstalter, der den Nachweis erbringt, die Sendung vor ihrer Ausstrahlung einer anerkannten Einrichtung Freiwilliger Selbstkontrolle vorgelegt und deren Vorgaben beachtet zu haben, nur dann treffen, wenn die Selbstkontrolleinrichtung dabei die rechtlichen Grenzen des Beurteilungsspielraumes[243] überschritten hat. Bei den zur Vorabkontrolle ungeeigneten Angeboten (zum Beispiel Live-Sendungen) ist bei behaupteten Verstößen gem. § 20 Abs. 3 S. 2 JMStV (mit Ausnahme der gegen § 4 Abs. 1 JMStV) vorerst eine Selbstkontrolleinrichtung zu befassen, wenn der Rundfunkveranstalter sich ihr angeschlossen hat; ein Vorgehen der *KJM* kommt dann wiederum nur unter den Voraussetzungen von Satz 1 in Betracht. § 20 Abs. 5 JMStV bestimmt, unter welchen Bedingungen die Entscheidungen der Selbstkontrolleinrichtungen von der Aufsicht im Bereich der Telemedien zu respektieren sind: Sofern ein Anbieter einer anerkannten Einrichtung angeschlossen ist, ist bei von der *KJM* behaupteten Verstößen (mit Ausnahme der gegen § 4 Abs. 1 JMStV) zunächst die Selbstkontrolleinrichtung damit zu befassen. Lediglich, wenn ihre Entscheidung die rechtlichen Grenzen des Beurteilungsspielraumes überschreitet oder sie keine Entscheidung fällt, kann die *KJM* aufsichtsrechtliche Maßnahmen gegenüber dem Anbieter ergreifen.

bb) Exkurs: Die verwirklichte „regulierte Selbstregulierung“

(1) Meinungsverschiedenheiten vor Erlass des JMStV

Das konkrete Verhältnis von der zwar staatsfernen, aber öffentlich-rechtlich strukturierten Medienaufsicht und der freiwilligen Selbstkontrolle war noch bis

243 Hiermit wird der Tatsache Rechnung getragen, dass mehrere Rechtsanwender bei der Anwendung desselben unbestimmten Rechtsbegriffs auf denselben Sachverhalt zu unterschiedlichen Lösungen kommen können. Gerade im Bereich des Jugendschutzes, wo es sich überwiegend um Wertentscheidungen handelt, kann es in Grenzfällen zu unterschiedlichen Bewertungen kommen.

zu der endgültigen Einigung der Länder über den JMStV offen.[244] Bis zuletzt war umstritten, ob den Selbstkontrolleinrichtungen bei Prüfung elektronischer Medien ein Beurteilungsspielraum, der frei von staatlicher Kontrolle ist, zugestanden werden sollte.[245]

Dagegen sprachen sich insbesondere die Landesmedienanstalten und Kirchen aus, weil sie eine zu starke Schwächung der Aufsicht gegenüber der Selbstkontrolle befürchteten.[246] So erklärte die *Hamburgische Landesmedienanstalt*, der Jugendschutz werde durch die Regelung zur Selbstkontrolle weitgehend den Interessen der privaten Sender ausgeliefert.[247] Die Landesmedienanstalten waren der Ansicht, dass die *KJM* eine durch das Zusammenspiel zwischen Anbietern und freiwilliger Selbstkontrolle getroffene Entscheidung im Einzelfall auch aufheben und ihre Auffassung durchsetzen können müsse.[248] Auch die Gesamtkonferenz der Landesmedienanstalten hat sich bereits im Vorfeld ausdrücklich gegen einen eigenen Beurteilungsspielraum der Einrichtungen Freiwilliger Selbstkontrolle gewandt.[249] Zwar sei ihnen im Bereich des Jugendmedienschutzes grundsätzliche Bedeutung beizumessen, jedoch dürfe der Staat sich nicht aus seiner Verantwortung für den Jugendmedienschutz zurückziehen. Die Entscheidungen der Selbstkontrolleinrichtungen müssten daher inhaltlich am Maßstab der Bestimmungen des Jugendmedienschutzrechtes, nicht lediglich an den rechtlichen Grenzen eines Beurteilungsspielraumes, geprüft und erforderlichenfalls auch revidiert werden können. Dem hielten die Anbieter entgegen, die Selbstkontrolle würde durch nachträgliche behördliche Eingriffe entwertet.[250] Sie forderten ve-

---

244 S. epd medien 62/2002, Länder einigen sich auf Jugendmedienschutz-Staatsvertrag, abrufbar unter: http://www.epd.de/medien/print/692_4538.html (abgerufen am: 10.01.2006); *Gersdorf*, Neuer Jugendschutz für Neue Medien, S. 4, abrufbar unter: http://www.uni-rostock.de/fakult/jurfak/Gersdorf/News/Neuer Jugendschutz fuer Neue Medien_Thesen.pdf (abgerufen am: 10.01.2006).

245 Vgl. *Morhart*, epd medien 64/2002, 3; *Bornemann*, NJW 2003, 787; *Gersdorf*, Neuer Jugendschutz für Neue Medien, S. 4, abrufbar unter: http://www.uni-rostock.de/fakult/jurfak/Gersdorf/News/Neuer Jugendschutz fuer Neue Medien_Thesen.pdf (abgerufen am: 10.01.2006).

246 S. epd medien 62/2002, Länder einigen sich auf Jugendmedienschutz-Staatsvertrag, abrufbar unter: http://www.epd.de/medien/print/692_4538.html (abgerufen am: 10.01.2006).

247 S. heise online news v. 14.06.2002, abrufbar unter http://www.heise.de/newsticker/data/jk-14.06.02-008 (abgerufen am: 10.01.2006).

248 S. Bericht des Präsidenten der *BLM* v. 25.07.2002, abrufbar unter: http://www.blm.de (abgerufen am: 10.01.2006).

249 Pressemitteilung 10/2002 der *Gesamtkonferenz der Landesmedienanstalten*, abrufbar unter: http://www.landesmedienanstalten.de (abgerufen am: 10.01.2006).

250 S. epd medien 62/2002, Länder einigen sich auf Jugendmedienschutz-Staatsvertrag, abrufbar unter: http://www.epd.de/medien/print/692_4538.html (abgerufen am:

hement, dass gerade die Möglichkeit einer Einzelfallabweichung, solange sich die freiwillige Selbstkontrolle in ihrem Beurteilungsspielraum bewege, durch die *KJM* nicht eröffnet werden dürfe.[251] Der *Verband Privater Rundfunk und Telekommunikation e.V.* (VPRT) wies darauf hin, dass ohne einen Vorrang der Selbstkontrolle vor staatlicher Kontrolle, die sich auf eine reine Missbrauchskontrolle beschränken solle, die Anbieter keine Selbstregulierung auf den Weg bringen würden.[252] Dieser Argumentation widersprach wiederum der Präsident der *Bayerische Landeszentrale für neue Medien* (BLM).[253] Er könne diese Position nicht akzeptieren, da die Anbieter bei für sie schlechterer Rechtslage über Jahre hinweg sich der großen Erfolge ihrer Selbstregulierung gerühmt hätten.

Anbieterseitig wurde das im JMStV vorgesehene Konzept der Selbstkontrolle dagegen aufgrund der staatlichen Anerkennungspflicht kritisiert: Es widerspreche damit dem Prinzip der freiwilligen Selbstkontrolle.[254] Freiwillige Selbstkontrolle könne es nur dort geben, wo sie nicht in ein „regulatorisches Korsett" gezwängt werde. Das Ergebnis des JMStV sei eine staatlich gegängelte Selbstregulierung, deren Kosten die Wirtschaft auch noch tragen müsse. Aus diesem Grund – so die Aussage des Geschäftsführers Harald A. Summer – werde sich der *Verband der deutschen Internetwirtschaft, eco Electronic Commerce Forum e.V.* nicht um eine Anerkennung bemühen.[255] Auch der Vorsitzende der *FSM* hatte angedroht, für den Fall, dass die Bundesländer in dem neuen Gesetz an der regulierten Selbstregulierung festhielten, keinen Antrag auf Erteilung einer Lizenz zu stellen, denn die Mitglieder der *FSM* sähen keinen Sinn in einer Selbstkontrolle, die staatlich reguliert werde.[256] Regulierte Selbstkontrolle sei ein Widerspruch in sich. Ferner argumentierte die *FSM* damit, dass das Internet eher mit der freien Presse als mit

10.01.2006) mit Verweis auf epd medien Nr. 54, 52, 51, 46, 41-42, 35-36 und 20 v. 2002 sowie 100/2001.

251 S. Bericht des Präsidenten der *BLM* v. 25.07.2002, abrufbar unter: http://www.blm.de (abgerufen am: 10.01.2006).

252 S. *VPRT*, VPRT-Aktuell v. 13.08.2001, abrufbar unter: http://www.vprt.de/db/positionen/pp_entw_jmstv_130801.html (abgerufen am: 16.01.2002); Bericht des Präsidenten der *BLM* v. 25.07.2002, abrufbar unter: http://www.blm.de (abgerufen am: 10.01.2006).

253 S. Bericht des Präsidenten der *BLM* v. 25.07.2002, abrufbar unter: http://www.blm.de (abgerufen am: 10.01.2006).

254 Pressemitteilung des *eco*-Verbandes v. 21.08.2002, abrufbar unter: http://www.eco.de/servlet/PB/menu/1064675/index.html (abgerufen am: 10.01.2006); Stellungnahme der *FSM*, abrufbar unter: http://www.heise.de/newsticker/data/jk-14.06.02-008 (abgerufen am: 10.01.2006).

255 Pressemitteilung des *eco*-Verbandes v. 21.08.2002, abrufbar unter: http://www.eco.de/servlet/PB/menu/1064675/index.html (abgerufen am: 10.01.2006).

256 S. http://www.heise.de/newsticker/data/jk-14.06.02-008 (abgerufen am: 10.01.2006).

dem regulierten Rundfunk verwandt sei und nicht an eine staatlich gelenkte Selbstkontrolle angebunden werden dürfe.[257] Auch die *FSF* hat sich gegen diese Art von Lizenz ausgesprochen.[258] Hiergegen haben *Schulz/Held* eingewandt, dass der im JMStV verwendete Begriff der „Anerkennung" in der öffentlichen Diskussion teilweise fälschlich mit einer Lizenzierung ehemals unregulierter Tätigkeiten der Selbstkontrolle gleichgesetzt werde.[259] Mit der Anerkennung werde der Selbstkontrolle vielmehr ein zusätzliches Mandat erteilt, mit dem sie Aufgaben übernehme, die bisher staatlichen Stellen oblagen. In diesem neu eröffneten Tätigkeitsbereich erscheine es sinnvoll, die Selbstkontrolle an die Ziele des JMStV zu binden, um sicherzustellen, dass die Einrichtungen den ihnen neu eröffneten Spielraum im Sinne des Staatsvertrages ausübten. Dies ist zutreffend: Schließlich besteht keine Rechtspflicht zur Anerkennung – sie ist lediglich Voraussetzung für die nach der neuen Rechtslage vorgesehenen Privilegien, die gleichzeitig eine Abgabe hoheitlicher Befugnisse bedeuten.

(2) Kritik aus der Literatur an dem jetzigen Modell

Die nun im JMStV statuierte Variante der regulierten Selbstregulierung wird von der Literatur teilweise kritisch betrachtet.[260] Befürchtet wird, dass der Staat sich mit der Reduzierung hoheitlichen Eingreifens auf die Fälle rechtlicher Unvertretbarkeit in verfassungswidriger Weise seiner Verpflichtung zur effektiven Gewährleistung des Jugendmedienschutzes entzogen habe.[261] Indem der Staat die Aufsicht auf eine Vertretbarkeitskontrolle beschränke, lege er die Medienaufsicht letztlich in die Hände der Selbstkontrolleinrichtungen und lasse damit befürchten, dass das bisher erlangte Niveau des Jugendschutzes in verfassungsrechtlich be-

---

257 S. bei *Morhart*, epd medien 64/2002, 3, 4.

258 S. http://www.heise.de/newsticker/data/jk-14.06.02-008 (abgerufen am: 10.01. 2006).

259 *Schulz/Held*, Anregungen zum Entwurf eines Jugendmedienschutzstaatsvertrages, S. 1, abrufbar unter: http://www.rrz.uni-hamburg.de/hans-bredow-institut/ws-lehr/jmstv.pdf (abgerufen am: 05.09.2004).

260 Dem Modell uneingeschränkt positiv gegenüberzustehen scheint *Ladeur*, ZUM 2002, 859, 866 ff und ihm folgend *Scholz/Liesching*, Jugendschutz, Teil 2, § 20 JMStV Rn. 6.

261 *Dörr/Cole*, Jugendschutz in den elektronischen Medien, S. 107; *Bethge*, in: BLM Symposion Medienrecht 2001, S. 61, 80; *ders.*, wiedergegeben bei: Hopf, ZUM 2002, 126, 128 f.; *Langenfeld*, MMR 2003, 303, 309; *Bornemann*, NJW 2003, 787, 791.

denklicher Weise unterlaufen werde.[262] Gerade aufgrund der Vielzahl der im Bereich des Jugendschutzrechts verwendeten unbestimmten Rechtsbegriffe sei eine veranstalterunabhängige hoheitliche Kontrolle als Korrektiv unerlässlich.[263] Dies gelte insbesondere vor dem Hintergrund, dass die bestehenden Selbstkontrolleinrichtungen in der Vergangenheit aufgrund ihrer Nähe zu den Anbietern bei ihren Entscheidungen zu einem anbieterfreundlichen Verhalten geneigt hätten, indem sie die Jugendschutzbestimmungen liberal gehandhabt hätten.[264] Zudem wird auf die Gefahr hingewiesen, dass die Grenze der rechtlichen Vertretbarkeitskontrolle Streitpunkt langwieriger Gerichtsverfahren werden könne.[265]

Auf der anderen Seite spreche für die Einräumung eines Beurteilungsspielraumes, dass die Akzeptanz einer Selbstkontrolleinrichtung unter anderem davon abhängig sei, ob diese ein Letztentscheidungsrecht besitze.[266] Dies ist – angesichts der Tatsache, dass der Staat bei seiner Aufsicht auf die Mitwirkung der Anbieter angewiesen ist – kein unbedeutender Aspekt. Vor allem im Bereich des Internets bestehen erhebliche praktische Schwierigkeiten bei der Durchsetzung staatlicher Regelungen.[267] Aufgrund der Angebotsfülle, die durch ständig wechselnde Angebote gekennzeichnet ist, würde eine rein hoheitliche Kontrolle im

262 S. *Hartstein/Ring/Kreile/Dörr/Stettner*, RfStV, Bd. I, B 1, S. 177 Rn. 200, Stand: 01/2003; *Bethge*, in: BLM Symposion Medienrecht 2001, S. 61, 79 f.; *Langenfeld*, MMR 2003, 303, 309.

263 *Langenfeld*, MMR 2003, 303, 309.

264 *Morhart*, epd medien 64/2002, 3; *Merz*, epd medien 54/2002, 3, 5; *Langenfeld*, Zur Neuordnung des Jugendschutzes im Internet, S. 17, abrufbar unter: http://www.jura.uni-sb.de/projekte/Bibliothek (abgerufen am: 10.01.2006); *Stettner*, ZUM 2003, 425, 435. Dies gelte vor allem im Vergleich zu der behördlichen Aufsicht. So bewertete die *FSF* eine ganze Reihe indizierter Filme als zulässig, bei denen die Landesmedienanstalten eine schwere Jugendgefährdung annahmen. Dabei handelte es sich beispielsweise um die Filme „American Fighter III – die blutige Jagd", „Dirty Harry kommt zurück", „Nightmare VI – Freddys Finale", *Merz*, epd medien 54/2002, 3, 5. Allgemein zu der divergierenden Entscheidungspraxis: *Ladeur*, ZUM 2002, 859 f. Ein Vergleich der Regelungen des MDStV mit den Verhaltensgrundsätzen der *FSM* ergab, dass diese hinter dem Schutzstandard des Staatsvertrages zurückblieben, s. *Schulz*, MMR 1998, 182, 185.

265 *Langenfeld*, MMR 2003, 303, 309.

266 S. bei *Hartstein/Ring/Kreile/Dörr/Stettner*, RfStV, Bd. I, B 1, S. 177 Rn. 200 u. S. 213 Rn. 223, Stand: 01/2003. Zu der für das Funktionieren der Selbstkontrolle erforderlichen Schaffung eines Anreizes für die Anbieter s. *Schulz/Held*, Regulierte Selbstregulierung als Form modernen Regierens, Arbeitspapiere des Hans-Bredow-Instituts Nr. 10, Modul E, S. 6, abrufbar unter: http://www.hans-bredow-institut.de/publikationen/apapiere/10Selbstregulierungneu.PDF (abgerufen am: 05.09.2004).

267 *Lahrmann*, RdJB 1997, 419 ff.; *Stettner*, ZUM 2003, 425, 430.

Internet versagen, eine Überwachung aller Angebote ist nahezu unmöglich.[268] Im Übrigen liegt der Vorteil der Selbstkontrolle darin, hoheitliche Einwirkungen abzuwehren und damit die Unabhängigkeit des Rundfunks zu sichern.[269] Hinzu kommt, dass die Selbstkontrolleinrichtungen durch die Anerkennung mit dem dazugehörigen Pflichtenkatalog und der Möglichkeit zum Widerruf dieser angehalten sind, die Schutzstandards einzuhalten. Zusätzlicher Druck wird erzeugt, indem bereits 3 Jahre nach In-Kraft-Treten des JMStV eine Evaluierung des § 20 Abs. 3, Abs. 5 JMStV erfolgen soll (§ 20 Abs. 7 JMStV) und § 26 Abs. 1 S. 3 JMStV für diese Regelungen ein Sonderkündigungsrecht der Länder vorsieht.

(3) Stellungnahme zu dem Verhältnis von hoheitlicher Regulierung und Selbstregulierung

Angesichts dieser Kritik ist zunächst die Feststellung geboten, in welchem Umfang der Staatsvertrag tatsächlich einen Rückzug hoheitlicher Kontrolle vorsieht. In der Literatur ist stellenweise zu voreilig die Rede davon, den Selbstkontrolleinrichtungen sei ein Beurteilungsspielraum eingeräumt worden.[270]

Erwähnung findet der Begriff des Beurteilungsspielraumes lediglich in § 20 Abs. 3, Abs. 5 JMStV. Zu klären ist daher zunächst Frage, was der Staatsvertraggeber mit dieser Vorschrift regeln wollte: Sollte damit den Einrichtungen der Freiwilligen Selbstkontrolle ein von staatlicher Kontrolle freigestellter Beurtei-

268 *Langenfeld*, MMR 2003, 303, 309.

269 *Dörr/Cole*, Jugendschutz in den elektronischen Medien, S. 91.

270 So beispielsweise: *Dörr/Cole*, Jugendschutz in den elektronischen Medien, S. 106; *Ladeur*, ZUM 2002, 859, 866; *Langenfeld*, MMR 2003, 303, 309 (§ 19 V JMStV sei zusammen mit § 20 III JMStV zu lesen); *Schmid*, Neuer Jugendschutz in Rundfunk und Telemedien, S. 5, abrufbar unter: http://www.itrb.de/leseprobe/itrb0302231.htm (abgerufen am: 03.12.2003), epd medien 62/2002, Länder einigen sich auf Jugendmedienschutz-Staatsvertrag, abrufbar unter: http://www.epd.de/medien/print/692_4538.html (abgerufen am: 10.01.2006). *Bornemann* (NJW 2003, 787) spricht in diesem Zusammenhang sogar von einer „Teilprivatisierung" der Aufsicht.
Anders nur *Schulz/Held*, die klar zwischen der Kontrolle des einzelnen Anbieters und der der Selbstregulierung trennen: Während die staatliche Regulierung der einzelnen Anbieter im System regulierter Selbstregulierung Einschränkungen unterliege, sei das Handeln der Selbstkontrolleinrichtungen voll überprüfbar. Sie haben aus diesem Grund dafür plädiert, dass § 19 V JMStV klarstellen sollte, dass bei der Überprüfung der Entscheidungen der Einrichtungen der Selbstkontrolle kein Beurteilungsspielraum zu beachten ist, sondern diese uneingeschränkter Kontrolle unterliegen. S. dazu *Schulz/Held*, Anregungen zum Entwurf eines Jugendmedienschutzstaatsvertrages, abrufbar unter: http://www.rrz.uni-hamburg.de/hans-bredow-institut/ws-lehr/ jmstv.pdf (abgerufen am: 05.09.2004).

lungsspielraum eingeräumt werden oder lediglich festgelegt werden, unter welchen Voraussetzungen gegen einen Anbieter von Rundfunk bzw. Telemedien, der auf eine Entscheidung der Selbstkontrolle vertraut, vorgegangen werden kann bzw. inwieweit er privilegiert ist.

Aus dem Wortlaut des § 20 Abs. 3 JMStV könnte man schließen, der Staatsvertraggeber habe den Einrichtungen der Freiwilligen Selbstkontrolle einen Beurteilungsspielraum zukommen lassen wollen. Auch in der Begründung zum JMStV heißt es zu der Vorschrift: „[...] überprüft die Aufsicht nur, ob sich die Selbstkontrolle im Rahmen des Beurteilungsspielraumes gehalten hat, der vom Staatsvertrag und dazu erlassenen Satzungen und Richtlinien eingeräumt wird." Allerdings regelt § 20 JMStV die hoheitliche Aufsicht gegenüber dem einzelnen Anbieter und behandelt damit das Verhältnis zwischen Staat und Anbieter. § 20 Abs. 3, Abs. 5 JMStV bestimmt daher nur, unter welchen Voraussetzungen gegen einen auf die Selbstkontrolle vertrauenden Anbieter vorgegangen werden kann.[271] Ein den Selbstkontrolleinrichtungen zukommender Beurteilungsspielraum beträfe dagegen in erster Linie das Verhältnis von Selbstkontrolleinrichtung und Staat; die Anbieter wären hiervon nur mittelbar betroffen. Generelle Regelungen über die Einrichtungen Freiwilliger Selbstkontrolle sind in § 19 JMStV enthalten. § 19 Abs. 5 JMStV regelt die hoheitliche Kontrolle über die Selbstkontrolleinrichtungen, so dass nach der Systematik des Staatsvertrages ein Beurteilungsspielraum der Selbstkontrolle, der Einfluss auf den Umfang der Kontrollbefugnisse des Staates gegenüber den Einrichtungen haben würde, bereits in diesem Kontext hätte festgesetzt werden müssen. Die Formulierung des § 19 Abs. 5 JMStV steht sogar im klaren Widerspruch zu der Annahme eines den Einrichtungen generell zukommenden Beurteilungsspielraums. Danach kann die Anerkennung einer Selbstkontroll-Institution unter anderem dann widerrufen werden, wenn sich ihre Spruchpraxis „nicht im Einklang mit dem geltenden Jugendschutzrecht" befindet. Hätte der Staatsvertraggeber den Einrichtungen der Selbstkontrolle einen Beurteilungsspielraum zusprechen wollen, hätte er konsequenterweise die Möglichkeit eines Widerrufs[272] der Anerkennung auch nur dann ein-

---

271 Hierauf haben *Schulz/Held* bereits zu der Entwurfsfassung des JMStV hingewiesen, s. Anregungen zum Entwurf eines Jugendmedienschutzstaatsvertrages, abrufbar unter: http://www.rrz.uni-hamburg.de/hans-bredow-institut/ws-lehr/jmstv.pdf (abgerufen am: 05.09.2004). Den Begriff des „Beurteilungsspielraums" halten sie daher an dieser Stelle für ungenau. Sie schlagen vor, auf dieser Ebene auf die Erkennbarkeit der Fehlentscheidung – etwa durch Einführung des Merkmals der „Offenkundigkeit" – durch den Veranstalter abzustellen. Erst bei der Frage, welche Art von Fehlern in Betracht käme, könne an die Lehre vom Beurteilungsspielraum angeknüpft werden.

272 Selbstverständlich kommen als mildere Mittel zum Widerruf a maiore ad minus beispielsweise eine Beanstandung, ein Bußgeld oder ein Teilwiderruf der Anerkennung

geräumt, wenn sich die Spruchpraxis der Einrichtung „unter Berücksichtigung ihres Beurteilungsspielraumes nicht im Einklang mit dem geltenden Jugendschutzrecht" befindet.[273] Aufsichtsrechtliche Maßnahmen gegenüber den Selbstkontrolleinrichtungen kommen also – anders als gegenüber den Anbietern – selbst dann in Betracht, wenn sich ihre Entscheidungen im Rahmen des Beurteilungsspielraumes bewegen.

Neben der Systematik spricht insbesondere der Sinn und Zweck der Regelung des § 20 Abs. 3, Abs. 5 JMStV gegen einen den Selbstkontrolleinrichtungen zukommenden Beurteilungsspielraum. Hiernach sind Anbieter, die sich an die Vorgaben der Selbstkontrolle halten, der staatlichen Aufsicht nur noch begrenzt ausgesetzt. Diese Einschränkung staatlicher Sanktionsmöglichkeit soll Anbietern einen Anreiz für eine solche Kooperation schaffen. In der Vergangenheit war es zu einem Rückgang bei der Vorlage von Programmen bei Einrichtungen der Freiwilligen Selbstkontrolle gekommen, weil die Anbieter in den Prüfungsergebnissen der Einrichtungen keine ausreichende Absicherung gegenüber den Entscheidungen der Landesmedienanstalten sahen.[274] Die Privilegierung bezweckt somit einzig, Anbieter dafür zu „belohnen", dass sie sich freiwillig der Selbstkontrolle unterwerfen. Dafür ist es aber nicht notwendig, den Selbstkontrolleinrichtungen einen Beurteilungsspielraum einzuräumen. Entgegen der Annahme *Gersdorfs*[275], hängt das Funktionieren der Selbstkontrolle nicht von einem den Selbstkontrolleinrichtungen entgegengebrachten „Vertrauensvorschuss" ab: Entscheidend ist vielmehr der Umgang mit dem Vertrauen, welches die Anbieter den Einrichtungen schenken. Für die Interessen der Anbieter reicht es aus, dass die getroffenen

in Betracht. Der Widerruf muss stets das letzte Mittel bilden, damit der Grundsatz der Verhältnismäßigkeit gewahrt ist. Ebenso *Scholz/Liesching*, Jugendschutz, Teil 2, § 19 JMStV Rn. 18.

273 *Gersdorf*, der bei dem Entwurf des JMStV offenbar trotz dieser Widersprüchlichkeit davon ausging, dass den Einrichtungen nach dem Willen des Gesetzgebers ein genereller Beurteilungsspielraum zukommen sollte, regte eine entsprechende Umformulierung des § 19 V JMStV an und wies darauf hin, dass sich diese Regelung – sofern sich der Gesetzgeber für die Zuerkennung eines Beurteilungsspielraumes entscheiden würden – anderenfalls als „offene Flanke" für die Prüfungsautonomie der Selbstkontrolleinrichtungen erweisen könnte, s. *Gersdorf*, Neuer Jugendschutz für Neue Medien, S. 4, abrufbar unter: http://www.uni-rostock.de/ fakult/jurfak/Gersdorf/News/Neuer Jugendschutz fuer Neue Medien_Thesen.pdf (abgerufen am: 10.01.2006). Jetzt plädiert er für eine einschränkende Auslegung des § 19 V JMStV in dem Sinne, dass auch bei Maßnahmen gegenüber den Kontrolleinrichtungen der Beurteilungsspielraum zu beachten sei, s. *Gersdorf*, Grundzüge des Rundfunkrechts, S. 99 Rn. 208.

274 *FSF*-Pressemitteilung vom 29.08.2001 abrufbar unter http://www.fsf.de/fsf2/ueber uns/bild/presse/archivpresse010829.pdf (abgerufen am: 10.01.2006).

275 S. *Gersdorf*, Grundzüge des Rundfunkrechts, S. 99 Rn. 208.

Entscheidungen der Anbieter im Zusammenwirken mit der freiwilligen Selbstkontrolle für die Vergangenheit akzeptiert werden (sie also bei Beachtung der Vorgaben nicht mehr rückwirkend staatlich sanktioniert werden), aber für die Zukunft sich die *KJM* mit ihrer Auffassung auch im Einzelfall durchsetzt.[276] Hierdurch werden einerseits für die Zukunft unvertretbare Risiken für einen effektiven Jugendschutz vermieden und anderseits die Selbstkontrolle im Verhältnis zu der alten Rechtlage gestärkt, indem ihr deutlich mehr Gewicht zukommt. Es gibt keinen einleuchtenden Grund, warum die Entscheidungen und Bewertungen der Selbstkontrolleinrichtungen auch für in der Zukunft liegende Ausstrahlungen unantastbar sein sollten. Der Staat kann einen effektiven Jugendschutz, der den verfassungsrechtlichen Vorgaben entspricht, nur dann gewährleisten, wenn die Selbstregulierung insgesamt staatlich kontrolliert wird.[277] Eine nachträgliche und letztverbindliche Bewertung der Entscheidungen der Selbstkontrolleinrichtungen durch veranstalterunabhängige Gremien – sprich: der *KJM* – ist daher unerlässlich.[278] Hieran ändert auch eine Zertifizierung der Selbstkontrolleinrichtungen nichts.

Schließlich würde die Annahme eines den Selbstkontroll-Institutionen generell zukommenden Beurteilungsspielraums dem Willen des Staatsvertraggebers zuwiderlaufen. Er erwähnt den Beurteilungsspielraum nicht nur bei § 20 JMStV, sondern auch in der amtlichen Begründung des JMStV zu § 17 JMStV. Dieser regelt das Verfahren der *KJM*, welches sie bei der Ausübung ihrer Zuständigkeit zu beachten hat. In den Zuständigkeitsbereich der *KJM* fällt gem. § 16 S. 2 Nr. 2 JMStV unter anderem der Widerruf der Anerkennung einer Einrichtung der Freiwilligen Selbstkontrolle nach § 19 Abs. 5 JMStV. In der Begründung zu § 17 Abs. 1 JMStV, der sich folglich auch auf das Verfahren beim Widerruf der Anerkennung bezieht, ist jedoch allein die Rede davon, dass die *KJM* bei ihrem Tätigwerden die Einschränkungen der Überprüfung der Entscheidungen von Selbstkontrolleinrichtungen „im Rahmen des § 20 Abs. 3 und 5 zu beachten" hat.[279]

Im Übrigen ist selbst der „Beurteilungsspielraum", von dem im Rahmen des § 20 Abs. 3, Abs. 5 JMStV gesprochen wird, nach dem JMStV nicht besonders weit: Die Landesmedienanstalten können gem. § 15 Abs. 2 JMStV allgemeine

276 So auch der Bericht des Präsidenten der *BLM* v. 25.07.2002 unter http://www.blm.de (abgerufen am: 10.01.2006).

277 *Schulz/Held*, Anregungen zum Entwurf eines Jugendmedienschutzstaatsvertrags, S. 2, abrufbar unter: http://www.rrz.uni-hamburg.de/hans-bredow-institut/ws-lehr/jmstv.pdf (abgerufen am: 05.09.2004). A.A. *Gersdorf*, Grundzüge des Rundfunkrechts, S. 99 Rn. 208.

278 *Dörr/Cole*, Jugendschutz in den elektronischen Medien, S. 105 ff. u. 115.

279 S. amtliche Begründung zu § 17 I JMStV, abgedruckt bei: *Hartstein/Ring/Kreile/Dörr/Stettner*, RfStV, Bd. III, C 1.3.

Bewertungsgrundsätze in Satzungen und Richtlinien festlegen, die zu einer Einengung des „Beurteilungsspielraums“ führen werden.[280] Je umfassender die Landesmedienanstalten von ihrem Recht hierzu Gebrauch machen, desto mehr wird der im Verhältnis zu den Anbietern zu beachtende Spielraum eingeschränkt.

Abschließend lässt sich festhalten, dass das im JMStV realisierte Modell der regulierten Selbstregulierung die hoheitliche Kontrolle nicht so weit verdrängt, wie zum Teil pauschal angenommen wird: Zum einen räumt es den Selbstkontrolleinrichtungen keinen Beurteilungsspielraum ein, der ihnen gegenüber unüberprüfbar ist. Zum anderen hält sich auch der „Beurteilungsspielraum“, der gegenüber den auf die Einrichtungen vertrauenden Anbietern zu beachten ist, in Grenzen. Schließlich wird im Ausgleich dazu, dass die Anbieter bei Beachtung der Vorgaben der Selbstkontrolleinrichtungen privilegiert werden und damit den Entscheidungen der Institutionen im Vergleich zur alten Rechtslage mehr Gewicht zukommt, eine Zertifizierung der Einrichtungen verlangt, wodurch die Anforderungen an ihre Organisation in erheblichem Maße erhöht werden. Der Staatsvertraggeber ist damit weit entfernt davon, sich durch die Einführung dieses Systems seiner verfassungsrechtlichen Verpflichtung zur Gewährleistung effektiven Jugendschutzes entzogen zu haben.

e) Die Ahndung von Verstößen

Gem. § 23 JMStV erfüllt die Verbreitung offensichtlich schwer jugendgefährdender Angebote einen Straftatbestand; für Telemedien gilt dies nur, soweit sie außerhalb geschlossener Benutzergruppen erfolgt. § 24 Abs. 1, Abs. 2 JMStV enthält einen umfassenden Katalog von Ordnungswidrigkeitstatbeständen. Eine Ordnungs-widrigkeit kann gem. § 24 Abs. 3 JMStV mit einer Geldbuße von bis zu 500.000 Euro geahndet werden, so dass sich insofern lediglich eine Verschärfung für Mediendienste (bisher nur bis zu 250.000 Euro) ergeben hat. Für Teledienste ist einerseits eine Lockerung eingetreten, weil die Verbreitung der in § 4 Abs. 2 S. 1 JMStV genannten Angebote außerhalb von geschlossenen Benutzergruppen bisher einen Straftatbestand erfüllte, vgl. § 21 Abs. 1 Nr. 3 a GjSM. Anderseits war die Verbreitung nicht indizierter Inhalte – auch bei zu vermutender entwicklungsbeeinträchtigender Wirkung – vollumfänglich gestattet und erwies sich damit auch nicht als Ordnungswidrigkeit; vgl. jetzt aber § 24 Abs. 1 Nr. 4 JMStV.

---

280 Ebenso *Ladeur*, ZUM 2002, 859, 867 f. Ähnlich *Kreile/Diesbach*, die von einer dadurch bedingten Vorprägung des Beurteilungsspielraums sprechen, aber gleichzeitig darauf hinweisen, dass dieser dadurch nicht faktisch ausgehebelt werden dürfe, ZUM 2002, 849, 855.

Teil 2: Beleuchtung des JMStV unter verfassungsrechtlichen Gesichtspunkten

Der JMStV, der aus den verschiedensten Gründen kritisiert wurde[281], löste insbesondere eine Fülle verfassungsrechtlicher Bedenken aus. Diese Arbeit umfasst die Prüfung der Gesetzgebungskompetenzen im Bereich des Jugendmedienschutzes und der Verfassungsmäßigkeit der sich aus der Einführung des JMStV ergebenden wesentlichen Änderungen im Bereich des materiellen Rechts.[282]

A. Gesetzgebungsbefugnisse im Bereich des Jugendmedienschutzes

Die Schaffung des JuSchG und des JMStV hat – unabhängig davon, ob hiermit die bestrebte Rechtsvereinheitlichung tatsächlich stattgefunden hat – zumindest bewirkt, dass die bisherige Rechtszersplitterung im Bereich des Jugendmedienschutzes reduziert wurde. Vorschriften des Jugendmedienschutzes finden sich nunmehr lediglich in zwei Regelungswerken, nämlich einem Bundesgesetz, das die Offlinemedien (Trägermedien wie Printmedien, Ton- und Bildaufzeichnungen) regelt, und einem Staatsvertrag der Länder, der die Onlinemedien (Rundfunk, Tele- und Mediendienste) zum Regelungsgegenstand hat. Im Folgenden soll untersucht werden, ob diese, auf einer Absprache[283] zwischen Bund und

---

281 Kritische Stellungnahmen zum JMStV finden sich bei: *Hartstein/Ring/Kreile/Dörr/Stettner*, RfStV, Bd. III, C 3; *Nikles/Roll/Spürck/Umbach*, Jugendmedienschutzrecht, Teil III; *Gersdorf*, Neuer Jugendschutz für Neue Medien, abrufbar unter: http://www.uni-rostock.de/fakult/jurfak/Gersdorf/News/Neuer Jugendschutz fuer Neue Medien_Thesen.pdf (abgerufen am: 10.01.2006); *Waldenberger*, MMR 2002, 413 f.; *Merz*, epd medien 54/2002, 3 ff.; *Morhart*, epd medien 64/2002, 3 ff.; *Nolden*, JMS-Report 2/2002, 8; *Kreile/Diesbach*, ZUM 2002, 849 ff., *Liesching*, ZUM 2002, 868 ff.; *Langenfeld*, MMR 2003, 303 ff.; *Bornemann*, NJW 2003, 787 ff.; *Stettner*, ZUM 2003, 425 ff.

282 Die Verfassungsmäßigkeit der veränderten Aufsichtsstruktur und die damit verbundene Stärkung der Selbstkontrolleinrichtungen findet im Rahmen dieser Arbeit keine Berücksichtigung. Vgl. hierzu aber insbesondere *Langenfeld*, MMR 2003, 303, 306 ff.; *dies.*, Zur Neuordnung des Jugendschutzes im Internet, S. 12 ff., abrufbar unter: http://www.jura.uni-sb.de/projekte/Bibliothek (abgerufen am: 10.01.2006); *Kreile/Diesbach*, ZUM 2002, 849, 852 ff. u. *Palzer*, MMR 2003, 58, 59 ff.

283 Vgl. die Eckwertevereinbarung zwischen Bund und Ländern zur Neuordnung des Jugendmedienschutzes vom 08.03.2002, abgedruckt in der amtlichen Begründung zum JuSchG, vgl. BT-Drs. 14/9013, S. 13.

Ländern beruhende, Aufteilung des Jugendmedienschutzes in einen Regelungsbereich des Bundes und einen Regelungsbereich der Länder mit der grundgesetzlichen Kompetenzverteilung zu vereinbaren ist.

I. Gesetzgebungskompetenz für den Jugendschutz

Für allgemeine Regelungen des Jugendschutzes wird die Gesetzgebungszuständigkeit des Bundes als Fall der konkurrierenden Gesetzgebungskompetenz aus Art. 72, 74 Abs. 1 Nr. 7 GG, mithin der öffentlichen Fürsorge, hergeleitet. Der Begriff der öffentlichen Fürsorge ist dabei aufgrund des Sozialstaatsprinzips nicht eng auszulegen, sondern umfasst neben den „klassischen" unterstützenden Fürsorgemaßnahmen, die – wie beispielsweise der Bereich der Sozialhilfe – wirtschaftlich veranlasst sind, auch präventive Maßnahmen zum Ausgleich von Notlagen, zum Ausgleich von besonderen Belastungen und Vorkehrungen gegen die Gefahr der Hilfsbedürftigkeit.[284] Hierdurch sollen künftige Fürsorgemaßnahmen möglichst überflüssig gemacht werden. Da Regelungen zum Jugendschutz zukünftige Notlagen vermeiden wollen, indem sie ihnen vorbeugend entgegenzusteuern versuchen, unterfällt die Materie des Jugendschutzes Art. 74 Abs. 1 Nr. 7 GG.[285] Einer Herleitung als ungeschriebene Kompetenz kraft Sachzusammen-

284 *BVerfGE* 88, 203, 329; *BVerwGE* 19, 94, 96 f.; *Maunz*, in: Maunz/Dürig, GG, Art. 74 Rn. 106; *Degenhart*, in: Sachs, GG, Art. 74 Rn. 32; *Pieroth*, in: Jarass/Pieroth, GG, Art. 74 Rn. 17.

285 Vgl. *BVerfGE* 31, 113, 117; *BVerwGE* 19, 94, 96; 23, 112, 113; 85, 169, 176; *Maunz*, in: Maunz/Dürig, GG, Art. 74 Rn. 108; *Kunig*, in: v. Münch/Kunig, GG, Art. 74 Rn. 34; *Bothe*, in: AK-GG, Art. 74 Rn. 15; *Oeter*, in: v. Mangoldt/Klein/Starck, GG, Art. 74 Rn. 68; *Schraut*, Jugendschutz und Medien, S. 25; *Isensee/Axer*, Jugendschutz im Fernsehen, S. 69; *Gabriel-Bräutigam*, Rundfunkkompetenz und Rundfunkfreiheit, S. 176; *Ory*, ZUM 1986, 123, 126; *Schulz*, MMR 1998, 182, 183; *Liesching*, ZUM 2002, 868, 873. Kritisch *Reinwald* (ZUM 2002, 119, 121 ff.), der eine Ausuferung des Umfangs der Kompetenznorm befürchtet, wenn Präventivmaßnahmen wie der Jugendschutz auch ohne enge Verknüpfung mit der durch sie zu vermeidenden Notlage unter Art. 74 I Nr. 7 GG fielen. A.A. *Bettermann*, AöR 83 (1958), 91, 94 ff. u. *Vlachopoulos*, Kunstfreiheit und Jugendschutz, S. 37 Fn. 58, die sich für einen restriktiv zu interpretierenden Begriff der öffentlichen Fürsorge aussprechen. Die Länderhoheit zur Regelung des Jugendschutzes ergebe sich überdies aus der gefahrenabwehrenden und polizeirechtlichen Natur des Jugendschutzrechtes. Im Übrigen stelle Jugendschutz keine Jugendfürsorge dar. Gegen diese Auffassung spricht bereits, dass jugendschützende Maßnahmen allein durch den Rückgriff auf Instrumente des Polizei- und Ordnungsrechts (Ge- und Verbote) nicht dem Polizei- und Ordnungsrecht zuzurechnen sind. Jugendschutz, Jugendpflege und Jugendfürsorge haben alle das Wohlergehen und die weitere Entwicklung von Kindern und Jugendlichen zum Ziel. Ob dies dadurch ge-

hangs bedarf es, obwohl dies teilweise angenommen wird[286], hierfür nicht, weil sich der Jugendschutz wie dargelegt bereits unter den Begriff der öffentlichen Fürsorge subsumieren lässt und damit von dem ausdrücklichen Wortlaut des Kompetenztitels erfasst wird. Etwas anderes lässt sich auch den hierzu ergangenen Entscheidungen des *Bundesverfassungsgerichts* und des *Bundesverwaltungsgerichts* nicht entnehmen.[287] Für weitere einzelne Normen des Jugendschut-

---

schieht, dass Maßnahmen getroffen werden, die sich auf bereits gefährdete, kranke oder verwahrloste Kinder beziehen (Jugendfürsorge), ob die Maßnahmen der Förderung des körperlichen, geistigen und sittlichen Wohls von Kindern dienen (Jugendpflege) oder ob den ihnen drohenden Gefahren bereits im Vorfeld begegnet werden soll (Jugendschutz) kann für die Gesetzgebungszuständigkeit nicht relevant sein. Entscheidend muss das gesetzgeberische Ziel sein, unabhängig davon, ob dieses durch Leistung oder durch Eingriff erreicht werden soll. Die Bereiche Jugendschutz und Jugendfürsorge liegen ohnehin so dicht beieinander, dass eine klare Abgrenzung nicht möglich wäre. Letztlich kann Jugendschutz sogar als vorbeugende Jugendfürsorge verstanden werden. Unabhängig davon, dass die Materie schon nicht dem allgemeinen Gefahrenabwehrrecht zuzurechnen ist, kann dieser Ansicht entgegengehalten werden, dass auch spezielle polizeirechtliche Materien durch Art. 74 I Nr. 11, 19, 20 GG dem Bund zugewiesen sind, mithin selbst die Annahme eines polizeirechtlichen Charakters des Jugendschutzes einer Bundeskompetenz nicht automatisch entgegenstehen würde.

286 So wird für den Jugendschutz bzw. die Jugendpflege in der Literatur vielfach, zumeist unter Bezugnahme auf *BVerfGE* 22, 180, 213, eine Kompetenz kraft Sachzusammenhangs mit der öffentlichen Fürsorge angenommen, vgl. z.B. *Degenhart*, Staatsrecht I, 13. Aufl. Heidelberg 1997, S. 41 Rn. 104 (diese Auffassung wurde nicht etwa aufgegeben – in den Neuauflagen werden lediglich andere bzw. aktuellere Entscheidungen als Beispiele herangezogen) und *Reinwald*, ZUM 2002, 119, 121, der dem Bund die Regelungsmaterie Jugendschutz allenfalls als Annexkompetenz zugestehen will, aber auch insoweit hohe Anforderungen stellt.

287 Vgl. *BVerfGE* 22, 180, 212; 31, 113, 117; *BVerwGE* 19, 94, 96; 23, 112, 113; 85, 169, 76, die den Jugendschutz allesamt unter den Begriff der öffentlichen Fürsorge subsumieren. Obgleich das *BVerfG* in *BVerfGE* 22, 180, 212 „den Gesichtspunkt des Sachzusammenhangs" erwähnt, will es damit keine ungeschriebene Bundeskompetenz kraft Sachzusammenhangs für vorbeugende Maßnahmen der Jugendpflege begründen. Diese Erwähnung erfolgt vielmehr i. R. d. Subsumtion unter den Begriff der öffentlichen Fürsorge und dient nur der Verdeutlichung, dass die Inhalte der Jugendfürsorge und der Jugendpflege so dicht beieinander liegen, dass sie beide unter den weit auszulegenden Begriff der öffentlichen Fürsorge zu fassen sind. Das *BVerfG* erwähnt in seiner Entscheidung *BVerfGE* 31, 113, 117 nur mit einem Satz, dass der Bund zur Regelung der Materie der Verbreitung jugendgefährdender Schriften – mithin des Jugendschutzes – nach Art. 74 Nr. 7 GG gesetzgebungsbefugt sei. Von einer ungeschriebenen Gesetzgebungskompetenz kraft Sachzusammenhangs ist dabei nicht die Rede. In einer anderen den Jugendschutz betreffenden Entscheidung wies das *BVerwG* auf die Entstehungsgeschichte zu Art. 74 Nr. 7 GG hin, aus der hervorgehe, dass schon bei der Aufnahme des Bereichs der öffentlichen

zes ergibt sich die Bundeskompetenz aus der Zuweisung des Strafrechts (Art. 74 Abs. 1 Nr. 1 GG)[288] und des Wirtschaftsrechts (Art. 74 Abs. 1 Nr. 11 GG)[289].

II. Gesetzgebungskompetenz für den Rundfunk

Die Materie des Rundfunks fällt dagegen – mit Ausnahme des dem Bund gem. Art. 73 Nr. 7 GG als ausschließliche Gesetzgebungskompetenz zugewiesenen sendetechnischen Bereichs – in die legislative Zuständigkeit der Länder.[290] Dies folgt aus Art. 30 GG und Art. 70 Abs. 1 GG, die von dem Grundsatz der Länderkompetenz ausgehen, soweit nicht das Grundgesetz dem Bund die Gesetzgebungsbefugnis explizit verleiht. Eine ausdrückliche Kompetenzzuweisung an den

---

Fürsorge in den Zuständigkeitskatalog des Art. 74 GG davon ausgegangen worden sei, dass auch die vorbeugende Jugendfürsorge hierunter zu verstehen wäre und belegte damit, dass der Begriff der öffentlichen Fürsorge in Art. 74 Nr. 7 GG den Jugendschutz umfasst, vgl. *BVerwGE* 19, 94, 97 und hierauf bezugnehmend *BVerwGE* 23, 112, 113.

288 S. hierzu ausführlich: *Liesching*, ZUM 2002, 868, 869 ff., *ders.*, Jugendmedienschutz in Deutschland und Europa, S. 250 ff. *Liesching* will hieraus allerdings eine allumfassende, nicht nur für die einzelnen Normen des Strafrechts geltende, Kompetenz ableiten, was abzulehnen ist (so auch *Gersdorf*, Grundzüge des Rundfunkrechts, S. 83 Rn. 171). Lediglich die Straf- und Ordnungswidrigkeitstatbestände können auf Art. 74 I Nr. 1 GG gestützt werden. Für die übrigen Vorschriften des Jugendmedienschutzes lässt sich allein aus dem Kompetenzthema Strafrecht keine Bundeskompetenz ableiten. Der Bund darf nicht auf dem Umweg über seine Kompetenz für das Strafrecht eine der Landeskompetenz unterliegende Materie sachlich selbst regeln, vgl. dazu *Maunz*, in: Maunz/Dürig, GG, Art. 74 Rn. 69. Andernfalls würde der Bund die Länderkompetenz (die sich vorliegend ohne Rückgriff auf Art. 74 I Nr. 7 GG aus Art. 70 GG ergeben würde) über die Zuständigkeit für das Strafrecht aushöhlen.

289 Dagegen *Liesching*, ZUM 2002, 868, 873, mit der Begründung, die bereits einschlägigen Kompetenztitel des Art. 74 I Nr. 1 und Nr. 7 GG würden zum Anwendungsvorrang gelangen. Die sich aus den Jugendschutzbestimmungen ergebenden Beschränkungen der medialen und damit der wirtschaftlichen Betätigungsfreiheit seien bloßer Nebenzweck und könnten somit nicht auf Art. 74 I Nr. 11 GG gestützt werden, weil dies zu einer Ausuferung desselben führte und die übrigen Kompetenztitel des Art. 74 GG hierdurch erheblich eingeschränkt werden würden. Ähnlich bereits *Schraut*, Jugendschutz und Medien, S. 24.

290 So die ständige Rspr. seit dem ersten Fernsehurteil des *BVerfG*, vgl. *BVerfGE* 12, 205, 228, und seither die allgemeine Ansicht in der Literatur, vgl. statt vieler: *Stettner*, in: Dreier, GG, Art. 73 Rn. 31; *Degenhart*, in: Sachs, GG, Art. 73 Rn. 34. Zuvor war umstritten, ob von Art. 73 Nr. 7 GG nicht der Rundfunk als Ganzes, mithin auch seine inhaltliche Seite, erfasst sein sollte, vgl. hierzu ausführlich *Hartstein/Ring/Kreile/ Dörr/Stettner*, RfStV, Bd. I, B 2 Rn. 3 ff.

Bund zur Regelung des Rundfunkwesens existiert nicht. Für die Länderkompetenz spricht zudem der kulturelle Charakter des Rundfunks. Kulturelle Angelegenheiten fallen nach der Grundentscheidung des Grundgesetzes überwiegend in die Regelungskompetenz der Länder, sog. Kulturhoheit der Länder, wie der Kompetenzkatalog des Art. 74 GG mit seinen nur vereinzelten Zuständigkeitszuweisungen an den Bund im kulturellen Bereich zeigt.[291] Der Rundfunk ist insoweit ein zentrales Element der politischen und kulturellen Eigenständigkeit der Länder.

III. Gesetzgebungskompetenz für den Jugendschutz im Rundfunk

Während demnach mittlerweile anerkannt ist, dass dem Bund im Bereich des Jugendschutzes und den Ländern im Bereich des Rundfunks die Gesetzgebungskompetenz zusteht, besteht über die Zuordnung der Regelungsmaterie des Jugendschutzes im Rundfunk, die Sachbezug zu beiden Kompetenzbereichen aufweist, Uneinigkeit. Die Möglichkeit einer Doppelzuständigkeit von Bund und Ländern, wodurch sie dieselbe Materie in unterschiedlicher Weise regeln könnten, ist ausgeschlossen, da sie dem System der Kompetenzverteilung des Grundgesetzes fremd ist und im Übrigen mit der Abgrenzungsfunktion des Art. 70 Abs. 2 GG unvereinbar wäre.[292] Zur Lösung eines solchen Kompetenzkonfliktes sind vielmehr die von Rechtsprechung und Literatur entwickelten Zuordnungskriterien[293] heranzuziehen, um die Gesetzgebungskompetenz entweder dem Bund oder den Ländern eindeutig zuweisen zu können. Solche Kriterien sind die wesensmäßige und historische Zugehörigkeit zu einer Materie, der nach dem Schwerpunkt zu beurteilende überwiegende Sachzusammenhang und der Grundsatz der Spezialität.[294] Schließlich soll zu berücksichtigen sein, dass das Grundgesetz mit Art. 30, 70 Abs. 1 GG angeblich von einer grundsätzlichen Länderkompetenz ausgeht.

291 *BVerfGE* 12, 205, 229; *Maunz*, in: Maunz/Dürig, GG, Art. 74 Rn. 17 u. Rn. 43.

292 *BVerfGE* 36, 193, 202; 61, 149, 204; *Maunz*, in: Maunz/Dürig, GG, Art. 74 Rn. 9; *Stern*, Staatsrecht, Bd. I, § 19 III 3, S. 509; *Weides*, NJW 1987, 224, 231.

293 *BVerfGE* 7, 29, 39 ff.; 61, 149, 175; *Maunz*, in: Maunz/Dürig, GG, Art. 74 Rn. 10 ff.; *Degenhart*, in: Sachs, GG, Art. 70 Rn. 50 ff.; *Stern*, Staatsrecht, Bd. I, § 19 III 3, S. 508.

294 Vgl. statt vieler: *Maunz*, in: Maunz/Dürig, GG, Art. 74 Rn. 10 ff.

1. Darstellung des Streitstandes

Anlehnend an diese Zuordnungskriterien steht die überwiegende Ansicht in der Literatur auf dem Standpunkt, den Ländern käme die Kompetenz zur Regelung des Jugendschutzes im Bereich des Rundfunkwesens zu.[295] Die Auffassung wird in erster Linie auf das Kriterium des überwiegenden Sachzusammenhangs gestützt. Jede Jugendschutzregelung im Rundfunk berühre die gem. Art. 5 Abs. 1 GG gewährleistete Programmfreiheit und sei daher sachnäher vom Landesgesetzgeber im Zusammenhang mit der positiven Ordnung des Rundfunkwesens zu regeln.[296] Der Rundfunk lebe von seinem Inhalt, der durch die Vorschriften zum Jugendschutz beschnitten werde, so dass der Jugendschutz auf einen Kernbereich des Rundfunks einwirke. Jugendschutzbestimmungen im Rundfunkbereich würden daher primär unmittelbare Wirkung im Rundfunkbereich selbst entfalten. Daneben wird das Abgrenzungskriterium der Spezialität zur Begründung dieser Auffassung angeführt.[297] Erforderlich sei eine rundfunkspezifische Ausgestal-

---

295 Stellungnahme des Bundesrates, in: BT-Drs. 13/7385, S. 64; *Hartstein/Ring/Kreile/Dörr/Stettner*, RfStV, Bd. I, § 3 RfStV Rn. 22, Stand: 01/2003; *Gersdorf*, in: Prinz/Peters, FS für Manfred Engelschall, S. 163, 169; *ders.*, Grundzüge des Rundfunkrechts, S. 84 Rn. 172 f.; *Ricker/Schiwy*, Rundfunkverfassungsrecht, Teil B, S. 153 Rn. 224; *Dörr/Cole*, Jugendschutz in den elektronischen Medien, S. 21 f.; *Bullinger/Mestmäcker*, Multimediadienste, S. 143 f.; *Hesse*, Rundfunkrecht, 3. Kapitel II 3 a, S. 89 Rn. 23; *Fechner*, Medienrecht, S. 122 Rn. 401; *Gabriel-Bräutigam*, Rundfunkkompetenz und Rundfunkfreiheit, S. 173 u. 176 f.; *Bethge*, in: BLM Symposion Medienrecht 2001, S. 61, 69; *Meyer-Hesemann*, DVBl. 1986, 1181, 1183 ff.; *Weides*, NJW 1987, 224, 231; *Herkströter*, AfP 1992, 23, 24; *Castendyk*, MDR 1993, 192, 194; *Landmann*, NJW 1996, 3309; *Knothe*, AfP 1997, 494, 498; *Schulz*, MMR 1998, 183; *Reinwald*, ZUM 2002, 119, 120; *Stettner*, ZUM 2003, 425, 429; *Langenfeld*, Zur Neuordnung des Jugendschutzes im Internet, S. 9, abrufbar unter: http://www.jura.uni-sb.de/projekte/Bibliothek (abgerufen am: 10.01.2006), *Hopf*, Jugendschutz im Fernsehen, S. 54 ff. u. auch das *VG Köln*, NJW 1987, 274, 275 f. Diese Entscheidung des *VG Köln* wurde durch das *BVerwG* zwar aufgehoben (*BVerwGE* 85, 169 ff.), die Frage der Gesetzgebungskompetenz für den Jugendschutz im Fernsehbereich ließ das Gericht jedoch ausdrücklich dahinstehen, da es hierauf für seine Entscheidung nicht ankam (vgl. S. 173 der Entscheidung).

296 *VG Köln*, NJW 1987, 274, 275 f.; *Gersdorf*, Grundzüge des Runfunkrechts, S. 84 Rn. 173; *Dörr/Cole*, Jugendschutz in den elektronischen Medien, S. 22; *Gabriel-Bräutigam*, Rundfunkkompetenz und Rundfunkfreiheit, S. 176 f.; *Meyer-Hesemann*, DVBl. 1986, 1181, 1185; *Weides*, NJW 1987, 224, 231; *Castendyk*, MDR 1993, 192, 194; *Landmann*, NJW 1996, 3309; *Schulz*, MMR 1998, 183; *Langenfeld*, Zur Neuordnung des Jugendschutzes im Internet, S. 9, abrufbar unter: http://www.jura.uni-sb.de/projekte/Bibliothek (abgerufen am: 10.01.2006).

297 *VG Köln*, NJW 1987, 274, 276; *Meyer-Hesemann*, DVBl. 1986, 1181, 1185; *Castendyk*, MDR 1993, 192, 194.

tung, die sinnvoll nur sonderrechtlich im Zusammenhang mit rundfunkrechtlichen Bestimmungen geregelt werden könne. Weiter wird der Grundsatz des Art. 30 und 70 Abs. 1 GG, aus dem sich ein Primat der Länderzuständigkeit ergebe, gegen die Kompetenz des Bundes eingewandt.[298] Schließlich habe das *Bundesverfassungsgericht* die Landeskompetenz für den Jugendschutz beim Rundfunk bereits ausdrücklich festgestellt, indem es bezüglich der inhaltlichen Anforderungen an die Landesrundfunkgesetze ausgeführt habe, für den Jugendschutz werde in den Rundfunkgesetzten Sorge zu tragen sein.[299]

Andere nehmen bei Bestimmungen des Jugendschutzes für den Rundfunkbereich dagegen gerade eine größere Sachnähe zum Jugendschutz an, so dass sie von der Bundeskompetenz zur Regelung dieses Gebietes ausgehen.[300] Ausschlaggebend für die Zuordnung zu einer Kompetenzmaterie könne allein das Ziel der entsprechenden Regelung sein. Auch die Film und Presse betreffenden Jugendschutzregelungen beruhten trotz der Landeskompetenz in diesen Bereichen[301] unangefochten auf Bundesrecht, ohne dass die damit einhergehenden Einschränkungen oder der Bezug zum Presse- und Filmwesen geringer sei als bei den sich auf die Rundfunkfreiheit auswirkenden rundfunkspezifischen Bestimmungen des Jugendschutzes.[302]

2. Entscheidung für die Kompetenz des Bundes gem. Art. 74 Abs. 1 Nr. 7 GG

Letztere Auffassung ist vorzugswürdig. Das Kriterium des überwiegenden Sachzusammenhangs entscheidet den vorliegenden Kompetenzkonflikt zugunsten des Bundes. Die übrigen Kriterien sind nicht geeignet, für die Kompetenzzuordnung im Bereich des Jugendschutzes im Rundfunk auch nur Anhaltspunkte zu liefern.

---

298 *Meyer-Hesemann*, DVBl. 1986, 1181, 1185; *Weides*, NJW 1987, 224, 231; *Castendyk*, MDR 1993, 192, 194; *Langenfeld*, Zur Neuordnung des Jugendschutzes im Internet, S. 9, abrufbar unter: http://www.jura.uni-sb.de/ projekte/ Bibliothek (abgerufen am: 10.01.2006).

299 So bezogen auf *BVerfGE* 57, 295, 326: *VG Köln*, NJW 1987, 274, 277 f.; *Ricker/Schiwy*, Rundfunkverfassungsrecht, Teil B, S. 153 Rn. 221; *Gabriel Bräutigam*, Rundfunkkompetenz und Rundfunkfreiheit, S. 177; *Meyer-Hesemann*, DVBl. 1986, 1181, 1185; *Weides*, NJW 1987, 224, 231; *Castendyk*, MDR 1993, 192, 194; *Landmann*, NJW 1996, 3309, 3310; *Stettner*, ZUM 2003, 425, 429.

300 S. v. *Mangoldt/Klein/Pestalozza*, GG, 3. Aufl., Art. 74 I Nr. 7 Rn. 341 f.; *Degenhart*, in: Sachs, GG, Art. 74 Rn. 33; *Altenhain*, in: Roßnagel, Recht der Multimedia-Dienste, Teil 9, Einl. GjS Rn. 18; *Scholz*, Jugendschutz, § 1 GjSM, S. 55; *Schraut*, Jugendschutz und Medien, S. 26; *Liesching*, ZUM 2002, 868, 875.

301 Anders als in den Bereichen Rundfunk und Film besitzt der Bund für die allgemeinen Rechtsverhältnisse der Presse die Rahmenkompetenz gem. Art. 75 Nr. 2 GG, von der er jedoch bisher keinen Gebrauch gemacht hat.

302 *Schraut*, Jugendschutz und Medien, S. 26.

a) Überwiegender Sachzusammenhang zum Jugendschutz

Die Regelungsbefugnis des Bundes für den Bereich des Jugendschutzes im Rundfunk ist auf das Kriterium des überwiegenden Sachzusammenhangs zu stützen. Bei der Zuordnung der Bestimmungen des Jugendschutzes für den Rundfunkbereich zum Jugendschutz und damit zu dem Kompetenztitel der öffentlichen Fürsorge geht es sogar um mehr als einen sachlichen „Bezug" zwischen der gesetzlichen Regelung und dem Kompetenzthema. Hier deckt sich vielmehr der durch die Bestimmung geregelte Inhalt mit dem Kompetenzthema. Allein dadurch, dass Regelungen des Jugendschutzes Mittel auf dem Gebiet des Rundfunks einsetzen, verlieren sie nicht ihren Charakter als Jugendschutzbestimmung. Ein Mittel kann sich nicht über seinen Zweck erheben. Ziel und Zweck einer entsprechenden Regelung – und dies ist entscheidend für die Kompetenzzuordnung[303] – ist unzweifelhaft ausschließlich der Jugendschutz und nicht etwa eine Einwirkung auf die Programmgestaltung im Rundfunkwesen. Damit weist die Regelungsmaterie zum Rundfunk nur einen bloßen Sachbezug auf. Sie berührt die Programmgestaltungsfreiheit nicht, weil die Regelung dies bezweckt, sondern aufgrund der Rechtsfolge einer allein dem Jugendschutz dienenden und um seinetwillen geschaffenen Regelung. Die zwar gravierenden Auswirkungen auf die Rundfunkfreiheit können lediglich als Reflex der Regelungen des Jugendschutzes bezeichnet werden.

Im Übrigen ist keine konkrete Regelung des Jugendschutzes denkbar, die nicht einen Bezug zu anderen Materien aufweist. Der Jugendschutz fällt zwangsläufig mit anderen Sachgebieten zusammen, da Ge- und Verbote enthaltende Bestimmungen ihre Eingriffe auf einem bestimmten Sektor vornehmen müssen. Auch beabsichtigen sie hiermit immer – nicht nur beim Rundfunk – den sich aus den jeweiligen Bereichen ergebenden spezifischen und keinen allgemeinen Gefahren zu begegnen. Dass die Eingriffe dann in ihren Rechtsfolgen den Eigenarten des betroffenen Mediums angepasst sind, und die Eingriffsmittel somit differieren, ist allen Jugendschutzvorschriften eigen. Insofern weist der Jugendschutz im Rundfunk keine Besonderheit auf. Ein für die Kompetenzzuweisung relevanter Unterschied lässt sich hiermit nicht begründen. Das Eingriffsziel bleibt stets dasselbe.

Die Anhänger der herrschenden Meinung müssten, wollten sie konsequent sein, für die Zuordnung zu einer Kompetenzmaterie kontinuierlich auf den Eingriffssektor abstellen. Sie könnten den Jugendschutz dementsprechend nie unter Art. 74 Abs. 1 Nr. 7 GG subsumieren, was sie jedoch grundsätzlich machen, sondern müssten sich fragen, auf welchem Sachgebiet der Jugendschutz zu Eingriffen führt und die Jugendschutzregelung sodann dem Kompetenzthema dieses

303 *BVerfGE* 8, 105, 116 f.; *Bothe*, in: AK-GG, Art. 70 Rn. 16.

Sachgebietes zuordnen. So müssten sie beispielsweise die Film und Presse betreffenden Jugendschutzbestimmungen der Länderkompetenz unterwerfen. Der Eingriffssektor ist aber weder bei dem Gaststätten[304], alkoholische Getränke[305] oder Tabakerzeugnisse[306] betreffenden Jugendschutz, noch bei dem Jugendschutz in Printmedien, bei Tonträgern, Video oder Film[307] entscheidend für die kompetenzrechtliche Zuordnung. Der Regelungszweck unterscheidet sich in den aufgeführten Fällen nicht von dem des Jugendschutzes im Rundfunk. In allen Konstellationen sollen Jugendliche vor dem Konsum sie gefährdender Inhalte oder Stoffe geschützt werden, unabhängig davon, über welches Medium der Inhalt verbreitet wird oder in welcher Form der Stoff bezogen wird.

b) Historische Zugehörigkeit

Mit einer herkömmlichen, historischen Zugehörigkeit lässt sich im Bereich des Jugendmedienschutzes nicht argumentieren.[308] Das *Bundesverfassungsgericht* knüpft bei einer solchen Auslegung an die Entstehungsgeschichte und die Staatspraxis an.[309] Die Entstehungsgeschichte spricht jedoch weder für noch gegen die Einordnung des Jugendschutzes im Rundfunk unter Art. 74 Abs. 1 Nr. 7 GG. Der Zuständigkeitsausschuss, auf dessen Empfehlung die Aufnahme des Bereichs der „öffentlichen Fürsorge“ zurückgeht, verstand hierunter unter anderem die vorbeugende Jugendfürsorge und hatte folglich jedenfalls ein weit gefasstes Verständnis des Begriffs der öffentlichen Fürsorge im Sinn.[310]

---

304 Der Aufenthalt von Kindern und Jugendlichen in Gaststätten ist nicht im GaststättenG geregelt, sondern in § 4 JuSchG.

305 Allgemeine Verbote, die sich auf alkoholische Getränke beziehen (beispielsweise das Verbot, in Ausübung eines Gewerbes alkoholische Getränke an erkennbar Betrunkene zu verabreichen), und ein Verbot des Ausschanks alkoholischer Getränke zur Aufrechterhaltung der öffentlichen Sicherheit und Ordnung finden sich in §§ 19, 20 des GaststättenG. Die Abgabe alkoholischer Getränke an Jugendliche ist dagegen in § 9 JuSchG geregelt.

306 Der Verkehr mit Tabakerzeugnissen ist umfassend in den §§ 20 ff. LMBG geregelt (§ 22 enthält z.B. ein Werbeverbot für Tabakerzeugnisse im Rundfunk), während die Abgabe von Tabakwaren an Kinder und das Rauchen von Kindern in der Öffentlichkeit im JuSchG normiert sind, vgl. § 10 JuSchG.

307 Jugendschutzbestimmungen für Ton-, Text- und/oder Bildträger finden sich nicht in den Spezialgesetzen für diese Medien (wie z.B. den Landespressegesetzen), sondern ausschließlich im JuSchG.

308 So aber *Meyer-Hesemann*, DVBl. 1986, 1181, 1184, der hiermit die Länderkompetenz begründen will.

309 *BVerfGE* 41, 205, 220 ff.; 33, 125, 152 f.

310 Vgl. hierzu ausführlich *BVerwGE* 19, 94, 97.

Dass weder das Gesetz zur Bewahrung der Jugend vor Schund- und Schmutzschriften des Deutschen Reiches aus dem Jahre 1926 noch das GjS von 1953 den Rundfunk und die neuen Medien in ihre Regelungsbereiche einbezogen, berechtigt nicht, Rückschlüsse für den hier zu lösenden Kompetenzkonflikt zu ziehen. Offenkundig konnten Gefahren für Kinder und Jugendliche im Bereich des Rundfunks und der neuen Medien nicht schon zur Zeit der Weimarer Republik erkannt werden und fanden bereits aus diesem Grund keinen Eingang in die Regelungswerke des Bundesgesetzgebers zum Jugendschutz.[311] Auch in den 50er Jahren kam dem Fernsehen noch keine praktische Relevanz als Verbreitungsmedium zu, weshalb Gefahren für Kinder und Jugendliche noch allein in den Printmedien erblickt wurden. Diese faktischen Veränderungen sind bei der Feststellung der historischen Zugehörigkeit zu berücksichtigen. Dass der Bund den Bereich des Jugendschutzes im Rundfunk auch später nicht in das GjS und das ihm nachfolgende GjSM aufnahm, liegt darin begründet, dass in diesem Bereich fortwährend Uneinigkeit über die Verteilung der Gesetzgebungskompetenzen herrschte[312], was Absprachen zwischen Bund und Ländern zur Folge hatte. Die Resultate dieser politischen Kompromisse vermögen aber keine Anhaltspunkte für die tatsächlichen Gesetzgebungszuständigkeiten zu liefern. Für den Bereich der Telemedien hat der Bund seit jeher die ausschließliche Gesetzgebungskompetenz für sich reklamiert. Daneben wies er stets darauf hin, von seiner Gesetzgebungskompetenz nach Art. 74 Abs. 1 Nr. 7 GG im Hinblick auf Rundfunk- und Mediendienste lediglich „zur Zeit" keinen umfassenden Gebrauch zu machen.[313] So hatte der Bund schon vor Erlass des RfStV im Jahre 1987 und dessen den Jugendschutz im Rundfunk regelnden Art. 10 die Bestrebung, den Jugendschutz im Rundfunkbereich bundesgesetzlich zu regeln.[314] Die Länder waren dagegen der Auffassung, dass eine Bundeszuständigkeit in diesem Bereich nicht bestünde und erhofften sich durch die Einführung des Art. 10 RfStV a.F., einer bundesgesetzlichen Regelung entgegenwirken zu können.[315] Auch in dem allgemeinen Teil der

---

311 Ebenso *Liesching*, Jugendmedienschutz in Deutschland und Europa, S. 252.

312 So brachte die *CDU/CSU-Fraktion* des Deutschen Bundestages bereits im Jahre 1972 und erneut im Jahre 1975 den Entwurf eines Bundesgesetzes zum Schutze der Jugend vor Mediengefahren ein. Dieser Gesetzesentwurf baute auf dem GjS auf und wollte durch eine Einbeziehung des Rundfunks in seinen Anwendungsbereich einen umfassenden und zeitgerechten Jugendmedienschutz gewährleisten. Vgl. BT-Drs. 6/3013 und BT-Drs. 7/4079.

313 Vgl. *Mayer/Tauss/Kiper/Laermann/Bierstedt*, Abgeordnetenbericht, in: BT-Drs. 13/7934, 41; Bundesregierung, in: BT-Drs. 14/1191, 21; *Altenhain*, in: Roßnagel, Recht der Multimediadienste, Teil 9, Einl. GjS Rn. 18.

314 *Hartstein/Ring/Kreile*, RfStV, 1. Aufl. 1989, Art. 10 RfStV Rn. 1 u. 3.

315 *Hartstein/Ring/Kreile*, RfStV, 1. Aufl. 1989, Art. 10 RfStV Rn. 1 u. 3.

amtlichen Begründung zum JuSchG heißt es, der Bund nehme seine Gesetzgebungskompetenz für den Jugendschutz mit dem Gesetz nur eingeschränkt war.[316]

Keinesfalls können die seit den 60er Jahren bestehenden und von *Meyer-Hesemann* in diesem Zusammenhang erwähnten Landesgesetze,[317] die Regelungen des Jugendschutzes im Rundfunk enthalten, zur Begründung einer herkömmlich und traditionell in der Hand der Länder liegenden Zuständigkeit herangezogen werden. Der Bund ist lediglich berechtigt, nicht jedoch verpflichtet, von der ihm zustehenden konkurrierenden Gesetzgebungsbefugnis Gebrauch zu machen. Würde man aus jeder Untätigkeit des Bundes bzw. aus jeder Tätigkeit der Länder bezüglich einer Regelungsmaterie der konkurrierenden Gesetzgebung eine Herkömmlichkeit der Regelung für den Landesgesetzgeber konstruieren, käme dies einer Gesetzgebungspflicht gleich. Zudem hat der Bund sich ein späteres Tätigwerden immer ausdrücklich offen gehalten, indem er wie erwähnt immer darauf hingewiesen hat, lediglich zunächst keinen erschöpfenden Gebrauch von der ihm zustehenden Kompetenz in diesem Bereich zu machen. Hinzu kommt, dass sich aufgrund der rasanten Fortentwicklung im Bereich des Rundfunkwesens, speziell des Fernsehens, und der Einführung der neuen Medien erst in den letzten zehn bis zwanzig Jahren eine besondere Gefahrenlage unter dem Gesichtspunkt des Jugendschutzes ergeben hat.

c) Grundsatz der Spezialität

Der Grundsatz der Spezialität kann zu der Lösung dieses Kompetenzkonfliktes ebenfalls nicht beitragen. Nach diesem Zuordnungskriterium ist die gesetzliche Regelung entsprechend ihrem alleinigen und vorherrschenden Zweck der Kompetenzmaterie zuzuordnen, die sie speziell, nicht allgemein thematisiert.[318]

Es ist bereits nicht eindeutig ermittelbar, ob bei dem Jugendschutz im Rundfunk der Jugendschutz oder der Rundfunk die spezielle Materie ist. Hierzu wird von den Vertretern der Länderkompetenz vorgebracht, der Rundfunkjugendschutz erfordere spezifische rundfunkrechtliche Bestimmungen, so dass er im Kontext rundfunkrechtlicher Bestimmungen zu regeln sei.[319] Demgegenüber lässt

316 Abgedruckt bei *Hartstein/Ring/Kreile/Dörr/Stettner*, RfStV, Bd. III, C 1.6.

317 Vgl. *Meyer-Hesemann*, DVBl. 1986, 1181, 1184, sich berufend auf: § 10 des Staatsvertrages über die Einrichtung der Anstalt des Öffentlichen Rechts „Zweites Deutsches Fernsehen" v. 06.06.1961, § 6 III des Staatsvertrages über den Norddeutschen Rundfunk v. 20.08.1980 und die einzelnen Landesrundfunkgesetze in ihren jeweiligen Fassungen Mitte der 80er Jahre.

318 *Bothe*, in: AK-GG, Art. 70 Rn. 16.

319 *VG Köln*, NJW 1987, 274, 276; *Meyer-Hesemann*, DVBl. 1986, 1181, 1185; *Castendyk*, MDR 1993, 192, 194.

sich m.E. zumindest ebenso gut argumentieren, dass der Rundfunk spezielle Bestimmungen für den Kinder- und Jugendschutz erfordert und daher – insbesondere im Interesse eines einheitlichen, wenngleich den Besonderheiten der einzelnen Medien angepassten Jugendschutzes – im Zusammenhang mit den übrigen Vorschriften des Jugendschutzes zu regeln ist. Einmal wird mit der speziellen Rechtsfolge argumentiert (Sendezeitbeschränkungen, Verschlüsselung etc.) und das andere Mal mit dem speziellen Zweck der Regelung selbst. Letzteres ist wohl zu bevorzugen.

§ 15 Abs. 1 JuSchG umfasst ohnehin verschiedene Rechtsfolgen, so dass sich hier ohne weiteres auf den Rundfunk bezogene Verbreitungsbeschränkungen und -verbote einfügen ließen. Für eine Integration des Jugendschutzes im Rundfunk in ein bundeseinheitliches Regelungswerk zum Jugendschutz spricht sich auch *Liesching* aus, der in diesem Zusammenhang zutreffend auf die bereits bestehenden Anknüpfungen in § 3 RfStV a.F. und § 8 MDStV a.F. auf die Bundesjugendschutzgesetze (GjSM und JÖSchG) hinweist.[320] Die Neuregelungen (JuSchG und JMStV) weisen sogar noch wesentlich stärkere Vernetzungen auf.

d) Kulturhoheit der Länder

Der Hinweis auf die grundsätzlich bestehende Kulturhoheit der Länder führt desgleichen nicht weiter, da kulturelle Angelegenheiten zwar überwiegend von den Ländern geregelt werden, dies aber keineswegs ausnahmslos der Fall ist. Außerdem geht es bei den Regelungen des Jugendschutzes im Rundfunk nicht um die funktionssichernde Ausgestaltung des Grundrechts der Rundfunkfreiheit, sondern sie setzen dem Grundrecht Schranken i.S.d. Art. 5 Abs. 2 GG. *Hoffmann-Riem* hat zu Recht darauf hingewiesen, dass die Mediengesetzgebungskompetenz auf die Grundrechtsausgestaltung ziele, nicht aber auf die Schrankenziehung durch die allgemeinen Gesetze, für welche die allgemeinen Kompetenznormen zu beachten seien.[321] Dies treffe auch dann zu, wenn der Schrankengesetzgeber Vorkehrungen zum Schutz von Gefährdungen schaffe, die typischerweise oder in besonderer Ausprägung von Medien ausgingen. Gleiches muss für die Schranke des Jugendschutzes gelten.

320 *Liesching*, Jugendmedienschutz in Deutschland und Europa, S. 255 f.

321 *Hoffmann-Riem*, in: Benda/Maihofer/Vogel, Handbuch des Verfassungsrechts, § 7 Rn. 36.

e) Primat der Länderzuständigkeit?

Ferner wird aus der Grundsatzbestimmung des Art. 30 und Art. 70 Abs. 1 GG zum Teil ein „Primat der Länderzuständigkeit" abgeleitet[322], das in diesem Zusammenhang als Abgrenzungskriterium herangezogen wird. Es soll sich hieraus eine Auslegungsmaxime dahingehend ergeben, dass die Bundeszuständigkeiten restriktiv zu deuten seien. Dagegen spricht jedoch, dass sich aus den Bestimmungen des Grundgesetzes keine Rangordnung entnehmen lässt und die Bundes- und Landeskompetenzen als prinzipiell gleichwertige Möglichkeit der Rechtssetzung nebeneinander stehen.[323]

Für die aus Art. 70 Abs. 1 GG teilweise abgeleitete Zuständigkeitsvermutung zugunsten der Länder[324] besteht hier ebenfalls kein Raum. Eine Vermutung kann grundsätzlich nur greifen, wenn noch Zweifel bestehen. Eine Zuständigkeitsvermutung ist daher fehl am Platz, wenn sich aus den übrigen Auslegungskriterien eine Zuweisung der Materie zu einer Bundeskompetenz ergibt. Dies ist vorliegend der Fall, weil bereits das Kriterium des überwiegenden Sachzusammenhangs zu Klarheit bei der Zuordnung geführt hat. Zudem würde andernfalls jeder Kompetenzkonflikt zugunsten der Länder ausgehen und die weiteren Abgrenzungskriterien wären überflüssig. Dessen ungeachtet ist eine derartige Zuständigkeitsvermutung generell abzulehnen. Das verfassungsrechtliche Kompetenzgefüge sieht ein nahtloses Ineinandergreifen der Zuständigkeiten vor, so dass es einer subsidiären Vermutung über die Zuständigkeiten nicht bedarf.[325] Bei Art. 30 und Art. 70 Abs. 1 GG handelt es sich ausschließlich um Bestimmungen der Kompetenzzuordnung, die eine abschließende und lückenlose Kompetenzverteilung sichern: Kann eine Bundeskompetenz schlüssig und positiv nicht festgestellt werden, sind gem. Art. 70 Abs. 1 GG die Länder gesetzgebungsbefugt.

f) Rechtsprechung des Bundesverfassungsgerichts

Auch spricht die von den Befürwortern der Länderkompetenz vielfach zitierte, oben bereits angesprochene Entscheidung des *Bundesverfassungsgerichts*, in der es wörtlich lautet: „Namentlich für den Jugendschutz wird in den Rundfunkgesetzen Sorge zu tragen sein."[326], nicht gegen eine Kompetenz des Bundes.

322 So *Maunz*, in: Maunz/Dürig, GG, Art. 74 Rn. 15.
323 *Rengeling*, in: Isensee/Kirchhof, Handbuch des Staatsrechts, Bd. IV, § 100 Rn. 30.
324 *BVerfGE* 42, 20, 28; *Maunz*, in: Maunz/Dürig, GG, Art. 70 Rn. 29 u. Art. 74 Rn. 15.
325 *Rozek*, in: v. Mangoldt/Klein/Starck, Art. 70 I Rn. 14; *Stettner*, in: Dreier, GG, Art. 70 Rn. 40.
326 *BVerfGE* 57, 295, 326.

Gegenstand dieser Entscheidung war zum einen nicht die Kompetenzzuordnung für den Bereich des Jugendschutzes im Rundfunk, sondern die positive Ausgestaltung des Rundfunkwesens. Der besagte Satz fiel im Zusammenhang mit einem knappen und allgemeinen Hinweis des Gerichts, die Rundfunkveranstalter seien an die Schranken des Art. 5 Abs. 2 GG gebunden. Bereits insofern kann ihm keine allzu hohe Bedeutung für die Frage der Kompetenzverteilung beigemessen werden.

Zum anderen widerspricht die zitierte Aussage nicht der Annahme einer konkurrierenden Gesetzgebungskompetenz des Bundes. Sie drückt lediglich aus, dass der Bund im Bereich des Jugendschutzes im Rundfunk gesetzgeberisch bisher untätig war, was zutreffend ist. Nicht entnommen werden kann ihr dagegen, dass der Bund im Falle seines Tätigwerdens unzuständig wäre. Solange der Bund von einer ihm nach Art. 72 GG zustehenden Gesetzgebungskompetenz keinen Gebrauch macht, sind die Länder bekanntermaßen zuständig. Sie können sich ihrer Gesetzgebungspflicht in diesem Fall nicht mit dem Argument entziehen, der Bund sei vorrangig verpflichtet. Auch die Länder können daher im Bereich der konkurrierenden Gesetzgebung verpflichtet sein, Gesetze zu erlassen.[327]

g) Abgrenzung zu der Bundeskompetenz kraft Sachzusammenhangs

Schließlich müssen vorliegend nicht die strengen Anforderungen beachtet werden, die das *Bundesverfassungsgericht* an die Annahme der ungeschriebenen Bundeskompetenz kraft Sachzusammenhangs stellt (eine Zuständigkeit des Bundes kann auf diesem Weg nur begründet werden, wenn eine dem Bund ausdrücklich zugewiesene Materie verständigerweise nicht geregelt werden kann, ohne dass zugleich eine ihm nicht ausdrücklich zugewiesene Materie mitgeregelt wird[328]). Es geht hier gar nicht um die Herleitung einer Kompetenz kraft Sachzusammenhangs[329], so dass es unerheblich ist, ob die Regelung des Jugendschutzes

327 Hierzu ausführlich: *v. Mangoldt/Klein/Pestalozza*, GG, 3. Aufl., Art. 72 I Rn. 204 u. Rn. 257.

328 Vgl. z.B. *BVerfGE* 26, 281, 300.

329 Dies wird in der Literatur jedoch teilweise angenommen. *Meyer-Hesemann* (DVBl. 1986, 1181, 1184 f.) und *Schulz* (MMR 1998, 182, 183) wenden die Anforderungen, die das *BVerfG* an die Bundeskompetenz kraft Sachzusammenhangs gestellt hat, auf die Regelungsmaterie des Jugendschutzes im Rundfunk an und wollen so zu einer Länderkompetenz gelangen. Damit vermengen sie die i.R. eines Kompetenzkonfliktes zu stellende Frage nach dem überwiegenden Sachzusammenhang mit der nach der ungeschriebenen Bundeskompetenz kraft Sachzusammenhangs. Ähnlich auch *Hesse* (Rundfunkrecht, 3. Kap. II 3 a, S. 89 Rn. 23) und *Knothe* (AfP 1997, 494, 498), die die Zuständigkeit der Länder für den Jugendschutz im Bereich des Rundfunks als Annexkompetenz sehen. Dagegen spricht – neben dem Umstand,

im Rundfunkbereich unerlässliche Voraussetzung für die Regelung der dem Bund zugewiesenen Materie des Jugendschutzes ist. Die Annahme einer über die ausdrücklich festgelegten Zuständigkeiten des Bundes hinausgehenden, ungeschriebenen Bundeskompetenz kraft Sachzusammenhangs ist nicht zu verwechseln mit dem Problem, das sich ergibt, wenn eine Regelungsmaterie gleichzeitig Sachnähe jeweils zu einem Bundeskompetenzthema und zu einem Landeskompetenzthema aufweist. Während bei der Herleitung der Kompetenz kraft Sachzusammenhangs ein Kompetenztitel die fragliche Kompetenzmaterie gerade nicht umfasst, wird der Regelungsgegenstand im Falle eines Kompetenzkonfliktes gleich von den Sachgebieten zweier Kompetenzbereiche erfasst, so dass er sich sowohl unter eine Kompetenzvorschrift des Bundes als auch unter eine ausschließliche Zuständigkeitsmaterie der Länder subsumieren ließe.[330] Der Jugendschutz im Rundfunk fällt – bei abstrakter Sichtweise – unter die Materie des Rundfunks und die Materie des Jugendschutzes, wobei für beide Materien die Kompetenzzuordnung an-

dass es hier nicht um die Herleitung einer Kompetenz kraft Sachzusammenhangs bzw. der Annexkompetenz geht – bereits, dass die ungeschriebenen Gesetzgebungskompetenzen (Kompetenz kraft Natur der Sache, kraft Sachzusammenhangs und Annexkompetenz) Zuständigkeiten nur für den Bund, nicht aber für die Länder, die immer nur dann zuständig sind, wenn der Bund es aufgrund der ihm ausdrücklich zugewiesenen oder eben der ungeschriebenen Kompetenzen nicht ist, begründen können. *Reinwald* (ZUM 2002, 119, 121, 123; ihm beipflichtend: *Gersdorf*, Grundzüge des Rundfunkrechts, S. 84 Rn. 173) geht davon aus, dass Regelungen des Jugendschutzes (vgl. hierzu schon bei Teil 2 A. I., S. 71 f.) und demzufolge auch solche des Jugendmedienschutzes der Bundeszuständigkeit nur als Annexkompetenz zu Art. 74 I Nr. 7 GG unterfallen könnten, lehnt dies aber jedenfalls für den Jugendmedienschutz ab. Um diese ungeschriebene Kompetenz, die lediglich im Ausnahmefall vorliegen könne, nicht ausufern zu lassen, fordert er, entgegen *BVerfGE* 22, 180, 212, einen nicht nur losen, sondern strengen Kausalzusammenhang zwischen den Maßnahmen des Jugendmedienschutzes und der damit zu vermeidenden Notlage. Nur so sei es gerechtfertigt, dass für diese Präventivmaßnahmen derjenige zuständig sei, der bei Eintritt der zu vermeidenden Notlage zuständig wäre. M.E. besteht ein ausreichender Zusammenhang zwischen den Maßnahmen des Jugendmedienschutzes und den Gefahren für die Persönlichkeitsentwicklung von Kindern und Jugendlichen, die ihnen durch die Wahrnehmung jugendgefährdender Medien drohen können. Dass regelmäßig noch weitere Umstände hinzutreten müssen, um tatsächlich eine soziale Störung zu verursachen, kann hierfür nicht entscheidend sein. So ließen sich Präventivmaßnahmen nie auf Art. 74 I Nr. 7 GG stützen. Z.B. würden Jugendliche auch ohne jugendpflegerische Maßnahmen nicht zwangsläufig fürsorgebedürftig, sondern es müssten weitere Umstände hinzutreten. Eine finanzielle oder wirtschaftliche Notlage als Grund für die abzuwehrende Hilfsbedürftigkeit fordert Art. 74 I Nr. 7 nicht, siehe *Maunz*, in: Maunz/Dürig, GG, Art. 74 Rn. 112.

330 Diese Unterscheidung nimmt explizit auch *Stern* (Staatsrecht, Bd. I, § 19 III 3, S. 508) vor.

erkannt ist. Zur Lösung dieses Konfliktes sind allein die oben angeführten Kriterien für eine kompetenzrechtliche Zuordnung heranzuziehen.

3. Erforderlichkeit i.S.d. Art. 72 Abs. 2 GG

Weitere Voraussetzung für die Annahme der konkurrierenden Gesetzgebungskompetenz gem. Art. 74 Abs. 1 Nr. 7 GG ist nach Art. 72 Abs. 2 GG, dass

> *„[...] die Herstellung gleichwertiger Lebensverhältnisse im Bundesgebiet oder die Wahrung der Rechts- oder Wirtschaftseinheit im gesamtstaatlichen Interesse eine bundesgesetzliche Regelung erforderlich macht".*

a) Wahrung der Rechtseinheit im gesamtstaatlichen Interesse

Eine bundesgesetzliche Regelung ist vorliegend erforderlich, weil sie jedenfalls zur Wahrung der Rechtseinheit im gesamtstaatlichen Interesse geeignet ist und landesgesetzliche Regelungen dies nicht in gleichem Maße sind. Rechtseinheit bedeutet die Geltung übereinstimmender rechtlicher Vorschriften für die gleiche Angelegenheit im ganzen Bundesgebiet.[331] Für den Jugendmedienschutz ist die Geltung gleicher Rechtsnormen im gesamten Bundesgebiet notwendig. Jugendmedienschutz orientiert sich nicht an regionalen Besonderheiten, sondern reicht über die Grenzen der einzelnen Bundesländer hinaus. Massenmedien werden überwiegend bundesweit verbreitet, so dass der auf diese Inhalte bezogene Jugendschutz länderübergreifend und bundesweit einheitlich zu erfolgen hat. Schließlich benötigen alle Heranwachsenden denselben Schutz. Dies liegt im Interesse aller, nicht bloß einzelner Länder: Auswirkung und Bedeutung einheitlicher Jugendschutzvorschriften im Rundfunkbereich sind für alle Länder gleich, so dass die Wahrung der Rechtseinheit auch im gesamtstaatlichen Interesse notwendig ist.

b) Entfällt die Erforderlichkeit bei Selbstkoordination der Länder?

Der Erforderlichkeit einer bundesgesetzlichen Regelung könnte es entgegenstehen, dass die Bundesländer mit dem JMStV bereits eine bundeseinheitliche Regelung für die Bereiche Rundfunk und Telemedien geschaffen haben und überdies den einheitlichen Vollzug des Staatsvertrages durch die Einrichtung der zentralen *Kommission für Jugendmedienschutz* (KJM) abgesichert haben.[332] Ob

---

331 *Stettner*, in: Dreier, GG, Art. 72 Rn. 21.

332 Dieser Ansicht sind *Hopf*, Jugendschutz im Fernsehen, S. 54 f. und *Gersdorf*, Grundzüge des Rundfunkrechts, S. 85 Rn. 174; *ders.*, Neuer Jugendschutz für Neue

eine Selbstkoordination der Länder die Erforderlichkeit einer bundesgesetzlichen Regelung suspendiert, ist umstritten.

aa) Darstellung des Streitstandes

Teilweise wird angenommen, eine bundesgesetzliche Regelung sei – trotz des Vorliegens eines der beiden in Art. 72 Abs. 2 GG vorausgesetzten legitimen Anliegen nach vereinheitlichenden gesetzgeberischen Maßnahmen – nicht erforderlich i.S.d. Art. 72 Abs. 2 GG, wenn die Länder dem Bedarf nach einheitlicher Regelung der Materie im Wege der Selbstkoordinierung Rechnung tragen würden.[333] Im Hinblick auf das Subsidiaritätsprinzip ließen im Wesentlichen gleichlautende Landesgesetze die Erforderlichkeit entfallen.

Andere vertreten dagegen die Auffassung, bundesweit einheitliche Landesgesetzgebung könne die Erforderlichkeit einer im gesamtstaatlichen Interesse liegenden Wahrung der Rechts- oder Wirtschaftseinheit durch bundesgesetzliche Regelung gerade nicht entfallen lassen.[334] Es sei nicht Zweck der Verfassungsreform von 1994 gewesen, bundeseinheitliche Bundesgesetzgebung durch bundeseinheitliche Landesgesetzgebung zu ersetzen.

bb) Auseinandersetzung und Entscheidung

Letzterer Ansicht ist zuzustimmen. Landesgesetzliche Regelungen gewährleisten keine gesicherte Rechtseinheit. Die im Wege der Verfassungsreform von 1994 erfolgte Ablösung der alten Bedürfnisklausel durch die neue Erforderlichkeitsklausel verfolgte neben dem Ziel, präzisere Maßstäbe für die Verfassungspraxis vorzugeben, eine Stärkung der Rolle der Länder im Bereich der konkurrierenden

---

Medien, S. 1, abrufbar unter: http://www.uni-rostock.de/fakult/jurfak/Gersdorf/News/Neuer Jugendschutz fuer Neue Medien_Thesen.pdf (abgerufen am: 10.01. 2006). Im Rahmen des letzteren Beitrags allerdings nur bezogen auf den Jugendschutz in den Telemedien, weil *Gersdorf* den Jugendschutz im Rundfunk nicht von einem Bundeskompetenztitel erfasst sieht und es für ihn damit in diesem Bereich konsequenterweise auf die Erforderlichkeitsklausel nicht mehr ankommt.

333 *Kunig*, in: v. Münch/Kunig, GG, Art. 72 Rn. 28; *Pieroth*, in: Jarass/Pieroth, GG, Art. 72 Rn. 9; *Stettner*, in: Dreier, GG, Art. 72 Rn. 18; *Gersdorf*, in: Prinz/Peters, FS für Manfred Engelschall, S. 163, 179 ff.; *ders.*, Grundzüge des Rundfunkrechts, S. 85 f. Rn. 174 f.; *Müller*, RdJB 1994, 467, 486.

334 *Degenhart*, in: Sachs, GG, Art. 72 Rn. 15; *Umbach/Clemens*, GG, Art. 72 Rn. 25; *Liesching*, Jugendmedienschutz in Deutschland und Europa, S. 259; *Rybak/Hofmann*, NVwZ 1995, 230, 232; *v. Mangoldt/Klein/Pestalozza*, GG, 3. Aufl., Art. 72 Rn. 372 a.E., letztere jedenfalls für den hier relevanten Erforderlichkeitsgrund der Wahrung der Rechts- oder Wirtschaftseinheit. Ebenfalls differenzierend *Sannwald*, in: Schmidt-Bleibtreu/Klein, GG, Art. 72 Rn. 72.

Gesetzgebung.[335] Der verfassungsändernde Gesetzgeber wollte den einzelnen Landesgesetzgebern dementsprechend weitere eigenständige Gestaltungsspielräume einrichten; es war dagegen nicht seine Intention, bundeseinheitliche Bundesgesetzgebung durch bundeseinheitliche Landesgesetzgebung zu ersetzen.[336] Auch wenn der Gegenansicht zuzugestehen ist, dass der Spielraum der Länder bei Selbstkoordination immerhin größer ist, als bei einer Ausübung durch den Bund, war die Übertragung derart eingeschränkter Gestaltungsspielräume an die Länder nicht beabsichtigt. Eine durch Selbstkoordination geschaffene einheitliche Landesgesetzgebung engt die Regelungsspielräume der einzelnen Länder so erheblich ein, dass im Übrigen davon auszugehen ist, dass die Länder sich ihrer nicht freiwillig entheben würden, sondern einheitliche Regelungen treffen, weil sie bundesweit einheitliche Regelungen für erforderlich halten. Mit einem solchen Verhalten bestätigen sie gerade die Bundeskompetenz. Die Länder haben mit der Schaffung des JMStV bzw. schon durch die Schaffung des Art. 3 RfStV a. F. und seines Vorgängers gezeigt, dass sie eine bundesweit einheitliche Regelung für erforderlich halten. Sie haben mit der *KJM* sogar eine zentrale Aufsichtsstelle eingerichtet, um einen bundeseinheitlichen Gesetzesvollzug zu gewährleisten.

Dass Länderkoordination nicht die Erforderlichkeit einer Bundesgesetzgebung aushebeln kann, verdeutlicht zudem ein von *Sannwald* hervorgehobener Aspekt: Eine bundesgesetzliche Regelung hat den Vorteil einer bundeseinheitlichen Rechtsauslegung durch die obersten Bundesgerichte, während Landesrecht seine abschließende Auslegung grundsätzlich durch die einzelnen obersten Landesgerichte erfährt.[337] Letzteres steht einer gesicherten Rechtseinheit entgegen.

Bezieht man schließlich Art. 72 Abs. 1 GG, nach dem den Ländern die Befugnis zur Gesetzgebung solange zusteht, bis der Bund von seiner Gesetzgebungszuständigkeit Gebrauch „gemacht hat" (d.h. die Sperrwirkung tritt erst nach Abschluss der Bundesgesetzgebung mit der Verkündung des Bundesgesetzes ein), in die Überlegungen ein, könnten die Länder den Bund ganz von seiner konkurrierenden Gesetzgebungskompetenz verdrängen, wenn die Selbstkoordination der Länder die Erforderlichkeit einer Regelung durch den Bund hinfällig machen würde. Sie könnten, selbst wenn der Bund eine Gesetzgebungsinitiative unternimmt, noch tätig werden – wenngleich unter Umständen eingeschränkt durch das Verfassungsgebot des bundesfreundlichen Verhaltens – und damit die Erforderlichkeit einer bundesgesetzlichen Regelung im Zeitpunkt ihres Erlasses

335 *Kunig*, in: v. Münch/Kunig, GG, Art. 72 Rn. 4. Die alte Bedürfnisklausel begrenzte die konkurrierende Gesetzgebungskompetenz des Bundes, vor allem aufgrund der Rspr. des *BVerwG* hierzu, praktisch kaum.

336 S. *BVerfG*, NJW 2003, 41, 53; *Rybak/Hofmann*, NVwZ 1995, 230, 232.

337 *Sannwald*, in: Schmidt-Bleibtreu/Klein, GG, Art. 72 Rn. 72.

beseitigen. Damit würde entgegen dem ausdrücklichen Wortlaut des Art. 72 Abs. 1 GG nicht der Bund die Sperrwirkung erzeugen, sondern die Länder. Dies ist mit der Systematik des Art. 72 GG nicht zu vereinbaren.

Untragbar ist die Gegenauffassung m.E. insbesondere unter dem Gesichtspunkt des hierdurch provozierten Wettlaufs zwischen Bund und Ländern. Die Erforderlichkeit muss nur im Zeitpunkt des Erlasses eines Bundesgesetzes bestehen.[338] Bei einem späteren Wegfall der Erforderlichkeit wird das Gesetz nicht etwa wegen Kompetenzwidrigkeit nichtig. Der Bundesgesetzgeber hat in diesem Fall lediglich die Möglichkeit, nicht jedoch die Verpflichtung, das Bundesgesetz aufzuheben und den Ländern entsprechend Art. 72 Abs. 3 GG ein Rückholrecht einzuräumen. Das bedeutet für die vorliegende Problematik, dass die Länder, schüfen sie vor dem Bund eine bundeseinheitliche Landesgesetzgebung, dem Bund damit die Zuständigkeit für die betreffende Regelungsmaterie nehmen würden (mangels Erforderlichkeit einer bundesgesetzlichen Regelung). Würde aber zunächst der Bund gesetzgeberisch tätig werden[339], könnten die Länder keine bundeseinheitliche Regelung mehr vereinbaren. Die Erforderlichkeit der bundesgesetzlichen Regelung entfiele so zwar nachträglich, das Bundesgesetz wäre aber dennoch wirksam gem. Art. 72 GG zustande gekommen und somit gültig, so dass die Länder gem. Art. 72 Abs. 1 GG an der Gesetzgebung gehindert wären. Diese Sichtweise würde folglich dazu führen, dass über die Kompetenzverteilung zwischen Bund und Ländern nicht das Grundgesetz entschiede, sondern der Ausgang des Wettlaufs zwischen dem Bund und den Ländern den Ausschlag für die Gesetzgebungszuständigkeit geben würde. Ein Interessenkampf würde hierdurch geradezu herausgefordert werden, denn weder Bund noch Länder würden dauerhaft auf die Zuständigkeit über eine Regelungsmaterie verzichten, die sie nach ihrem Ermessen an sich ziehen könnten.

Im Übrigen würden als Konsequenz dieser Auffassung Absprachen zwischen Bund und Ländern über die Gesetzgebungszuständigkeiten immer häufiger werden, obwohl Gesetzgebungszuständigkeiten nach dem Grundgesetz gerade nicht

---

338 *Stettner*, in: Dreier, GG, Art. 72 Rn. 15; *Degenhart*, in: Sachs, GG, Art. 72 Rn. 31; *Pieroth*, in: Jarass/Pieroth, GG, Art. 72 Rn. 9; *Kunig*, in: v. Münch/Kunig, GG, Art. 72 Rn. 18.

339 Teilweise wird zwar auch vertreten, die Erforderlichkeit sei nicht erst dann zu verneinen, wenn wesentlich gleichsinnige Landesgesetze schon geschaffen worden wären, sondern bereits wenn dies begründet zu erwarten stehe bzw. in angemessener Zeit verwirklicht werden könnte, vgl. *Kunig*, in: v. Münch/Kunig, GG, Art. 72 Rn. 28; *Pieroth*, in: Jarass/Pieroth, GG, Art. 72 Rn. 9 und wohl auch *Stettner*, in: Dreier, GG, Art. 72 Rn. 18. Allerdings dürfte dies wohl nur anzunehmen sein, wenn die Länder eine solche Koordination geplant bzw. in Aussicht gestellt haben. Es verbleiben mithin auch nach dieser Ansicht genügend Fälle, wo der Bund zunächst tätig werden dürfte.

disponibel sein sollen und Absprachen daher, bewegen sie sich auch noch im Rahmen des verfassungsrechtlich möglichen, grundsätzlich nicht wünschenswert sind.

Konkret auf den JMStV bezogen lässt sich noch das Folgende hinzufügen. Das Bedürfnis nach Rechtseinheit betrifft nicht nur die Regelungsmaterien des JMStV, sondern den gesamten Jugendmedienschutz. Der JMStV kann nur einen einheitlichen Schutz von Kindern und Jugendlichen vor jugendgefährdenden elektronischen Informations- und Kommunikationsangeboten gewährleisten. Für den Bereich der Offlinemedien fällt der Jugendschutz unstreitig in die Gesetzgebungskompetenz des Bundes, so dass die Länder diese staatsvertraglich gar nicht regeln könnten. Sie können damit allenfalls Rechtsgleichheit für den Jugendschutz in bestimmten Medien herbeiführen, nicht jedoch eine Rechtseinheit für den Jugendschutz in allen Medien herstellen.[340] Hinzu kommt die jedem Land eingeräumte Möglichkeit der Kündigung des Staatsvertrages entsprechend § 26 Abs. 1 JMStV, die einer gesicherten Rechtseinheit entgegensteht.[341]

c) Zwischenergebnis

Als Ergebnis lässt sich festhalten, dass eine bundesgesetzliche Regelung trotz des Bestehens einheitlichen Landesrechts zur Wahrung der Rechtseinheit im gesamtstaatlichen Interesse erforderlich i.S.d. Art. 72 Abs. 2 GG ist.

IV. Gesetzgebungskompetenz für den Jugendschutz in den Telemedien

Auch für den Jugendschutz in den Telemedien verfügt der Bund nach der hier vertretenen Auffassung über die konkurrierende Gesetzgebungskompetenz gem. Art. 74 Abs. 1 Nr. 7 GG[342], da dieser Kompetenztitel den Bund – wie oben be-

340 Ebenso *Altenhain*, in: Roßnagel, Recht der Multimedia-Dienste, Teil 9, Einl. GjS Rn. 19.

341 Diesen Aspekt der Rechtssicherheit lässt auch das *BVerfG* daran zweifeln, ob eine Selbstkoordination der Länder eine Bundesregelung verhindern kann, s. NJW 2003, 41, 54.

342 Eine Bundeskompetenz im weniger diskutierten Bereich des Jugendschutzes in den Telemedien nehmen auch an: Die Bundesregierung, in: BT-Drs. 13/7385, 73; *Pieroth*, in: Jarass/Pieroth, GG, Art. 73 Nr. 17; *v. Mangoldt/Klein/Pestalozza*, GG, 3. Aufl., Art. 74 Rn. 342; *Degenhart*, in: Sachs, GG, Art. 74 Rn. 33; *Faber*, Jugendschutz im Internet, S. 105ff; bezogen auf den Jugendschutz in Mediendiensten: *Tettenborn*, in: Engel-Flechsig/Maennel/Tettenborn, Beck'scher IuKDG Kommentar, Rn. 25 vor MDStV; *Maennel*, in: Engel-Flechsig/Maennel/Tettenborn, Beck'scher IuKDG Kommentar, § 8 MDStV Rn. 1.

reits dargelegt[343] – berechtigt, Regelungen des Jugendschutzes zu treffen. Aufgrund der außerhalb des Jugendschutzes nach wie vor relevanten Unterscheidung zwischen Tele- und Mediendiensten, erfolgt die Diskussion über die Gesetzgebungskompetenz für den Jugendschutz in Telemedien in dieser Differenzierung.

1. Zuständigkeit für den Jugendschutz in den Mediendiensten

Die generelle Gesetzgebungskompetenz für die Mediendienste liegt nach weit überwiegender Ansicht bei den Ländern.[344] Dies wird teils mit einer Subsumtion dieser Dienste unter den verfassungsrechtlichen Rundfunkbegriff begründet, teils eigenständig auf Art. 70 GG gestützt.[345]

Damit ergibt sich aufgrund der allgemeinen Gesetzgebungskompetenz des Bundes für den Jugendschutz ein Kompetenzkonflikt für die Regelungsmaterie des Jugendschutzes in den Mediendiensten. Dieser ist mit der gleichen Argumentation wie beim Rundfunkjugendschutz zugunsten des Bundes zu entscheiden; auf die ausführliche Darstellung hierzu sei daher verwiesen.[346]

Gegen eine Bundeskompetenz für den Jugendschutz in den Telemedien sprechen sich aus: *Gersdorf*, Neuer Jugendschutz für Neue Medien, S. 1, abrufbar unter: http://www.uni-rostock.de/fakult/jurfak/Gersdorf/ News/Neuer Jugendschutz fuer Neue Medien_Thesen.pdf (abgerufen am: 10.01.2006); *Knothe*, AfP 1997, 494, 498; *Stettner*, ZUM 2003, 425 Fn. 7; *Schulz*, MMR 1998, 182, 183 (letzterer jedenfalls für Dienste, die dem verfassungsrechtlichen Rundfunkbegriff unterfallen); Bundesrat, in: BT-Drs. 13/7385, 64 (bzgl. der Länderkompetenz bei dem Jugendschutz in den Mediendiensten).

343 S. Teil 2 A. I., S. 84 f.

344 Bundesrat, in: BT-Drs. 13/7385, 50, 64; *Badura*, in: BK GG, Art. 73 Nr. 7 Rn. 32 u. 34; *Holznagel/Kibele*, in: Handbuch Multimedia-Recht, Teil 5, Rn. 73; *Stettner*, in: Dreier, GG, Art. 73 Rn. 31; *ders.*, ZUM 2003, 425, 428 f.; *Stammler*, ZUM 1995, 104, 112; *Kuch*, ZUM 1997, 225, 228 und *Gersdorf*, in: Prinz/Peters, FS für Manfred Engelschall, S. 163, 178 ff., der jedenfalls die Erforderlichkeit einer bundesgesetzlichen Regelung ablehnt. Differenzierend *Degenhart*, der auf den verfassungsrechtlichen Rundfunkbegriff abstellt und nur einen Teil der Mediendienste hierunter subsumiert. Für die Mehrzahl der Mediendienste nimmt er dagegen Bundeskompetenz gem. Art. 74 I Nr. 11 GG an, vgl. *Degenhart*, in: BK GG, Art. 5 I, II Rn. 706. A.A. *Scholz*, in: Ziemske/Langheid/Wilms/Haverkate, FS für Martin Kriele, S. 523, 539.

345 Letzteres ist vorzugswürdig. Eine Zuordnung zum verfassungsrechtlichen Rundfunkbegriff ist in diesem Zusammenhang überflüssig, weil es ohnehin keine speziellen Kompetenztitel für die Länder gibt und ihnen die Zuständigkeit zur Regelung einer Materie automatisch zufällt, wenn die Materie keinem Kompetenztitel des Bundes zugeordnet werden kann.

346 S. Teil 2 A. III., S. 87 ff.

2. Zuständigkeit für den Jugendschutz in den Telediensten

Auf dem Gebiet des Jugendschutzes in den Telediensten erscheint die Kompetenzzuordnung auf ersten Blick (noch) problematischer, weil hier bereits umstritten ist, wer über die Hauptgesetzgebungszuständigkeit für den Bereich der Teledienste verfügt. Zum Teil wird vertreten, dem Bund stehe die Gesetzgebungsbefugnis für Teledienste zu.[347] Dies wird entweder ausschließlich auf die Wirtschaftskompetenz des Bundes (Art. 74 Abs. 1 Nr. 11 GG) zurückgeführt[348] oder Art. 73 Nr. 7 GG daneben für die Individualkommunikation auch auf deren inhaltliche Seite erstreckt[349]. Nach anderer Ansicht liegt die Gesetzgebungszuständigkeit für Teledienste grundsätzlich bei den Ländern gem. Art. 70 Abs. 1 GG.[350] Art. 73 Nr. 7 GG, der die Gesetzgebungskompetenz für Telekommunikation in die ausschließliche Zuständigkeit des Bundes lege, betreffe nur die fernmeldetechnische Seite der Übertragung kommunikativer Inhalte und verleihe nicht das Recht, inhaltliche Regelungen zu treffen.[351] Die kommunikativen Inhalte der Teldienste spielten in der Regel auch keine derart untergeordnete Rolle, dass die wirtschaftliche Prägung dominiere und sich die Kompetenz des Bundes aus Art. 74 Abs. 1 Nr. 11 GG ergeben könnte.[352]

347 Bundestag, in: BT-Drs. 13/7385, 17, was vom Bundesrat in dessen Stellungnahme hierzu unwidersprochen blieb, vgl. BT-Drs. 13/7385, 50 u. 64; *Degenhart*, in: BK GG, Art. 5 I, II Rn. 707; *Badura*, in: BK GG, Art. 73 Nr. 7 Rn. 34; *Tettenborn*, in: Engel-Flechsig/Maennel/Tettenborn, Beck'scher IuKDG Kommentar, Rn. 17 vor § 1 TDG; *Holznagel/Kibele*, in: Handbuch Multimedia-Recht, Teil 5, Rn. 73; *Scholz*, in: Ziemske/Langheid/Wilms/Haverkate, FS für Martin Kriele, S. 523, 538 f.; *Bullinger/Mestmäcker*, Multimediadienste, S. 142 ff.; *Engel-Flechig/Maennel/Tettkenborn*, NJW 1997, 2981, 2982.

348 Bundestag, in: BT-Drs. 13/7385, 17; *Degenhart*, in: BK GG, Art. 5 I, II Rn. 707; *Badura*, in: BK GG, Art. 73 Nr. 7 Rn. 34; *Tettenborn*, in: Engel-Flechsig/Maennel/Tettenborn, Beck'scher IuKDG Kommentar, Rn. 17 vor § 1 TDG; *Holznagel/Kibele*, in: Handbuch Multimedia-Recht, Teil 5, Rn. 73; *Bullinger/Mestmäcker*, Multimediadienste, S. 157 ff.; *Scholz*, in: Ziemske/Langheid/Wilms/Haverkate, FS für Martin Kriele, S. 523, 538 f.; *Engel-Flechig/Maennel/Tettenborn*, NJW 1997, 2981, 2982.

349 *Degenhart*, in: BK GG, Art. 5 I, II Rn. 707; *Bullinger/Mestmäcker*, Multimediadienste, S. 144 ff.

350 *Stettner*, in: Dreier, GG, Art. 73 Rn. 31; *Kunig*, in: v. Münch/Kunig, GG, Art. 73 Rn. 31 a.E.; *Schulz*, ZUM 1996, 487, 495; *Röger*, ZRP 1997, 203, 209.

351 *Stettner*, in: Dreier, GG, Art. 73 Rn. 31; *Schulz*, ZUM 1996, 487, 495.

352 *Stettner*, in: Dreier, GG, Art. 73 Rn. 31; hierzu ausführlich und mit guten Argumenten insbesondere: *Röger* (ZRP 1997, 203, 207 ff.), der dem Internet zwar wirtschaftliche Nutzbarkeit zugesteht, aber darauf hinweist, dass das Internet in seiner besonderen Eigenart primär dem Austausch von Informationen um der Information, nicht des wirtschaftlichen Gewinns willen diene.

Die Entscheidung über diesen Streitstand kann für die vorliegende Fragestellung dahinstehen. Ungeachtet seines Ausgangs ist der Bund nach der hier vertretenen Auffassung zumindest für den Jugendschutz in den Telediensten zuständig: Steht dem Bund die Gesetzgebungsbefugnis für die Teledienste zu, ist die Bundeskompetenz für den Bereich des Jugendschutzes in den Telediensten offenkundig, da auch der Jugendschutz in den Kompetenzbereich des Bundes fällt. Liegt die Gesetzgebungszuständigkeit für Teledienste bei den Ländern, gelangt man mit derselben Argumentation wie schon bei der Gesetzgebungskompetenz für den Jugendschutz im Rundfunk, auf die insofern wiederum Bezug genommen wird[353], zu einer Bundeskompetenz für die Regelungsmaterie des Jugendschutzes in den Telediensten.

3. Zwischenergebnis

Die Bundeskompetenz für den Jugendschutz in den Telemedien beruht auf Art. 74 Abs. 1 Nr. 7 GG. Dies gilt unabhängig von der umstrittenen Frage, ob die Hauptgesetzgebungszuständigkeit für den Bereich der Telemedien bei dem Bund oder bei den Ländern liegt. Die Erforderlichkeit einer bundesgesetzlichen Regelung lässt sich in gleicher Weise begründen wie für den Bereich des Jugendschutzes im Rundfunk.

V. Unzulässiger „Kompetenzhandel" zwischen Bund und Ländern?

„Die Ministerpräsidenten der Länder und die Bundesregierung stimmen darin überein, dass eine Reform der Medienordnung nur in enger Abstimmung zwischen Bund und Ländern möglich ist. Im Bereich des Jugendschutzes ist insbesondere zu vereinbaren, durch welchen Kompetenzträger eine Neuregelung erfolgen soll." Mit diesen Sätzen beginnt das Eckpunktepapier zur Neuregelung des Jugendschutzes in den Medien vom 8. März 2002, auf das sich die Ministerpräsidenten der Länder und die Bundesregierung geeinigt haben.[354] Konkret heißt es in dem Eckpunktepapier vier Absätze weiter, dass die „[...] Länder den Jugendschutz über den Rundfunk und die Mediendienste hinaus in allen elektronischen Online-Medien einschließlich des Schutzes der Menschenwürde durch Staatsvertrag umfassend neu regeln [...]" sollen. Die Aufteilung des Jugendmedienschutzes in den JMStV der Länder und das JuSchG des Bundes beruht somit auf einer Ab-

353 S. Teil 2 A. III., S. 87 ff.

354 Abgedruckt in der amtlichen Begründung zum JuSchG, vgl. BT-Drs. 14/9013, S. 13.

sprache zwischen Bund und Ländern. Vereinbarungen zwischen Bund und Ländern über Gesetzgebungszuständigkeiten sind kritisch zu betrachten, denn die verfassungsrechtliche Verteilung der Gesetzgebungskompetenzen ist grundsätzlich indisponibel.[355]

Vorausgesetzt, dass man mit der hier vertretenen Ansicht von der konkurrierenden Gesetzgebungskompetenz des Bundes zur Regelung des gesamten Jugendmedienschutzes ausgeht, ist die vorliegende Vereinbarung aus verfassungsrechtlicher Sicht unbedenklich.[356] Sie steht im Einklang mit der verfassungsrechtlichen Kompetenzverteilung, da sie die Gesetzgebungskompetenz nicht auf eine andere, von der Verfassung hierzu nicht berufene Instanz überträgt. Im Rahmen der konkurrierenden Gesetzgebungszuständigkeit steht den Ländern die Befugnis zur Gesetzgebung gem. Art. 72 Abs. 1 GG zu, solange der Bund von seiner Befugnis keinen Gebrauch gemacht hat.

Anders zu beurteilen wäre eine solche Absprache nur, wenn sie einen Kompetenzverzicht des Bundes enthielte und somit die vom Verfassungsrecht vorgegebene, indisponible Verteilung der Gesetzgebungsbefugnisse verändern wollte. Die Vereinbarung über die Neuregelung des Jugendmedienschutzes enthält jedoch keinen Verzicht, sondern eine Verständigung über die weitere Vorgehensweise auf der Basis der Kompetenzordnung des Grundgesetzes. Der Bund beabsichtigt lediglich vorübergehend, von seiner konkurrierenden Gesetzgebungskompetenz keinen Gebrauch zu machen und hat sich damit für ein Verhalten entschieden, das in Art. 72 Abs. 1 GG vorgesehen ist. Dies wird umso deutlicher vor dem Hintergrund der im Eckpunktepapier vereinbarten Evaluierung, wonach die Neuregelungen (explizit hervorgehoben ist die Zuordnung der Regelungskompetenzen) innerhalb eines Zeitraumes von fünf Jahren nach deren In-Kraft-Treten insgesamt zu überprüfen sind. Zudem zeigt die amtliche Begründung zum JuSchG, dass der Bund keinesfalls einen Verzicht auf seine Gesetzgebungszuständigkeit aussprechen wollte. So weist er ausdrücklich darauf hin, die ihm zustehende Gesetzgebungskompetenz mit dem JuSchG nur eingeschränkt wahrzunehmen.[357] Anschließend begründet er die Erforderlichkeit einer bundesgesetzlichen Regelung und stellt hierbei maßgeblich auf die Erforderlichkeit für die

---

355 Vgl. allgemein zu Zuständigkeitsvereinbarungen zwischen Bund und Ländern: *BVerfGE* 32, 145, 156; 63, 1, 39; *Stettner*, in: Dreier, GG, Art. 70 Rn. 33; *Pieroth*, in: Jarass/Pieroth, GG, Art. 30 Rn. 8, 9; *Stern*, Staatsrecht, Bd. I, § 19 III 3 a, S. 505.

356 Als verfassungswidrig wäre die Absprache dagegen zu beurteilen, wenn man die konkurrierende Gesetzgebungskompetenz des Bundes ablehnte, vgl. hierzu nachfolgend Teil 2 A. VI. 1., S. 93 f.

357 Abgedruckt bei *Hartstein/Ring/Kreile/Dörr/Stettner*, RfStV, Bd. III, C 1.6, S. 9.

elektronischen Informations- und Kommunikationsdienste, mithin die Regelungsmaterie des JMStV, ab.

VI. Konsequenzen für die Beurteilung der Neuregelungen bei der Annahme von Landeskompetenz

Im Folgenden soll aufgezeigt werden, welche Konsequenzen sich für die Beurteilung der formellen Verfassungsmäßigkeit der Neuregelungen ergeben, wenn die konkurrierende Gesetzgebungskompetenz des Bundes zur Regelung des Jugendschutzes in den Bereichen Rundfunk und Telemedien abgelehnt wird.

1. Bezogen auf das JuSchG

Die Befürworter einer ausschließlichen Gesetzgebungskompetenz der Länder für den Bereich des Jugendschutzes in Medien- und/oder Telediensten müssten das JuSchG konsequenterweise insoweit für verfassungswidrig halten, als es Bestimmungen über Telemedien enthält. Während zwar Regelungen zu den Indizierungsfolgen für Telemedien dem Landesrecht gem. § 16 JuSchG ausdrücklich vorbehalten sind, vollzieht sich die Indizierung der Telemedien nach dem JuSchG, vgl. § 1 Abs. 3 und §§ 18-25 JuSchG (anders als nach der bisherigen Rechtslage können damit neben den Telediensten nunmehr auch Mediendienste indiziert werden). Ohne über die Gesetzgebungskompetenz für den Bereich des Jugendschutzes in den Telemedien zu verfügen, dürfte der Bund jedoch weder die Indizierungsvoraussetzungen, noch das Indizierungsverfahren für jugendgefährdende Telemedien regeln.

Hieran vermag auch die durch das Eckpunktepapier erfolgte Einigung zwischen Bund und Ländern nichts zu ändern. Bei Annahme einer Landeskompetenz für den Bereich des Jugendschutzes in den Telediensten müsste man die Eckpunkte, aus denen hervorgeht, dass das JuSchG die Indizierungsvoraussetzungen und das Indizierungsverfahren für Telemedien enthalten soll, vielmehr als verfassungswidrige Absprache zwischen dem Bund und den Ländern beurteilen. Im Umkehrschluss zu Art. 71 GG, wonach der Bund seine Gesetzgebungszuständigkeit im Bereich seiner ausschließlichen Gesetzgebung auf die Länder übertragen kann, ist es den Ländern mangels entsprechender Ermächtigung nicht gestattet, ihnen zustehende Gesetzgebungskompetenzen auf den Bund zu übertragen.[358]

358 *BVerfGE* 1, 14, 35; 63, 1, 39; *Pieroth*, in: Jarass/Pieroth, GG, Art. 30 Rn. 9; *Rozek*, in: v. Mangoldt/Klein/Starck, GG, Art. 70 I Rn. 15.

2. Bezogen auf den JMStV

Zudem wären auch Regelungen des JMStV erheblichen verfassungsrechtlichen Bedenken ausgesetzt, wenn man von der Gesetzgebungskompetenz der Länder im Bereich des Jugendschutzes im Rundfunk ausginge.

Gem. § 4 Abs. 1 S. 1 Nr. 11 und § 4 Abs. 2 S. 1 Nr. 2 JMStV ist das Ausstrahlen bzw. Anbieten von nach dem JuSchG indizierten Medien und ganz oder im Wesentlichen inhaltsgleichen Werken im Rundfunk und in den Telemedien unzulässig. Für den Rundfunk gilt dies ausnahmslos, während für Telemedien eine Ausnahme gem. § 4 Abs. 2 S. 2 JMStV besteht. Nach § 4 Abs. 3 JMStV wirken diese Verbote selbst nach wesentlichen inhaltlichen Veränderungen bis zu einer Entscheidung durch die *BPjM* fort. Damit bleibt Rundfunkveranstaltern, die indizierte Trägermedien ausstrahlen wollen, nunmehr allein die Möglichkeit, einen Neubewertungsantrag bei der *BPjM* zu stellen. Es obliegt ausschließlich der *BPjM* eine möglicherweise veraltete Indizierung aufzuheben und durch Streichung aus der Liste zu erreichen, dass ein solches Angebot im Rundfunk gesendet werden darf. Nach der bis zum In-Kraft-Treten des JMStV geltenden Vorschrift des § 3 Abs. 3 S. 2 RfStV a.F. war eine Ausnahmegenehmigung durch die zuständigen Organe der ARD, des ZDF bzw. die zuständige Landesmedienanstalt für die Ausstrahlung indizierter Filme im Rundfunk noch möglich. Der Tatbestand des § 3 Abs. 3 RfStV a.F. setzte damit zwar gleichfalls eine Indizierung nach dem GjSM voraus, eine Beurteilung der schweren sittlichen Gefährdung, welche entscheidend für die Ausnahmegenehmigung nach § 3 Abs. 3 S. 2 RfStV war, fand jedoch unter Zugrundelegung eigener Maßstäbe statt.[359] Bei der Regelung des JMStV handelt es sich folglich (anders als bei der früheren Bestimmung im RfStV) um eine zum JuSchG akzessorische Regelung.

Dies ist insofern problematisch, als der Landesgesetzgeber sich damit von den Entscheidungen einer Bundesbehörde abhängig macht.[360] Geht man entgegen der hier vertretenen Ansicht davon aus, die Länder seien ausschließlich zuständig für den Bereich des Jugendschutzes im Rundfunk, übertrügen sie damit Kompeten-

359 *Hartstein/Ring/Kreile/Dörr/Stettner*, RfStV, Bd. I, B 5, § 3 RfStV Rn. 17, Stand: 01/2003.

360 Bedenken wurden im Zusammenhang mit der Anknüpfung des JMStV an die Entscheidungen der *BPjM* zudem im Hinblick auf das Prinzip der Staatsfreiheit des Rundfunks erhoben, weil es sich bei der *BPjM* um eine staatliche Instanz handle. Vgl. hierzu *Bethge*, bei Hopf, ZUM 2002, 126, 128; *ders.*, in: BLM Symposion 2001, S. 61, 74 f.; *Stettner*, ZUM 2003, 425, 429. Insofern wird man allerdings entgegnen können, dass die Mitglieder der *BPjM* mehrheitlich gesellschaftlichen Gruppen entstammen und im Übrigen weisungsfrei tätig sind, vgl. § 19 IV JuSchG. Auch sichert das gesetzlich vorgesehene Abstimmungsverfahren den Vertretern der gesellschaftlichen Gruppen die Mehrheit, vgl. § 19 V JuSchG.

zen auf den Bund, die nach der Kompetenzordnung des Grundgesetzes ausschließlich ihnen zustünden. So waren die Bundesländer sich bei den abschließenden Verhandlungen zum Rundfunkstaatsvertrag von 1987 bereits einig, dass die Entscheidungen der *BPjS* (jetzt *BPjM*) auf rundfunkrechtliche Sachverhalte jedenfalls nicht zwingend übertragen werden sollten, weil ihrer Auffassung nach der Bund für Regelungen des Jugendschutzes im Rundfunk keine Zuständigkeit besaß.[361] *Bornemann* bezeichnet die durch § 4 JMStV bewirkte rundfunkrechtliche Abhängigkeit als „Systembruch“, da hiermit einer Bundesbehörde partielle Befugnisse für den Rundfunk eingeräumt werden würden.[362]

VII. Verbot der gesetzgeberischen Doppelzuständigkeit berührt?

Die Neuregelungen berühren das Verbot der Doppelzuständigkeit weder bei Annahme von Bundeskompetenz gem. Art. 74 Abs. 1 Nr. 7 GG noch bei der einer ausschließlichen Landeskompetenz für den Bereich des Jugendmedienschutzes. Eine Kollision mit der verbotenen Doppelzuständigkeit findet nur statt, wenn man im Bereich des Jugendschutzes in den Mediendiensten die Länder für gesetzgebungsbefugt hält, in den Telediensten dagegen den Bund. Unter Doppelzuständigkeit ist die nach dem Grundgesetz ausgeschlossene Möglichkeit der gleichzeitigen Zuständigkeit von Bund und Ländern, auf deren Grundlage ein und derselbe Gegenstand in unterschiedlicher Weise geregelt werden könnte, zu verstehen.[363]

Geht man zutreffenderweise von einer umfassenden, konkurrierenden Bundeskompetenz zur Regelung des Jugendmedienschutzes aus, sind die Regelungen über Telemedien im JMStV auch unter Berücksichtigung der im JuSchG enthaltenen Bestimmungen über Telemedien verfassungsgemäß. Die Sperrwirkung der konkurrierenden Gesetzgebung schließt die Länder von ihrer Befugnis zur Gesetzgebung lediglich in dem Umfang aus, in dem der Bund von seiner Gesetzgebungsbefugnis Gebrauch macht. Der Bund hat in dem JuSchG jedoch nur das Indizierungsverfahren und die Indizierungsvoraussetzungen geregelt, während die Länder die Indizierungsfolgen für Telemedien geregelt haben – eine Überschneidung findet damit nicht statt. Bund und Länder haben verschiedene, voneinander abtrennbare Bereiche geregelt, so dass es zu einander widersprechenden Regelungen gar nicht kommen konnte. Zudem ist nicht davon auszugehen, dass der

361 Vgl. Entstehungsgeschichte zu § 3 RfStV a.F. bei *Hartstein/Ring/Kreile/Dörr/Stettner*, RfStV, Bd. I, § 3 RfStV Rn. 2, Stand: 01/2003.

362 *Bornemann*, NJW 2003, 787, 789.

363 S. statt vieler: *Rozek*, in: v. Mangoldt/Klein/Starck, GG, Art. 70 I Rn. 11.

Bund die Telemedien im JuSchG umfassend regeln wollte, denn er hat in § 16 JuSchG Regelungen zu den Indizierungsfolgen für Telemedien ausdrücklich dem Landesrecht vorbehalten. § 16 JuSchG darf dabei nicht als eine Ermächtigung des Landesgesetzgebers durch Bundesrecht im Rahmen der konkurrierenden Gesetzgebung verstanden werden (eine solche wäre unzulässig), sondern erschöpft sich in einer rein deklaratorischen Bedeutung. Mit ihm nimmt der Bundesgesetzgeber einen bloßen Hinweis darauf vor, bezüglich der Telemedien keine abschließende Regelung getroffen zu haben, indem er die Indizierungsfolgen nicht geregelt hat.

Bei der Annahme von Landeskompetenz für den Bereich des Jugendschutzes in den Telemedien handelt es sich bei den Telemedien enthaltenden Regelungen des Bundes um kompetenzwidriges Gesetzesrecht, s.o.[364], das verfassungswidrig ist und schon von daher nicht zu einer unzulässigen doppelten Zuständigkeit führt.

Geht man schließlich im Bereich des Jugendschutzes einerseits von Landeskompetenz für Mediendienste, andererseits aber von Bundeskompetenz für Teledienste aus, verbietet sich aufgrund des Verbotes der Doppelzuständigkeit eine Zusammenfassung von Tele- und Mediendiensten zu der Regelungseinheit Telemedien, weil hierfür einmal der Bund und einmal die Länder zuständig wären.

VIII. Zusammenfassung und Stellungnahme

Der Bund verfügt m.E. im Bereich des gesamten Jugendmedienschutzes über die konkurrierende Gesetzgebungszuständigkeit gem. Art. 74 Abs. 1 Nr. 7 GG. Da der Bundesgesetzgeber von dieser Kompetenz bezüglich des Rundfunks und der Telemedien, mithin der Regelungsmaterie des JMStV, bisher keinen Gebrauch gemacht hat, beruht die Gesetzgebungskompetenz der Länder zum Erlass des JMStV auf Art. 72 Abs. 1 GG. An der formellen Verfassungsmäßigkeit des JMStV bestehen daher keine Bedenken.

Nichtsdestotrotz wäre es im Interesse eines einheitlichen Jugendmedienschutzes zu begrüßen gewesen, wenn der Bundesgesetzgeber sich seiner umfassenden Kompetenz bedient und den Jugendmedienschutz im Ganzen geregelt hätte. Dies wäre aufgrund der zunehmenden „Konvergenz der Medien“, worunter Phänomene technischer[365] und inhaltlicher Natur zu verstehen sind, geboten gewesen. Ins-

364 Teil 2 A. VI. 1., S. 107 f.

365 Als technisches Phänomen der „Konvergenz der Medien“ ist die durch die Digitaltechnik entstandene Möglichkeit zu bezeichnen, verschiedene Arten elektronischer Dienste und Angebote über dieselben Übertragungsnetze verbreiten und über das-

besondere das inhaltliche Zusammenwachsen der Medien lässt es willkürlich erscheinen, für den Jugendschutz zwischen Online- und Offlinemedien zu differenzieren und diese Bereiche zwei verschieden Gesetzeswerken zuzuführen. So ist es logisch nicht nachvollziehbar, warum die zunehmende Austauschbarkeit von Inhalten es notwendig erscheinen lassen soll, den Bereich des Jugendschutzes für Rundfunk und alle Telemedien in einem einheitlichen Gesetzeswerk zu regeln (so die amtliche Begründung zum JMStV), nicht aber für den gesamten Jugendmedienschutz, der auch die Trägermedien einschließt. Die Inhalte der Offlinemedien sind mit den über Onlinemedien verbreiteten Inhalten teilweise identisch. Ein Spielfilm wird beispielsweise in der Regel zunächst im Kino gezeigt (Offlinemedium), dann als Videokassette vertrieben (Offlinemedium) und schließlich im Fernsehen ausgestrahlt (Onlinemedium). Die jeweiligen Aktualisierungen von Computerspielen können oftmals aus dem Internet heruntergeladen werden (Onlinemedium), während die Basisversionen von Computerspielen auf CDs zu beziehen sind (Offlinemedium).

Statt diesen inhaltlichen Überschneidungen durch Schaffung eines einheitlichen Gesetzeswerkes gerecht zu werden, versuchen die Neuregelungen Wertungswidersprüche zu vermeiden, indem JMStV und JuSchG wechselseitig aufeinander Bezug nehmen und ineinander greifen. So ist die *BPjM* nach § 18 Abs. 1 JuSchG zuständig für die Indizierung von Telemedien, während die Folgen dieser Indizierung in § 4 Abs. 1 S. 1 Nr. 11, Abs. 2 S. 1 Nr. 2, Abs. 3 JMStV geregelt sind. Bestimmungen über Telemedien finden sich folglich in beiden Regelungswerken, wodurch ein Bruch mit der ursprünglich von den Normgebern beabsichtigten klaren Trennung von Online- und Offlinemedien sichtbar zu Tage tritt. Zur Vermeidung von widersprüchlichen Beurteilungen muss die *BPjM* der *KJM* vor einer Indizierungsentscheidung die Gelegenheit zur Stellungnahme geben und diese bei ihrer Entscheidung maßgeblich berücksichtigen (§ 21 Abs. 6 JuSchG). Weiter ist die *KJM* befugt, einen Antrag auf Indizierung zu stellen (§ 21 Abs. 2 JuSchG), dem die *BPjM* zu entsprechen hat, wenn der Antrag nicht offensichtlich unbegründet oder im Hinblick auf die Spruchpraxis der Bundesprüfstelle unvertretbar ist, vgl. § 18 Abs. 6 JuSchG. Ferner darf die *BPjM* ein Telemedium gem. § 18 Abs. 8 S. 2 JuSchG nicht indizieren, wenn die *KJM* es zuvor als nicht jugendgefährdend eingestuft hat. Auch an die nach dem JuSchG erfolgten Indizierungen von Trägermedien werden im JMStV rundfunkrechtliche Rechtsfolgen geknüpft, vgl. § 4 Abs. 1 S. 1 Nr. 11, Abs. 2 S. 1 Nr. 2, Abs. 3 JMStV. Schließlich soll die *BPjM* mit der *KJM* gem. § 21 Abs. 9 JuSchG zusammenarbeiten und einen regelmäßigen Informationsaustausch pflegen. Die

selbe Endgerät empfangen zu können; mithin das Zusammenwachsen technischer Plattformen. Vgl. hierzu z.B. *Holznagel*, ZUM 1999, 425, 433.

Vorschrift korrespondiert mit § 17 Abs. 2 JMStV. Diese Verzahnungen zeigen deutlich, dass ein einheitliches Werk vonnöten wäre.

Trotz des Zieles der Neuregelungen, Wertungswidersprüche zu vermeiden, weisen JuSchG und JMStV teilweise sogar unterschiedliche Schutzstandards auf.[366] Grund hierfür ist, dass die meisten Bestimmungen einfach aus den vorherigen Regelungswerken übernommen wurden. Der JMStV sieht in § 4 Abs. 1 JMStV für den Bereich des Rundfunks und der Telemedien sowie in § 4 Abs. 2 JMStV für den Bereich des Rundfunks ausnahmslose Sendeverbote für bestimmte Inhalte vor. Die am weitesten reichende Beschränkung des JuSchG ist dagegen die automatische Aufnahme in die Liste jugendgefährdender Medien, vgl. § 15 Abs. 2 JuSchG. Diese zieht gem. § 15 Abs. 1 JuSchG lediglich Verbreitungs- und Werbebeschränkungen, nicht aber ein generelles Verbot, nach sich (solange nicht ein Straftatbestand erfüllt ist). Folge ist, dass beispielsweise kriegsverherrlichende Angebote in Rundfunk und Telemedien gem. § 4 Abs. 1 Nr. 7 JMStV ausnahmslos nicht angeboten werden dürfen, während Trägermedien gleichen Inhalts nur den Beschränkungen des § 15 Abs. 1 JuSchG unterliegen.

Die Bestimmungen des JuSchG selbst zeigen, wie willkürlich die Aufteilung zwischen Online- und Offlinemedien anmutet. Die Abgrenzung zwischen Telemedien und denen durch ihre Körperlichkeit geprägten Trägermedien ist nach den eigens vom JuSchG vorgegebenen Kriterien überaus schwammig. Gem. § 1 Abs. 2 S. 2 JuSchG steht dem gegenständlichen Verbreiten, Überlassen, Anbieten oder Zugänglichmachen von Trägermedien das elektronische Verbreiten, Überlassen, Anbieten und Zugänglichmachen gleich, soweit es sich nicht um Rundfunk i.S.d. § 2 RfStV handelt. Damit ist das unkörperliche elektronische Verbreiten von Trägermedien genauso zu behandeln, wie die körperliche Verbreitung von Trägermedien. Weil auch Telemedien auf Datenträgern gespeichert werden können, stellt sich die Frage, wann sie als Trägermedien zu qualifizieren sind und dem Anwendungsbereich des JuSchG unterfallen und unter welchen Voraussetzungen sie als Telemedien mit der Konsequenz der Anwendbarkeit des JMStV einzustufen sind. Die amtliche Begründung zum JuSchG schweigt hierzu. *Stettner* schlägt zur Lösung dieses Problems vor, auf den Willen des Urhebers abzustellen und danach zu fragen, ob er als Verbreitungsform primär ein körperliches Medium, das auch elektronisch weitergegeben werden kann, intendierte (dann Trägermedium) oder in erster Linie eine elektronische Verbreitung beabsichtigte (dann Telemedium).[367] Er sieht zu Recht Probleme bei dieser Abgren-

---

366 Zu Beispielen s. *Ukrow*, Jugendschutzrecht, S. 229 f. Rn. 439.

367 *Stettner*, ZUM 2003, 425, 429. Dieser Ansicht folgt *Ukrow*, Jugendschutzrecht, S. 71 Rn. 110.

zungsweise aufkeimen, wenn kein klarer Nachweis über die Intention des Urhebers erbracht werden kann. *Liesching* will eine an der Nutzung orientierte Entscheidung treffen: Befindet sich die Darstellung zunächst auf einem Trägermedium und wird sie anschließend über ein Telemedium versendet, handle es sich um die elektronische Verbreitung eines Trägermediums.[368] Wurde die Darstellung dagegen lediglich auf lokalen Datenspeichern gespeichert[369] und über ein Telemedium verbreitet, seien die Vorschriften über Telemedien anwendbar. M. E. veranschaulicht diese problematische Abgrenzung in erster Linie wieder die Beliebigkeit der Aufteilung zwischen Online- und Offlinebereich. Der Wille des Urhebers oder welche Art der Nutzung zuerst erfolgt kann unmöglich den Ausschlag geben, an welcher der voneinander abweichenden Jugendschutzbestimmungen der Inhalt zu messen ist.

Als positiver Ansatz der Neuregelung des Jugendmedienschutzes ist es immerhin zu werten, dass der JMStV alle Onlinemedien in einem Gesetzeswerk regelt. Mit Ausnahme der inhaltlichen Anpassung des Schutzniveaus für Medien- und Teledienste und der dementsprechend für den Jugendschutz hinfällig gewordenen, in der Praxis nur schwer durchführbaren Abgrenzung zwischen Medien- und Telediensten, ist dadurch materiellrechtlich allerdings nicht viel bewirkt worden. Innerhalb des JMStV werden weiterhin Unterschiede zwischen Rundfunk und Telemedien getroffen, die – wie im folgenden Abschnitt gezeigt werden wird – sachlich nicht immer gerechtfertigt sind und dem Gesichtspunkt der Konvergenz der Medien damit wieder, wenn auch „versteckter“ als zuvor, zuwiderlaufen. Rechtseinheit wird schließlich nicht schon durch die Zusammenfassung verschiedener Regelungswerke in ein Regelungswerk geschaffen. Entscheidend sind die inhaltlichen Anpassungen, die überwiegend aber gerade nicht vorgenommen wurden. Das Regelungswerk allein ist nicht geeignet, der praktischen Konvergenz der Medien Rechnung zu tragen, sondern ist vielmehr nur der Rahmen, der der Ausfüllung durch inhaltlich einheitliche Regelungen bedarf.

---

368 *Liesching*, NJW 2002, 3281, 3283 und ihm folgend *Nikles/Roll/Spürck/Umbach*, Jugendmedienschutzrecht, Teil III, § 4 JMStV Rn. 31.

369 Von dem Begriff der Trägermedien nach dem JuSchG sollen wohl nur mobile Datenträger wie Druckschriften, Schallplatten, Video- und Audiokassetten, Disketten, DVDs und CD-Roms erfasst werden. Lokale Datenspeicher wie Festplatten oder Speicherchips sind zwar ebenfalls gegenständliche Medienträger; sie sind jedoch i.d.R. weder zur Weitergabe geeignet noch zur unmittelbaren Wahrnehmung bestimmt bzw. in einem Vorführ oder Spielgerät eingebaut. Ihre Weitergabe bzw. Wahrnehmung erfolgt regelmäßig dadurch, dass sie elektronisch verbreitet werden. Die elektronische Verbreitung von gespeicherten bzw. bereitgehaltenen Dateninhalten ist gem. § 1 III S. 2 JuSchG als Informations- und Kommunikationsdienst anzusehen. Vgl. hierzu *Liesching*, NJW 2002, 3281, 3283.

Eine Grenze zwischen Online- und Offlinemedien zu ziehen, die zur Anwendung unterschiedlicher Gesetze führt und im Übrigen nicht einmal konsequent durchgezogen wird, ist ebenso wenig sinnvoll, wie innerhalb eines Gesetzes zwischen den verschiedenen Onlinemedien materiellrechtliche Unterschiede zu treffen. Mit einer allein dogmatischen Verbesserung der Rechtsgrundlagen kann der Konvergenz der Medien nicht hinreichend Rechnung getragen werden. Jugendgefährdende und jugendbeeinträchtigende Medieninhalte sollten in allen Medien vergleichbaren Verboten und Beschränkungen unterliegen, die sich nach dem inhaltlichen Gefährdungspotential abstufen. Die einschlägigen gesetzlichen Bestimmungen sollten daher keine medienbezogenen Differenzierungen vornehmen, sondern inhaltbezogene Unterscheidungen treffen, deren konkreten Rechtsfolgen selbstverständlich medienspezifisch ausgerichtet werden müssen. Um das zu gewährleisten, sollte ein einheitliches Gesetz für den gesamten Jugendmedienschutz geschaffen werden. Dem Bund wäre dies aufgrund seiner konkurrierenden Gesetzgebungszuständigkeit für diesen Bereich möglich.

B. Verfassungsmäßigkeit der wesentlichen Änderungen des materiellen Rechts

Der Staatsvertraggeber des JMStV hat den Jugendschutz durch die Einführung genereller Ausstrahlungsverbote für schlicht pornographische, indizierte und offensichtlich schwer jugendgefährdende Filme verstärkt. Ausnahmslos gelten diese Verbote jedoch lediglich für den Rundfunk, nicht dagegen für die Telemedien. Somit ist neben der Untersuchung, ob eine so einschneidende Maßnahme wie ein absolutes Ausstrahlungsverbot im Rundfunk für die genannten Inhalte aus verfassungsrechtlicher Sicht vertretbar ist, die mit diesem Verbot einhergehende Ungleichbehandlung von Telemedienanbietern und Rundfunkveranstaltern einer verfassungsrechtlichen Prüfung zu unterziehen.

Vorab ist zu klären, ob Art. 22 Abs. 1 der EG-Fernsehrichtlinie einer Überprüfung des Pornographieverbotes an dem Maßstab des deutschen Verfassungsrechts entgegensteht.

I. Verbietet sich eine am deutschen Verfassungsrecht orientierte Überprüfung des Pornographieverbotes aufgrund Art. 22 Abs. 1 EG-Fernsehrichtlinie?

Nachdem in der Literatur teilweise die Problematik aufgeworfen wurde, ob die im Staatsvertrag für den Rundfunk im Gegensatz zu den Telemedien vorgeschriebenen absoluten Ausstrahlungsverbote des § 4 Abs. 2 S. 1 JMStV als gegen

Art. 3 Abs. 1 GG verstoßende Ungleichbehandlung von Rundfunkveranstaltern und Telemedienanbietern zu beurteilen sind[370], hat *Stettner* versucht, dieser Diskussion jedenfalls im Hinblick auf das für den Rundfunk ausnahmslos geltende Verbot der einfachen Pornographie den Boden zu entziehen.[371] Er bezeichnet diese auf der Grundlage des deutschen Verfassungsrechts geführte Diskussion als „müßig".[372] Art. 22 Abs. 1 der EG-Fernsehrichtlinie enthalte ein Verbot von Pornographie und eine EG-Richtlinie gehe – wie sich im Fall von Tanja Kreil[373] gezeigt habe – kompromisslos dem nationalen Verfassungsrecht vor, sofern nicht unverzichtbare Grundbestände des nationalen Verfassungsrechts durch das Gemeinschaftsrecht verletzt werden würden. Die Überprüfung der Vereinbarkeit des Pornographieverbotes mit Art. 5 Abs. 1 GG müsste dann wohl aus gleichen Gründen als überflüssig erachtet werden.

Dieser Ansicht wäre jedoch nur dann zu folgen, wenn die EG-Fernsehrichtlinie tatsächlich ein absolutes Verbot für jede Form von Pornographie im Rundfunk vorschreiben würde, was im Folgenden untersucht werden soll. Zum besseren Verständnis sollen zunächst die Entstehung, die Ziele und das System der EG-Fernsehrichtlinie kurz dargestellt werden.[374]

1. Überblick über die Entstehung, die Ziele und das System der EG-Fernsehrichtlinie

Die Fernsehtätigkeit ist als Dienstleistung zu verstehen, weshalb Rundfunkveranstalter an der in Art. 49 EGV garantierten Dienstleistungsfreiheit teilnehmen.[375] Rundfunkveranstalter, die in einem Mitgliedstaat der europäischen Gemeinschaft

---

370 S. *Hartstein/Ring/Kreile/Dörr/Stettner*, RfStV, Bd. III, C 3, Überblick Rn. 6 u. § 4 JMStV Rn. 65; *Kreile/Diesbach*, ZUM 2002, 849, 850; *Gersdorf*, Neuer Jugendschutz für Neue Medien, S. 3, abrufbar unter: http://www.uni-rostock.de/fakult/jurfak/Gersdorf/News/Neuer Jugendschutz fuer Neue Medien_Thesen.pdf (abgerufen am: 10.01.2006); *Schmid*, Neuer Jugendschutz in Rundfunk und Telemedien, S. 2 Fn. 13, abrufbar unter: http://www.itrb.de/leseprobe/itrb0302231.htm (abgerufen am: 03.12.2003).

371 Vgl. *Stettner*, ZUM 2003, 425, 430.

372 *Stettner*, ZUM 2003, 425, 430.

373 Vgl. *EuGH* Rs. C-285/98 (Tanja Kreil), Slg. 2000, I-69 ff.

374 Ausführliche Darstellungen hierzu finden sich bei: *Mestmäcker/Engel/Gabriel-Bräutigam/Hoffmann*, Der Einfluss des europäischen Gemeinschaftsrechts auf die deutsche Rundfunkordnung, Teil 1, S. 1 ff.; *Möwes*, Europäische Entwicklungen im Kommunikationsrecht, S. 9 ff.; *Nanclares*, Die EG-Fernsehrichtlinie; *Dörr*, Die Einflüsse europarechtlicher Entwicklungen auf das Bund-Länder-Verhältnis im Rundfunkwesen, S. 69 ff.

375 *EuGH* Rs. 155/73 (Sacchi), Slg. 1974, 409, 428 Nr. 6; Rs. 52/79 (Debauve), Slg. 1980, 833, 855.

zugelassen worden sind, sind daher berechtigt, ihre Dienste grenzüberschreitend anzubieten. Technisch möglich geworden ist dies mit der Einführung der Übertragungstechniken Kabel und Satellit. Seither nehmen grenzüberschreitende Ausstrahlungen stetig zu. Es war zunächst jedoch nicht unproblematisch, dass die Ausstrahlung von Programmen nicht mehr auf das jeweilige Veranstaltungsland begrenzt war, denn Mitte der 80er Jahre wiesen die europäischen Rundfunksysteme noch erhebliche Regelungsunterschiede auf.[376] Vor der Harmonisierung im Bereich des Rundfunks waren die Rundfunkveranstalter somit den nichtdiskriminierenden Beschränkungen aus Gründen des Allgemeininteresses der jeweils verschiedenen nationalen Rundfunkordnungen der Empfangsstaaten ausgesetzt.[377]

Um eine ungehinderte Weiterverbreitung von Fernsehprogrammen über die Grenzen hinweg zu gewährleisten, wurde ein nahezu ganz Europa umspannendes Gerüst rundfunkrechtlicher Mindeststandards geschaffen: Die durch die Richtlinie 97/36/EG des Europäischen Parlamentes und des Rates vom 30. Juni 1997[378] geänderte Richtlinie 89/552/EWG des Rates zur Koordinierung bestimmter Rechts- und Verwaltungsvorschriften der Mitgliedstaaten über die Ausübung der Fernsehtätigkeit vom 3. Oktober 1989[379] (diese wird als Fernsehrichtlinie bezeichnet und daher im Folgenden FsRL abgekürzt) und das nahezu inhaltsgleiche Europäische Übereinkommen über das grenzüberschreitende Fernsehen vom 5. Mai 1989 des Europarates[380] (Fernsehübereinkommen).[381] Wesentliches Anliegen der FsRL war es, durch Rechtsangleichung die gegenseitige Öffnung der na-

376 *Bundschuh*, Fernsehen und Jugendschutz in Europa, S. 127.

377 Vgl. *EuGH* Rs. 52/79 (Debauve), Slg. 1980, 833, 857 Nr. 15.

378 ABl. Nr. L 202, S. 60 v. 30.07.1997. Abgedruckt auch bei *Ring*, Medienrecht, Bd. IV, Teil A I 2.1.

379 ABl. Nr. L 298, S. 23 v. 17.10.1989, Berichtigung ABl. Nr. L 331, S. 51 v. 16.11.1989.

380 Abgedruckt bei *Höfling/Möwes/Pechstein*, Europäisches Medienrecht, S. 42.

381 Der Geltungsbereich der EG-Fernsehrichtlinie erstreckt sich auf die EG-Mitgliedstaaten und aufgrund des EWR-Abkommens auch auf weitere europäische Länder (das EWR betrifft gegenwärtig nur noch Norwegen und Island – die ursprünglichen Vertragspartner Schweden, Finnland und Österreich sind mittlerweile der EU beigetreten). Die Regelungen der FsRL gelten sowohl zwischen diesen Staaten untereinander als auch in den Mitgliedstaaten selbst. Die Konvention des Europarates, die unter den meisten europäischen Staaten vereinbart wurde, gilt dagegen nur für grenzüberschreitend ausgestrahlte Programme. Innerhalb der EG hat jedoch die FsRL Geltungsvorrang.

tionalen Märkte für die Anbieter von Fernsehprogrammen zu erreichen, und so einen Fernsehbinnenmarkt zu schaffen.[382]

Inhaltlich erstreckt sich diese Harmonisierung in erster Linie auf eine Quotenregelung zur Förderung der europäischen Programmindustrie, Fernsehwerbung, Sponsoring, Jugendschutz und Gegendarstellung. Die Richtlinie verfolgt dabei das Herkunftslandprinzip. Derjenige Mitgliedstaat, dessen Rechtshoheit ein Fernsehveranstalter unterworfen ist, muss Sorge dafür tragen, dass die Fernsehsendungen dieses Veranstalters den Vorschriften seines Staates entsprechen, die wiederum den Anforderungen der FsRL genügen müssen, vgl. Art. 2 Abs. 1 und Art. 3 Abs. 2 FsRL (sog. Sendestaatsprinzip, bei welchem es sich um eine rundfunkspezifische Ausprägung des Ursprungslandprinzips handelt). Gem. Art. 3 Abs. 1 FsRL können die nationalen Vorschriften strengere oder ausführlichere Bestimmungen enthalten als die Richtlinie vorgibt. Sind nationale Vorschriften im durch die Richtlinie koordinierten Bereich strenger als die der Richtlinie, sind sie auf die Programme von Veranstaltern, die der Rechtshoheit eines anderen Mitgliedsstaates unterliegen, allerdings nicht anwendbar. Damit wird deutlich, dass die Richtlinie zur Aufrechterhaltung der verschiedenen kulturellen Identitäten der Mitgliedstaaten keinen gänzlich einheitlichen Rechtsraum in den koordinierten Bereichen schaffen wollte, sondern die verfolgte Harmonisierung der nationalen Vorschriften lediglich durch Festsetzung von Mindeststandards für den grenzüberschreitenden Sendeverkehr erreichen wollte, vgl. Erwägungsgrund 13 der Richtlinie 89/552/EWG.[383]

Den nationalen Vorschriften des Empfangsstaates müssen die ausländischen Programme folglich nicht entsprechen. Die Mitgliedstaaten müssen vielmehr in ihrem Hoheitsgebiet den freien Empfang der Fernsehsendungen aus anderen Mitgliedstaaten gewährleisten und dürfen die Weiterverbreitung grundsätzlich nicht aus Gründen beschränken, die einen durch die Richtlinie koordinierten Bereich betreffen, vgl. Art. 2 a Abs. 1 FsRL. Selbstverständlich können die Empfangsstaaten sich dennoch vergewissern, ob die ausländischen Programme die Richtlinien- bzw. Übereinkommensregeln einhalten – solange diese Kontrolle nicht zu einer Verhinderung der Verbreitung führt.[384] Lediglich in den sehr engen Grenzen des Art. 2 a Abs. 2 S. 1 FsRL können die Empfangsstaaten die Weiterverbreitung vorübergehend behindern und damit ausnahmsweise von Art. 2 a Abs. 1 FsRL abweichen (sog. begrenztes Suspendierungsrecht). Materielle Vorausset-

---

382 *KOM* (95) 86 endg., 7; *Mestmäcker/Engel/Gabriel-Bräutigam/Hoffmann*, Der Einfluss des europäischen Gemeinschaftsrechts auf die deutsche Rundfunkordnung, S. 16; *Nanclares*, Die EG-Fernsehrichtlinie, S. 103.

383 Abgedruckt bei *Möwes*, Europäische Entwicklungen im Kommunikationsrecht, S. 40.

384 *Höfling/Möwes/Pechstein*, Europäisches Medienrecht, S. 9.

zung hierfür ist ein offensichtlicher, ernster und wiederholter Verstoß gegen die Vorschriften zum Schutze Minderjähriger und zur Aufrechterhaltung der öffentlichen Ordnung (Art. 22 Abs. 1 und 2, 22 a FsRL).

2. Inhalt des Art. 22 Abs. 1 FsRL

Art. 22 Abs. 1 FsRL lautet:

„Die Mitgliedstaaten ergreifen angemessene Maßnahmen, um zu gewährleisten, dass Sendungen von Fernsehveranstaltern, [...], keinerlei Programme enthalten, die die körperliche, geistige und sittliche Entwicklung von Minderjährigen ernsthaft beeinträchtigen können, insbesondere solche, die Pornographie oder grundlose Gewalttätigkeit zeigen.“.

In Abs. 2 desselben Artikels heißt es:

„Die Maßnahmen gem. Absatz 1 gelten auch für andere Programme, die die körperliche, geistige und sittliche Entwicklung von Minderjährigen beeinträchtigen können, es sei denn, es wird durch die Wahl der Sendezeit oder durch sonstige technische Maßnahmen dafür gesorgt, dass diese Sendungen von Minderjährigen im Sendebereich üblicherweise nicht gesehen oder gehört werden.“.

Während sich die Mitgliedstaaten vor Änderung der Richtlinie 89/552/EWG durch die Richtlinie 97/36/EG bei der Auslegung des Art. 22 FsRL a.F. noch uneinig darüber waren, ob die Ausstrahlung von Pornographie im Fernsehen ausnahmslos verboten war[385] oder bei Verschlüsselung[386] oder Beachtung bestimmter Zeiten[387] erlaubt war, besteht nach der jetzt gewählten Formulierung kein Auslegungsspielraum mehr: Die FsRL statuiert mit Art. 22 Abs. 1 ein Totalverbot für die dort beschrieben Inhalte. Dies ergibt sich sowohl aus dem Wortlaut des Art. 22 Abs. 1 FsRL, als auch aus einem Umkehrschluss zu Art. 22 Abs. 2 FsRL, nach dem die dort verbotenen Inhalte bei Einrichtung technischer Vorsperren oder der Ausstrahlung nur zu bestimmten Sendezeiten ausdrücklich ausgestrahlt werden dürfen. Zudem sollte nach dem Erwägungsgrund 40 zu dieser Richtlinie durch die Änderung des Art. 22 FsRL a.F. eine eindeutige Unterscheidung zwischen den Programmen, die einem absoluten Verbot unterliegen, und

385 So die Auffassung der Bundesrepublik Deutschland, s. bei *Möwes*, Europäische Entwicklungen im Kommunikationsrecht, S. 19; dafür auch *Kleist*, ZUM 1994, 142, 143; a.A. *Nanclares*, Die EG-Fernsehrichtlinie, S. 148.

386 So die nordischen Staaten, s. bei *Möwes*, Europäische Entwicklungen im Kommunikationsrecht. S. 19. Soweit dies nach 24:00 Uhr geschah, durfte Pornographie auch in Frankreich verschlüsselt gesendet werden, vgl. *Holznagel*, Rundfunkrecht in Europa, S. 333.

387 So bspw. Spanien, vgl. *Holznagel*, Rundfunkrecht in Europa, S. 333.

den Programmen, die vorbehaltlich angemessener technischer Maßnahmen gesendet werden dürfen, getroffen werden.[388]

Pornographie im Fernsehen ist damit nach dem europäischen Gemeinschaftsrecht ausnahmslos verboten. Unbeantwortet bleibt allerdings, was unter dem Begriff der Pornographie zu verstehen ist. Weder das Fernsehübereinkommen, noch die Richtlinie oder ihre Erwägungsgründe enthalten eine Definition dieses unbestimmten Rechtsbegriffs.[389]

a) Nationale oder einheitliche Auslegung des Begriffs der Pornographie i.S.d. Art. 22 Abs. 1 FsRL?

Teilweise wird in der Literatur die Auffassung vertreten, die Definition des Pornographiebegriffs bedürfe der Auslegung durch das nationale Recht der einzelnen Mitgliedstaaten, da es an europarechtlichen Vorgaben fehle.[390] *Kreile* ist dabei der Ansicht, dass die unbestimmten Rechtsbegriffe des Art. 22 Abs. 1 FsRL auch deshalb keiner einheitlichen europäischen Interpretation zugänglich seien, weil dies eine einheitliche europäische Auffassung über die Auslegung der Begriffe voraussetze. Die in der Gemeinschaft kulturell bedingt bestehenden verschiedenen Werteordnungen und Wertevorstellungen führten jedoch zu national unterschiedlichen Auffassungen über die Ausfüllung dieser unbestimmten Rechtsbegriffe des Jugendschutzes.[391] Die grenzüberschreitenden Rundfunkprogramme würden daher auch künftig inhaltlich durch die nationalen Rechtsordnungen geprägt werden, so dass ein einheitliches europäisches Jugendschutzrecht, welches losgelöst von den nationalen Kulturen und Einflüssen sei, nicht entstehen werde.

388 Vgl. ABl. Nr. L 202, S. 63 v. 30.07.1997; ebenfalls abgedruckt bei: *Ring*, Medienrecht, Bd. IV, A I 2.1.

389 Auch die anderen unbestimmten Rechtsbegriffe (wie z.B. die ernsthafte Beeinträchtigung der körperlichen, geistigen und sittlichen Entwicklung oder die grundlose Gewalttätigkeit) des Art. 22 I FsRL sind nirgends näher konkretisiert.

390 *Holznagel*, Rundfunkrecht in Europa, S. 332; wohl auch *Bundschuh*, Fernsehen und Jugendschutz in Europa, S. 138 f. u. 156 f.; *Kreile*, ZUM 1989, 407, 410; *Horst*, ZUM 1993, 227, 229; *Liesching*, MMR 2003, 156, 163. *Helling* (Die Programmstandards der EG-Fernsehrichtlinie, S. 175 f.) definiert Pornographie im Sinne der im deutschem Recht als einfache Pornographie verstandenen Pornographie und geht damit offenbar – ohne diese Problematik allerdings anzusprechen – von einer nationalstaatlichen Definition aus. Explizit spricht sie sich lediglich bei der Definition des Rechtsbegriffs der „sittlichen Entwicklung" für eine Auslegung des Begriffes nach den Maßstäben „des jeweiligen Empfängerlandes der Sendung" aus. Eine Auslegung nach den Maßstäben des Empfängerlandes ist mit der Richtlinie, die ausdrücklich das Sendestaatsprinzip verfolgt, gänzlich unvereinbar.

391 *Kreile*, ZUM 1989, 407, 410.

M.E. ist der nationalen Auslegung des Begriffs der Pornographie i.S.d. Art. 22 Abs. 1 FsRL eine einheitliche Auslegung dieses ausfüllungsbedürftigen Rechtsbegriffs durch alle Mitgliedstaaten und somit eine Definition nach gemeinschaftsrechtlichen Maßstäben vorzuziehen.[392]

Dies erscheint aus verschiedenen Gründen geboten:

aa) Weder ausdrückliche noch stillschweigende Verweisung auf nationale Begriffsinhalte in Art. 22 FsRL

Zunächst kommt eine nationalstaatliche Definition eines dem Gemeinschaftsrecht entspringenden unbestimmten Rechtsbegriffes überhaupt nur in Frage, wenn sich dort eine ausdrückliche oder stillschweigende Verweisung auf nationale Begriffsinhalte finden lässt. Der *Europäische Gerichtshof* hat in seiner Rechtsprechung immer betont, dass die Auslegung eines Begriffs der Gemeinschaftsrechtsordnung lediglich dann in das Ermessen jedes einzelnen Mitgliedstaates gestellt werden könne, wenn die diesen Begriff enthaltende Vorschrift des Gemeinschaftsrechts hinsichtlich seines Sinnes und seiner Tragweite auf das Recht der Mitgliedsstaaten verweise.[393] Beides ist hier nicht der Fall. Eine ausdrückliche Verweisung enthält Art. 22 FsRL nicht. Eine stillschweigende Verweisung, die ohnehin nur ausnahmsweise unter Vorliegen besonderer Umstände angenommen werden kann[394], liegt ebenfalls nicht vor.

Allein die Tatsache, dass die Richtlinie diesen Begriff nicht definiert, vermag keinen stillschweigenden Verweis auf nationale Begriffsinhalte zu begründen. Gesetzgeber verzichten bei der Verwendung unbestimmter Rechtsbegriffe gerade

---

392 So auch *Ulich*, Der Pornographiebegriff und die EG-Fernsehrichtlinie, S. 111 ff.; *Dannecker*, Jura 1998, 79, 84 u. wohl *Weigend* (ZUM 1994, 133, 134 und 139 f.), der davon spricht, dass der Mechanismus der FsRL die Mitgliedstaaten dazu zwinge, einen gemeinsamen Nenner zu finden und sodann den gemeineuropäischen Kern eines Pornographieverbotes beschreibt.

393 *EuGH* Rs. 51/76 (Verbond van Nederlandse Ondernemingen), Slg. 1977, 113, 125 Nr. 10/11; Rs. 64/81 (Nicolaus Corman & Fils SA), Slg. 1982, 13, 24 Nr. 8; Rs. 270/81 (Felicitas Rickmers-Linie KG & Co.), Slg. 1982, 2771, 2784 Nr. 14; Rs. 327/82 (Ekro BV Vee- en Vleeshandel), Slg. 1984, 107, 119 Nr. 11.

394 S. *EuGH* Rs. 327/82 (Ekro BV Vee- en Vleeshandel), Slg. 1984, 107, 119 Nr. 11-14. In dieser Entscheidung nahm der *EuGH* einen stillschweigenden Verweis nur deshalb an, weil sich die Kommission bei Erlass der dort in Rede stehenden Vorschrift der Unterschiede in der genauen Bedeutung der in dieser verwendeten Begriffe voll bewusst gewesen sei, sich damit aber abgefunden habe, weil sie den Unterschieden nur eine untergeordnete Bedeutung zugemessen habe. Unter diesen Umständen sei den Begriffen „trotz des erwähnten Grundsatzes der einheitlichen Auslegung des Gemeinschaftsrechts“ keine einheitliche gemeinschaftliche Definition gegeben.

häufig auf eine nähere Erläuterung ihrer Inhalte, da es sich – wie hier – nicht selten um Wertentscheidungen handelt, bei denen verschiedenste Gesichtspunkte berücksichtigt, bewertet und gegeneinander abgewogen werden müssen. Bei der Definition des vorliegenden Begriffsinhaltes sollten insbesondere die dem Wandel der Zeit unterliegenden Vorstellungen von Moral und Sittlichkeit Eingang finden.

Der Begriff der Pornographie entspringt zudem einem von der Richtlinie koordinierten Bereich, nämlich dem Jugendschutz im Fernsehen. Es kann nicht davon ausgegangen werden, dass der Gemeinschaftsrichtliniengeber die unterschiedlichen Vorstellungen über die Bedeutung des Begriffs der Pornographie in den einzelnen Mitgliedstaaten von so untergeordneter Bedeutung hielt, dass er den Begriff von der Reichweite der Harmonisierung ausnehmen wollte. Der Begriff soll nach dem insoweit eindeutigen Wortlaut des Art. 22 Abs. 1 FsRL („[...] insbesondere solche, die Pornographie [...] zeigen.“) vielmehr gerade dazu dienen, den Mitgliedstaaten anhand eines Regelbeispiels aufzuzeigen, welche konkrete Art von Inhalt auf jeden Fall als ernsthafte Entwicklungsbeeinträchtigung Minderjähriger zu beurteilen ist und somit von dem Verbot erfasst sein soll. Es hätte der ausdrücklichen Erwähnung der Pornographie (ebenso wenig wie des Begriffs der grundlosen Gewalttätigkeit) nicht bedurft, wenn die Mitgliedstaaten es wiederum in der Hand hätten, den Begriff der Pornographie entsprechend ihrer Vorstellung darüber, welche Form von sexuellen Darstellungen sie für ernsthaft entwicklungsbeeinträchtigend halten, auslegen könnten. Sofern die Nennung des Begriffs nicht leer laufen soll, ist seine Auslegung daher dem Einfluss des nationalen Rechts zu entziehen.

Gegen eine stillschweigende Verweisung spricht auch die teleologische Auslegung der Vorschrift. Art. 22 FsRL bezweckt im Interesse eines europäischen Fernsehbinnenmarktes die Harmonisierung des Minderjährigenschutzes bei der Ausstrahlung von Fernsehsendungen.[395] Diesem Zweck würde es zuwiderlaufen, wenn der Bestimmung durch jeden Mitgliedstaat eine andere inhaltliche Bedeutung beigemessen werden könnte. Es stünde dann im Ermessen der Mitgliedstaaten, durch ihre nationale Auslegung den gewollten europäischen Mindeststandard für den Jugendschutz eigenmächtig zu beschneiden bzw. zu unterschreiten.

bb) Zersplitterung der Anwendung des Gemeinschaftsrechts bei nationaler Auslegung

Liegt – wie vorliegend – eine Verweisung auf das Recht der Mitgliedstaaten weder ausdrücklich noch stillschweigend vor, ergibt sich aus dem Gleichheitsgrund-

395 *KOM* (95) 86 endg., 7; *Nanclares*, Die EG-Fernsehrichtlinie, S. 103.

satz und den Erfordernissen einer einheitlichen Anwendung des Gemeinschaftsrechts, dass die Begriffe der Gemeinschaftsrechtsvorschriften in der gesamten Gemeinschaft einheitlich auszulegen sind.[396] Das Gemeinschaftsrecht wäre in seiner praktischen Wirksamkeit („effet utile") beraubt, wenn es in den einzelnen Mitgliedstaaten unterschiedlich angewendet werden dürfte. Bei nationaler Definition des Begriffs der Pornographie würde Art. 22 Abs. 1 FsRL in jedem Mitgliedstaat einen anderen Inhalt aufweisen, weil es den Mitgliedstaaten an einer übereinstimmenden Vorstellung hinsichtlich der Definition des Begriffs der Pornographie fehlt.

Die Auffassungen über den Begriff der Pornographie bzw. über das Maß der erlaubten Sexualdarstellungen variieren in den einzelnen Mitgliedstaaten ganz erheblich.[397] Die meisten europäischen Länder verwenden in ihren Gesetzen erst gar nicht den Begriff der Pornographie, sondern beziehen ihre Verbote auf „unzüchtige" oder „obszöne" Medieninhalte.[398] Ungeachtet dieser begrifflichen Verschiedenheiten bezwecken die Verbote teilweise den Schutz unterschiedlicher Güter; neben dem Jugendschutz verfolgen die Verbote häufig allgemein die Aufrechterhaltung sittlicher und moralischer Grundwerte oder den Schutz des Bürgers vor unerwünschter Konfrontation mit sexuellen Darstellungen.[399]

Vor allem aber gehen die Vorstellungen der Mitgliedstaaten über das erlaubte Maß der Darstellungen des Sexuellen auseinander. Nach der Kommission bestehen diesbezüglich insbesondere zwischen den nordischen und den romanischen Ländern der Gemeinschaft erhebliche Unterschiede. Während erstere bei gewalttätigen Filmen sehr sensibel seien, aber bei sexuellen Inhalten relativ liberal, reagierten letztere wenig empfindlich auf Darstellungen von Gewalt, handhabten dagegen sexuelle Fragen wiederum sehr sensibel.[400] So wird beispielsweise ein dänisches Programm zur sexuellen Aufklärung in Spanien als pornographisch erachtet.[401] Auch in Deutschland oder Großbritannien ist der Begriff der Pornographie wesentlich schneller erfüllt als in Frankreich oder den skandinavischen Staaten, wo ein entsprechender Inhalt unter Umständen noch als erlaubte eroti-

---

396 *EuGH* Rs. 327/82 (Ekro BV Vee- en Vleeshandel), Slg. 1984, 107, 119 Nr. 11.

397 S. hierzu *Holznagel*, Rundfunkrecht in Europa, S. 333 u. 360; *Nanclares*, Die EG-Fernsehrichtlinie, S. 148; *Ulich*, Der Pornographiebegriff und die EG-Fernsehrichtlinie, S. 112 ff.; *Weigend*, ZUM 1994, 133, 134 ff.; *Kleist*, ZUM 1994, 142, 143; *Ramberg*, ZUM 1994, 140; *v. Gottberg*, tv diskurs 1/1997, 28, 29; *Helberger*, ZUM 1998, 50, 51; *Liesching*, MMR 2003, 156 ff.

398 *Liesching*, MMR 2003, 156, 163.

399 S. *Albrecht/Hotter*, Rundfunk und Pornographieverbot, 163.

400 Grünbuch über den Jugendschutz und den Schutz der Menschenwürde in den audiovisuellen und den Informationsdiensten, *KOM* (96) 483 endg., S. 41.

401 *Nanclares*, Die EG-Fernsehrichtlinie, S. 148.

sche Darstellung eingestuft werden würde.[402] Selbst innerhalb Deutschlands gehen die Auffassungen über die Grenzziehung zwischen Pornographie und Erotik auseinander. Erotik liegt vor, wenn die Darstellungen nicht pornographisch sind. Bei pornographischen Inhalten unterscheidet man wiederum zwischen der sog. einfachen bzw. weichen Pornographie und der sog. harten Pornographie. Letztere erfasst pornographische Angebote im erstgenannten Sinne in Verbindung mit Gewalttätigkeiten, dem sexuellen Missbrauch von Kindern oder sexuellen Handlungen von Menschen mit Tieren (Sodomie). Welche Kriterien eine Darstellung aufweisen muss, um als pornographisch eingestuft zu werden, ist allerdings umstritten.[403] Nach der Rechtsprechung des *Bundesgerichtshofes* ist eine Darstellung schlicht pornographisch, wenn sie unter Hintansetzung sonstiger menschlicher Bezüge sexuelle Vorgänge (z.B. die deutliche Darstellung des Geschlechtsverkehrs oder der Geschlechtsorgane[404]) in grob aufdringlicher, aufreißerischer Weise in den Vordergrund rückt und ausschließlich oder überwiegend auf die Erregung sexueller Reize abspielt.[405] Dagegen ist die Ausstrahlung einer Sendung, die den Geschlechtsverkehr und die Geschlechtsorgane deutlich und in Großformat zeigt, ohne dass diese Darstellung darüber hinaus in eine nennenswerte Handlung eingebunden ist, nach dänischem Recht erlaubt, da hier überhaupt nur Darstellungen für pornographisch gehalten werden, die in Deutschland als harte Pornographie – also gewaltbeinhaltende, sodomitische oder pädophile Werke – bezeichnet werden.[406] In Finnland unterliegt ebenfalls allein die harte Pornographie einem absoluten Verbot; einfache Pornographie darf dort hingegen grundsätzlich ohne weitere Beschränkungen verbreitet werden.[407] Eine Definition für Pornographie gibt es in Schweden nicht, weil das nationale Gesetz diesen Begriff nicht verwendet. Filme, die in Deutschland als einfache Pornographie einge-

402 *Holznagel*, Rundfunkrecht in Europa, S. 334 u. 360; *v. Gottberg*, tv diskurs 1/1997, 28, 30.

403 Hierauf kann an dieser Stelle nicht näher eingegangen werden. S. hierzu ausführlich: *Albrecht/Hotter*, Rundfunk und Pornographieverbot, S. 28 ff.; *Ulich*, Der Pornographiebegriff und die EG-Fernsehrichtlinie, S. 49 ff. u. 65 ff.; *Kühl*, in: Lackner/Kühl, StGB, § 184 Rn. 2; *Tröndle/Fischer*, StGB, § 184 Rn. 5 ff.

404 Einigkeit besteht heute darüber, dass die Darstellung des Nackten oder sexueller Vorgänge als solche nicht per se pornographisch ist. Es müssen vielmehr die weiteren Voraussetzungen hinzutreten, vgl. *Lenckner/Perron*, in: Schönke/Schröder, StGB, § 184 Rn. 5; *Kühl*, in: Lackner/Kühl, StGB, § 184 Rn. 2.

405 *BGH*, NJW 1990, 3026, 3027.

406 Vgl. *Kleist*, ZUM 1994, 142, 143 unter Berufung auf die Auskunft der dänischen Aufsichtsstelle für audiovisuelle Medien. S. auch *Albrecht/Hotter*, Rundfunk und Pornographieverbot, S. 130 ff.

407 *Liesching*, MMR 2003, 156, 162. Die einschlägigen Gesetzestexte sind abgedruckt bei *Albrecht/Hotter*, Rundfunk und Porngraphieverbot, S. 126 ff.

stuft werden, werden in Schweden ab 15 Jahren freigegeben.[408] Erst wenn Filme Sexualität mit Gewalt kombinieren, dürfen sie für die öffentliche Vorführung (die private dagegen schon) nicht freigegeben werden.[409] Strafrechtlich verboten ist lediglich die Kinderpornographie. Auch in den Niederlanden werden nur Kinderpornographie und sexuelle Darbietungen, die durch Gewalt oder Druck erzwungen werden oder bei denen Frauen in ihrer Würde degradiert werden, für problematisch gehalten.[410] Alle übrigen pornographischen Filme sind jedenfalls ab 16 Jahren frei, teilweise sogar die in Deutschland gänzlich verbotene Pornographie mit Tieren und – unter den genannten Voraussetzungen – mit Gewalt.[411] In Luxemburg ist ausschließlich Kinderpornographie, in Zusammenhang mit Gewalt stehende Pornographie und Sodomie verboten. Im Übrigen darf Pornographie nicht an unter 17-Jährige verliehen oder verkauft werden. Für das Fernsehen gibt es dort keine Beschränkungen, da im Wesentlichen nur Programme aus dem Ausland empfangen werden.[412]

Damit fallen Inhalte, die in Deutschland als einfache Pornographie bewertet werden, weder in den Niederlanden, noch in Dänemark, Schweden oder Finnland unter den Begriff der Pornographie. Eine nationale Auslegung durch jeden einzelnen Mitgliedstaat führte somit unweigerlich zu einer Zersplitterung der Anwendung des Gemeinschaftsrechts.

cc) Überflüssigkeit der Präzisierung durch die Änderungsrichtlinie 97/36/EG bei nationaler Auslegung

Zudem wäre es bei Annahme einer nationalstaatlichen Auslegung nicht notwendig gewesen, Art. 22 FsRL a.F. durch die Änderungsrichtlinie 97/36/EG zu präzisieren. Hierauf hat die Kommission jedoch nachdrücklich bestanden.[413] Gemäß Erwägungsgrund 40 zu dieser Richtlinie sollte eine eindeutige Unterscheidung zwischen den Programmen, die einem absoluten Verbot unterliegen, und denen, die vorbehaltlich angemessener technischer Maßnahmen oder aufgrund der Wahl der Sendezeit ausgestrahlt werden dürfen, getroffen werden.[414] Wenn der Inhalt dieser Verbote aber ohnehin durch die unterschiedlichen Auslegungen der einzelnen Mitgliedstaaten verwässert wäre, hätte es einer klaren Unterscheidung

408 So *Wallander* (stellvertretener Direktor des schwedischen Statens Biografbyra Filmcensuren), tv diskurs 6/1998, 4, 9 f.
409 *Wallander*, tv diskurs 6/1998, 4, 10.
410 So *Crans* (Direktor der niederländischen Filmkeuring), tv diskurs 2/1997, 28, 31.
411 S. *v. Gottberg*, tv diskurs 1/1997, 28.
412 *Thilges*, tv diskurs 8/1999, 4, 7.
413 S. *KOM* (95) 86 endg., 27.
414 Abgedruckt bei *Ring*, Medienrecht, Bd. IV, A I 2.1.

zwischen den absoluten Verboten und den Verboten mit Ausnahmemöglichkeit nicht bedurft.

dd) Widerspruch zu der Systematik des Art. 2 a Abs. 2 FsRL bei nationaler Auslegung

Schließlich setzt das Verfahren des Art. 2 a Abs. 2 FsRL eine gemeinschaftsrechtliche Auslegung der unbestimmten Begriffe des Art. 22 Abs. 1 FsRL voraus.[415] Das dort geregelte eingeschränkte Suspendierungsrecht sieht vor, dass die Mitgliedstaaten ausnahmsweise aus einem Grund, der einen durch die Richtlinie koordinierten Bereich betrifft, die Weiterverbreitung von Fernsehsendungen aus anderen Mitgliedstaaten in ihrem Hoheitsgebiet beschränken können, was sich andernfalls wegen des prinzipiell von der Richtlinie befolgten Sendestaatsprinzips und ausdrücklich gem. Art. 2 a Abs. 1 FsRl verbieten würde. Dies soll – neben den in Art. 2 a Abs. 2 S. 1 b-d FsRL vorgeschriebenen formalen Voraussetzungen – gem. Art. 2 a Abs. 2 S. 1 a FsRL möglich sein, wenn

> *„[...] mit einer Fernsehsendung aus einem anderen Mitgliedstaat [...] in offensichtlicher, ernster und schwerwiegender Weise gegen Artikel 22 Absätze 1 oder 2 und / oder Artikel 22 a verstoßen"*

wird. Würde man von einer nationalen Definition der Begriffe des Art. 22 Abs. 1 FsRL ausgehen, müsste man sich fragen, ob im Rahmen des Art. 2 a Abs. 2 FsRL für die Beurteilung des Vorliegens eines Verstoßes gegen Art. 22 FsRL die Auslegung des Empfangstaates oder des Sendestaates maßgeblich ist. Dem Wortlaut des Art. 2 a Abs. 2 FsRL lässt sich dies nicht entnehmen. Aufgrund der unterschiedlichen nationalen Vorstellungen über die Begrifflichkeiten kann bereits hieraus geschlossen werden, dass der Gemeinschaftsrichtliniengeber von einer gemeinschaftsrechtlichen Auslegung der Rechtsbegriffe des Art. 22 FsRL ausging.

Ohne eine Festlegung, ob der Empfangsstaat oder der Sendestaat über die Konformität der Ausstrahlung mit Art. 22 Abs. 1 FsRL befinden dürfte, wäre eine in das Ermessen der einzelnen Mitgliedstaaten gestellte Auslegung des Begriffs

415 Ebenso *Ulich*, Der Pornographiebegriff und die EG-Fernsehrichtlinie, S. 110. Ähnlich bereits *Weigend* (ZUM 1994, 133, 139), der zwar aufgrund der bestehenden unterschiedlichen Moralvorstellungen innerhalb Europas grundsätzlich keinen einheitlichen Begriff der Pornographie befürwortet, diese Auffassung aber aufgrund der FsRL selbst für problematisch hält. Auch er ist der Auffassung, dass der Mechanismus von Art. 2 und Art. 22 der FsRL die Mitgliedstaaten letztlich dazu zwingen werde, „einen gemeinsamen Nenner, eine allgemein akzeptierte Toleranzgrenze zu finden".

der Pornographie überdies mit der Systematik des Art. 2 a FsRL unvereinbar, wie der folgende Beispielfall verdeutlicht: Der Fernsehveranstalter X, der grenzüberschreitend unter anderem an Land B sendet, unterliegt der Rechtshoheit von Land A, das den Inhalt der von ihm ausgestrahlten Sendungen nicht als pornographisch i.S.d. Art. 22 Abs. 1 FsRL einstuft. Im Übrigen befinden sich die Programme des X auch im Einklang mit den nationalen Vorschriften des Landes A. Land B hält die von X ausgestrahlten Sendungen dagegen für pornographisch i.S.d. Art. 22 Abs. 1 FsRL und behindert deshalb unter Berufung auf Art. 2 a Abs. 2 FsRL die Ausstrahlung der Sendungen des X. Wäre der Begriff der Pornographie i.S.d. Art. 22 Abs. 1 FsRL tatsächlich einer nationalstaatlichen Auslegung zugänglich, müsste die Kommission in diesem Konfliktfall zu dem Schluss kommen, dass das Land B die Ausstrahlung zwar rechtmäßig behindert hat, Land A aber auch kein Vorwurf gemacht werden kann. Wie das im Falle einer vorübergehenden Aussetzung einzuleitende Konsultationsverfahren zwischen Kommission, Sendemitgliedstaat und Empfangsmitgliedstaat dann aussehen sollte, ist schleierhaft. Die Kommission müsste beiden Ländern Recht geben und infolgedessen gleichzeitig die Gestattung der Ausstrahlung durch Land A als auch die Behinderung der grenzüberschreitenden Ausstrahlung durch Land B dulden. Eine solche Situation stünde im klaren Widerspruch zu der von der Richtlinie beabsichtigten Öffnung der nationalen Märkte zur Schaffung eines europäischen Fernsehbinnenmarktes. Dies zeigt, dass eine gleichzeitige Geltung des Sendestaatsprinzips und des Empfangsstaatsprinzips bezüglich derselben Materie nur in Frage kommen kann, wenn die Auslegung der in der Richtlinie enthaltenen Begriffe gemeinschaftsrechtlich erfolgt.

Nun könnte man dem Gedanken verfallen, dass angesichts des grundsätzlich von der Richtlinie verfolgten Sendestaatsprinzips für die Auslegung des Art. 22 Abs. 1 FsRL im Rahmen des Art. 2 a Abs. 2 S. 1 a FsRL die nationale Begriffsbestimmung des Sendestaates relevant sein müsse. Dies würde jedoch zum einen zu einer ganz erheblichen Rechtsunsicherheit führen: Die Empfangsstaaten müssten, um von ihrem Suspendierungsrecht nach Art. 2 Abs. 2 FsRL Gebrauch machen zu können, über die Kenntnis des nationalen Begriffsinhalts des Sendestaates verfügen. Zum anderen führte dies zu der mit den Zielen der Richtlinie unvereinbaren Konsequenz, dass beispielsweise Dänemark die Weiterverbreitung einer Fernsehsendung aus Deutschland innerhalb Dänemarks behindern könnte, weil deren Inhalt nach deutschen Vorstellungen Pornographie darstellen würde, obgleich der Inhalt in Dänemark selbst nicht unter den Begriff der Pornographie fiele. Des Weiteren spricht die Entstehungsgeschichte zu Art. 2 a Abs. 2 FsRL gegen eine Auslegung nach den Maßstäben des Sendestaates. Während der Verhandlungen zur FsRL wurde erwogen, für das besonders sensible Gebiet des Jugendschutzes das Sendestaatsprinzip insgesamt durch das Empfangsstaatsprinzip zu ersetzen, da Zweifel aufkamen, ob in diesem Bereich eine hinreichende Harmonisierung erreichbar sein würde.[416] Dieser Gedanke wurde allerdings wieder verworfen, weil das Empfangsstaatsprinzip nicht mit den Zielen der FsRL zu vereinbaren ist. Um den Bedenken aber dennoch Rechnung zu tragen, wurde das eingeschränkte Suspendierungsrecht der Empfangsstaaten eingeführt.[417] Grund für die Aufnahme des Art. 2 a Abs. 2 FsRL war folglich, die Empfangsstaaten gegenüber der befürchteten am nationalen Recht der Sendestaaten orientierten Auslegung der Jugendschutzvorschriften der Richtlinie nicht schutzlos zu stellen. Zudem wäre durch das Suspendierungsrecht für den Empfangsstaat nicht viel gewonnen, dürfte der Sendestaat hier wieder seine eigene Begriffsbestimmung zur Auslegung der FsRL heranziehen.[418]

Wäre dagegen für die Auslegung des Art. 22 Abs. 1 FsRL im Rahmen des Art. 2 a Abs. 2 S. 1 a FsRL eine nationale Auslegung durch den Empfangsstaat ausschlaggebend, wäre ein Rundfunkveranstalter immer gezwungen, sich die Auslegungen der anderen Mitgliedstaaten zu vergegenwärtigen. Er müsste bei grenzüberschreitender Ausstrahlung die nationale Vorstellung über den Pornographiebegriff desjenigen Mitgliedstaates beachten, der den Begriff am weitesten fasste, um nicht Gefahr zu laufen, dass dieser die Weiterverbreitung gem. Art. 2 a Abs. 2 FsRL verhinderte. Damit würde letztlich das Land mit den strengsten Moralvorstellungen den übrigen Ländern diktieren, welche sexuellen Inhalte ausgestrahlt werden dürfen und welche nicht. Ein bezüglich der Pornographie sehr sensibler Staat wie Deutschland würde den Rundfunkveranstaltern anderer Staaten, die grenzüberschreitend senden wollen, programmbezogene Grenzen setzen.

Zusammengefasst: Bliebe die Auslegung der Begriffe im Rahmen des Art. 2 a Abs. 2 S. 1 a FsRL gleichzeitig dem Sendestaat und dem Empfangsstaat überlassen, wäre eine Entscheidung im Konfliktfall nicht möglich. Die Auslegung der Begriffe des Art. 2 a Abs. 2 S. 1 a FsRL durch entweder den Empfangs- oder den Sendestaat stünde im Widerspruch zu den Zielen der Richtlinie. In Frage kommt damit allein eine gemeinschaftsrechtliche Auslegung der unbestimmten Begriffe des Art. 22 Abs. 1 FsRL.

---

416 S. *Höfling/Möwes/Pechstein*, Europäisches Medienrecht, S. 9.

417 S. *Höfling/Möwes/Pechstein*, Europäisches Medienrecht, S. 9.

418 Unzutreffend ist die Ausführung von *Höfling/Möwes/Pechstein* (Europäisches Medienrecht, S. 10), die materielle Rechtmäßigkeit der vorübergehenden Behinderung der Weiterverbreitung durch den Empfangsstaat hinge davon ab, ob der ihr zugrundeliegende, behauptete Verstoß das Recht des Sendestaates verletzt habe. Art. 2 a II FsRL (Art. 2 II S. 2 FsRL a.F.) setzt ausdrücklich voraus, dass mit der Ausstrahlung der Fernsehsendung gegen Art. 22 FsRL verstoßen wird – das Recht des Sendestaates ist hierfür irrelevant, da es strenger sein kann als die FsRL.

ee) Abschließende Stellungnahme

Zuzugestehen ist der Auffassung, die eine nationale Auslegung des Begriffs der Pornographie i.S.d. Art. 22 FsRL befürwortet, zwar, dass es aufgrund der verschiedenen Moralvorstellungen keinen gänzlich einheitlichen europäischen Standard geben kann[419] und auch nicht geben sollte. Schließlich bestehen große nationale und sogar regionale Unterschiede bei den Vorstellungen über einen angemessenen Jugendschutz, die zur Aufrechterhaltung der verschiedenen Identitäten der einzelnen Mitgliedstaaten nicht vollständig angeglichen werden sollten. Diese beruhen in erster Linie auf kulturell und religiös bedingten unterschiedlichen Wertvorstellungen, die die einzelnen Kulturen prägen, aber auch darauf, dass das Vertrauen in die Verstehensfähigkeit und moralische Festigkeit der Minderjährigen unterschiedlich ausgeprägt ist.[420] Dies zeigt – neben den unterschiedlichen Auslegungen der Begriffe der Pornographie und der Gewalt in den einzelnen europäischen Ländern – ein weiteres Beispiel aus der Praxis: Nach Auskunft des Jugendschutzbeauftragten des deutsch-französischen Fernsehprogramms *Arte* beschwerten sich Franzosen allenfalls, wenn es um Persönlichkeitsrechtsverletzungen gehe, während das deutsche Publikum auf Erotik- oder Sexfilme teilweise mit sehr heftigen Beschwerden reagiere.[421]

Ein europäischer Mindeststandard steht der durchaus sinnvollen Aufrechterhaltung der verschiedenen kulturellen und religiösen Wertvorstellungen jedoch gar nicht entgegen. Ein solcher ist vielmehr notwendig, weil infolge der Globalisierung und der fortschreitenden Digitalisierungstechnik der nationale Jugendschutz stetig an Wirksamkeit verliert und international zu entwickelnde verbindliche Mindestkriterien im Interesse eines effektiven Jugendschutzes zunehmend an Bedeutung gewinnen.[422] *Kleist* ist der Auffassung, Europa werde an den „Interpretationsvarianten eines europaweit vereinbarten Mindeststandards“ im audiovisuellen Bereich nicht zugrunde gehen und warnt vor einem „von Harmonisierungsfetischisten plattgewalzten Einheitsbrei“.[423] Welchen Sinn hat aber ein Mindeststandard, der verschiedene Interpretationen seines Inhalts zulässt? Es entbehrt jedweder Logik, im Interesse eines europäischen Fernsehbinnenmarktes einen Mindeststandard für den Jugendschutz im Fernsehen zu errichten, wenn

---

419 So *Helling*, Die Programmstandards der EG-Fernsehrichtlinie, S. 175; *Kreile*, ZUM 1989, 407, 410.

420 S. *v. Gottberg*, tv diskurs 1/1997, 28.

421 S. *Bussek*, tv diskurs 20/2002, 12, 16.

422 So auch *v. Gottberg*, tv diskurs 1/1997, 28, 29.

423 *Kleist*, ZUM 1994, 142, 144. Seine Argumentation ist inkonsequent, weil er im unmittelbaren Anschluss an diese Ausführungen dann doch für europaweite Absprachen im Bereich der Pornographie plädiert.

dieser Standard innerhalb Europas unterschiedlich ausgelegt wird. Den voneinander abweichenden kulturellen und traditionellen Wertevorstellungen, aufgrund derer für eine nationalstaatliche Auslegung des Pornographiebegriffs plädiert wird, wird schon dadurch hinreichend Rechnung getragen, dass es den Mitgliedstaaten gem. Art. 3 Abs. 1 FsRL[424] unbenommen bleibt, strengere nationale Vorschriften für inländische Veranstalter zu erlassen. Hierdurch bleibt genügend Raum für die verschiedenen Moralvorstellungen in Europa; ein „Einheitsbrei" wird durch den einheitlich auszulegenden Mindeststandard nicht geschaffen.

Im Übrigen sprach sich bereits die Kommission in ihrem am 14. Juni 1984 unter dem Titel „Fernsehen ohne Grenzen" dem Rat vorgelegten „Grünbuch über die Errichtung des Gemeinsamen Marktes für den Rundfunk, insbesondere über Satellit und Kabel", für eine gemeinschaftsrechtliche Auslegung der Mindeststandards des Jugendschutzes aus. Die Kommission regte dort Folgendes an: „Bei der Ausgestaltung möglicher gemeinschaftlicher Mindeststandards müssten die unterschiedlichen Traditionen und Lebensauffassungen in den Mitgliedstaaten berücksichtigt werden. Die verschiedenen Lösungsmodelle der nationalen Gesetze könnten benutzt und zu einer gemeinschaftlichen Lösung kombiniert werden."[425]

Abschließend bleibt festzuhalten, dass eine Harmonisierung von Ausstrahlungsverboten sinnlos ist, wenn die Auslegung ihrer Inhalte nicht harmonisiert wird. Eine Harmonisierung erfordert zwingend einen gemeinschaftsrechtlichen Inhalt. Zudem würde sich ein Land mit strengen nationalen Begriffsbestimmungen andernfalls selbst europarechtliche Schranken auferlegen.

b) Die Definition des Pornographiebegriffs i.S.d. Art. 22 Abs. 1 FsRL nach gemeinschaftsrechtlichen Maßstäben

Damit bleibt zu klären, welche sexuellen Darstellungen nach gemeinschaftsrechtlichen Maßstäben als Pornographie zu definieren sind. Bei der Auslegung gemeinschaftsrechtlicher Begriffe folgt der *Europäische Gerichtshof* den allgemein anerkannten Auslegungsmethoden, mithin Wortlaut, System, Sinn und Zweck sowie Entstehungsgeschichte.[426]

Die sprachlichen Fassungen des Art. 22 Abs. 1 FsRL der einzelnen Mitgliedstaaten weichen, zumindest bezüglich des Begriffs der Pornographie, nicht von-

424 Dieser lautet: „Die Mitgliedstaaten können Fernsehveranstalter, die ihrer Rechtshoheit unterworfen sind, verpflichten, strengeren oder ausführlicheren Bestimmungen in den von dieser Richtlinie erfassten Bereichen nachzukommen.", abgedruckt bei *Ring*, Medienrecht, Bd. IV, A I 2.1.

425 *KOM* (84), 300 endg., 293.

426 *Streinz*, Europarecht, S. 219 Rn. 498.

einander ab.[427] Die wörtliche Auslegung führt aber insofern nicht weiter, als es keinen allgemeingültigen, natürlichen Sinn des Begriffs der Pornographie gibt. In allen europäischen Ländern werden hierunter zwar Darstellungen oder Schilderungen des Sexuellen verstanden. Bei der Frage, wie diese konkret beschaffen sein müssen, um den Begriff zu erfüllen, gehen die Ansichten in den Mitgliedstaaten jedoch auseinander.[428] Es verbietet sich daher, beispielsweise auf die Definition eines deutschen Lexikons zurückzugreifen.

Weiter hat eine gemeinschaftsrechtliche Auslegung unter Berücksichtigung des Regelungszusammenhangs und der mit der betreffenden Regelung angestrebten Zielsetzung zu erfolgen.[429] Ziel der in Rede stehenden Vorschrift ist es, den freien Empfang von Fernsehsendungen in der Gemeinschaft unter anderem durch Festsetzung von Mindeststandards im Bereich des Jugendschutzes sicherzustellen. Strengere Vorschriften können die einzelnen Mitgliedstaaten für inländische Fernsehveranstalter vorsehen. Es geht folglich nicht darum, eine vollständige Rechtsgleichheit auf diesem Gebiet zu erlangen, sondern lediglich gemeinsam verbindliche Mindeststandards aufzustellen. Die unterschiedlichen mitgliedschaftlichen Vorstellungsbilder sind hierzu zu einem gemeinsamen EG-Wortsinn zu verschmelzen. Es kann dabei nicht darum gehen, die verschiedenen Vorstellungen zu addieren und den so ermittelten Durchschnitt dann als gemeinsame europäische Auffassung über den Begriff der Pornographie zu präsentieren. Vielmehr kann unter Berücksichtigung der Tatsache, dass es keine einheitliche europäische Auffassung über die Auslegung des Begriffs der Pornographie gibt, unter einer europäischen Auffassung über den Begriff nur das verstanden werden, was alle Länder hierunter verstehen. Die unterschiedlichen Vorstellungen sollten also in der Weise berücksichtigt werden, dass der kleinste gemeinsame Nenner aller Mitgliedstaaten gefunden wird. Nach den oben aufgezeigten Unterschieden über die Vorstellungen von Pornographie bzw. den erlaubten Sexualdarstellungen, ergibt sich ein gemeinsamer Nenner ausschließlich bezüglich solcher Darstellungen, die in Deutschland als harte Pornographie bezeichnet werden: Trotz aller Unterschiede in der Bewertung durch die europäischen Staaten, wird als gemeinsamer Kern in keinem Land der Europäischen Union Kinderpornographie, Sodomie, gewalttätige oder die Menschenwürde verletzende Sexualdarstellungen geduldet.[430] Nur diese Darstellungen werden einheitlich von allen Mitgliedstaaten unter den Begriff der Pornographie subsumiert, was eine Auskunft der Kom-

427 S. hierzu *Ulich*, Der Pornographiebegriff und die EG-Fernsehrichtlinie, S. 113.

428 S. dazu ausführlich: Teil 2 B. I. 2. a) bb), S. 108 ff.

429 *EuGH* Rs. 327/82 (Ekro BV Vee- en Vleeshandel), Slg. 1984, 107, 119 Nr. 11.

430 So auch *Albrecht/Hotter*, Rundfunk und Pornographieverbot, S. 51; *Kleist/Palzer*, Medien, Jugendschutz und Demokratie, S. 8, abrufbar unter: http://www.emr-sb.de/EMR/HSFKFSF.pdf (abgerufen am: 10.01.2006).

mission bestätigt.[431] Dieser nach deutschem Verständnis sehr enge Begriff der Pornographie entspricht auch dem Ziel der Richtlinie, lediglich gemeinsam verbindliche Mindeststandards aufzustellen.

Auch die historische Auslegung der Vorschrift trägt eine solche Definition. Die Kommission sah bereits in dem oben erwähnten Grünbuch „Fernsehen ohne Grenzen" vom 14. Juni 1984, auf das die FsRL zurückgeht, vor, „dass Sendungen, die geeignet sind, die körperliche, geistige oder sittliche Entwicklung von Kindern oder Jugendlichen in schwerwiegender Weise zu beeinträchtigen, nicht übertragen werden dürfen".[432] Weiter heißt es dort wörtlich: „Hierzu wären Sendungen zu zählen, die „harte" Pornographie, grausame und unmenschliche Gewaltdarstellung oder die Aufreizung zum Rassenhass zum Gegenstand haben".[433] Hierauf kann bei der Auslegung zurückgegriffen werden, weil sich in keinem anderen Dokument der Europäischen Union eine nähere Beschreibung des Begriffs der Pornographie findet. Dass die Bezeichnung „harte Pornographie" in die Richtlinie später keinen Eingang fand, sondern allein der Begriff „Pornographie" verwendet wird, spricht nicht gegen eine entsprechende Auslegung. Schließlich differenzieren andere europäische Länder (wie oben aufgezeigt) nicht zwischen harter und einfacher oder weicher Pornographie. Teilweise verstehen sie unter Pornographie überhaupt nur solche Darstellungen, die in Deutschland als harte Pornographie bezeichnet werden. Der Begriff der harten Pornographie wurde zudem zu keinem Zeitpunkt von der Kommission oder dem Parlament aufgegeben. Im Übrigen wird offenbar auch hinsichtlich des Begriffs der „Gewalttätigkeit" des Art. 22 Abs. 1 FsRL auf die Vorgaben dieses Grünbuchs zurückgegriffen. Der Begriff der Gewalttätigkeit ist in der Richtlinie ebenfalls nicht näher definiert. Wollte man sich strikt an einer nationalen Auslegung orientieren, wäre in Deutschland beispielsweise ein Film gänzlich verboten, in dem ein Mensch einen anderen ohne Grund ohrfeigte. Aber auch hier scheint allgemein davon ausgegangen zu werden, dass unter Gewalt i.S.d. Art. 22 Abs. 1 FsRL nur grausame bzw. unmenschliche Gewaltdarstellungen zu verstehen sind,[434] somit lediglich die von dem Grünbuch genannte Art der Gewalt.

Zudem ist m.E. eine vielbeachtete, zum rundfunkrechtlichen Pornographieverbot in Deutschland ergangene Entscheidung des *Bundesverwaltungsgerichts* aus dem Jahre 2002[435], auf die an späterer Stelle noch näher eingegangen werden

431 Grünbuch über den Jugendschutz und den Schutz der Menschenwürde in den audiovisuellen und den Informationsdiensten, *KOM* (96), 483 endg., S. 16.

432 *KOM* (84) 300 endg., 293.

433 *KOM* (84) 300 endg., 293.

434 S. *Bundschuh*, Fernsehen und Jugendschutz in Europa, S. 130.

435 *BVerwG*, NJW 2002, 2966 ff.

wird,[436] nur tragbar, wenn Art. 22 Abs. 1 FsRL eine gemeinschaftsrechtliche Auslegung des Pornographiebegriffs im genannten Sinne voraussetzt. Das Gericht vertritt in dieser Entscheidung die Auffassung, der Tatbestand des rundfunkrechtlichen Pornographieverbotes i.S.d. § 3 Abs. 1 Nr. 1 RfStV a.F. i.V.m. § 184 Abs. 1 Nr. 2 StGB sei dann nicht erfüllt, wenn ein schlicht pornographischer Film allgemein verschlüsselt ausgestrahlt werde und darüber hinaus weitere wirksame Vorkehrungen getroffen werden würden, die es im Sinne einer effektiven Barriere „regelmäßig" verhinderten, dass Minderjährige den Film wahrnehmen würden.[437] Verkürzt ausgedrückt: Bei der Einrichtung besonderer technischer Vorkehrungen durfte nach der alten Rechtslage nach Ansicht des *Bundesverwaltungsgerichts* einfache Pornographie im deutschen Fernsehen ausgestrahlt werden. Würde nun aber der Begriff der Pornographie i.S.d. Art. 22 Abs. 1 FsRL nationalstaatlich ausgelegt werden müssen, wäre hierunter in Deutschland auch die einfache Pornographie zu verstehen und damit nach dem Gemeinschaftsrecht ausnahmslos verboten. Das Gericht hätte dementsprechend das deutsche rundfunkrechtliche Pornographieverbot der alten Rechtslage richtlinienkonform so auslegen müssen, dass einfache Pornographie selbst bei Einrichtung besonderer technischer Vorkehrungen nicht ausgestrahlt werden darf. Interessanterweise vertritt das *Bundesverwaltungsgericht* in derselben Entscheidung die Auffassung, Art. 22 Abs. 1 FsRL belasse es für die Definition des Begriffs der Pornographie bei den Definitionen der Sendestaaten.[438] Damit entzieht das Gericht seiner eigenen Entscheidung den Boden.

Bis durch das europäische Recht oder die europäischen Aufsichtsinstanzen eine Legaldefinition für Pornographie geschaffen wird bzw. einheitliche Bewertungskriterien erarbeitet werden, muss davon ausgegangen werden, dass Art. 22 Abs. 1 FsRL lediglich solche Inhalte erfasst, die von allen Mitgliedstaaten als pornographisch eingestuft werden, somit die im deutschen Recht als harte Pornographie bezeichnete Pornographie. Nur diese ist nach dem Gemeinschaftsrecht ausnahmslos verboten. Die einfache Pornographie unterfällt Art. 22 Abs. 2 FsRL und ist damit bei Einrichtung technischer Vorkehrungen nach dem europäischen Gemeinschaftsrecht erlaubt.

---

436 S. Teil 2 B. II. 1. c) aa) (3), S. 151 ff.

437 *BVerwG*, NJW 2002, 2966, 2969.

438 *BVerwG*, NJW 2002, 2966, 2970. Das Gericht beruft sich dabei auf *Weigend* (ZUM 1994, 133, 134), obwohl sich dieser m.E. gerade nicht für eine nationalstaatliche Auslegung ausspricht, vgl. *ders.*, ZUM 1994, 133, 139 f.

3. Ergebnis

Da im Ergebnis unter dem gemeinschaftsrechtlichen Begriff der Pornographie i.S.d. Art. 22 Abs. 1 FsRL lediglich die sog. harte Pornographie zu verstehen ist,[439] würde eine Regelung, welche die Ausstrahlung von einfacher Pornographie im Fernsehen in geschlossenen Benutzergruppen erlaubte, nicht gegen Art. 22 FsRL verstoßen. Sie stünde vielmehr im Einklang mit der Bestimmung des Art. 22 Abs. 2 FsRL. Damit ist das deutsche Verfassungsrecht Prüfungsmaßstab für das nach dem JMStV bestehende Totalverbot der einfachen Pornographie im Rundfunk. Entgegen der Ansicht *Stettners*[440] stellt sich daher durchaus die Frage, ob die Ungleichbehandlung von Telemedienanbietern und Rundfunkveranstaltern bei entwicklungsgefährdenden Angeboten im Hinblick auf Art. 3 Abs. 1 GG verfassungskonform ist bzw. ob das ausnahmslos geltende Verbot der einfachen Pornographie im Bereich des Rundfunks gegen Art. 5 Abs. 1 GG verstößt.

II. Zur Vereinbarkeit der unterschiedlichen Behandlung von Telemedienanbietern und Rundfunkveranstaltern mit Art. 3 Abs. 1 GG

Obwohl es erklärtes Ziel der Neuregelung des Jugendmedienschutzes war, einen einheitlichen Schutzstandard zu schaffen, differenziert der JMStV an einigen Stellen zwischen Rundfunk und Telemedien, wodurch sich teilweise Unterschiede im Schutzniveau ergeben. Im Folgenden wird untersucht, ob die entsprechenden Regelungen mit dem Gleichheitssatz des Art. 3 Abs. 1 GG zu vereinbaren sind.

1. Ausnahmeregelung für entwicklungsgefährdende Angebote nur in Telemedien

Die in § 4 Abs. 1 S. 1, Abs. 2 S. 1 JMStV beschriebenen Angebote sind grundsätzlich unzulässig. Im Gegensatz zum Rundfunk wird für den Bereich der Telemedien jedoch gem. § 4 Abs. 2 S. 2 JMStV eine Ausnahme von den Verbotstatbeständen des § 4 Abs. 2 S. 1 JMStV für Angebote zugelassen,

> *„[...] wenn von Seiten des Anbieters sichergestellt ist, dass sie nur Erwachsenen zugänglich gemacht werden (geschlossene Benutzergruppe)".*

439 A.A. ist – jedoch ohne jede Begründung – *Schumann*, Die Auslegung des Merkmals „Sicherstellen" in § 4 Abs. 2 S. 2 JMStV, Gutachten v. 15.06.2004, S. 16, abrufbar unter: http://www.ueber18.de/gutachten.pdf (abgerufen am: 10.01.2006).

440 S. hierzu die Einleitung von Teil 2 B. I., S. 114.

Damit werden die Anbieter von Telemedien anders behandelt als die Veranstalter von Rundfunk, für die das Verbot der einfachen Pornographie (§ 4 Abs. 2 S. 1 Nr. 1), das Verbot des Anbietens der in den Teilen A und C der Liste nach § 18 JuSchG aufgenommenen oder ganz oder im Wesentlichen inhaltsgleichen Werke (§ 4 Abs. 2 S. 1 Nr. 2) und das Verbot offensichtlich schwer entwicklungsgefährdender Angebote (§ 4 Abs. 2 S. 1 Nr. 3) ausnahmslos gilt. In der Literatur wird die Verfassungsmäßigkeit der Differenzierung zwischen digitalem Fernsehen und Telemedien im Hinblick auf Art. 3 Abs. 1 GG zwar vermehrt bezweifelt[441]; eine klare Position wurde bisher jedoch lediglich von *Schumann* bezogen.[442]

Nach der Rechtsprechung des *Bundesverfassungsgerichts* wird der Grundrechtsadressat durch Art. 3 Abs. 1 GG dazu verpflichtet, wesentlich Gleiches gleich und wesentlich Ungleiches entsprechend seiner Verschiedenheit und Eigenart ungleich zu behandeln.[443] Da zu vergleichende Sachverhalte niemals völlig identisch sind, kann eine Ungleichbehandlung, die diese Unterschiede angemessen berücksichtigt, gerechtfertigt sein. Das Gleichheitsgebot ist deshalb erst dann verletzt, wenn der Gesetzgeber Sachverhalte ungleich behandelt, obwohl sich die Differenzierung nicht sachbereichsbezogen auf einen vernünftigen, einleuchtenden Grund zurückführen lässt.[444] Hierbei müssen, sofern eine Ungleichbehandlung von Sachverhalten mittelbar eine Ungleichbehandlung von Personengruppen bewirkt, für die Differenzierung Gründe von solcher Art und sol-

---

441 *Hartstein/Ring/Kreile/Dörr/Stettner*, RfStV, Bd. III, C 3, Überblick Rn. 6 u. § 4 JMStV Rn. 65; *Scholz/Liesching*, Jugendschutz, Teil 2, § 4 JMStV Rn. 28; *Kreile/Diesbach*, ZUM 2002, 849, 850; *Gersdorf*, Neuer Jugendschutz für Neue Medien, S. 3, abrufbar unter: http://www.uni-rostock.de/fakult/jurfak/Gersdorf/ News/ Neuer Jugendschutz fuer Neue Medien_Thesen.pdf (abgerufen am: 10.01.2006); *ders.*, Grundzüge des Rundfunkrechts, S. 103 Rn. 218; *Schmid*, Neuer Jugendschutz in Rundfunk und Telemedien, S. 2 Fn. 13, abrufbar unter: http://www.itrb.de/leseprobe/itrb0302231.htm (abgerufen am: 03.12.2003).

442 Dieser geht davon aus, dass das für den Rundfunk bestehende Totalverbot in § 4 II S. 1 JMStV aufgrund der für Telemedien vorgesehenen Ausnahme gegen Art. 3 I GG verstoße. Begründet wird dies nur sehr knapp damit, dass die Ungleichbehandlung sich zwar durch Art. 22 EG-FsRL legitimieren ließe, diese Bestimmung jedoch ihrerseits – aufgrund der technischen Möglichkeiten – gegen das Übermaß verstoßen würde. S. *Schumann*, Die Auslegung des Merkmals „Sicherstellen" in § 4 Abs. 2 S. 2 JMStV, Gutachten v. 15.06.2004, S. 16, abrufbar unter: http://www.ueber18.de/gutachten.pdf (abgerufen am: 10.01.2006).

443 *BVerfGE* 55, 72, 88; 82, 126, 146; 83, 395, 401; 86, 81, 87; 90, 145, 195; 108, 52, 67. S. zu den verschiedenen, von dem *BVerfG* verwendeten Formeln (insbes. Willkürverbot und Gebot des verhältnismäßigen Ausgleichs) sehr ausführlich statt vieler: *Osterloh*, in: Sachs, GG, Art. 3 Rn. 8 ff.

444 *BVerfGE* 90, 226, 239; 93, 386, 397; 108, 52, 68; 109, 96, 123.

chem Gewicht bestehen, dass sie die ungleichen Rechtsfolgen rechtfertigen können.[445]

Voraussetzung ist zunächst, dass es sich bei Rundfunk und Telemedien überhaupt um vergleichbare Sachverhalte handelt. Eine Gegenüberstellung ergibt, dass beide der durch ihre zunehmende Konvergenz geprägten Gruppe der elektronischen Medien angehören und damit – unabhängig von ihrer unterschiedlichen Organisation, Anbieterstruktur, Arbeitsweise und Finanzierung – in ihrem wesentlichen Merkmal zunächst als gleich anzusehen sind. Der Inhalt, auf den sich einerseits das absolute Ausstrahlungsverbot für den Rundfunk und andererseits die Ausnahme für Telemedien bezieht, ist der in § 4 Abs. 2 S. 1 JMStV beschriebene und damit derselbe. Es ist daher zu prüfen, ob die unterschiedlichen Einschränkungen bei den Medien Rundfunk und Telemedien durch deren jeweilige Spezifika zu rechtfertigen sind.

a) Unterschiede bei der Inhaltskontrolle und der Durchsetzbarkeit von Regelungen als Rechtfertigungsgrund

Teilweise wird angeführt, die Ungleichbehandlung von Fernsehen und Internet sei bei der Anwendung von Zugangssperren beibehalten worden, weil ein Totalverbot im Internet „derzeit noch nicht durchsetzbar" erschienen sei.[446]

Warum ein absolutes Verbot in den Telemedien nicht für durchsetzbar gehalten wurde, kann hier nur erahnt werden. Seit jeher wurden erhebliche praktische Schwierigkeiten bei der Durchsetzung von staatlichen Regelungen im Internet beklagt.[447] Im Internet herrscht eine gewaltige Angebotsflut, die durch häufig und in rascher zeitlicher Folge wechselnde Angebote gekennzeichnet ist. Die Inhaltskontrolle von Angeboten im Internet gestaltet sich deshalb wesentlich diffiziler als im Rundfunk. Im Gegensatz zum Rundfunk, wo die Sendestellen leicht zu identifizieren sind, sind die Quellen von Angeboten im Internet häufig nur

445 *BVerfGE* 82, 126, 146; 88, 87, 96 f.; 108, 52, 68.

446 So *Hartstein/Ring/Kreile/Dörr/Stettner*, RfStV, Bd. III, C 2, Rn. 50. *Gerstenberger*, Leiter der *Unterhaltungssoftware Selbstkontrolle* (USK), ist offenbar der Ansicht, Regelungen des Jugendschutzes seien insgesamt nicht durchsetzbar. So könnten indizierte Computerspiele unter der Hand ausgetauscht oder von ausländischen Servern auf den heimischen Rechner geladen werden. Er sieht daher den – aus seiner Interessenlage heraus verständlichen – einzigen gangbaren Weg darin, nicht die Darstellung von Gewalt zu verbieten, sondern den Umgang damit zu lehren, vgl. *Schindler*, Virtuelle Gewalt mündet nicht direkt im Amoklauf, Frankfurter Rundschau v. 30.04.2002.

447 *Lahrmann*, RdJB 1997, 419 ff.; *Stettner*, ZUM 2003, 425, 430.

schwer oder gar nicht bestimmbar.[448] Schädigende Inhalte sind somit jedermann zugänglich und ein Zugriff auf gefährdende Inhalte kann unter Umständen sogar versehentlich erfolgen. Die Überwachung aller Angebote ist nahezu unmöglich, so dass Vollzugsdefizite entstehen. Hinzu kommt der globale Charakter des Netzes, wodurch von Deutschland aus auch ausländische jugendgefährdende Angebote abrufbar sind. Die Anbieter von Kommunikationsinhalten agieren weltweit und die überwältigende Anzahl der Informationen ist durch nationalstaatliches Recht nicht kontrollierbar.

Beide Aspekte liefern jedoch kein überzeugendes Argument dafür, dass ein Totalverbot im Internet nicht durchsetzbar ist. Sie sprechen vielmehr gegen die Durchsetzbarkeit staatlicher Regelungen im Internet insgesamt. Wollte man in dieser Weise argumentieren, müsste man konsequentermaßen auf jegliche Regulierungsmaßnahmen im Internet verzichten und das Internet resignierend sich selbst überlassen. Hierzu hat sich der Staatsvertraggeber mit der Schaffung des JMStV allerdings nicht entschieden. Er hatte gerade die Intention, den Jugendmedienschutz effektiver zu gestalten und zu verstärken.

Bezüglich der Schwierigkeiten der Kontrolle aufgrund der Angebotsfülle und Wechselhaftigkeit der Angebote ist zudem Folgendes anzumerken: Eine Kontrolle im Internet wäre sogar einfacher durchzuführen und damit leichter durchsetzbar, wenn zum Beispiel Pornographie einem absoluten Verbot unterläge und damit schlichtweg verboten wäre. Nach der gegenwärtigen Rechtslage muss das zuständige Aufsichtsorgan zunächst feststellen, ob es sich um harte Pornographie, einfache Pornographie oder Erotik handelt und sodann bei der Annahme von einfacher Pornographie prüfen, ob die strengen Voraussetzungen der geschlossenen Benutzergruppe, über die noch dazu große Unsicherheit herrscht, erfüllt sind. Das eingeschränkte Verbot erweist sich damit in seiner Durchsetzbarkeit als um einiges komplizierter als ein Totalverbot, bei dem lediglich eine Abgrenzung zwischen Pornographie und Erotik erfolgen müsste. Wenngleich dies kein Argument für ein absolutes Verbot begründet, wird hieraus ersichtlich, dass die gegenüber dem Rundfunk schlechteren Kontroll- und Durchsetzungsmöglichkeiten der Regelungen und Maßnahmen des Jugendschutzes den Gesetzgeber nicht berechtigen, in den Telemedien von vornherein ein anderes Schutzniveau zu verfolgen als im Rundfunk. Es ist nicht nachvollziehbar, warum gerade das schwer überschaubare und deshalb höhere Risiken enthaltende Internet mit seinen vielen jugendgefährdenden Angeboten sich stärker selbst überlassen blei-

448 Evaluierungsbericht der Kommission an den Rat und das Europäische Parlament v. 27.02.2001 (KOM/2001/0160), abgedruckt bei: *Ring*, Medienrecht, Bd. IV, A IV 5.2.

ben sollte als der Rundfunk. Das Bedürfnis nach staatlicher Schutzgewährung und Freiheitsbeschränkung ist im Internet zumindest nicht geringer.

Die nicht selten vorzufindende Argumentation, an die technischen Anforderungen im Internet dürften keine allzu hohe Anforderungen gestellt werden, weil Minderjährige sich der Angebote ausländischer Anbieter bedienen könnten, die ihre Angebote oft ohne jede Form der Alterskontrolle zur Verfügung stellen würden[449], vermag nicht zu überzeugen. Mit einer solchen Begründung könnte man beispielsweise auch auf das strafrechtliche Verbot von Kinderpornographie verzichten – entsprechende Inhalte lassen sich ebenfalls relativ unproblematisch von ausländischen Anbietern über das Internet beziehen.

Nicht von der Hand zu weisen ist selbstverständlich, dass der globale Charakter des Internets internationale Lösungen notwendig macht und erst ein internationales Vorgehen gegen illegale und jugendgefährdende Inhalte einen effektiven Jugendmedienschutz im Internet gewährleisten kann. Wollte man aber das Zustandekommen internationaler Regelungen abwarten und in der Zwischenzeit auf nationale Regelungen im Bereich des Internets ganz verzichten[450] oder diese zunächst nur sehr freizügig gestalten, wäre dies mit den Bemühungen um einen

---

449 In diese Richtung geht bspw. die Argumentation des *LG Düsseldorf* (CR 2003, 452, 453). *Berger* (MMR 2003, 773, 775 u. 777) geht sogar so weit anzunehmen, eine verfassungskonforme Auslegung des § 4 II S. 2 JMStV erfordere es, an die in den Telemedien einzurichtende geschlossene Benutzergruppe nur solche Anforderungen zu stellen, die keinen größeren Umgehungsaufwand erforderten als der Zugriff auf vom Ausland aus vorgehaltene Angebote. Anderenfalls handle es sich bei der Regelung um einen unzulässigen Eingriff in die Kommunikationsgrundrechte, weil es bereits an der Geeignetheit der Regelung fehle. Nachdem *Berger* zuvor festgestellt hat, dass sich im Internet Tausende ausländische Angebote fänden, die ganz ohne Filterprogramme und Sperrmöglichkeiten abrufbar seien, verwundert es, dass er die Einschränkung der Verbreitung entsprechender Inhalte dann überhaupt noch (bei geringen technischen Anforderungen) für verfassungsgemäß hält: Wenn sich das gesetzgeberische Ziel des Jugendschutzes durch Sperrsysteme gar „nicht erreichen oder auch nur fördern" lässt, weil „Jugendliche die Möglichkeit haben, ohne weiteres vom Ausland angebotene jugendgefährdende Inhalte abzurufen", müsste doch eine solche Argumentation konsequenterweise dazu führen, auf den Verzicht jedwediger Schutzeinrichtungen für pornographische Angebote im Internet zu plädieren. Eine ausführliche Auseinandersetzung mit der Ansicht Bergers findet i.R. von Teil 2 B. II. 1. c) aa) (5) (b), S. 158 ff. statt.

450 So wohl *Kleist* und *Palzer*, die für internationale Vorschriften plädieren und der Ansicht sind, die Forderung nach einem effektiven Jugendschutz im Internet gehe ins Leere, weil nationale Verbote und Indizierungen gegenüber Internetinhalten wirkungslos seien, vgl. *Kleist/Palzer*, Medien Jugendschutz und Demokratie, S. 1, abrufbar unter: http://www.emr-sb.de/EMR/HSFKFSF.pdf (abgerufen am: 10.01. 2006).

wirksamen Jugendschutz unvereinbar. Die Entwicklung internationaler Bestimmungen setzt als ersten Schritt, um überhaupt eine Diskussion auf dieser Ebene in Gang zu bringen, nationale Bestimmungen voraus, die den Jugendschutz ernsthaft verfolgen. Auch der FsRL gingen die vielen nationalen Vorschriften des Jugendschutzes voraus.

b) Die unterschiedliche Reichweite und Wirkungsintensität als Rechtfertigungsgrund

Die unterschiedliche Reichweite und eine teilweise behauptete andere Wirkungsintensität der beiden Verbreitungsmedien wirft die Frage auf, ob die aufgezeigte Ungleichbehandlung hierdurch gerechtfertigt ist.

Der Rundfunk weist gegenüber den Telemedien eine größere Publikumsreichweite auf, die ihm insofern eine Sonderstellung einräumt. Eine Differenzierung unter dem Gesichtspunkt des Jugendschutzes lässt sich hiermit indes nicht rechtfertigen. Anders als etwa bei einer Persönlichkeitsrechtsverletzung, wo die Reichweite des Verbreitungsmediums für den Betroffenen durchaus eine Rolle spielt,[451] muss der einzelne Minderjährige unabhängig davon geschützt werden, ob die Mehrzahl der anderen Kinder und Jugendlichen oder er selbst sich häufiger eines anderen Mediums bedient. Das Gefährdungspotenzial für den Minderjährigen bleibt bei der Wahrnehmung des jugendgefährdenden Inhalts das gleiche, während die Persönlichkeitsrechtsverletzung sich verstärkt, je mehr Menschen von dem diskreditierenden Inhalt Kenntnis nehmen. Da ein Differenzierungskriterium ohne Beziehung zum Differenzierungsziel sachwidrig ist und gegen den Gleichheitssatz verstößt[452], vermag ein gegenüber dem Rundfunk geringerer Schutz im Bereich der Telemedien auf diesem Weg nicht begründet zu werden.

Aus aktuellem Anlass hat die *Direktorenkonferenz der Landesmedienanstalten* (DLM) am 6. November 2003 ein Strukturpapier zur Unterscheidung von Rundfunk und Mediendiensten erlassen.[453] Sie hat dabei unter anderem festgestellt, dass es für die Einordnung als Rundfunk heute aufgrund der Konvergenz der Inhalte nicht mehr maßgeblich auf den Verbreitungsweg ankomme.[454] Ent-

451 So *BVerfGE* 35, 202, 227.

452 *Rüfner*, in: BK GG, Art. 3 Rn. 29.

453 Dieses ist abrufbar unter: http://www.alm.de/aktuelles/presse/StrukturpapierAbgrenzung_RF_MD.pdf (abgerufen am: 05.09.2004).

454 Pressemitteilung 11/2003 der *DLM* v. 21.10.2003, abrufbar unter: http://www.alm.de (abgerufen am: 10.01.2006).

scheidend sei vielmehr das Abgrenzungskriterium der „Darbietung“, das durch ein gewisses Maß an Meinungsbildungsrelevanz geprägt sei.[455] Den Anstoß zu dieser Diskussion gaben mehrere den Landesmedienanstalten vorgelegte Anträge auf rundfunkrechtliche Unbedenklichkeit nach § 20 Abs. 2 S. 3 RfStV. Die Antragsteller beantragten die Klassifizierung ihrer Angebote als Mediendienst, um einfache Pornographie in geschlossenen Benutzergruppen über verschiedene Verbreitungswege (DSL, Breitbandkabel oder Satellit) verbreiten zu dürfen. An dem Beispiel des von dem Fernsehveranstalter *Premiere* geplanten Pornokanals „Erothek“, der von der schweizerischen *Erotic Media AG* betrieben werden soll, wird deutlich, dass eine Unterscheidung zwischen Rundfunk und Mediendiensten sich für den Jugendschutz verbietet. Zunächst schwebte *Erotic Media* vor, ein ca. dreistündiges Programmangebot auszustrahlen, welches Spielfilme und Dokumentationen umfassen und gegen Einzelentgelt abrufbar sein sollte. Die *DLM* bewertete diesen Antrag zunächst kritisch, weil es sich um ein redaktionell gestaltetes Programm gehalten habe und daher eher als Rundfunk zu bewerten gewesen sei.[456] Der *Erotic Media AG* wurde aus diesem Grund anheim gestellt, das Angebot insofern zu ändern, als die Filme gegen Einzelbestellung und -bezahlung abrufbar sein sollten.[457] Nach entsprechender Änderung der Angebotsstruktur (statt einem mehrstündigen Programm sollen einzelne Filme nun auf Wiederholungsschleifen verfügbar sein) wurde das Angebot der *Erotic Media AG* als Mediendienst klassifiziert, da der einzelne Nutzer nunmehr den Rezeptionsvorgang bestimme.[458] Vorgesehen ist, das Programm technisch über die Premiere-Plattform zu verbreiten, womit es dann in nahezu allen Kabelanlagen Deutschlands verfügbar ist.[459] Mit dem Start des Programms „Blue Movie“, das ebenfalls als Mediendienst eingestuft wurde [460] und über die Premiere-Plattform verbreitet wird, wird in Deutschland erstmals ein über den Fernseher empfangbares „Vollerotik“-Programm ausgestrahlt. Für Kinder und Jugendliche ist ein Angebot jedoch nicht weniger entwicklungsgefährdend, weil es sich jeweils nur um einen Film, der vom Rezipienten abgerufen wird, statt um ein vom Anbieter im Voraus

455 S. zur Abgrenzung von Rundfunk und Mediendiensten bereits Teil 1 C. II. 3. a) bb), S. 51 f.

456 So die telefonische Auskunft von *Annette Schriefers*, Mitarbeiterin der Hessischen Landesanstalt für privaten Rundfunk, am 05.02.2004.

457 Pressemitteilung 16/2003 der *DLM* v. 18.12.2003, abzurufen unter: http://www.alm.de (abgerufen am: 10.01.2006).

458 Pressemitteilung 16/2003 der *DLM* v. 18.12.2003, abzurufen unter: http://www.alm.de (abgerufen am: 10.01.2006).

459 S. Pressemitteilung 14/2003 der *DLM* v. 06.11.2003, abrufbar unter: http://www.alm.de (abgerufen am: 10.01.2006).

460 S. Pressemitteilung 16/2003 der DLM v. 18.12.2003, abzurufen unter: http://www.alm.de (abgerufen am 10.01.2006).

zusammengestelltes Paket von drei Filmen mit festem Ablauf handelt. Weder der Wegfall der redaktionellen Gestaltung noch der der Meinungsbildungsrelevanz (pornographischen Inhalten wird eine solche teilweise ganz abgesprochen) lässt ein Angebot weniger jugendgefährdend erscheinen. Damit soll nicht die von der *DLM* getroffene Abgrenzung zwischen Rundfunk und Mediendiensten kritisiert werden, sondern ausschließlich der Staatsvertraggeber, der Rundfunk und Telemedien unter dem Aspekt des Jugendschutzes unterschiedlich behandelt.

Darüber hinaus wird vertreten, die stärkere Wirkungsintensität des Fernsehens rechtfertige im Vergleich zu den anderen Medien, die weniger breiten- und tiefenwirksam seien, weitergehende Beschränkungen.[461] Hierbei muss schon erheblich bezweifelt werden, dass das Fernsehen tiefenwirksamer als alle anderen Medien (beispielsweise als Printmedien) ist. Jedenfalls dürfte insoweit kein Unterschied zu den Telemedien bestehen, da auch sie eine Kombination von Ton und Bild (diese macht die besondere Suggestivkraft des Fernsehens aus) aufweisen können. Eine klare Grenzziehung zwischen Rundfunk und Internet wird im Hinblick auf die Konvergenz der Vermarktung von Inhalten ohnehin zunehmend schwieriger. Zur Veranschaulichung soll hier das Beispiel eines Spielfilmes dienen, der einerseits in fester, vom Veranstalter bestimmter zeitlicher Abfolge an alle gerichtet übertragen werden kann, so beim klassischen Rundfunk, oder auf Datenbanken für den Einzelabruf gegen individuelles Entgelt bereitgehalten werden kann (Video-on-demand), was zu einer Einstufung des Dienstes als Mediendienst führt. An diesem Beispiel wird deutlich, dass sich die angeblich unterschiedliche Wirkungsintensität offenkundig nicht als Differenzierungskriterium eignet: Niemand wird einem Spielfilm, nur weil er einmal als Video abgerufen und das andere mal als Rundfunksendung empfangen wird, eine andere Wirkungsintensität zusprechen können. Die andersartige Übertragung ist eine Frage der technischen Möglichkeit und der wirtschaftlichen Zweckmäßigkeit. Warum unter dem Gesichtspunkt des Jugendschutzes unterschiedliche Schutzniveaus für ein und denselben Spielfilm aufgestellt werden sollten, ist nicht ersichtlich.

Erstaunlicherweise soll gerade die unterschiedliche Art der Verbreitung beim Fernsehen und bei Video-on-demand ein Rechtfertigungsgrund für die Sonderbehandlung der Telemedien gegenüber dem Rundfunk gewesen sein: Der Charakter des Fernsehens als frei zugängliches Medium im Gegensatz zur Nähe zum Indi-

---

461 *Schulze-Fielitz*, in: Dreier, GG, Art. 5 I, II Rn. 168. Seine Berufung auf *BVerfGE* 35, 202, 227 ist insoweit zu pauschal, als das *BVerfG* nicht von einer stärkeren Intensität des Fernsehens gegenüber allen anderen Medien ausging, sondern lediglich gegenüber dem Hörfunk und der Presse. Selbst diese stützte das Gericht aber in erster Linie auf die größere Reichweite des Fernsehens und nur am Rande auf seine stärkere Wirkung, die es auf die Kombination von Ton und Bild beim Fernsehen zurückführte.

vidualangebot, wie etwa bei dem Abrufdienst Video-on-demand, sei taugliches Unterscheidungskriterium, das die Möglichkeit der Einrichtung einer „geschlossenen Benutzergruppe“ nur in Telemedien rechtfertige.[462] Die Unterwerfung der Telemedien unter diese liberaleren Regelungen sei unter anderem aufgrund der Ähnlichkeit zu der körperlichen Anmietung eines Videos gerechtfertigt.[463] Eine solche Rechtfertigung der Ungleichbehandlung von Rundfunk und Telemedien scheitert bereits daran, dass nicht alle als Telemedien zu bezeichnenden Dienste mit der körperlichen Anmietung eines Videos vergleichbar sind, sondern lediglich der Abrufdienst Video-on-demand. Unabhängig davon besteht selbst zwischen dem Abrufdienst Video-on-demand und der körperlichen Anmietung eines Videofilmes bezüglich des hier relevanten Jugendschutzes ein erheblicher Unterschied. Eine Beschränkung auf Anbieterseite ist im Rundfunk gegenüber dem Videoverleih in erster Linie deshalb gerechtfertigt, weil Kinder und Jugendliche Sendungen im Fernsehen besonders leicht wahrnehmen können, während ihnen beim Ausleihen eines Videofilmes das Hindernis des Eintritts und der Kontrolle durch das Personal der Videothek entgegensteht. Gerade diese Hindernisse bestehen jedoch bei Video-on-demand, ebenso wie beim Rundfunk, nicht. Es kann sogar davon ausgegangen werden, dass die somit notwendige Kontrolle durch die Eltern sich bei Angeboten des Internets schwieriger gestaltet als bei Rundfunkprogrammen. PCs stehen nicht selten in Kinderzimmern, weil Eltern sich dieses Mediums oft gar nicht bzw. zumindest weniger kompetent bedienen, als ihre Kinder. Während also die Angebote des Fernsehens häufig die ganze Familie rezipiert, nehmen Internetangebote zumeist nur die Schutzbedürftigen wahr. Soweit die technischen Möglichkeiten als entsprechendes Hindernis erblickt werden, muss gleiches für den Bereich des digitalen Fernsehens gelten, sofern hier ein ebenso sicheres technisches Hindernis errichtet werden kann wie bei den Telemedien.

c) Unterschiede in den technischen Möglichkeiten als Rechtfertigungsgrund

Daran anknüpfend verbleibt noch ein denkbarer Differenzierungsgrund: Für die abzuwehrende Jugendgefährdung wäre eine Ungleichbehandlung zwischen den Medien dann gerechtfertigt, wenn in Telemedien technisch sichergestellt werden könnte, dass Kinder und Jugendliche bestimmte Inhalte nicht wahrnehmen können, während dies im Bereich des Rundfunks nicht in gleichsam zuverlässiger Weise möglich wäre. Angeblich wurde die Möglichkeit des Einsatzes einer ge-

462 So wohl die Ministerpräsidentenkonferenz vom 25.-27.10.2000, vgl. *Hartstein/Ring/Kreile/Dörr/Stettner*, RfStV, Bd. III, C 2, Rn. 18, insbesondere Fn. 20.
463 *Hartstein/Ring/Kreile/Dörr/Stettner*, RfStV, Bd. III, C 2, Rn. 18.

schlossenen Benutzergruppe für das Fernsehen ausgeschlossen, weil Medienexperten die dortigen Sperrtechniken als nicht ausreichend erachtet und die Alterskontrolltechniken für leichter zu umgehen gehalten hätten als im Internet.[464] Allerdings wird dies nicht näher belegt und auch an anderer Stelle – insbesondere in der amtlichen Begründung zum JMStV – lässt sich eine derartige Begründung nicht finden.

Um eine Aussage darüber treffen zu können, ob der Normgeber davon ausgehen durfte, dass die Methoden für eine zuverlässige Altersprüfung im Rundfunk im Gegensatz zu dem Bereich der Telemedien nicht ausreichen, ist zunächst festzustellen, was überhaupt unter der geschlossenen Benutzergruppe i.S.d. § 4 Abs. 2 S. 2 JMStV für Telemedien zu verstehen ist.

aa) Definitionsversuch für die geschlossene Benutzergruppe i.S.d. § 4 Abs. 2 S. 2 JMStV

§ 4 Abs. 2 S. 2 JMStV lautet:

> *„In Telemedien sind Angebote abweichend von Satz 1 zulässig, wenn von Seiten des Anbieters sichergestellt ist, dass sie nur Erwachsenen zugänglich gemacht werden (geschlossene Benutzergruppe).“*.[465]

---

464 *Nolden*, JMS-Report 2/2002, 8.

465 Nicht zu verwechseln ist der Begriff der „geschlossenen Benutzergruppe“ mit dem im Btx-Staatsvertsvertrag verwendeten Begriff der „geschlossenen Teilnehmergruppe“, an den er zunächst aber erinnert. *Schulz/Held* (epd medien, 58/2002, 27, 31) halten die Formulierung des JMStV aus diesem Grund für irreführend. Nach Art. 3 I S. 2 des Btx-Staatsvertrages galten einige Bestimmungen dieses Staatsvertrages nicht für die dort legaldefinierte geschlossene Teilnehmergruppe, die hierdurch weniger geschützt war als die übrigen Btx-Teilnehmer. Es wurde davon ausgegangen, dass der Schutz der geschlossenen Teilnehmergruppe durch die besondere Verbundenheit, aufgrund derer Vereinbarungen (Vertrag, Mitgliedschaft, öffentlich-rechtliches Nutzungsverhältnis etc.) bestanden, gewährleistet war und eine Belastung durch weitere gesetzlich vorgeschriebene Auflagen daher nicht notwendig erschien, vgl. *Bartl*, Handbuch Btx-Recht, Rn. 105. Die geschlossene Teilnehmergruppe wurde somit nicht nur anders definiert, sondern diente zudem einem völlig anderen Zweck. Etwas anderes ist auch die geschlossene Erwachsenengruppe, die noch im Entwurf zum JMStV v. 09.11.2001 (abrufbar unter: http://www.artikel5.de, abgerufen am: 03.12.2003) als Ausnahmeregelung für Telemedien vorgesehen war. Entsprechende Angebote in Telemedien waren danach zulässig, „wenn diese Angebote nur für Erwachsene zugänglich sind, die durch gemeinsame berufliche, ideelle oder vergleichbare persönliche Merkmale untereinander und durch vertragliche, mitgliedschaftliche oder öffentlich-rechtliche Beziehungen mit dem jeweiligen Anbieter verbunden sind, soweit sichergestellt ist, dass die Angebote nur merkmalbezogen übertragen werden (Geschlossene Erwachsenengruppe).“. Diese Formulie-

Der Staatsvertraggeber eröffnet damit die Möglichkeit, dass Erwachsene zu den jugendgefährdenden Inhalten Zugang erlangen, sofern sichergestellt ist, dass Kinder und Jugendliche keine Kenntnis von den Inhalten erlangen. Aus der Formulierung ergibt sich, dass das Zugangshindernis anbieterseitig zu errichten ist; eine nur nutzerseitige Sperrung reicht nicht aus. Die technische Vorkehrung muss folglich beim Anbieter installiert sein und die Zugangsberechtigung des Nutzers, also sein Alter, prüfen.[466] Keine Festlegungen enthält der Staatsvertrag dagegen hinsichtlich der Anforderungen an das Sicherstellen und die konkrete Beschaffenheit der technischen Vorkehrungen. Nach der amtlichen Begründung zu § 4 Abs. 2 S. 2 JMStV ist ein verlässliches Altersverifikationssystem (AVS-System) gefordert, welches die Verbreitung an oder den Zugriff durch Minderjährige hindert. Es stellt sich daher die Frage, wie ein verlässliches AVS-System ausgestaltet sein muss, um den Anforderungen des § 4 Abs. 2 S. 2 JMStV zu genügen.

Wenn auch verständlich ist, dass der Staatsvertraggeber mit dieser offenen Formulierung Raum für neue technische Entwicklungen lassen wollte, hätte es diesem Ziel nicht entgegengestanden, wenn die Norm oder ihre amtliche Begründung die Mindestanforderungen aufgezeigt hätte, die ein AVS-System erfüllen muss, um § 4 Abs. 2 S. 2 JMStV zu entsprechen. Damit hätte der Staatsvertraggeber eine Orientierungshilfe auch für die AVS-Systeme der Zukunft geliefert.

Durch einen Blick auf die unterschiedlichen AVS-Systeme und die nach der alten Rechtslage und von der Rechtsprechung aufgestellten Voraussetzungen für anbieterseitige Sperrsysteme bei jugendgefährdenden Angeboten soll nun versucht werden, Klarheit über die Anforderungen der geschlossenen Benutzergruppe i.S.d. JMStV zu gewinnen.

---

rung ist zu Recht auf Kritik gestoßen. Für den Jugendschutz ist lediglich eine Sicherstellung relevant, dass Kinder und Jugendliche jugendgefährdende Inhalte nicht wahrnehmen können. Ob die Erwachsenen eine Verbindung durch gemeinsame persönliche Merkmale aufweisen, wie von der „geschlossenen Erwachsenengruppe" gefordert, darf dabei keine Rolle spielen, so auch *Gersdorf*, Lockerung des Pornographieverbotes nach dem JMStV-Entwurf, abrufbar unter: http://www.uni-rostock.de/fakult/jurfak/Gersdorf/News/JMStVEntwurf.pdf (abgerufen am: 03.12.2003). *Bornemann* (NJW 2003, 787, 789) weist zutreffend darauf hin, dass anderenfalls von dieser Ausnahme nicht die Mediendienste erfasst wären (der Staatsvertraggeber wollte aber allen Telemedien diese Ausnahmemöglichkeit zugestehen), weil diese sich wie der Rundfunk dadurch auszeichnen, dass sie an die Allgemeinheit und eben nicht an eine nur geschlossene Gruppe gerichtet sind. Diese Formulierung wurde bereits in der Entwurfsfassung vom 21.05.2002 durch die jetzige ersetzt.

466 *Altenhain*, in: Roßnagel, Recht der Multimediadienste, Teil 9, § 3 GjS Rn. 16.

(1) Die verschiedenen AVS-Systeme und ihr jeweiliger Sicherheitsgrad

AVS-Systeme setzen im Gegensatz zu den Systemen des Ratings und Filterings auf der Anbieterseite an. Ihre Programme sollen dafür Sorge tragen, dass Kinder und Jugendliche keinen virtuellen Zutritt zu bestimmten Angeboten erlangen. Die Identifizierungsmechanismen der Systeme sind verschiedenster Art und weisen deutliche Unterschiede im Schutzniveau auf.

Die Spannbreite derzeit marktüblicher AVS-Systeme beginnt bei rein verbalen Abfragen, ob der jeweilige Nutzer bereits volljährig oder noch nicht 18 Jahre alt sei und deshalb nicht auf das entsprechende Angebot zugreifen dürfe. Die Wahrnehmung eines in dieser Weise „gesicherten" Inhalts erfordert nicht einmal eine Systemumgehung durch den Minderjährigen: Die bloße und unüberprüfbare Bestätigung des Nutzers (durch das Anklicken eines Buttons), er sei 18 Jahre oder älter, reicht hier aus, um Zugang zu erhalten. Damit wird eine Alterskontrolle lediglich vorgespiegelt und die Neugierde der Minderjährigen unter Umständen gerade erst geweckt.

Eine Hürde können AVS-Systeme nur bilden, wenn sie bestimmte altersspezifische Parameter tatsächlich überprüfen. Das jeweilige Überprüfungskriterium wird dabei entweder vor jeder einzelnen Nutzung abgefragt oder – und dies ist bisher noch der Regelfall – dem Antragsteller wird im Falle der erfolgreichen Überprüfung des Alters ein Passwort oder eine Identifikationsnummer (ID) zugeteilt, die im Folgenden den Zugriff auf die geschützten Inhalte ermöglicht. Bei der zuletzt beschriebenen Alterskontrolle kommt es allerdings häufig vor, dass das danach ausgegebene Passwort oder die ID weitergereicht wird. So fand *jugendschutz.net* bei einem Test über eine Suchmaschine auf Anhieb eine Hompage, die ein funktionierendes X-Check-Passwort bereithielt.[467] Aber auch Eltern, ältere Geschwister oder Freunde geben ihre Passwörter oftmals an Minderjährige weiter. Die Überprüfung des Alters und die Ausgabe des Passwortes wird bei solchen AVS-Systemen in der Regel auf spezielle Anbieter, mithin Dritte, übertragen (beispielsweise *AdultCheck* oder *X-Check*).[468] Diese externen Verifizierungsstellen bieten für den Nutzer den Vorteil, dass er mit nur einem Passwort bzw. einer ID die Angebote aller mit dem jeweiligen Prüfunternehmen kooperierender Inhalteanbieter wahrnehmen kann. Die andernfalls zu vergebende Vielzahl von Passwörtern vergrößert das Risiko, dass der Nutzer sie sich nicht merken

467 *Jugendschutz.net*, Arbeitspapier zu den Anforderungen an Altersverifikationssysteme v. 15.05.2001, S. 5, abrufbar unter: http://www.jugendschutz.net/Tischvorlage AVS.PDF (abgerufen am: 23.11.2003).

468 *Sieber*, Verantwortlichkeit im Internet, S. 277 Rn. 558.

kann, sie daher notiert und sie so von den Minderjährigen ausgespäht werden können.

Als Prüfparameter existiert zunächst die alleinige und lediglich anonyme Überprüfung der Personalausweisnummer.[469] Gegen diese einfache Prüfung der Personalausweisnummer ohne persönlichen Kontakt spricht die leichte Umgehungsmöglichkeit für Minderjährige. Sie können sich ohne Probleme die Nummern von Ausweispapieren Erwachsener notieren (die in diesem Zusammenhang häufig angeführte Hemmschwelle dürfte wohl äußerst niedrig liegen, sollte sie überhaupt vorhanden sein), im Internet gültige Personalausweisnummern abrufen oder Personalausweisnummern ausprobieren bzw. sich die Prüfziffern, die jedem der drei Blöcke der Personalausweisnummer (Ausweisnummer, Geburtsdatum, Ablaufdatum) angehängt sind, durch entsprechende Programme im Internet berechnen lassen.

Sicherer sind AVS-Systeme, die entweder eine Prüfung der Personalausweisnummer oder der Kreditkartennummer jeweils in Verbindung mit einer Kontobewegung vornehmen.[470] Im ersten Fall wird die Personalausweisnummer und die Prüfziffer der angegebenen Kontonummer geprüft; von dem Konto wird sodann eine bestimmte Gebühr abgebucht. Wird dagegen die Angabe einer Kreditkartennummer gefordert, wird deren Gültigkeit durch Abbuchung einer Mitgliedsgebühr geprüft. Bei diesem System wird davon ausgegangen, dass nur Volljährige über eine Kreditkarte verfügen – eine gesonderte Kontrolle des Alters findet daher nicht mehr statt. Auch dieses System lässt sich noch relativ leicht umgehen. Für die Angabe der Personalausweisnummer bestehen die oben aufgezeigten Möglichkeiten der Umgehung. Als Bankverbindung lässt sich jede beliebige, syntaktisch korrekte Kontoverbindung angeben (eine solche findet sich zum Beispiel auf nahezu jeder Rechnung oder lässt sich wiederum über das Internet berechnen). Das Kreditkartensystem steht einer Umgehung ebenso offen. Jugendliche können über eigene Kreditkarten verfügen (wenn sie als Guthabenkarten geführt werden und die Eltern einwilligen) oder sie können Kreditkartennummern anderer angeben (hier bietet das Internet ebenso wie für die Ermittlung von Personalausweisnummern ein weites Feld von Möglichkeiten).

Auf einer höheren Sicherheitsstufe stehen Systeme, die eine Überprüfung der Kopie eines Personalausweises oder Führerscheines auf die Übereinstimmung mit der Kopie einer Kredit-, Konto- oder Scheckkarte in Kombination mit einer Kontobewegung vorsehen. In Deutschland wird dieses System von *X-Check* ver-

469 S. hierzu auch *Döring/Günter*, MMR 2004, 231, 233.

470 *Jugendschutz.net*, Arbeitspapier zu den Anforderungen an Altersverifikationssysteme v. 15.05.2001, S. 3, abrufbar unter: http://www.jugendschutz.net/Tischvorlage AVS.PDF (abgerufen am: 23.11.2003).

wendet. Die Kopie des Personaldokuments, die Kopie der EC- oder Kreditkarte und ein unterschriebener Antrag werden dem Betreiber des Systems zugefaxt und in einem Call-Center auf ihre Stimmigkeit geprüft.[471] Durch die Kontobewegung kann der Karteninhaber eine unbefugte Benutzung aufdecken. Bei kostenfreien Angeboten böte sich die Möglichkeit einer Rückmeldung an die im Dokument genannte Adresse. Aber auch hier bestehen Umgehungsmöglichkeiten. Die für die Kopien notwendigen Dokumente bzw. Karten lassen sich entleihen oder fälschen. Die Unterschrift für den Antrag kann imitiert werden.

Diese anonymen Alterskontrollen gewährleisten mithin allesamt keinen hinreichenden Schutz. Sie können leicht umgangen werden und erweisen sich folglich allenfalls als Erschwerung des Zugriffs durch Minderjährige, können diesen aber keinesfalls ausschließen.[472] Letztendlich gewährleistet daher die während eines persönlichen Kontaktes durchgeführte Alterskontrolle (Face-to-Face-Kontrolle) das höchste Schutzniveau. In Deutschland wurde diese Art der Alterskontrolle bisher von der Firma *X-Online*, die mittlerweile insolvent ist,[473] praktiziert. Dabei musste der Nutzer erst eine den Zugang zu dem Angebot ermöglichende CD in einem Erotikshop, wo sein Alter überprüft wurde, erwerben. Die entsprechenden Inhalte wurden nur freigeschaltet, wenn die Zugangs-CD im CD-ROM-Laufwerk lag und das persönliche Passwort eingegeben wurde. Nach Angabe von *jugendschutz.net* eröffnet dieses System aus technischer Sicht keine Umgehungsmöglichkeiten.[474] Lediglich wenn Eltern ihren Kindern den Zugang durch Weitergabe der CD und des Passwortes ermöglichten, könnten Kinder auf so geschützte Inhalte Zugriff erhalten.

Zugangskontrollen, die eine Face-to-Face Kontrolle vornehmen, können jedoch ganz unterschiedlich konzeptioniert sein. Beispielsweise kann dem Nutzer im Anschluss ein Passwort erteilt werden, welches er, um Zugang zu erhalten, vor jeder Nutzung eingeben muss. Sicherer ist die Vergabe von zu verbrauchenden Passwörtern oder Identifikationsnummern, die nur jeweils einmal verwendet werden können. Dieses System ist bereits aus dem Bereich des Onlinebankings

---

471 *Jugendschutz.net*, Arbeitspapier zu den Anforderungen an Altersverifikationssysteme v. 15.05.2001, S. 3, abrufbar unter: http://www.jugendschutz.net/Tischvorlage AVS.PDF (abgerufen am: 23.11.2003).

472 S. *jugendschutz.net*, Arbeitspapier zu den Anforderungen an Altersverifikationssysteme v. 15.05.2001, abrufbar unter: http://www.jugendschutz.net/Tischvorlage AVS.PDF (abgerufen am: 23.11.2003); *Dippelhofer*, RdJB 2000, 52, 57.

473 So die Auskunft von *jugendschutz.net* v. 19.06.2002, abgedruckt als Anhang unter: http://www.circle.de/ leitfaden/leitfaden_2002.pdf (abgerufen am: 16.10.2003).

474 *Jugendschutz.net*, Arbeitspapier zu den Anforderungen an Altersverifikationssysteme v. 15.05.2001, S. 4, abrufbar unter: http://www.jugendschutz.net/Tischvorlage AVS.PDF (abgerufen am: 23.11.2003).

bekannt. Neben der Eingabe des Benutzernamens und einer einmalig an den Kunden während eines persönlichen Kontakts vergebenen PIN, die allein dem Nutzer bekannt ist, muss der Kunde, will er Kontobewegungen vornehmen, zusätzlich noch eine TAN (Transaktionsnummer) eingeben. Für jede Transaktion steht dem Kunden eine neue TAN zur Verfügung, da diese Nummern nach einmaliger Nutzung aus Sicherheitsgründen gelöscht werden.

Eine weitere Möglichkeit liegt darin, die Abfrage von Passwörtern bzw. PIN/TAN mit Hardwarekomponenten zu kombinieren. Als AVS-System der Zukunft nannte *jugendschutz.net* im Mai 2001 die Verwendung von Einmal-Passwörtern und Smart-Cards.[475] Bei diesem System wird dem Nutzer bei einer Face-to-Face-Kontrolle eine Chipkarte und eine persönliche PIN ausgegeben. Voraussetzung ist zudem die Ausstattung des Nutzers mit einem Kartenleser. Meldet der Nutzer sich dann bei der von ihm gewählten Website an, ermittelt der Chipkartenleser nach Eingabe der persönlichen PIN das Einmal-Passwort, das im System einzugeben ist und den Zugriff auf das gewünschte Angebot ermöglicht. Dieses System bietet eine noch größere Sicherheit als das zuvor genannte System und ist im Bankwesen als HBCI (Home Banking Computer Interface) bekannt.[476]

Eine Alternative zu diesen bisher gängigen Sicherungsmechanismen nach dem Muster von „Besitz und Wissen" bieten zudem biometrische Zugangs- und Kontrollverfahren.[477] Diese erkennen den Nutzer aufgrund zuvor erfasster biometrischer Daten (Stimme, Finger- oder Irisstruktur). Voraussetzung hierfür ist jedoch ein entsprechendes Lesegerät am PC des Nutzers. Überdies kann die digitale Signatur in Verbindung mit dem Signaturschlüssel-Zertifikat, vgl. § 2 Abs. 1, Abs. 3 SigG, zu diesem Zweck eingesetzt werden.[478]

Bei kostenpflichtigen Angeboten im Internet erweist sich die Einführung der sog. Paysafecard, bei deren Erwerb eine Alterskontrolle stattfindet (Face-to-Face-Kontrolle) als sicheres Modell. Diese Karte ist in verschiedenen Wertstufen vorhanden und enthält einen 16stelligen PIN-Code, der von dem Käufer freizurubbeln ist. Bis das Guthaben aufgebraucht ist, erhält man durch die Eingabe dieses PIN-Codes Zugang. M.E. wäre dieses System auch bei kostenlosen Angeboten verwendbar. Man könnte das Guthaben auf eine bestimmte Stundenanzahl begrenzen und für die Ausgabe der Karte ein Pfand fordern, damit Volljährige den unerwünschten Gebrauch ihrer Karte durch Minderjährige bemerken.

---

475 *Jugendschutz.net*, Arbeitspapier zu den Anforderungen an Altersverifikationssysteme v. 15.05.2001, S. 9 f., abrufbar unter: http://www.jugendschutz.net/Tischvorlage AVS.PDF (abgerufen am: 23.11.2003).

476 Vgl. dazu http://www.net-lexikon.de/HBCI.html (abgerufen am: 10.01.2006).

477 *Kloepfer*, Informationsrecht, § 8 Rn. 282, S. 366 f.

478 *Altenhain*, in: Roßnagel, Recht der Multimediadienste, Teil 9, § 3 GjS Rn. 18.

Zu berücksichtigen ist schließlich, dass ein für sich gesehen unzureichendes Schutzsystem durch das Hinzutreten weiterer Schutzmechanismen wieder ein relativ hohes Schutzniveau erzielen kann. Solche zusätzlichen Schutzmechanismen können beispielsweise in der Kostenpflichtigkeit eines Angebotes liegen, weil die so entstehende Kontobewegung Erwachsenen eine nachtägliche Kontroll- und Einwirkmöglichkeit verschafft. Außerdem kommt eine Kombination von AVS-Systemen und nutzerseitigen Zugangssperren in Betracht.

(2) Die Beschränkung auf volljährige Nutzer nach der alten Rechtslage (§ 3 Abs. 2 S. 2 GjSM)

Der Neuregelung des § 4 Abs. 2 S. 2 JMStV sehr ähnlich ist die alte Regelung des § 3 Abs. 2 S. 2 GjSM. Danach konnten indizierte Angebote durch elektronische Informations- und Kommunikationsdienste ausnahmsweise verbreitet, bereitgehalten oder sonst zugänglich gemacht werden,

„[...] wenn durch technische Vorkehrungen Vorsorge getroffen ist, dass das Angebot oder die Verbreitung im Inland auf volljährige Nutzer beschränkt werden kann".

Das *Landgericht Düsseldorf* vertritt in einem viel diskutierten Urteil von Anfang des Jahres 2003 die Ansicht, bei § 4 Abs. 2 S. 2 JMStV handele es sich um eine gegenüber § 3 Abs. 2 S. 2 GjSM „deutlich restriktivere Erlaubnisregelung", an die strengere Anforderungen zu stellen sei.[479] Während bei § 4 Abs. 2 S. 2 JMStV eine Beschränkung auf erwachsene Nutzer „sicherzustellen" sei, verlange § 3 Abs. 2 GjSM lediglich, dass das Angebot oder die Verbreitung im Inland auf volljährige Nutzer beschränkt werden „kann".[480] M.E. liegt hierin jedoch gar kein inhaltlicher Unterschied. „Konnte" das Angebot auf volljährige Nutzer nicht beschränkt werden, durfte es nicht verbreitet werden. Auf diese Weise wurde eine Beschränkung auf volljährige Nutzer dann doch „sichergestellt". Das Landgericht wählt zur Gegenüberstellung die falschen Begriffspaare: Es muss einerseits verglichen werden zwischen „sichergestellt ist" (was laut Duden bedeutet: „dafür sorgen, dass etwas nicht gefährdet wird"[481]) und „Vorsorge getroffen ist" und an-

479 *LG Düsseldorf*, Urteil v. 31.01.2003, S. 7, abrufbar unter: http://www.jugendschutz.net/urteil-duesseldorf.pdf (abgerufen am 02.05.2003); auszugsweise abgedruckt in CR 2003, 452 ff. u. MMR 2003, 418 f. Insoweit dem LG zustimmend: *Grapentin*, CR 2003, 458, 459; *Döring/Günter*, MMR 2004, 231, 231 u. 233 und *Schmid*, Neuer Jugendschutz in Rundfunk und Telemedien, abrufbar unter: http://www.itrb.de/leseprobe/ itrb0302231.htm (abgerufen am: 03.12.2003).

480 *LG Düsseldorf*, Urteil v. 31.01.2003, S. 8, abrufbar unter: http://www.jugendschutz.net/urteil-duesseldorf.pdf (abgerufen am 02.05.2003).

481 Duden, Bedeutungswörterbuch, Bd. 10.

dererseits zwischen „nur Erwachsenen zugänglich gemacht werden" und „auf volljährige Nutzer beschränkt werden". Trotz anderslautender Formulierung entsprechen sich die Regelungen ihrem Sinn nach. Es verwundert daher nicht weiter, dass die amtliche Begründung zu Art. 6 des Informations- und Kommunikationsdienste Gesetzes (IuKDG) als Beispiel für eine anbieterseitige Zugangskontrolle i.S.d. § 3 Abs. 2 S. 2 GjSM die Einrichtung einer geschlossenen Benutzergruppe nennt.[482] In Abweichung zu der alten Rechtslage beschränkt sich der Ausnahmetatbestand der Neuregelung aber auf die Errichtung einer anbieterseitigen Zugangssperre. Soweit sich die Ausführungen zu § 3 Abs. 2 S. 2 GjSM daher auf die von § 4 Abs. 2 S. 2 JMStV geforderte anbieterseitige Zugangskontrolle beziehen, kann bei der Auslegung des § 4 Abs. 2 S. 2 JMStV hierauf zurückgegriffen werden.

Allerdings ist darauf hinzuweisen, dass bereits § 3 Abs. 2 S. 2 GjSM unterschiedlich ausgelegt wurde. Während *Altenhain* an § 3 Abs. 2 S. 2 GjSM zu Recht sehr strenge Anforderungen stellte[483] und nach Angaben *Lieschings* die Mehrzahl der Staatsanwaltschaften keines der zu dieser Zeit gängigen AVS-Systeme für hinreichend i.S.d. § 3 Abs. 2 S. 2 GjSM erachtete, war *jugendschutz.net* der Auffassung, dass beispielsweise das AVS-System X-Check den Anforderungen genügte.[484] Das *Landgericht Düsseldorf* ging in seiner oben erwähnten Entscheidung – die das *Oberlandesgericht Düsseldorf* unterdessen aufgehoben und zurückgewiesen hat[485] – sogar so weit, den Angeklagten, dessen Unternehmen schlicht pornographische Inhalte im Internet kostenpflichtig zum Abruf bereit hielt, freizusprechen, obgleich der Nutzer zu den Angeboten schon nach einer automatisierten Überprüfung des Personalausweises gelangte.[486] Das Gericht ließ es – trotz einer ersichtlich dahingehenden Tendenz – offen, ob allein die automatische Überprüfung der Personalausweisnummer den Anforderungen des § 3 Abs. 2 S. 2 GjSM genügte, weil jedenfalls die Kombination dieser Überprüfung in Verbindung mit der Kostenpflichtigkeit der Angebote einen hinreichenden Schutz i.S.d. § 3 Abs. 2 S. 2 GjSM gewähre. Der nicht volljährige Nutzer müsse sich, um Zugang zu den Angeboten zu erhalten, entweder die Personalausweisnummer eines Erwachsenen beschaffen, was wohl überwiegend heimlich und somit missbilligt geschehe, oder er verfüge über die Kenntnis, dass ent-

482 BT-Drs. 13/7385, S. 38. Die Bestimmung des § 3 II S. 2 GjSM wurde durch Art. 6 IuKDG in das GjSM eingefügt.
483 S. *Altenhain*, in: Roßnagel, Recht der Multimedia-Dienste, Teil 9, § 3 GjS Rn. 14 ff.
484 *Liesching*, Jugendmedienschutz in Deutschland und Europa, S. 131.
485 S. *OLG Düsseldorf*, CR 2004, 456 ff. = MMR 2004, 409 ff.
486 *LG Düsseldorf*, Urteil v. 31.01.2003, abrufbar unter: http://www.jugendschutz.net/urteil-duesseldorf.pdf (abgerufen am 02.05.2003). Dem zustimmend: *Feser*, MMR 2003, 419.

sprechende Personalausweisnummern auf bestimmten Internetseiten bereitgehalten werden bzw. besitze gar die Fähigkeit, eine solche Ziffernfolge selbst zu generieren. Habe der nicht erwachsene Nutzer aber derartige Kenntnisse und Erfahrungen, sei davon auszugehen, dass er darüber hinaus wisse, dass im Internet Tausende aus dem Ausland betriebene Internetseiten mit entsprechenden Inhalten bereitstünden, die teilweise kostenfrei seien und keinerlei Schutzmechanismen vorhielten. Es sei dann aber äußerst unwahrscheinlich, dass diese Kinder und Jugendlichen, statt auf entsprechende ausländische Angebote zuzugreifen, Angebote vorzögen, welche den Nachweis einer gültigen Personalausweisnummer verlangten und noch dazu kostenpflichtig seien. Unabhängig von dem größeren Aufwand berge die Kostenpflichtigkeit der Angebote die von den Kindern wohl kaum in Kauf genommene Gefahr in sich, von ihren Eltern entdeckt zu werden, da die Angebote über die Telefonrechnung abgerechnet werden würden. Gleichzeitig merkte das Landgericht an, dass die Kostenpflicht für jugendgefährdende Angebote in Verbindung mit einer Altersüberprüfung den derzeit faktisch wohl wirksamsten Jugendschutz gewährleiste. Das Landgericht stellte damit erstaunlich niedrige Anforderungen an § 3 Abs. 2 S. 2 GjSM. *Jugendschutz.net* hat sich daher gegen die Auffassung des *Landgerichts Düsseldorf* gestellt.[487] Durch die Entscheidung würde das bisher erreichte Schutzniveau unterlaufen und die Novellierungsbemühungen des Gesetzgebers konterkariert.[488] Auch im Schrifttum wurde die Entscheidung zutreffend kritisiert.[489] Nur weil jugendgefährdende Inhalte aus dem Ausland frei abrufbar sind, kann dies für deutsche Anbieter nicht bedeuten, dass sie ein niedrigeres Schutzniveau aufstellen dürfen. Eine solche Argumentation steht in krassem Widerspruch zu der gesetzgeberischen Intention des Jugendmedienschutzes. Außerdem ist es äußerst fraglich, ob gerade Minderjährige der unteren Altersstufen sich der aus dem Abruf ergebenden, erst in der fernen Zukunft liegenden, wirtschaftlichen Konsequenzen bewusst sind. Diesen Aspekt hat auch das *Oberlandesgericht Düsseldorf* in seinem Revisionsurteil aufgegriffen: Zum einen sei die vom Landgericht unterstellte Sachkunde, die Kinder wären sich bewußt, über die Telefonrechnung entdeckt zu werden, zu bezweifeln.[490] Kinder neigten zudem gerade häufig zu unüberlegten, spontanen Handlungen. Zum anderen läge die Gefahr, entdeckt zu werden nicht so hoch wie vom Landgericht angenommen, weil nicht jeder seine Telefonrechnung überprüfe und eine Rechnung mit Einzelverbindungsnachweis erhalte.

487 *Jugendschutz.net*, Stellungnahme zur AVS-Entscheidung des LG Düsseldorf vom 10.02.2003, S. 1, abrufbar unter: http://www.jugendschutz.net/AVS-duesseldorf-stellungnahme.html (abgerufen am: 12.09.2003).

488 So auch *Erdemir*, MMR 2004, 410, 411.

489 *Gerecke/Liesching*, CR 2003, 456, 457.

490 *OLG Düsseldorf*, MMR 2004, 409, 410.

Durch § 3 Abs. 2 S. 2 GjSM sollte sichergestellt werden, dass jugendgefährdende Inhalte lediglich von Erwachsenen wahrgenommen werden konnten. Dazu bestand – der restriktiven Auslegung *Altenhains* folgend – für die anbieterseitige Zugangskontrolle einerseits die Möglichkeit, den Nutzer aktuell, d.h. jeweils vor Wahrnehmung des konkret jugendgefährdenden Inhalts, sein Alter nachweisen zu lassen. Als den Gesetzesanforderungen genügende Kontrolle in diesem Sinne wurde aber nur die digitale Signatur in Verbindung mit dem Signaturschlüssel-Zertifikat, vgl. § 2 Abs. 1, Abs. 3 SigG, angesehen.[491] Zum anderen bestand die Möglichkeit, den Nutzer eine bereits zu einem früheren Zeitpunkt an ihn vergebene Zugangsberechtigung eingeben zu lassen.[492] Hieran wurden noch weitere Anforderungen geknüpft. Der Anbieter musste Vorkehrungen dafür treffen, dass die Vergabe der Zugangsberechtigung, die er oder ein für ihn tätiger Dritter durchführte, nur an Erwachsene erfolgte. Eine Vergabe auf telefonischem oder postalischem Weg wurde mangels zuverlässiger Möglichkeit der Feststellung des Alters als unzureichend betrachtet, weshalb ein persönlicher Kontakt gefordert wurde.[493] Schließlich wurde eine solche technische Vorkehrung vorausgesetzt, die sicherstellen konnte, dass die jugendgefährdende Schrift erst nach Eingabe der von dem Anbieter ausgegebenen Zugangsberechtigung zugänglich gemacht wurde.[494] Die Zugangscodes mussten daher so beschaffen sein, dass selbst technisch versierte Jugendliche mit der von ihnen gewöhnlich verwendeten Hard- und Software nicht in der Lage waren, sie zu ermitteln. Zudem sollte die Zahlen- oder Buchstabenkombination des Zugangscodes anbieterseitig festgelegt werden, da die berechtigten Nutzer häufig leicht aufzudeckende Kombinationen wählen.

(3) Das Zugänglichmachen an Minderjährige i.S.d. § 184 Abs. 1 Nr. 2 StGB und die Entscheidung des BVerwG zum rundfunkrechtlichen Pornographieverbot

Die für den Jugendschutz zuständigen Zentralstellenleiter bei den Staatsanwaltschaften sind nach Angaben von *jugendschutz.net* der Ansicht, dass die von dem *Bundesverwaltungsgericht* aufgestellten Anforderungen an das rundfunkrechtliche Pornographieverbot nach der alten Rechtslage auf die Voraussetzungen für AVS-Systeme im Internet übertragbar seien.[495] Die tatsächliche und rechtliche Situation sei vergleichbar, so dass die Bundesverwaltungsgerichtsentscheidung

491 *Altenhain*, in: Roßnagel, Recht der Multimediadienste, Teil 9, § 3 GjS Rn. 18.
492 *Altenhain*, in: Roßnagel, Recht der Multimediadienste, Teil 9, § 3 GjS Rn. 19.
493 *Altenhain*, in: Roßnagel, Recht der Multimediadienste, Teil 9, § 3 GjS Rn. 20.
494 *Altenhain*, in: Roßnagel, Recht der Multimediadienste, Teil 9, § 3 GjS Rn. 21.
495 *Jugendschutz.net*, Altersverifikation: Ergangene Entscheidungen, 02/2003, abrufbar unter: http://www.jugendschutz.net/AVS-Entscheidungen.html (abgerufen am: 12.09.2003).

auch für geschlossene Benutzergruppen im Internet Maßstäbe setze.[496] *Jugendschutz.net* ist ebenfalls der Auffassung, dass das *Bundesverwaltungsgericht* in dieser Entscheidung Position zu der grundsätzlichen Frage ausreichender Anforderungen an geschlossene Benutzergruppen bezogen habe.[497]

Das Verbot für Pornographie im Rundfunk war in § 3 Abs. 1 Nr. 1 RfStV a.F. enthalten, wonach Sendungen unzulässig waren, wenn sie gegen Bestimmungen des StGB verstießen. Damit wurde unter anderem auf § 184 StGB a.F. Bezug genommen.

Nach § 184 Abs. 1 Nr. 2 StGB (dieser Absatz besteht trotz der Sexualstrafrechtsreform[498] unverändert fort) wird bestraft, wer pornographische Schriften an einem Ort, der Personen unter 18 Jahren zugänglich ist oder von ihnen eingesehen werden kann, zugänglich macht. Problematisch ist hierbei, wann entsprechende Fernsehsendungen Minderjährigen in diesem Sinne zugänglich gemacht werden. Nach der Rechtsprechung und der herrschenden Meinung in der Literatur soll die geforderte abstrakte Wahrnehmungsmöglichkeit durch den Minderjährigen[499] bei der Ausstrahlung pornographischer Filme zutreffenderweise dann nicht vorliegen, wenn technische Vorkehrungen getroffen werden, die den visuellen Zugang Minderjähriger zu dem Inhalt dieser Filme regelmäßig verhindern.[500] Dazu ist – wie das *Bundesverwaltungsgericht* in der zum rundfunkrechtlichen Pornographieverbot ergangenen Entscheidung forderte – notwendig, „dass zwischen der pornographischen Darstellung und dem Minderjährigen eine „effektive Barriere“ liegt, die er überwinden muss, um die Darstellung wahrnehmen zu können“.[501] Hierzu soll weder eine Verlegung der Sendezeit auf die Nacht, noch eine allgemeine Codierung der Filme genügen. Voraussetzung ist vielmehr nach der weit überwiegenden Ansicht, dass die Übertragung verschlüsselt erfolgt

496 *Jugendschutz.net*, Altersverifikation: Ergangene Entscheidungen, 02/2003, abrufbar unter: http://www.jugendschutz.net/AVS-Entscheidungen.html (abgerufen am: 12.09.2003).

497 *Jugendschutz.net*, Altersverifikation: Ergangene Entscheidungen, 02/2003, abrufbar unter: http://www.jugendschutz.net/AVS-Entscheidungen.html (abgerufen am: 12.09.2003).

498 S. hierzu Teil 1 C. I. 2., S. 34.

499 Bei § 184 I Nr. 1 StGB ist hingegen die tatsächliche Wahrnehmung durch den Minderjährigen gefordert, vgl. *Tröndle/Fischer*, StGB, § 184 Rn. 10.

500 *BVerwG*, NJW 2002, 2966, 2968; *Tröndle/Fischer*, StGB, § 184 Rn. 11; *Lenckner/Perron*, in: Schönke/Schröder, StGB, § 184 Rn. 15; *Horst*, ZUM 1993, 227, 228; *Beisel/Heinrich*, JR 1996, 95, 96. A.A. *Kühl*, in: Lackner/Kühl, StGB, § 184 Rn. 6; *Ramberg*, ZUM 1994, 140, 141 f.

501 *BVerwG*, NJW 2002, 2966, 2968.

und sichergestellt ist, dass die Dekodierungseinrichtung nur an Erwachsene abgegeben wird.[502]

Das *Bundesverwaltungsgericht* führte in seiner Entscheidung näher aus, in welcher Weise diese Anforderungen zu erfüllen sind. Für die Sicherstellung, dass die Dekodierungseinrichtung nur an Erwachsene abgegeben wird, sei es unerlässlich, dass der Abonnentenvertrag, der für die Abgabe der entsprechenden Einrichtung erforderlich sei, ausschließlich mit Erwachsenen geschlossen werde. Dies sei durch eine zuverlässige Alterskontrolle zu gewährleisten. Als solche bezeichnet das Gericht den persönlichen Kontakt mit dem Kunden, bei dem die Alterskontrolle durch Vorweisung amtlicher und mit Lichtbild versehener Dokumente sowie der Aufzeichnung der Ausweisnummer vorzunehmen sei. Als Alternative komme nur eine ebenso zuverlässige Prüfung des Alters in Frage. Mit der Gewährleistung der Abgabe der Dekodiereinrichtung an Erwachsene und der Ausstrahlung der pornographischen Filme in codierter Form allein sei es allerdings nicht getan, weil hiermit nicht den Defiziten im häuslichen Fernseherziehungsverhalten entgegengesteuert würde. Ein Zugänglichmachen im Sinne des Straftatbestandes liege nur dann nicht vor, wenn zusätzlich zumindest eine weitere im System angelegte effektive Vorkehrung getroffen werde, die es Minderjährigen regelmäßig unmöglich mache, die in Rede stehenden Filme wahrnehmen zu können. Hierfür müsse ebenfalls sichergestellt werden, dass die Voraussetzungen für die Durchbrechung dieses weiteren wirkungsvollen Hindernisses lediglich Erwachsenen zugänglich gemacht werden würden. Nur ein Zusammenwirken dieser Wahrnehmungshindernisse rechtfertige die Annahme der vom Gericht geforderten „effektiven Barriere".

(4) Anforderungen an die geschlossene Benutzergruppe nach der KJM

Die *KJM* hat in ihrer dritten Sitzung am 18. Juni 2003 die Anforderungen für die geschlossene Benutzergruppe in den Telemedien durch Eckpunkte festgelegt.[503] Danach soll eine Volljährigkeitsprüfung zumindest einmal während eines persönlichen Kontaktes durchgeführt werden (Face-to-Face-Kontrolle), womit der anonymen Eingabe der Personalausweisnummer eine Absage erteilt wurde. Des Weiteren hat in einem zweiten Schritt eine Authentifizierung bei jedem einzelnen Bestellvorgang stattzufinden, um die Weitergabe der Zugangsdaten an Minderjährige zu verhindern. Der Ausschluss Minderjähriger soll somit in zwei Stufen

502 *BVerwG*, NJW 2002, 2966, 2968; *Tröndle/Fischer*, StGB, § 184 Rn. 11; *Lenckner/Perron*, in: Schönke/Schröder, StGB, § 184 Rn. 15; *Beisel/Heinrich*, JR 1996, 95, 96.

503 Pressemitteilung der *KJM* vom 24.06.2003, abrufbar unter: http://www.kjm-online.de (abgerufen am: 10.01.2006).

erfolgen. Dies war allerdings nach der Formulierung des Gesetzestextes, der amtlichen Begründung hierzu und der ergangenen Entscheidung des *Bundesverwaltungsgerichts* nicht anders zu erwarten gewesen. Von weit größerem Interesse ist daher, wie die Eckpunkte der *KJM* de facto umzusetzen sind.

Mittlerweile hat die *KJM* konkrete Verfahren genannt, die sie für zulässig hält. Den Anbietern hat sie hiermit ein gewisses Maß an Planungssicherheit eingeräumt und für weitere, zukünftige Verfahren Anhaltspunkte geliefert. Erfüllt sieht sie die Voraussetzungen bisher bei zehn Unternehmenskonzepten: Dem der *Coolspot AG*, dem von *Vodafone D2*[504], den Konzepten des *Zentralen Kreditausschusses* (ZKA), der *Arcor Online GmbH* und *T-Online International AG*[505], dem der *Premiere GmbH*[506], der *Micronomics GmbH & Co KG*[507], der Firmen *RST Datentechnik GmbH* und *F.I.S. GmbH*[508] sowie der *fun communications GmbH* und der *SCHUFA Holding AG.*[509] Weitere AVS-Systeme werden noch einer Prüfung unterzogen. Das Funktionieren einiger Konzepte soll kurz erläutert werden.[510]

Bei dem neu gestalteten AVS-System der *Coolspot AG* handelt es sich um eine Weiterentwicklung des X-Check Systems.[511] Hierbei erfolgt eine einmalige Identifizierung des Nutzers mittels Post-Ident-Verfahren. Nach seiner Onlineanmeldung bei *Coolspot* wird dem Nutzer ein Formular zum Ausdruck angezeigt, welches er ausgefüllt bei einer Filiale der *Deutschen Post AG* vorlegen muss. Dort werden seine persönlichen Daten aus dem Personalausweis erfasst und die *Deutsche Post AG* sendet das verifizierte Formular an *Coolspot*. Sodann erhält der Nutzer von *Coolspot* seinen persönlichen und nicht übertragbaren Zugangscode (PIN). Darüber hinaus erhält der Nutzer von *Coolspot* einen in Hard-

504 S. zu diesen beiden Konzepten die Pressemitteilung der *KJM* vom 14.11.2003, abrufbar unter: http://www.kjm-online.de (abgerufen am: 10.01.20064).

505 S. Pressemitteilung der *KJM* vom 11.12.2003, abrufbar unter: http://www.kjm-online.de (abgerufen am: 05.09.2004).

506 S. hierzu Pressemitteilung der *KJM* v. 22.12.2003, abrufbar unter: http://www.kjm-online.de (abgerufen am: 10.01.2006).

507 S. Pressemitteilung der *KJM* v. 24.06.2004, abrufbar unter: http://www.alm.de/gem stellen/presse_kjm/ pm/240604.htm (abgerufen am: 05.09.2004).

508 S. Pressemitteilung der *KJM* v. 30.09.2004, abrufbar unter: http://www.kjm-online.de (abgerufen am: 10.01.2006).

509 S. Pressemitteilung der *KJM* v. 22.09.2005, abrufbar unter: http://www.kjm-online.de (abgerufen am: 10.01.2006).

510 S. zu allen: *jugendschutz.net*, abrufbar unter: http://www.jugendschutz.net/avs/avs_systeme (abgerufen am: 10.01.2006).

511 S. hierzu *x-check*, abrufbar unter: http://www.x-check.de/index.php?mainTemplate=wmLaw (abgerufen am: 05.09.2004) oder heise online news v. 19.10.2003, abrufbar unter: http://www.heise.de/newsticker/meldung/print/41187 (abgerufen am: 10.01.2006).

ware gespeicherten P-ID Chip, durch dessen Kombination mit der PIN eine eindeutige Nutzeridentifizierung möglich ist. Träger für den P-ID Chip ist je nach den Anforderungen des Nutzers entweder ein USB-Stick oder eine Smart-Card (zukünftig auch ein Memorystick oder ein USB-MP3-Player).[512] Voraussetzung hierfür ist ein am heimischen PC angebrachter Chipkartenleser.

Das Konzept von *Vodafone D2* sieht eine Alterskontrolle durch einmalige Face-to-Face-Kontrolle bei Vertragsschluss in einem Laden des Mobilfunkbetreibers oder Partnergeschäfts vor.[513] Vor dem Zugriff auf pornographische Inhalte erfolgt eine Nutzeridentifikation, indem der Nutzer eine individualisierte PIN in sein Handy eingibt, wobei auch die SIM-Karte als Hardwarekomponente geprüft wird.

Die von dem *ZKA* in Zusammenarbeit mit dem *Bundesverband Deutscher Tabakwaren-Großhändler* zur Altersverifikation an Zigarettenautomaten entwickelte Debit-Chipkarte enthält ein „Jugendschutzmerkmal" und kann nach der *KJM* im Internet zur Herstellung geschlossener Benutzergruppen verwendet werden.[514]

Die Angebote „Erotic Media" und „Blue Movie" der *Premiere GmbH*, die von ihrem Kooperationspartner *Erotic Media GmbH* und ihrer Tochtergesellschaft *Telemediendienst GmbH* betrieben werden, wurden beide als Mediendienste eingestuft und dürfen daher über die Premiere-Plattform pornographische Inhalte verbreiten.[515] Sie stellen den Zugang nur durch Erwachsene sicher, indem sie ihre Kunden zunächst bei einem persönlichen Kontakt (Post-Ident-Verfahren) ihre Volljährigkeit nachweisen lassen.[516] Sodann stellen sie ihnen eine zusätzliche Smart-Card zu, mit deren Hilfe und der Eingabe des dazu gehörenden Jugendschutz-PINs am Decoder der pornographische Film entschlüsselt wird.

Das „CLock" System der *Micronomics GmbH & Co KG* verwendet ein sog. Challenge-Response-Verfahren, bei dem ein Hardwareschlüssel in Gestalt einer

---

512 S. *x-check*, abzurufen unter: http://www.x-check.de/index.php?mainTemplate=wmLaw (abgerufen am: 05.09.2004).

513 S. zu diesem Konzept: heise online v. 19.10.2003, abrufbar unter: http://www.heise.de/newsticker/meldung/print/41187 (abgerufen am: 10.01.2006) oder *Vodafone D2* Pressemitteilung v. 22.10.2003, abrufbar unter: http://www.vodafone.de/unternehmen/presse/28763_42278.html (abgerufen am: 10.01.2006).

514 S. *jugendschutz.net*, abrufbar unter: http://www.jugendschutz.net/news/200405/news_04-06-22_22-10-40. html (abgerufen am: 10.01.2006).

515 S. hierzu bereits Teil 2 B. II. 1. b), S. 138 ff.

516 S. hierzu Pressemitteilung der *KJM* v. 22.12.2003, abrufbar unter: http://www.kjm-online.de (abgerufen am: 10.01.2006).

Video-DVD sowie eine PIN zum Einsatz kommen.[517] Beides wird dem Kunden per Post-Ident-Verfahren zugestellt.

Diese hohen Anforderungen sind bei den Anbietern pornographischer Inhalte auf massiven Protest gestoßen. Insbesondere aufgrund der von der *KJM* vorausgesetzten Face-to-Face-Kontrolle bei der *Deutschen Post AG* oder den Filialen von Telekommunikationsfirmen wie *Vodafone* fürchten die Anbieter entsprechender Inhalte Umsatzeinbrüche.[518] Seitens der *FSM* wird kritisiert, dass der Gesetzgeber im JMStV keine Übergangsfristen für die Einrichtung geschlossener Benutzergruppen eingerichtet habe.[519] Dies hätte insbesondere eine Abwanderung vieler Unternehmen ins Ausland verhindern können.

(5) Auffassungen in der Literatur

(a) Restriktive Auslegung

In der Literatur wird für die Anforderungen an die geschlossene Benutzergruppe i.S.d. § 4 Abs. 2 S. 2 JMStV ganz überwiegend die erwähnte Rechtssprechung des *Bundesverwaltungsgerichts* zum rundfunkrechtlichen Pornographieverbot fruchtbar gemacht.[520] Wie die *KJM*, die ersichtlich ebenfalls an die dort aufgestellten Voraussetzungen angeknüpft hat, wird daher ein zweistufiges Sicherheitsmodell befürwortet:

Vor Aushändigung der Zugangsdaten für die geschlossene Benutzergruppe habe der Erstnutzer bei einer Face-to-Face Kontrolle sein Alter nachzuweisen, sich somit zu identifizieren.[521] Dies könne durch einen persönlichen Kontakt mit dem Anbieter oder einen für ihn tätigen Dritten (Beispiel: Post-Ident-Verfahren)

---

517 S. hierzu Pressemitteilung der *KJM* v. 24.06.2004, abrufbar unter: http://www.kjm-online.de (abgerufen am: 10.01.2006).

518 S. heise online v. 19.10.2003, abrufbar unter: http://www.heise.de/newsticker/meldung/print/41187 (abgerufen am: 10.01.2006).

519 FSM-News, abrufbar unter: http://www.fsm.de/?&s=News&news_id=329 (abgerufen am: 05.09.2004).

520 *Hartstein/Ring/Kreile/Dörr/Stettner*, RfStV, Bd. III, C 3, § 4 JMStV Rn. 65; *Nikles/Roll/Spürck/Umbach*, Jugendmedienschutzrecht, Teil III, § 4 JMStV Rn. 28 u. 35; *Ukrow*, Jugendschutzrecht, S. 223 Rn. 427; *Scholz/Liesching*, Jugendschutz, Teil 2, § 4 JMStV Rn. 36 a; *Kreile/Diesbach*, ZUM 2002, 849, 850; *Döring/Günter*, MMR 2004, 231, 234; *Gerecke*, ZUM 2004, 443, 446; *Sieber*, unveröffentlichtes Gutachten zu den Anforderungen an geschlossene Benutzergruppen bei der Verbreitung von Pornographie in Telemedien v. 11/2003; *Erdemir*, CR 2005, 275, 278.

521 *Scholz/Liesching*, Jugendschutz, Teil 2, § 4 JMStV Rn. 36 a.; *Ukrow*, Jugendschutzrecht, S. 223 Rn. 427; *Nikles/Roll/Spürck/Umbach*, Jugendmedienschutzrecht, Teil III, § 4 JMStV Rn. 35; *Gerecke*, ZUM 2004, 443, 446; *Erdemir*, CR 2005, 275, 279.

geschehen. *Nikles/Roll/Spürck/Umbach* und ihnen folgend *Ukrow* sehen diese Voraussetzung erfüllt, wenn der Zutritt kostenpflichtig sei und gleichzeitig mit der Kopie des Personaldokuments eine Scheck-, Konto- oder Kreditkarte vorgelegt werde, die auf gleichen Namen laute.[522] *Ukrow* räumt ein, dass hierbei zwar Umgehungsmöglichkeiten bestünden, ist jedoch der Auffassung, diese seien nicht mehr den vom Anbieter zu tragenden Sorgfaltspflichten zuzurechnen. Zudem könne die Täuschung wegen der erfolgenden Abbuchung nicht lange aufrechterhalten werden.

Auf der zweiten Schutzebene sei zu fordern, dass der Nutzer sich bei dem jeweiligen Zugang zu den Inhalten authentifiziere. Durch eine „effektive Barriere“ müsse dabei der Missbrauch durch Minderjährige Nutzer zuverlässig verhindert werden. Folglich genüge es nicht, nach einmalig durchgeführter Altersverifikation Nutzernamen und Passwort zu vergeben.[523] *Liesching* verlangt hierzu vielmehr die zusätzliche Implementierung einer Hardwarekomponente, die der Nutzer vor dem Abruf des entsprechenden Angebotes dem jeweiligen Zugangsgerät zuzufügen habe (beispielsweise „Ab-18“-USB-Stecker oder Geldkarte mit gespeicherten persönlichen Daten). Bei den zur Aktivierung der Hardwarekomponente notwendigen vom Nutzer einzugebenden Zugangsdaten müsse es sich um ausschließlich zu diesem Zweck erteilte Daten handeln.[524] Weniger streng ist *Gerecke*, der es ablehnt, auf zweiter Stufe lediglich Hardwarekomponenten einbeziehende Lösungen zu akzeptieren, was die *KJM* jedoch zu favorisieren scheine.[525] Durch eine solch restriktive Auslegung des § 4 Abs. 2 S. 2 JMStV würden andere Modelle (etwa die Vergabe individueller Passwörter und deren Versendung im Post-Ident-Verfahren), die einen vergleichbaren Schutz böten, ausgeschlossen werden. So halten auch *Nikles/Roll/Spürck/Umbach* eine Hardwarelösung nicht für erforderlich, wenn sie vorschlagen, auf dieser Ebene einen zuvor vergebenen Zugangscode sowie durch jede Nutzung zu verbrauchende PIN Codes abzufragen.[526] Überdies sei auch die Abfrage von zuvor erfassten biometrischen Daten vor jedem einzelnen Zugriff denkbar, die durch ein Lesegerät am

---

522 *Nikles/Roll/Spürck/Umbach*, Jugendmedienschutzrecht, Teil III, § 4 JMStV Rn. 35, *Ukrow*, Jugendschutzrecht, S. 223 Rn. 427.

523 So ausdrücklich *Liesching* (*Scholz/Liesching*, Jugendschutz, Teil 2, § 4 JMStV Rn. 41a). A.A. ist dabei nur *Ukrow* (Jugendschutzrecht, S. 225 Rn. 431), der auf dieser Stufe niedrigere Voraussetzungen genügen lassen will: Nach der persönlichen Alterskontrolle würde ein individuell vergebenes Passwort hinreichenden Schutz bieten. Allerdings widerspricht sich *Ukrow*, denn er schließt sich im Folgenden dem Beschluss der KJM an, wonach ein – wenn auch individuell vergebenes – Passwort den Anforderungen gerade nicht genügt.

524 *Scholz/Liesching*, Jugendschutz, Teil 2, § 4 JMStV Rn. 41 b.

525 *Gerecke*, ZUM 2004, 443, 446.

526 *Nikles/Roll/Spürck/Umbach*, Jugendmedienschutzrecht, Teil III, § 4 JMStV Rn. 35.

heimischen PC zu erfolgen habe. Schließlich könnten auch nutzerseitige Sperrsysteme bei Kombination mit weiteren Schutzmechanismen eingesetzt werden.

(b) Extensive Auslegung

Eine sehr viel liberalere Auffassung bei der Frage, wann ein Anbieter sicherstellt, dass Angebote i.S.d. § 4 Abs. 2 S. 1 JMStV nur Erwachsenen zugänglich gemacht werden, vertreten *Berger*[527] und *Schumann*.[528] Sie lehnen ein zweistufiges Schutzkonzept ab und halten AVS-Systeme, welche die eingegebene Personalausweisziffer überprüfen, für hinreichend.[529]

Berger ist dabei der Ansicht, die Vorschrift des § 4 Abs. 2 S. 2 JMStV sei im Hinblick auf die Kommunikationsfreiheiten verfassungsrechtlich lediglich haltbar, wenn an die geschlossene Benutzergruppe geringe Anforderungen gestellt würden. Die Rechtsprechung des *Bundesverwaltungsgerichts* sei auf Telemedien nicht übertragbar; zwischen Rundfunk und Telemedien sei aus jugendschutzrechtlicher Sicht grundlegend zu differenzieren. Bereits an der Geeignetheit der Regelung bestünden erhebliche Bedenken, weil es möglich sei, auf Tausende jugendgefährdende Angebote von Anbietern mit Sitz im Ausland zuzugreifen, die keine Schutzvorkehrungen treffen würden. Insofern dürfe § 4 Abs. 2 S. 2 JMStV keinen größeren Umgehungsaufwand erfordern als der Zugriff auf vom Ausland aus vorgehaltener Angebote.[530] Hier zeigt sich schon eine erste Widersprüchlichkeit in der Argumentation: Wenn sich das gesetzgeberische Ziel des Jugendschutzes durch Sperrsysteme (aufgrund der ausländischen Angebote) gar „nicht

527 *Berger*, MMR 2003, 773, 775 ff.

528 *Schumann*, Die Auslegung des Merkmals „Sicherstellen“ in § 4 Abs. 2 S. 2 JMStV, Gutachten v. 15.06.2004, S. 49, abrufbar unter: http://www.ueber18.de/gutachten.pdf (abgerufen am: 10.01.2006). S. jetzt auch *Köhne*, NJW 2005, 794, 795.

529 S. Berger, MMR 2003, 773, 777. *Schumann* bezieht sich dabei auch auf ein konkretes Persocheck-System, welches ergänzend eine Postleitzahl abfragt – „ueber18.de“ entspreche den gesetzlichen Anforderungen, s. *Schumann*, Die Auslegung des Merkmals „Sicherstellen“ in § 4 Abs. 2 S. 2 JMStV, Gutachten v. 15.06.2004, S. 50 ff., abrufbar unter: http://www.ueber18.de/gutachten.pdf (abgerufen am: 10.01.2006). Dieses System funktioniert wie folgt: Der Nutzer muss auf der Internetseite seine Personalausweis- oder Reisepassnummer eingeben. Das System stellt zunächst fest, ob die eingegebenen Nummern und Zeichen die Merkmale einer echten Ausweisnummer entsprechen. Sodann wird geprüft, ob die eingegebene Nummer das Geburtsdatum eines Volljährigen aufweist und die in der Nummer enthaltende Behördenkennzahl mit der vom Nutzer eingegebenen Postleitzahl übereinstimmt.

530 *Berger*, MMR 2003, 773, 775. Gegen eine solche Argumentation s. bereits Teil 2 B. II. 1. a), S. 135.

erreichen oder auch nur fördern" lässt,[531] hätte *Berger* für den Verzicht jeglicher Schutzeinrichtungen für pornographische Angebote im Internet plädieren müssen und die Einschränkung der Verbreitung in geschlossenen Benutzergruppen – selbst bei weiter Auslegung – für verfassungswidrig halten müssen. Davon abgesehen verkennt *Berger*, dass allein deutsche Verhältnisse Maßstab der Geeignetheit einer Regelung sein können, der ausschließlich deutsche Anbieter unterworfen sind.[532] Im Übrigen muss der Gesetzgeber seinem Verfassungsauftrag, einen effektiven Jugendschutz zu gewährleisten, nachkommen und darf nicht frühzeitig vor dieser Aufgabe kapitulieren.[533]

Niedrige Anforderungen seien – so *Berger* – auch deshalb zu stellen, weil die Einschätzungsprärogative des Gesetzgebers bei der ungeklärten Frage, ob einfache Pornographie jugendgefährdend sei, „im Jahre 2003" durch Zeitablauf fragwürdig geworden sei.[534] Der Gesetzgeber habe „keine ernsthaften Anstrengungen unternommen", hierauf eine Antwort zu finden, obwohl ihn eine Darlegungslast zur Sachaufklärung treffe. Der Grundrechtsträger habe nicht die Beweislast dafür zu tragen, dass die Wertungen des Gesetzgebers unzutreffend seien. Insofern gebühre der elterlichen Abwägung und Bewertung der Vorrang. *Liesching* weist zutreffend darauf hin, dass letzteres gerade nur möglich ist, wenn durch hinreichende Schutzvorkehrungen gewährleistet ist, dass die Kinder sich nicht selbst Zugang verschaffen können.[535] Zudem verbietet es sich, die zivilrechtlichen Regelungen über die Verteilung von Beweislasten in einen Zusammenhang mit der Einschätzungsprärogative des Gesetzgebers bei wissenschaftlich ungeklärten Situationen zu stellen.[536] Nach dem *Bundesverfassungsgericht* überschreitet der Gesetzgeber den ihm zustehenden Entscheidungsspielraum erst dann, wenn eine Gefährdung der Minderjährigen nach dem Stand der Wissenschaft auszuschlie-

531 So *Berger*, MMR 2003, 773, 777 f.

532 Ebenso *Döring/Günther*, MMR 2004, 231, 235; *Liesching*, Hinreichender Jugendschutz durch bloße Personalausweisnummer-Kontrolle?, abzurufen unter: http://rsw.beck.de/rsw/shop/default.asp?docid=112521 (abgerufen am: 05.09.2004).

533 S. *Erdemir*, MMR 2004, 410, 411 sowie Teil 2 B. II. 1. a), S. 135.

534 *Berger*, MMR 2003, 773, 775. Dieser Argumentation schließt sich auch *Schumann* (Die Auslegung des Merkmals „Sicherstellen" in § 4 Abs. 2 S. 2 JMStV, Gutachten v. 15.06.2004, S. 36 ff., abrufbar unter: http://www.ueber18.de/gutachten.pdf, abgerufen am: 10.01.2006) an.

535 *Liesching*, Hinreichender Jugendschutz durch bloße Personalausweisnummer-Kontrolle?, abrufbar unter: http://rsw.beck.de/rsw/shop/default.asp?docid=112521 (abgerufen am: 10.01.2006).

536 Ebenso *Liesching*, Hinreichender Jugendschutz durch bloße Personalausweisnummer-Kontrolle?, abrufbar unter: http://rsw.beck.de/rsw/shop/default.asp?docid=112521 (abgerufen am: 05.09.2004).

ßen wäre,[537] was nicht der Fall ist.[538] Darauf, ob der Gesetzgeber alle Möglichkeiten einer empirischen Untersuchung ausgeschöpft hat, kommt es nicht an.[539]

Sowohl *Berger* als auch *Schumann* stützen sich zur Bekräftigung ihrer extensiven Auffassung zudem auf die zu Offlinemedien ergangene Rechtsprechung des *Oberlandesgerichts Karlsruhe*, welches das Merkmal „Zugänglichmachen" i.S.d. § 184 StGB nicht erfüllt sieht, wenn Jugendliche Zugangshindernisse durch eigenmächtige, ausdrücklich verbotene und rechtwidrige Handlungen überwinden.[540] Sie lassen dabei unberücksichtigt, dass die Gefahr der Wahrnehmung in dem von dem Gericht zu entscheidenden Fall deutlich niedriger lag, als bei einer lediglich durch die Eingabe einer Personalausweisnummer geschützten Internetseite: Die Wahrscheinlichkeit, dass Minderjährige pornographische Hefte, die in unmittelbarer Nähe der Kasse einer Tankstelle – abgedeckt und in Plastikfolie verschweißt – ausliegen, aufreißen oder entwenden, ist offenkundig deutlich geringer, als dass sie die Personalausweisnummer Erwachsener eingeben (zumal sie eine solche ohne weiteres im Internet finden oder selbst generieren können[541]). Die Ausführung *Schumanns*, dies hätte dem Oberlandesgericht genügt, obgleich die Minderjährigen sich von dem Inhalt der Hefte durch Aufreißen der Folie „leicht" hätten Kenntnisnahme verschaffen können, entspricht nicht der Lebenswirklichkeit. Die Hemmschwelle liegt hierbei, aufgrund der Gefahr, vom Verkaufspersonal beobachtet zu werden, äußerst hoch. Ebenfalls an der Realität vorbei geht die Einschätzung, die Öffnung eines an die Eltern adressierten verschlossenen Umschlags oder Pakets sei mit der anonymen Eingabe einer falschen, leicht beschaffbaren Personalausweisnummer im Internet vergleichbar.[542] Bei letzterer besteht für Minderjährige selbst bei kostenpflichtigen Angeboten keine besonders große Gefahr (die sich zudem erst nach größerem Zeitablauf realisieren würde) entdeckt zu werden.[543] Die Hemmschwelle wird des Weiteren durch die Anonymität des Mediums deutlich herabgesetzt.

537 *BVerfGE* 83, 130, 141.

538 S. Teil 1 A. II-IV, S. 19 ff.

539 Ebenso *Liesching*, Anforderungen an geschlossene Benutzergruppen nach § 4 Abs. 2 S. 2 JMStV, Gutachten v. 11.08.2004, S. 8, abrufbar unter: http://www.coolspot.de/docs/Gutachten-Liesching-11.08.04.pdf (abgerufen am: 26.08.2004).

540 S. *Berger*, MMR 2003, 773, 775; *Schumann*, Die Auslegung des Merkmals „Sicherstellen" in § 4 Abs. 2 S. 2 JMStV, Gutachten v. 15.06.2004, S. 19, abrufbar unter: http://www.ueber18.de/gutachten.pdf (abgerufen am: 10.01.2006).

541 S. hierzu Teil 2 B. II. 1. c) aa) (1), S. 144 ff.

542 So aber *Schumann*, Die Auslegung des Merkmals „Sicherstellen" in § 4 Abs. 2 S. 2 JMStV, Gutachten v. 15.06.2004, S. 18, abrufbar unter: http://www.ueber18.de/gutachten.pdf (abgerufen am: 10.01.2006).

543 S. auch *OLG Düsseldorf*, CR 2004, 456, 457.

Schumann geht zudem fehlerhaft davon aus, dass bis zu der Rechtsprechung des *Bundesverwaltungsgerichts* einhellig ein niedrigerer Grad an Sicherheit verlangt wurde. Er verkennt dabei zum einen, dass sich zuvor noch keine Entscheidung mit technischen Vorkehrungen im Fernsehen auseinandergesetzt hat. Zum anderen ignoriert er, dass die zu Trägermedien ergangenen Entscheidungen sich nicht auf Online-Medien übertragen lassen, weil hier andere Bedingungen herrschen. Unabhängig davon, dass an Trägermedien keine auf niedrigerem Schutzniveau stehenden Voraussetzungen gestellt wurden (sondern aufgrund der Unterschiede zwischen den Medien lediglich andere), ist entgegen *Schumanns* Auffassung davon auszugehen, dass Onlinemedien ein höheres Gefahrenpotential in sich bergen. Anders als der Minderjährige, dem ein Offlinemedium in die Hände fällt, hat derjenige, der einmal einen Umgehungsweg gefunden hat, unentwegt Zugang zu einer Vielzahl von gefährdenden Inhalten.[544] Der abstruse Einwand *Schumanns*, ebenso gut könne ein Minderjähriger mit dem von einem Erwachsenen entwendeten Mitgliedsausweis in einer Videothek eine Vielzahl pornographischer Filme leihen oder, sofern es ihm gelinge, ein Schloss zu öffnen, Zugang zu von Erwachsenen unter Verschluss gehaltenen pornographischen Filmen erhalten,[545] bedarf keines näheren Eingehens.

(6) Zwischenergebnis und Stellungnahme

Die von *Berger* und *Schumann* vertretene weite Auslegung des Begriffs des Sicherstellens i.S.d. § 4 Abs. 2 S. 2 JMStV ist aus den vorgenannten Gründen abzulehnen. Mit der *KJM* und vielen Stimmen in der Literatur ist die Rechtsprechung des *Bundesverwaltungsgerichts* zur Auslegung der geschlossenen Benutzergruppe heranzuziehen. Zudem kann m.E. auf die Ausführungen zu § 3 Abs. 2 S. 2 GjSM, soweit sie sich auf eine anbieterseitige Zugangssperre beziehen und diese Bestimmung restriktiv ausgelegt wurde, zurückgegriffen werden.

Anlehnend hieran setzt die geschlossene Benutzergruppe Folgendes voraus: Erst wenn eine Identifizierung des Nutzers während eines persönlichen Kontaktes stattgefunden hat, dürfen die weiteren Zugangsdaten, die gesondert gegen den Zugriff Minderjähriger zu sichern sind, ausgegeben werden.[546] Zu fordern ist auf

544 Ebenso *Sieber*, unveröffentlichtes Gutachten zu den Anforderungen an geschlossene Benutzergruppen bei der Verbreitung von Pornographie in Telemedien v. 11/2003.

545 *Schumann*, Die Auslegung des Merkmals „Sicherstellen" in § 4 Abs. 2 S. 2 JMStV, Gutachten v. 15.06.2004, S. 44, abrufbar unter: http://www.ueber18.de/gutachten.pdf (abgerufen am: 10.01.2006).

546 Unterdessen hat auch die Rechtsprechung ausdrücklich festgestellt, dass eine Sicherstellung des ausschließlichen Erwachsenenzugangs i.S.d. § 4 Abs. 2 S. 2 JMStV einen persönlichen Kontakt i.R.d. Alterskontrolle eines neuen Kunden er-

der ersten Stufe der Nachweis eines amtlichen und mit Lichtbild versehenen Ausweises, um Umgehungen auszuschließen. Das gegen diese Art der Volljährigkeitsprüfung nicht selten vorzufindende Argument, ein persönlicher Kontakt sei dem Internet per se fremd[547], vermag nicht zu überzeugen. Es ist dem Nutzer im Interesse des Verfassungsgutes Jugendschutz durchaus zuzumuten, einmalig einen persönlichen Kontakt zu dem Anbieter bzw. einen für ihn tätigen Dritten aufzunehmen. Dies widerspricht auch nicht der grundsätzlichen Anonymität des Mediums Internet. Es liegt allein bei dem Anbieter, den erforderlichen persönlichen Kontakt für den Nutzer so bequem wie möglich zu gestalten, indem er genügend Stellen für die Kontaktaufnahme einrichtet. Dies wird wohl am besten durch für viele Anbieter gleichzeitig tätig werdende Dritte zu verwirklichen sein. Als Kontrollstellen können dann beispielsweise Videotheken, Erotikshops oder – wie bei den vorgestellten neuen Konzepten – Postfilialen oder Filialen von Mobilfunkanbietern dienen.

Was die zweite Stufe betrifft, muss es selbst technisch begabten Minderjährigen regelmäßig unmöglich sein, die in dieser Weise geschützten Inhalte wahrzunehmen. Die Einführung der digitalen Signatur in Verbindung mit dem Signaturschlüssel-Zertifikat (vgl. § 2 Abs. 1, Abs. 3 SigG) ist wohl noch Zukunftsmusik, weil dies für den Nutzer neben einer Chipkarte zum Signieren und einem PC mit Signatursoftware einen Chipkartenleser am heimischen Computer erfordert. Ebenso wenig dürfte die überwiegende Zahl der Nutzer derzeit wohl über ein für die Erfassung biometrischer Daten notwendiges Lesegerät verfügen. Andere Wege der Integration von Hardwarekomponenten sind bei den von der *KJM* konkret anerkannten Systemen näher erläutert worden. Entgegen *Liesching*[548] ist in Übereinstimmung mit *Gerecke*[549] eine Hardwarelösung jedoch nicht zwingend erforderlich, da auch andere wirksame Mittel existieren. So besteht beispielsweise die Möglichkeit, zusätzlich zu dem persönlichen PIN-Code (dieser sollte vom Anbieter unveränderbar festgelegt werden, weil anderenfalls nicht verhindert werden kann, dass die Nutzer eine solche Zahlen- oder Buchstabenkombination wählen, die für minderjährige Hausbewohner leicht zu erraten sind, so etwa Geburtsdaten oder Namen) noch jeweils zu verbrauchende Codes auszugeben, die bei jeder einzelnen Nutzung eingegeben werden müssen. Hierdurch wäre eine äußerst hohe Sicherheitsstufe erreicht – schließlich hat sich die Methode sogar im

---

fordert, s. bspw. *OLG Nürnberg*, MMR 2005, 464; *OLG Düsseldorf*, MMR 2005, 611.

547 Vgl. z.B. *Terhaag*, Vielen Dank für die Auskunft!?...oder die KJM zu geschlossenen Benutzergruppen im Internet, abrufbar unter: http://www.aufrecht.de/1682.html (abgerufen am: 10.01.2006).

548 *Scholz/Liesching*, Jugendschutz, Teil 2, § 4 JMStV Rn. 41 a.

549 *Gerecke*, ZUM 2004, 443, 446.

Bereich des Onlinebankings bewährt.[550] Im Gegensatz dazu reicht die Vergabe eines einzelnen, individuellen Passwortes – anders als *Ukrow* annimmt[551] – m.E. nicht aus. Diese Lösung würde ein nicht zu verachtendes Problem vernachlässigen: Eltern geben die ID oder den PIN-Code häufig weiter, weil sie der Ansicht sind, dass ein ganz bestimmtes Angebot ihrem Kind nicht schadet. Hierdurch haben die Minderjährigen dann aber bei nur einem Passwort auch auf weitere Angebote freien Zugriff. Bei dem Einsatz von zu verbrauchenden Codes reicht es hingegen, wenn Eltern in einem solchen Fall an das Kind den PIN und nur einen der verbrauchbaren Codes weiterreichen. Diese Lösung ist nicht nur geeignet, der Nachlässigkeit von Eltern entgegenzuwirken, sondern unterstützt auch Eltern, die den Medienumgang ihrer Kinder bewusst verfolgen, indem sie staatlichen Schutz als Rahmen gewährt, aber gleichzeitig den vorrangig zur Erziehung berechtigten Eltern Freiraum für die Ausfüllung im Einzelfall belässt.

Gleichwohl kann selbst bei restriktiver Auslegung der geschlossenen Benutzergruppe i.S.d. § 4 Abs. 2 S. 2 JMStV niemals vollständig ausgeschlossen werden, dass Kinder und Jugendliche nicht doch an die geschützten Inhalte gelangen. Dies liegt vor allem darin begründet, dass nicht verhindert werden kann, dass Erwachsene (insbesondere Eltern, ältere Geschwister oder Freunde) Kindern und Jugendlichen fahrlässig oder vorsätzlich die Möglichkeit zur Kenntnisnahme verschaffen.[552] Zudem gibt es keinen ganz perfekten technischen Schutz.[553] Es besteht immer die Möglichkeit, dass technisch hochgradig versierte Jugendliche die besondere Fähigkeit besitzen, selbst technische Sperren von hohem Schutzniveau zu umgehen. Aufgrund dieser Unmöglichkeit eines perfekten technischen Schutzes schlagen *Hartstein/Ring/Kreile/Dörr/ Stettner* vor, das Merkmal des Sicherstellens in § 4 Abs. 2 S. 2 JMStV entsprechend der Bundesverwaltungsgerichtsrechtsprechung so auszulegen, dass die technischen Hindernisse es den Minderjährigen „regelmäßig unmöglich machen" müssen, die so verbreiteten Inhalte wahrzunehmen.[554] Was den Einsatz von technischen oder sonstigen Mitteln bei entwicklungsbeeinträchtigenden Angeboten anbelangt, geht auch der Staatsvertraggeber davon aus, dass die Wahrnehmung durch Minderjährige nie gänzlich verhindert werden kann. So besagt die amtliche Begründung zu § 5 Abs. 3 Nr. 1 JMStV: „Der Gesetzgeber sieht dabei vor, dass eine wesentliche Erschwerung ausreicht, da niemals sicher ausgeschlossen werden kann, dass Kinder und Ju-

550 S. unter Teil B II. 1. c) aa) (1), S. 144 ff.

551 S. *Ukrow*, Jugendschutzrecht, S. 225 Rn. 429.

552 So auch *Altenhain* (in: Roßnagel, Recht der Multimedia-Dienste, Teil 9, § 3 GjS Rn. 15) zu der alten Rechtslage nach § 3 GjSM.

553 Ebenso *Hartstein/Ring/Kreile/Dörr/Stettner*, RfStV, Bd. III, C 3, § 4 JMStV Rn. 65; *Dippelhofer*, RdJB 2000, 52, 61; *Kreile/Diesbach*, ZUM 2002, 849, 851.

554 *Hartstein/Ring/Kreile/Dörr/Stettner*, RfStV, Bd. III, C 3, § 4 JMStV Rn. 65.

gendliche unberechtigt Zugriff erhalten.“ Es verwundert jedoch, dass der darauf folgende Satz lautet: „Insofern sind die Anforderungen an eine geschlossene Benutzergruppe mit Altersverifikationssystem nach § 4 Abs. 2 Satz 2 wesentlich höher.“. Wie aber soll sichergestellt werden, dass Angebote lediglich Erwachsenen zugänglich gemacht werden, wenn niemals sicher ausgeschlossen werden kann, dass Minderjährige unberechtigt Zugriff erlangen? Will man nicht davon ausgehen, dass § 4 Abs. 2 S. 2 JMStV Anforderungen aufstellt, deren Umsetzung für die Anbieter unmöglich zu erfüllen sind, kann die Formulierung nur so verstanden werden, dass die Anforderungen bei § 4 Abs. 2 S. 2 JMStV zwar höher als bei § 5 Abs. 3 Nr. 1 JMStV liegen, dass aber auch bei § 4 Abs. 2 S. 2 JMStV nicht jeglicher Zugriff durch Minderjährige ausgeschlossen werden kann. Fehl geht jedoch die Interpretation *Schumanns*, § 4 Abs. 2 S. 2 und § 5 Abs. 3 Nr. 1 JMStV würden sich schon deshalb unterscheiden, weil es für § 5 Abs. 3 Nr. 1 i.V.m. § 11 Abs. 1 1. Alt. JMStV genüge, dass der Anbieter die Voraussetzungen dafür liefere, dass der Nutzer ein Jugendschutzprogramm installieren könne.[555] Die in § 4 JMStV genannten Angebote bergen im Gegensatz zu denen des § 5 JMStV ein größeres Gefahrenpotential in sich, dem nicht durch ein begrenzteres Maß an Systemumsetzungsmöglichkeiten Rechnung getragen werden kann, sondern allein durch Erzielung eines höheren Schutzniveaus.[556] *Schumann* verkennt zudem, dass aus der Tatsache, dass sich ein 100%iger Schutz nicht verwirklichen lässt, nicht der Rückschluss gezogen werden kann, dass ein niedriges Schutzniveau ausreicht.[557] Es ist vielmehr durchaus davon auszugehen, dass der derzeit maximal mögliche Schutzstandard einzuhalten ist und damit eine „nahezu absolute Sicherheit“ gefordert ist.

bb) Hinreichend gewichtiger Grund für die Ungleichbehandlung?

Im analogen Fernsehen ist die Einrichtung einer geschlossenen Benutzergruppe aus technischen Gründen generell nicht möglich[558], so dass die Ungleichbehand-

555 S. *Schumann*, Die Auslegung des Merkmals „Sicherstellen“ in § 4 Abs. 2 S. 2 JMStV, S. 15, Gutachten v. 15.06.2004, abrufbar unter: http://www.ueber18.de/gutachten.pdf (abgerufen am: 10.01.2006).

556 S. *Liesching*, Anforderungen an geschlossene Benutzergruppen nach § 4 Abs. 2 S. 2 JMStV, Gutachten v. 11.08.2004, S. 8, abrufbar unter: http://www.coolspot.de/docs/Gutachten-Liesching-11.08.04.pdf (abgerufen am: 10.01.2006).

557 S. *Schumann*, Die Auslegung des Merkmals „Sicherstellen“ in § 4 Abs. 2 S. 2 JMStV, S. 13, Gutachten v. 15.06.2004, abrufbar unter: http://www.ueber18.de/gutachten.pdf (abgerufen am: 10.01.2006).

558 *Jugendschutz.net*, Arbeitspapier zu den Anforderungen an Altersverifikationssysteme v. 15.05.2001, S. 1, abrufbar unter: http://www.jugendschutz.net/TischvorlageAVS.PDF (abgerufen am: 23.11.2003).

lung von analogem Fernsehen und Telemedien aus technischen Gründen gerechtfertigt ist.

Dagegen ist die Einrichtung einer geschlossenen Benutzergruppe im digitalen Fernsehen technisch möglich und bietet für Minderjährige denselben Schutz vor jugendgefährdenden Inhalten wie in den Telemedien.[559] Die Voraussetzungen, die an die geschlossene Benutzergruppe für Telemedien nach dem JMStV zu stellen sind, entsprechen denen, die das *Bundesverwaltungsgericht* in seiner oben angesprochenen Entscheidung aufgestellt hat.[560] In der Literatur wird teilweise sogar davon ausgegangen, dass die amtliche Begründung zu § 4 Abs. 2 S. 2 JMStV noch hinter den Anforderungen des *Bundesverwaltungsgerichts* zur Schaffung einer „effektiven Barriere" zurückbleibe.[561] Bei Vergegenwärtigung der Tatsache, dass diese Entscheidung zur Verbreitung von Pornographie im Fernsehen ergangen ist, wird offensichtlich, dass die Einrichtung einer geschlossenen Benutzergruppe i.S.d. § 4 Abs. 2 S. 2 JMStV ebenso gut im Fernsehen zu verwirklichen wäre. Dass technische Vorkehrungen im Fernsehen niemals einen 100%igen Schutz bieten, da Erwachsene den Zugang ermöglichen können bzw. technisch sehr begabte Jugendliche die Schutzvorkehrung umgehen können, steht dem nicht entgegen. Wie bereits festgestellt, ist auch § 4 Abs. 2 S. 2 JMStV nicht so auszulegen, dass eine absolute Sicherheit gefordert ist.

Damit liegen in den technischen Möglichkeiten keine Unterschiede, die eine Ungleichbehandlung der Telemedienanbieter und der Rundfunkveranstalter rechtfertigen könnten. Das Kriterium der technischen Möglichkeiten eignet sich nicht als rechtfertigender Differenzierungsgrund zwischen Telemedien und digitalem Fernsehen.

---

559 Hiervon gehen neben der *Deutschen Industrie- und Handelskammer* (Stellungnahme der *DIHK* zu dem Entwurf des JMStV in der Fassung v. 21.05.2002, S. 2, abrufbar unter: http://www.dihk.de/inhalt/download/Stgn_JMSTV.pdf, abgerufen am 10.01.2006) und dem *VPRT* (abrufbar unter: http://www.vprt.de/db/positionen/pp_entw_jmstv_130801.html, S. 5, abgerufen am: 16.01.2003) auch *Kreile/Diesbach* (ZUM 2002, 849, 850), *Gersdorf* (Neuer Jugendschutz für neue Medien, S. 3, abrufbar unter: http://www.uni-rostock.de/fakult/jurfak/Gersdorf/News/ Neuer Jugendschutz fuer Neue Medien_Thesen.pdf (abgerufen am: 10.01.2006) sowie *Schmid* (Neuer Jugendschutz in Rundfunk und Telemedien, S. 2 Fn. 13, abrufbar unter: http://www.itrb.de/leseprobe/itrb0302231.htm, abgerufen am: 03.12.2003) aus.

560 So auch *Hartstein/Ring/Kreile/Dörr/Stettner*, RfStV, Bd. III, C 3, § 4 JMStV Rn. 65; *Nikles/Roll/Spürck/ Umbach*, Jugendmedienschutzrecht, Teil III, § 4 Rn. 28 u. 35; *Kreile/Diesbach*, ZUM 2002, 849, 850.

561 *Hartstein/Ring/Kreile/Dörr/Stettner*, RfStV, Bd. III, C 3, Überblick Rn. 6 Fn. 13; *Kreile/Diesbach*, ZUM 2002, 849, 851 Fn. 18; *Grapentin*, CR 2003, 458, 459.

d) Ergebnis und Stellungnahme

Für die durch § 4 Abs. 2 S. 2 JMStV getroffene Differenzierung zwischen den Veranstaltern digitalen Rundfunks und Telemedienanbietern ist damit kein Grund ersichtlich. Allein das Verbreitungsmedium rechtfertigt eine Ungleichbehandlung der gleichen Inhalte nicht. Eine abweichende Bewertung gleicher Angebote auf unterschiedlichen Übertragungswegen sollte vielmehr gerade verhindert werden. Dies war schließlich ein wesentliches Ziel der Reform des Jugendmedienschutzes. Ausweislich seines § 1 bezweckt der JMStV den einheitlichen Schutz von Kindern und Jugendlichen vor entwicklungsbeeinträchtigenden und entwicklungsgefährdenden Angeboten in elektronischen Informations- und Kommunikationsmedien. Eine ohne hinreichend gewichtigen Grund vorgenommene differierende Behandlung von Telemedienanbietern und Rundfunkveranstaltern steht im Widerspruch zu der Einheitlichkeit des Schutzgutes. Der Gleichheitssatz des Art. 3 Abs. 1 GG ist daher verletzt. Bei den entwicklungsgefährdenden Angeboten darf kein Unterschied zwischen Telemedien und Rundfunk gemacht werden.

Kennzeichnenderweise sahen auch die ersten Entwurfsfassungen zum JMStV noch keine diesbezüglichen Differenzierungen vor.[562] Eine Ausnahme für Telemedien wurde erstmals in den Entwurf vom 19. Oktober 2001 eingefügt.[563] Offensichtlich sahen die vertragsschließenden Länder zunächst selbst keinen Anlaß für eine Differenzierung zwischen entwicklungsgefährdenden Inhalten bei den Telemedien einerseits und dem Rundfunk andererseits. Dass eine Unterscheidung schließlich doch getroffen wurde, erstaunt umso mehr vor dem Hintergrund, dass sich die Vertragsparteien immer einig waren, an dem Leitgedanken der Reform nichts ändern zu wollen: Gleiche Inhalte sollten stets gleich behandelt werden – das Verbreitungsmedium sollte nicht über das Regelungsregime der Inhalte entscheiden.[564] Warum diese Ausnahme dann überhaupt bzw. nicht auch für den Bereich des Rundfunks aufgenommen wurde, wird nirgendwo erklärt.

Es steht daher zu vermuten, dass die unterschiedliche Behandlung in einem politischen Kompromiss begründet liegt. Wahrscheinlich fürchtete der Staatsvertraggeber, dass bei einem ausnahmslosen Verbot der in § 4 Abs. 2 S. 1 JMStV genannten Inhalte in den Telemedien Internetanbieter und deren Verbände jegliche Mitarbeit im Bereich des Jugendschutzes als Konsequenz verweigert hätten.

---

562 Vgl. bspw. den Entwurf v. 07/2001 (unveröffentlicht), den Anhörungstext vom 13.08.2001 (abgedruckt bei *Hartstein/Ring/Kreile/Dörr/Stettner*, RfStV, Bd. III, C 2, S. 28, 30) oder den Urtext zum „Usedomer Entwurf" (abgedruckt bei *Hartstein/Ring/Kreile/Dörr/Stettner*, RfStV, Bd. III, C 2 S. 39, 41).

563 Bei *Hartstein/Ring/Kreile/Dörr/Stettner* (RfStV, Bd. III, C 2, S. 49) ist erst der Entwurf mit Stand vom 09.11.2001 abgedruckt.

564 *Hartstein/Ring/Kreile/Dörr/Stettner*, RfStV, Bd. III, C 2, S. 38 Rn. 24.

Zudem hätte ein absolutes Verbot im Bereich der Telemedien der deutschen Wirtschaft geschadet. Hierzu im Einzelnen:

Der JMStV bedeutet für den Bereich der Telemedien bereits so eine deutliche Verschärfung. Während der Bereich des Rundfunks seit jeher einer relativ strikten Regulierung unterlag, war der des Internets bislang um einiges freier. Der verhältnismäßig junge Jugendschutz im Internet basierte sehr stark auf Freiwilligkeit. Obwohl es nach der früheren Rechtslage einschlägige Gesetzesvorschriften für den Jugendschutz im Internet gab, vgl. §§ 12, 13 Abs. 1, 22 Abs. 1 MDStV a.F. und § 3 Abs. 1 Nr. 4, Abs. 2 S. 2 GjSM, fand ein Jugendschutz in der Praxis in diesem Medium kaum statt, weil es an einer schlagkräftigen Aufsichtsstruktur mangelte.[565] So sahen sich Rezipienten beispielsweise seit Beginn des Internets mit pornographischen Inhalten (nicht nur aus dem Ausland) konfrontiert, während sie Pornographie im Fernsehen nicht oder zumindest sehr selten zu sehen bekamen. Hinzu kam, dass die Länder sich bei Schaffung des § 8 MDStV a.F., der sich später in § 12 Abs. 1 MDStV a.F. wiederfand, zwar stark an den §§ 3, 4 RfStV und § 9 BtxStV orientiert, sie jedoch ausdrücklich eine geringere Regelungsdichte für den Jugendschutz anstrebt hatten als im Rundfunk.[566] Noch niedriger war sie bei den Telediensten: Diese waren Beschränkungen erst unterworfen, wenn eine jugendgefährdende Wirkung zu vermuten war. Auch die bisher von *jugendschutz.net* zu § 3 Abs. 2 S. 2 GjSM aufgestellten Anforderungen lagen unterhalb des Niveaus, welches die *KJM* bei § 4 Abs. 2 S. 2 JMStV verlangt. Folglich blieben die Jugendschutzregelungen des MDStV und des GjSM hinter denen des RfStV zurück.[567] Mit der Einführung des JMStV kommen auf die Internetanbieter daher bisher unbekannte, verpflichtende Schutzmaßnahmen zu.[568] Überdies sind in dem neuen Regelungswerk erhebliche Sanktionen vorgesehen.

Dementsprechend negativ reagierte die Internetbranche auf die Neuregelung. Betroffene Einrichtungen und Verbände übten starke Kritik.[569] Dem Staatsvertraggeber wurde vorgeworfen, unreflektiert die aus dem Bereich der herkömmlichen Medien (Printmedien, Rundfunk) bekannten Jugendschutzmaßnahmen auf

565 *Stettner*, ZUM 2003, 425, 430.

566 *Altenhain*, in: Hoeren/Sieber, Handbuch Multimedia-Recht, Teil 20, Rn. 31, bezugnehmend auf nwLT-Drs. 12/1954, S. 30.

567 *Altenhain*, in: Hoeren/Sieber, Handbuch Multimedia-Recht, Teil 20, Rn. 31; *Stettner*, ZUM 2003, 425 f.

568 Ebenso *Grapentin*, CR 2003, 458 u. 463.

569 S. heise online news v. 14.06.2002, abrufbar unter: http://www.heise.de/newsticker/meldung/28255 (abgerufen am: 10.01.2006); Pressemitteilung des *eco*-Verbandes v. 21.08.2002, abrufbar unter: http://www.eco.de (abgerufen am 10.01.2006); Pressemitteilung der *FSM* v. 14.06.2002, abzurufen unter: http://www.fsm.de/inhalt.doc/PresseJuni%2002.pdf (abgerufen am: 05.09.2004).

das Internet zu übertragen und damit die technischen und wirtschaftlichen Besonderheiten dieses neuen Mediums zu ignorieren.[570] Der *IT-Branchenverband Bitkom* und der *Bundesverband der Deutschen Industrie* (BDI) sprachen sich ausdrücklich gegen die härteren Regelungen des Jugendschutzes im Internet aus.[571] Der durch unabhängige Einrichtungen der Selbstkontrolle ausgeübten Selbstregulierung sollte Vorrang vor staatlichen Verboten zukommen. Die *FSM* hatte mit der Einstellung ihrer bisherigen Tätigkeit gedroht, sollte der Gesetzgeber auf die Zertifizierungspflicht für Institutionen der Freiwilligen Selbstkontrolle nicht verzichten.[572] Zahlreiche Anbieter haben davor gewarnt, dass – als Konsequenz der Verschärfungen – entweder ausländische Unternehmen, die jugendgefährdende Angebote gänzlich ungeschützt zum Abruf bereitstellen, den deutschen Markt übernehmen würden oder deutsche Firmen ihren Sitz in das Ausland verlagern und von dort aus jugendgefährdende Inhalte ungeschützt zum Abruf bereitstellen würden.[573] Bereits die Einführung der geschlossenen Benutzergruppe in den Telemedien ist folglich auf Widerstand gestoßen. Entsprechend lauter wären die Proteste bei einem Totalverbot von Pornographie in den Telemedien ausgefallen. Vor allem hätte die Existenz vieler privater Anbieter auf dem Spiel gestanden. Anders als das Fernsehen sieht sich der Bereich der Telemedien einem erheblichen Wettbewerb durch internationale Konkurrenz ausgesetzt, die weniger liberaleren Jugendschutzauflagen ausgesetzt sind. Durch das Erfordernis, bestimmte Inhalte nur in geschlossenen Benutzergruppen zu verbreiten, gehört Deutschland – den Jugendschutz in den Telemedien betreffend – schon zu den Ländern, mit den strengsten Vorschriften.

Die Standortnachteile für die deutsche Wirtschaft, die durch ein absolutes Verbot entstanden wären (und ohnehin durch die Einführung der geschlossenen Benutzergruppe entstanden sind), können jedoch keinen Rechtfertigungsgrund i.S.d. Art. 3 Abs. 1 GG begründen. Dies mögen wirtschaftspolitische Gründe sein – aus verfassungsrechtlicher Sicht spielen sie keine Rolle. Wirtschaftliche Erwägungen bilden kein taugliches Unterscheidungskriterium zur Differenzierung

---

570 Vgl. Pressemitteilung des *eco*-Verbandes v. 21.08.2002, abrufbar unter: http://www.eco.de (abgerufen am 10.01.2006).

571 S. http://www.bdi-online.de/veranstaltungen/jugendschutz/Presseinfo.pdf (abgerufen am:12.12.2003).

572 S. heise online news v. 14.06.2002, abrufbar unter: http://www.heise.de/newsticker/meldung/28255 (abgerufen am: 10.01.2006). Nach In-Kraft-Treten des JMStV hat die *FSM* schließlich doch beschlossen, einen Antrag auf Anerkennung zu stellen, vgl. Pressemitteilung der *FSM* v. 16.12.2003, abrufbar unter: http://www.fsm.de/inhalt.doc/Pressemitteilung_Dezember_03.pdf (abgerufen am: 05.09.2004).

573 S. http://www.aktion-fuer-jugendschutz.de/jsb.html (abgerufen am: 05.09.2004), http://www.bigerotik.de/ standort.htm (abgerufen am: 05.09.2004).

zwischen Rundfunk und Telemedien beim Jugendschutz. Der wirtschaftliche Wettbewerb darf nicht über das Verfassungsgut Jugendschutz gestellt werden.

Dagegen erhoben die Fernsehveranstalter kaum Einwände gegen die materiell rechtlichen Bestimmungen des JMStV und die *FSF* signalisierte – anders als die *FSM* – bereits kurz vor der Verabschiedung des JMStV Bereitschaft zur Beantragung ihrer Anerkennung.[574] Es gab folglich in diesem Bereich keine Veranlassung, von den absoluten Ausstrahlungsverboten abzurücken. Es ist vielmehr anzunehmen, dass die Einräumung der Möglichkeit der Verbreitung entsprechender Angebote im Bereich des Rundfunks (trotz geschlossener Benutzergruppe) auf Missfallen in der Bevölkerung gestoßen wäre. Die Reform des Jugendmedienschutzes wurde gerade mit Eile vorangetrieben, um nach dem tragischen Ereignis in Erfurt das von den Medien geschürte, in der Gesellschaft aufkeimende, Bedürfnis nach einer Verschärfung des Jugendmedienschutzes zu stillen. Dass die Verbreitung bestimmter jugendgefährdender Inhalte in Telemedien innerhalb geschlossener Benutzergruppen dennoch möglich ist, wurde in der Öffentlichkeit weitgehend hingenommen. Dies war auch nicht anders zu erwarten gewesen, denn die Gesellschaft steht dem Internet weitaus skeptischer gegenüber als dem Fernsehen. Hier wird eher damit gerechnet, dass Kinder mit schädlichen Angeboten (insbesondere aus dem Ausland) konfrontiert werden, für die der nationale Gesetzgeber keine Verantwortung trägt. Im Rundfunk wird indessen eine nationalstaatliche Regulierung erwartet, die den Schutz von Kindern vor jugendgefährdenden Angeboten gewährleistet. Es bedarf keiner näheren Erläuterung, dass auch diese Gründe einer verfassungsrechtlichen Überprüfung der im Staatsvertrag getroffenen Differenzierung nicht standhalten können.

2. Unterschiedliche Verpflichtungen bei entwicklungsbeeinträchtigenden Angeboten

Bei den entwicklungsbeeinträchtigenden Angeboten stellt der JMStV ebenfalls unterschiedliche Anforderungen an die Anbieter von Telemedien und die Veranstalter von Rundfunk.

a) Unterschiedliche Anforderungen an die technischen und sonstigen Mittel nach § 5 Abs. 3 Nr. 1 JMStV

Gem. § 5 Abs. 1 JMStV müssen Anbieter, sofern sie Angebote, die geeignet sind, die Entwicklung von Kindern oder Jugendlichen zu einer eigenverantwortlichen und gemeinschaftsfähigen Persönlichkeit zu beeinträchtigen, verbreiten oder zu-

574 *Morhart*, epd medien 64/2002, 3, 4.

gänglich machen, Sorge dafür tragen, dass Minderjährige der betroffenen Altersstufe diese üblicherweise nicht wahrnehmen. Neben der Beachtung bestimmter Sendezeiten kann dieser Pflicht gem. § 5 Abs. 3 Nr. 1 JMStV alternativ dadurch nachgekommen werden, dass die Wahrnehmung derartiger Angebote Kindern oder Jugendlichen durch technische oder sonstige Mittel, d.h. Software oder Jugendschutzprogramme, unmöglich gemacht oder wesentlich erschwert wird. Da eine wesentliche Erschwerung nach dem Gesetzestext ausreicht, sind hieran jedenfalls geringere Anforderungen zu stellen, als an die geschlossene Benutzergruppe des § 4 Abs. 2 S. 2 JMStV.[575]

Für den Bereich des digitalen Rundfunks wird § 5 Abs. 3 Nr. 1 JMStV durch § 9 Abs. 2 JMStV näher konkretisiert: Danach ist zur Erfüllung dieser Pflicht die Einrichtung einer Vorsperre durch den privaten Veranstalter vorgeschrieben. Anbieter von Telemedien kommen ihrer Verpflichtung aus § 5 Abs. 3 Nr. 1 JMStV dagegen dadurch nach, dass sie entsprechende Angebote für ein als geeignet anerkanntes Jugendschutzprogramm programmieren (§ 11 Abs. 1 1. Alt.) oder es ihnen vorschalten (§ 11 Abs. 1 2. Alt). Der Staatsvertrag setzt damit für den Rundfunk eine anbieterseitige Sperrung voraus, während die Anbieter von Telemedien zwischen anbieterseitiger Vorsperrung (§ 11 Abs. 1 2. Alt JMStV) und der Klassifizierung ihres Angebotes, so dass vom Nutzer zu aktivierende Sperren greifen (§ 11 Abs. 1 1. Alt. JMStV), wählen können.[576]

Wie bereits zu den entwicklungsgefährdenden Angeboten erläutert, eignen sich weder Unterschiede bei der Inhaltskontrolle oder der Durchsetzbarkeit von Regelungen[577], noch die verschiedene Reichweite und Wirkungsintensität von Rundfunk und Telemedien[578] als ein die Ungleichbehandlung von Rundfunkveranstaltern und Anbietern von Telemedien rechtfertigendes Differenzierungskriterium. Näher zu verfolgen ist daher allein die Frage, ob die vom Staatsvertraggeber vorgenommene Ungleichbehandlung aufgrund technischer Unterschiede zwischen den Medien zulässig ist. Nur wenn die nutzerseitigen Sperrsysteme im Be-

---

575 So auch die amtliche Begründung zu § 5 III Nr. 1 JMStV, abgedruckt bei: *Hartstein/Ring/Kreile/ Dörr/Stettner*, RfStV, Bd. III, C 1.3.

576 In dieser Weise interpretieren auch *Schulz/Held* (Anregungen zum Entwurf eines Jugendmedienschutzstaatsvertrages, S. 8, abrufbar unter: http://www.rrz.uni-hamburg.de/hans-bredow-institut/ws-lehr/jmstv.pdf, abgerufen am: 05.09.2004) und *Langenfeld* (Zur Neuordnung des Jugendschutzes im Internet, S. 7, abrufbar unter http://www.jura.uni-sb.de/projekte/Bibliothek, abgerufen am: 10.01.2006) den Gesetzestext des § 11 I JMStV. Anderer Ansicht scheint *Grapentin* (CR 2003, 458, 460) zu sein, die § 11 I 1. Alt. JMStV als anbieterseitige Vorkehrung und § 11 I 2. Alt. JMStV als nutzerseitige Vorkehrung definiert.

577 S. Teil 2 B. II. 1. a), S. 135 ff.

578 S. Teil 2 B. II. 1. b), S. 138 ff.

reich des digitalen Fernsehens weniger Schutz versprächen als im Bereich des Internets, wäre die Differenzierung gerechtfertigt.

Im Folgenden soll zunächst ganz allgemein aufgezeigt werden, welche Möglichkeiten der nutzer- und der anbieterseitigen Sperrsysteme jeweils im Rundfunk und bei den Telemedien bestehen, um anschließend eine Aussage darüber treffen zu können, ob nutzerseitige Sperrsysteme im digitalen Fernsehen tatsächlich ein niedrigeres Schutzniveau gewährleisten als in den Telemedien.

aa) Möglichkeiten nutzer- und anbieterseitiger Sperrsysteme im digitalen Fernsehen

Die Komprimierung von digitalisierten Fernsehsignalen erlaubt es, auf den bekannten Übertragungswegen ein Vielfaches mehr an Programmen zu transportieren. Durch diese beachtliche Vermehrung von Programmen entstehen Probleme bei der Kontrollierbarkeit, weil der zur Überprüfung notwendige personelle und technische Aufwand fühlbar steigt.[579] Neben einem umfangreicheren Programmangebot liegt der „Mehrwert" von digitalem Fernsehen gegenüber analogem Fernsehen in der Möglichkeit, dieses rund um die Uhr empfangen zu können. Während die jederzeitige Empfangbarkeit und die damit verbundene Zeitsouveränität für den Nutzer einen besonderen Reiz der digitalen Angebote ausmacht, läuft gerade diese unbegrenzte Verfügbarkeit den Gesichtspunkten des Jugendschutzes zuwider.[580] Die Einführung des digitalen Fernsehens eröffnet aber auch neue technische Möglichkeiten für den Jugendmedienschutz. Durch den Einsatz anbieter- oder nutzerseitiger Sperrsysteme wird versucht, einen Ausgleich zwischen den widerstreitenden Interessen des Jugendmedienschutzes und des digitalen Fernsehens herzustellen.

(1) Kindersicherung und V-Chip

Zu Beginn des digitalen Fernsehens wurde eine elektronische Kindersicherung in der d-box installiert[581], um den Jugendschutz „auf andere Weise" als durch Sendezeitbeschränkungen entsprechend § 3 Abs. 2 RfStV a.F. zu gewährleisten. Diese, von *Premiere* verwendete, Kindersicherung ermöglichte durch Eingabe eines vierstelligen PIN-Codes das Sperren des Zugangs zu allen Angeboten, zu einzelnen Kanälen und überdies das Sperren von Kanälen zu bestimmten Zeiten (Total-, Kanal- und Zeitsperren). Die Kindersicherung ließ damit eine nutzerseitige

579 *Schorb/Theunert*, Jugendmedienschutz – Praxis und Akzeptanz, S. 16.
580 *Hertel*, in: Beck'scher Kommentar zum Rundfunkrecht, § 3 RfStV Rn. 9.
581 *Schorb/Theunert*, Jugendmedienschutz – Praxis und Akzeptanz, S. 16.

Sperrung von Angeboten zu. Die Verantwortung für deren Umsetzung trugen ausschließlich die Eltern bzw. Erziehungsberechtigten. Geliefert wurde die d-box mit der Voreinstellung auf die Zahlenfolge „0000“. Es oblag dann dem Abonnenten eine individuelle Zahlenfolge zu bestimmen.

Eine 1997 im Auftrag der *Direktorenkonferenz der Landesmedienanstalten* (DLM) von dem *Institut Jugend, Film, Fernsehen* (JFF), München, gemeinsam mit dem Lehrstuhl für Medienpädagogik an der *Universität Leipzig* durchgeführte Untersuchung, die insbesondere in einem Praxistest Verständlichkeit und Handhabbarkeit der Kindersicherung der d-box prüfte und eine Befragung über Fernseherziehung sowie Bedeutung und Nutzung der Kindersicherung in Familien aus dem Abonnentenkreis von *Premiere digital* und *DF 1* durchführte, kam zu dem Ergebnis, dass die Kindersicherung kein geeignetes Instrument des Jugendmedienschutzes ist.[582] Die Mehrzahl der befragten Personen ersetzte den „Code“ nicht wie vorgesehen und für die sinnvolle Programmierung von Zugangssperren unerlässlich durch eine eigene Geheimzahl.[583] Die Gründe hierfür waren vielfältig. Zum einen war die Bereitschaft der Eltern zur Anwendung technischer Sicherungssysteme ausgesprochen gering. Begründet wurde dies häufig damit, dass die Möglichkeit zur Kindersicherung zwar zu begrüßen, im eigenen Haushalt jedoch nicht erforderlich sei, da ein Vertrauensverhältnis innerhalb der Familie bestünde. Andere standen dem Fernsehkonsum der Kinder ohnehin gleichgültig gegenüber oder empfanden es als zu mühselig, den PIN-Code jedes Mal erneut einzugeben.[584] Zum anderen scheiterte eine vorhandene Bereitschaft der Eltern zur Codierung nicht selten schon deshalb, weil sie mit der Technik überfordert waren.[585] Im Übrigen darf nicht übersehen werden, dass sobald die Möglichkeit besteht, einen eigenen Code zu kreieren, häufig so naheliegende Zahlenkombinationen (wie etwa das Geburtsdatum) gewählt werden, dass sie von den Kindern leicht herauszufinden sind. Aufgrund des Ergebnisses dieser Studie lehnten die Landesmedienanstalten rein nutzerseitige Sperrvorrichtungen als unzureichende Schutzvorrichtungen zur Gewährung des Jugendschutzes ab: Selbst wenn die Sicherungsmaßnahmen praktikabel wären, würden sie nicht von den Zuschauern in Anspruch genommen werden.[586]

---

582 *Schorb/Theunert*, MP 1998, 446, 451; *dies.*, Jugendmedienschutz – Praxis und Akzeptanz, S. 17 ff.

583 *Schorb/Theunert*, MP 1998, 446, 449.

584 *Schorb/Theunert*, MP 1998, 446, 449.

585 *Hertel*, in: Hahn/Vesting, Beck'scher Kommentar zum Rundfunkrecht, § 3 RfStV Rn. 12; *Schorb/Theunert*, MP 1998, 446, 447.

586 Pressemitteilung 01/1998 der *Arbeitsgemeinschaften der Landesmedienanstalten* (ALM), Ergebnisse der 106. *DLM* am 03.02.1998, abrufbar unter: http://www.alm.de (abgerufen am: 10.01.2006).

Ähnliche Erfahrungen sind einer in Kanada von einer Arbeitsgruppe kanadischer Rundfunkveranstalter durchgeführten Studie zufolge mit dem in den USA und Kanada verwendeten V(iolence)-Chip, dessen Einführung im Jahr 1996 die Diskussion um technische Sperrsysteme in Europa auslöste, gemacht worden.[587] Der Einsatz des V-Chips setzt voraus, dass der Veranstalter jede Sendung daraufhin klassifiziert, für welches Alter sie geeignet erscheint (in den USA gibt es beispielsweise das Kürzel TV-M [Mature Audience only], d.h. für unter 17-Jährige nicht geeignet) und aufgrund welchen Inhalts die Sendung als jugendgefährdend zu bewerten ist (das Kürzel „D“ steht in den USA zum Beispiel dafür, dass die Sendung anzügliche Dialoge enthält).[588] Diese Bewertungen (Ratings) werden mit dem ausgestrahlten Programm gesendet und von dem V-Chip, der im Fernsehgerät oder einer gesonderten V-Chip-Box installiert ist, erkannt. Sperren die Erziehungsberechtigten bestimmte Kategorien von Programmen, dunkelt der Chip den Bildschirm automatisch ab und entzieht den Ton.[589] Diese Technologie wurde bisher überwiegend für das analoge Fernsehen eingesetzt. In ihrer technischen Handhabung ist sie aber mit der in Deutschland im Bereich des digitalen Fernsehens eingesetzten Set-top-box mit Kindersperre vergleichbar.

An welchem Problem diese Systeme kranken, liegt auf der Hand. Von staatlicher Seite getroffene Maßnahmen des Jugendschutzes erweisen sich als besonders wichtig bei Minderjährigen, deren Eltern ihrem Fernsehkonsum gleichgültig gegenüberstehen. Wenn entsprechende Maßnahmen zwar gesetzlich geregelt werden, ihre Umsetzung jedoch vollständig in die Verantwortung der (bisweilen verantwortungslosen) Eltern gelegt wird, erfahren gerade diese schutzbedürftigen Kinder und Jugendlichen, um deretwillen staatlicher Jugendschutz in erster Linie geschaffen werden muss, keinen Schutz.

(2) Senderseitige Vorsperrung

Aufgrund des negativen Ergebnisses dieses ersten Praxistests war der Jugendschutz seit März 1999 „auf andere Weise“ als durch Sendezeitbeschränkungen i.S.d. § 3 Abs. 2 RfStV a.F. nicht mehr durch die elektronische Kindersicherung zu erfüllen, sondern durch eine senderseitig für jugendschutzrelevante Inhalte zu errichtende Vorsperre, die sich inzwischen als Instrument des Jugendmedienschutzes etabliert hat. Bei jeder vorgesperrten – mithin jugendschutzrelevanten – Sendung bleibt zunächst der Lautsprecher stumm und auf dem schwarzen Bild-

587 *Hasebrink*, MP 1998, 454, 457; *Ridder*, MP 2000, 213, 218. Seit dem 01.01.2000 sind alle TV-Empfangsgeräte in den USA von Herstellerseite mit V-Chips ausgestattet, vgl. *Kloepfer*, Informationsrecht, § 5 Rn. 60, S. 192.

588 S. *Ridder*, MP 2000, 213, 218.

589 S. hierzu *Hasebrink*, MP 1998, 454, 457.

schirm erscheint neben dem Kanalnamen, dem Titel der Sendung und der Einstufung der Sendung, also freigegeben ab 16 oder 18 Jahren, lediglich die Information, dass die Sendung vorgesperrt ist.[590] Durch die Betätigung einer Taste wird der Nutzer aufgefordert, den PIN-Code einzugeben, um die Sendung freizuschalten. Dieser PIN-Code ist ein vierstelliger Zahlenschlüssel, der senderseitig vergeben wird, jedoch später verändert werden kann, falls etwa die Kinder den PIN-Code herausgefunden haben.

Die Technik der Vorsperrung lässt sich noch mit weiteren Mitteln des Jugendschutzes kombinieren. So schrieb die Satzung der Landesmedienanstalten zur Gewährleistung des Jugendschutzes für digital verbreitete Programme des privaten Fernsehens[591] vom 8. Juni 2000 gemäß deren § 5 Abs. 2 zusätzliche Sendezeitbeschränkungen vor: Sendungen, die erst ab 18 Jahren freigegeben waren, durften vorgesperrt erst ab 20:00 Uhr laufen – alle übrigen Sendungen, die sonst nur zwischen 23:00 Uhr und 6:00 Uhr gesendet werden durften, konnten vorgesperrt ohne jede zeitliche Beschränkungen gesendet werden. Ferner sah die Satzung vor, dass der zur Freischaltung der Vorsperrung zu verwendende Jugendschutzcode sich von dem Code zur Freischaltung des Pay-TV-Programms unterscheiden musste und darüber hinaus sichergestellt war, dass die Freischaltung lediglich für die Dauer der Sendung möglich war. Ergänzt wurde dieses System später noch dadurch, dass der PIN-Code mit der Bestellnummer für Pay-per-view identisch sein sollte, vgl. § 4 der genannten Jugendschutzsatzung. Gerade diese Koppelung an die Bestellnummer von Pay-per-view ist dem Jugendschutz sehr förderlich, da insbesondere Eltern, die sich ihrer Verpflichtung zur Medienerziehung nicht bewusst sind bzw. ihr nicht nachkommen wollen, aufgrund der Gefahr, dass ihre Kinder unbefugt kostenpflichtige Angebote nutzen, eher motiviert sind, die Zahlenkombination geheim zu halten[592]

Zu dieser senderseitig zu errichtenden Vorsperre ließen die Landesmedienanstalten eine zweite Untersuchung durch das *JFF* und den Lehrstuhl für Medienpädagogik an der *Universität Leipzig* durchführen, die zu dem Ergebnis kam, dass die Vorsperre von den Nutzern überwiegend positiv bewertet wurde und die

---

590 Vgl. *Schorb/Theunert*, Jugendmedienschutz – Praxis und Akzeptanz, S. 19 u. 135.

591 Abgedruckt bei *Hertel*, in: Hahn/Vesting, Beck'scher Kommentar zum Rundfunkrecht, Anh. 4 zu § 3 RfStV.

592 So auch *Schorb/Theunert*, Jugendmedienschutz – Praxis und Akzeptanz, S. 138. Das *LG Düsseldorf* hält die Kostenpflichtigkeit von jugendgefährdenden Inhalten sogar als eine der faktisch wirksamsten „Maßnahmen" des Jugendschutzes, vgl. Urteil v. 31.01.2003, S. 13, abrufbar unter: http://www.jugendschutz.net/urteil-duesseldorf. pdf (abgerufen am: 02.05.2003).

Mehrzahl der Eltern den PIN-Code den Kindern gegenüber nicht preisgaben.[593] Letzteres sieht der Studie zufolge bei den Jugendlichen dagegen anders aus: Während Kinder den PIN-Code nur vereinzelt kannten, waren 20 % der 14- und 15-Jährigen mit der Zahlenkombination vertraut; bei den 17- und 18-Jährigen waren es bereits 40 %.[594]

Die Vorteile der Vorsperre gegenüber nutzerseitigen Vorkehrungen kristallisieren sich damit deutlich heraus. Im Gegensatz zu der Kindersicherung kann die Vorsperre nicht ausgeschaltet werden. Zudem wird der PIN-Code senderseitig vorgegeben, so dass Kinder nur an die in dieser Weise geschützten Inhalte gelangen, wenn Eltern den PIN-Code verraten (mithin bei Aktivität der Eltern). Bei der nutzerseitig zu errichtenden Sperrung erhalten die Kinder bereits dann Zugang zu entsprechenden Angeboten, wenn die Eltern lediglich untätig bleiben (somit schon bei Passivität der Eltern). Gerade für Eltern, die Medienerziehung betreiben wollen, sich aber häufig ihrer eigenen Urteile nicht sicher sind, bietet die Vorsperre eine große Hilfe. Außerdem wird durch die Vorsperrung jeder einzelnen jugendschutzrelevanten Sendung dem Zuschauer immer wieder vor Augen geführt, dass von bestimmten Fernsehangeboten Gefahren für Kinder und Jugendliche ausgehen können. Die hierdurch entstehende Beeinträchtigung ist auch kinderlosen Erwachsenen zumutbar, da die Eingabe des PIN-Codes relativ leicht zu handhaben ist.[595] Unabhängig davon ist die Beeinträchtigung so zumindest niedriger, als wenn die Ausstrahlung gänzlich untersagt wäre und die Erwachsenen gar keinen Zugriff auf eine entsprechende Sendung erhielten.

Allerdings stößt auch das System der senderseitigen Vorsperrung auf Kritik. Es wird teilweise in Zweifel gezogen, ob hierdurch tatsächlich mehr Sicherheit gewährleistet werden kann. Letztlich sei dafür ebenfalls ein verantwortungsvoller Umgang der Eltern vonnöten und die Anwendung des Jugendschutzcodes erfordere ein gewisses Maß an technischem Verständnis.[596] Im Übrigen bezeichnen *Schorb/Theunert* es als ein offenes Geheimnis, dass die Überwindung der Vorsperre sich für „Technikfreaks" als „kein allzu schweres Unterfangen" darstelle.[597] Nicht außer Acht gelassen werden darf ferner, dass dem relativ positiven Ergebnis der erwähnten Befragung nicht zu viel Bedeutung beigemessen werden darf, weil sich der Wahrheitsgehalt der Aussagen in Grenzen halten wird. Die

593 *Schorb/Theunert*, Jugendmedienschutz – Praxis und Akzeptanz, S. 20, 141. Lediglich die Handhabbarkeit der Änderung des PIN-Codes wurde kritisiert, vgl. *ders.*, S. 142 ff.

594 *Schorb/Theunert*, Jugendmedienschutz – Praxis und Akzeptanz, S. 156.

595 Zur einfachen Handhabung der Vorsperre s. *Schorb/Theunert*, Jugendmedienschutz – Praxis und Akzeptanz, S. 155.

596 *Ridder*, MP 2000, 213, 221.

597 *Schorb/Theunert*, Jugendmedienschutz – Praxis und Akzeptanz, S. 141 Fn. 76.

Aussagen von Eltern im Rahmen solcher Umfragen sind kritisch zu bewerten, da die Wenigsten dazu stehen werden, dem Fernsehkonsum ihrer Kinder keine Beachtung zu schenken.

(3) Zwischenergebnis

Im Ergebnis ist die senderseitige Vorsperre im Bereich des digitalen Fernsehens – wenn sie zum Teil auch kritisiert wird – jedenfalls ein wirksameres Mittel des Jugendschutzes als eine nutzerseitig einzurichtende Sperrung.

bb) Möglichkeiten nutzer- und anbieterseitiger Vorkehrungen im Bereich der Telemedien

(1) Nutzerseitige Vorkehrungen

Eine nutzerseitig zu errichtende Empfangskontrolle im Internet setzt zunächst ein Rating voraus, worunter die Bewertung von Inhalten zu verstehen ist. Das Rating, welches folglich den Wert oder Unwert eines Informationsinhalts beschreibt, erweist sich als die Basis für das Filtern und Blocken, da Filter- und Abblock-Programme das durch das Rating Festgelegte ausführen. Das Filtern kann dabei als positive Leistung verstanden werden, die nach einem vorab definierten Profil gewünschten Informationen bereitzustellen. Abblocken ist im Gegenstück dazu die negative Leistung, das Unerwünschte fernzuhalten. Filter- und Abblocksysteme sind demgemäß Anwendungen, die den Zugriff auf Inhalte des Internets nach vorgegebenen Kriterien regulieren können. Sie können dabei unterschiedliche Aktivitäten auslösen. So können sie beispielsweise den Weg durch das Netz im Detail aufzeichnen, vor problematischen Seiten warnen, inkriminierte Seiten blockieren bzw. nur erwünschte Seiten anzeigen und schließlich einen Rechner ganz ausschalten.

Nutzerseitige Vorkehrungen zum Schutz vor jugendgefährdenden oder jugendbeeinträchtigenden Internetinhalten erfolgen bei unverschlüsselten Übertragungen durch die Einschaltung technischer Filter- oder Abblockprogramme. Es gibt derzeit drei gängige Filter- und Abblocksysteme, die sowohl anbieterseitig als auch nutzerseitig einsetzbar sind: Das Konzept des Keyword Blockings, des Site-Blockings und des Page-Labelings.[598] Um ihre Effektivität zu erhöhen, wei-

598 *Holznagel/Kussel*, RdJB 2002, 295, 301. S. hierzu die sehr ausführliche Darstellung bei *Faber*, Jugendschutz im Internet, S. 62 ff.

sen die existierenden Programme zumeist Kombinationen dieser Grundkonzepte auf.[599]

(a) Keyword-Blocking

Durch die Filtertechnik des Keyword-Blockings werden die Seiten auf bestimmte Schlüsselbegriffe hin untersucht, die in den hierzu verwendeten Listen mit verbotenen Worten enthalten sind. Wird ein solcher Begriff identifiziert, wird die betroffene Seite nicht angezeigt. Hierzu können vorgefertigte Listen oder manuell erstellte Listen verwendet werden. Es kann sich dabei um Negativlisten handeln, welche die aufgeführten Angebote ausschließen wollen oder um Positivlisten, die allein die ausgewählten Inhalte zugänglich machen.[600] Die Programme von *CyberSitter* oder *NetNanny* verwenden zum Beispiel dieses System.

Das Keyword-Blocking wird überwiegend als ungenau und zu grob kritisiert.[601] Nehmen Eltern beispielsweise den Begriff „Sex" in die Liste auf, so werden neben dem gewünschten Erfolg, dass pornographische Seiten gesperrt werden, leider auch für Jugendliche oft sehr nützliche Seiten, wie etwa Informationsangebote über Empfängnisverhütung oder zum Coming-out, nicht mehr angezeigt.[602] Die Softwareprogramme sind nicht in der Lage, die Begriffe in ihrem Kontext zu analysieren. *Jugendschutz.net* weist darauf hin, dass Programme, die mit Keyword-Blocking arbeiten, paradoxer Weise selbst ihre Homepage blocken, da sich dort ein Artikel über Pornographie im Internet befindet.[603] Zur Steigerung der Effektivität vergleichen die Programme teilweise inkriminierte Wortfragmente. Dadurch werden dann zum Beispiel Seiten, die die Wörter „Staatsexamen" oder „Sussex" enthalten, gesperrt.[604] Hinzu kommt, dass diese Filter-

599 *Jugendschutz.net*, Rating und Filtering – Filter-Konzepte, abrufbar unter: http://www.jugendschutz.net/filtering/list-filter-konzept.html (abgerufen am: 05.09.2004).

600 *Sieber*, Verantwortlichkeit im Internet, S. 275 Rn. 554.

601 *Langenfeld*, Zur Neuordnung des Jugendschutzes im Internet, S. 5, abrufbar unter: http://www.jura.uni-sb.de/projekte/Bibliothek (abgerufen am: 10.01.2006); *Holznagel/Kussel*, RdJB 2002, 295, 303.

602 *Holznagel/Kussel*, RdJB 2002, 295, 303.

603 *Jugendschutz.net*, Rating und Filtering – Keyword-Blocking, abrufbar unter: http://www.jugendschutz.net/filtering/keyword-blocking.html (abgerufen am: 05.09.2004).

604 *Jugendschutz.net*, Rating und Filtering – Keyword-Blocking, abrufbar unter: http://www.jugendschutz.net/filtering/keyword-blocking.html (abgerufen am: 05.09.2004).

programme versagen, wenn es sich um jugendgefährdende Bilder, Sounds oder Videos handelt, denen kein inkriminierter Text zur Seite steht.[605]

(b) Site-Blocking

Im Gegensatz zum Keyword-Blocking enthalten die beim System des Site-Blockings verwendeten Verbotslisten nicht bloß einzelne Wörter, sondern ganze Websites. Verwendet wird dieses System beispielsweise von *CyberPatrol*. Weil die Aufnahme in die Liste eine vorherige Sichtung der betroffenen Netzadresse voraussetzt, können solche Listen unmöglich das gesamte Netzangebot berücksichtigen. Eine Vielzahl von jugendgefährdenden Seiten wird daher nicht erfasst. Das Auffinden entsprechender Seiten hinkt zwangsläufig der rasanten Entwicklung des Internets hinterher. Bei einer derzeitigen Wachstumsrate im Internet von 20 % müssten monatlich 10-20 Mio. Websites gesichtet und sodann in die Liste aufgenommen werden.[606] Weiteres Defizit dieses Systems ist, dass es technisch leicht zu bewältigen ist, die Inhalte von einem Server auf einen anderen zu laden, so dass das Verfahren letztlich auf ein äußerst zeitaufwendiges „Katz-und-Maus-Spiel" hinausläuft.[607]

(c) Page-Labeling

Das System des Page-Labeling basiert auf der freiwilligen Kennzeichnung durch die Anbieter. Die großen Internetanbieter haben hierzu im Jahre 1999 die *Internet Content Rating Association* (ICRA) gegründet.[608] Deutscher Ansprechpartner hierfür ist der Internet Verband *eco Forum e. V.*[609] Diese Systeme stützen sich auf den Standard von Platform for Internet Content Selection (PICS), der technische Merkmale für eine einheitliche Labelspezifikation, Übertragungsstandards, Fälschungssicherheit und die Interpretation der Label durch entsprechende Software oder Browser definiert.[610] PICS gibt damit lediglich technische Spezifikationen vor, anhand derer Bewertungsschemata für Ratingsysteme entwickelt werden

605 *Jugendschutz.net*, Rating und Filtering – Keyword-Blocking, abrufbar unter: http://www.jugendschutz.net/filtering/keyword-blocking.html (abgerufen am: 05.09.2004).

606 *Jugendschutz.net*, Rating und Filtering – Site-Blocking, abrufbar unter: http://www.jugendschutz.net/filtering/site-blocking.html (abgerufen am 12.12.2003).

607 So *Holznagel/Kussel*, RdJB 2002, 295, 303.

608 Vgl. http://www.eco.de/servlet/PB/menu/1211793_pcontent_l1/content.html (abgerufen am: 10.01.2006).

609 Vgl. http://www.eco.de/servlet/PB/menu/1211793_pcontent_l1/content.html (abgerufen am: 10.01.2006).

610 *Bleisteiner*, Rechtliche Verantwortlichkeit im Internet, S. 42.

können, die wiederum auf die weltweit unterschiedlichen Vorstellungen von Moral, Politik, Weltanschauung und Religion zugeschnitten werden können.[611] PICS setzt voraus, dass die Inhalteanbieter ihre Seiten selbst oder durch unabhängige Dritte nach vorgegebenen Kriterien klassifizieren bzw. klassifizieren lassen, indem sie sie einer Stufe innerhalb verschiedener Kategorien, wie etwa der Kategorie Sex oder Gewalt, zuordnen. Dadurch erhält die Web-Site eine entsprechende Kennzeichnung (sog. Label), die ihren Inhalt beschreiben soll.[612] Die im „unsichtbaren" Header der Hompage untergebrachten Labels werden von den jeweiligen Filtersystemen ausgewertet.[613] Das Filtersystem funktioniert dann ansonsten wie beim Keyword-Blocking: Die Filtersoftware bewirkt, dass nur solche Inhalte angezeigt werden, die den – zum Beispiel von den Erziehungsberechtigten – eingestellten Filteroptionen entsprechen. Der Browser sperrt alle Seiten, die aufgrund ihrer Klassifizierung ein nach dem jeweiligen Nutzerprofil unerwünschten Inhalt aufweisen. Zusätzlich besteht die Möglichkeit, alle Seiten zu sperren, die vom Anbieter nicht eingeordnet worden sind.[614]

Wesentlicher Kritikpunkt dieses Systems ist die vorausgesetzte Mitarbeit des Inhalteanbieters, der seine Angebote überdies nicht selten wahrheitswidrig kennzeichnet.[615] De facto ist der überwiegende Teil der Angebote im Internet noch nicht mit Labels versehen (zur Zeit sind es wohl erst 1-2 % der Internet Seiten[616]), so dass das System jedenfalls derzeit für den Jugendschutz noch äußerst lückenhaft ist bzw. das Informationsangebot bei zusätzlicher Sperrung aller nicht klassifizierten Seiten das Internetangebot auf ein Minimum beschränken würde.[617]

(d) Zusammenfassende Bewertung der Systeme

Von den Kritikern der Programme wird insbesondere auf die Gefahr hingewiesen, dass die entwickelte Filtersoftware auch die legitime Nutzung bestimmter

611 *Kuhlen*, Ambivalenz von Filter-, Abblock- und Rating-Verfahren, S. 6, abrufbar unter: http://www.inf-wiss.uni-konstanz.de/People/RK/Texte/tk_jb00.html (abgerufen am: 10.01.2006).

612 *Jugendschutz.net*, Filter-Konzepte, abrufbar unter: http://www.jugendschutz.net/filtering/list-filter-konzept. html (abgerufen am: 05.09.2004).

613 *Holznagel/Kussel*, RdJB 2002, 295, 301; *Sieber*, Verantwortlichkeit im Internet, S. 275 Rn. 555.

614 *Langenfeld*, Zur Neuordnung des Jugendschutzes im Internet, S. 5, abrufbar unter: http://www.jura.uni-sb.de/ projekte/Bibliothek (abgerufen am: 10.01.2006).

615 *Holznagel/Kussel*, RdJB 2002, 295, 303.

616 *Jugendschutz.net*, Rating und Filtering – Page Labeling, abrufbar unter: http://www.jugendschutz.net/filtering/page-labeling.html (abgerufen am: 05.09.2004).

617 *Sieber*, Verantwortlichkeit im Internet, S. 276 Rn. 555.

Inhalte einschränken kann und damit die technische Infrastruktur für Zensurmaßnahmen im Internet schafft. Die Technik kann missbraucht werden, um mit den denkbar unterschiedlichsten Motivationen missliebige Inhalte zu blocken.[618] So kann sie etwa zur Unterdrückung der Meinung von politisch Andersdenkenden oder der Durchsetzung prüder Moralvorstellungen[619] eingesetzt werden.

Zudem sind die Programme teilweise schlichtweg ineffektiv, weil sie überwiegend für den englischsprachigen Raum konzipiert sind und demzufolge weder deutsche Begriffe verwenden, noch die darin enthaltenen Bewertungsmaßstäbe immer mit den deutschen Moralvorstellungen kompatibel sind.[620] Schwachpunkt aller Filtertechniken ist, dass sie die Bereitschaft und Kompetenz von Eltern, Erziehungsberechtigten und Pädagogen voraussetzen, diese Filterprogramme auf dem Computer zu installieren und sie insbesondere vor der Deaktivierung durch die – zumeist technisch kundigeren – Kinder und Jugendlichen zu schützen bzw. eine solche überhaupt erst zu bemerken.[621] Häufig wird der Einsatz von Filtertechniken die Neugier der Jugendlichen auf entsprechende Inhalte zudem gerade noch steigern und ihren Ehrgeiz wecken, an die gesperrten Inhalte zu gelangen.[622] *Dippelhofer* weist zutreffenderweise darauf hin, dass den Eltern die Installation eines Schutzsystems oft schwerer fallen wird, als den Kindern die Deaktivierung dieses Systems.[623] Nach den Angaben von *jugendschutz.net* stellt es sich für einen halbwegs begabten Jugendlichen als relativ unproblematisch dar, die von Eltern mit Hilfe von Filtertechniken auf lokalen Rechnern installierten

618 *Jugendschutz.net*, Kritik an Rating und Filtering, S. 1, abrufbar unter: http://www.jugendschutz.net/filtering/list-filter-kritiker.html (abgerufen am: 05.09.2004).

619 Dies ist kein düsterer Ausblick in die Zukunft, sondern bereits Realität. Hinter dem auf dem System des Keyword-Blockings basierenden Programm *CyberSitter* steht beispielsweise die christliche und konservative amerikanische Organisation *Focus on the Family*. Aufgrund ihrer prüden Moralvorstellungen finden sich in der Liste der verbotenen Worte selbst Wörter wie „homosexuality", „nude", „topless" oder gar „lovestory", s. hierzu *Schindler*, Rating und Filtering – Zukunftstechnologien im Jugendschutz, S. 2, abrufbar unter: http://www.jugendschutz.net/filtering/rating-tvdiskurs.html (abgerufen am: 05.09.2004). Insgesamt ist man in den USA sehr viel empfindlicher was den körperlichen Kontakt (z.B. heftiges Küssen) betrifft als in Deutschland, während man dort Gewaltdarstellungen weitaus offener gegenübersteht als hier zu Lande.

620 Vgl. zu dem letzten Aspekt die vorstehende Fußnote.

621 *Sieber*, Verantwortlichkeit im Internet, S. 276 Rn. 556; *Langenfeld*, Zur Neuordnung des Jugendschutzes im Internet, S. 6, abrufbar unter: http://www.jura.uni-sb.de/projekte/Biblikothek (abgerufen am: 10.01.2006).

622 So auch *Aktion Jugendschutz Baden-Württemberg*, Technische Möglichkeiten, S. 1, abrufbar unter: http:// www.ajs-bw.de/00000017.html (abgerufen am: 05.09.2004).

623 *Dippelhofer*, RdJB 2000, 52, 58.

Schutzvorkehrungen zu umgehen oder ganz auszuschalten.[624] Dazu können die Sperrlisten gelöscht, die den Schutz realisierenden Systemdateien ausgetauscht oder einfach ein neues System auf dem geschützten Rechner eingerichtet werden. Sogenannte „HackZ&CrackZ-Seiten“ halten sogar Anleitungen für die Umgehung oder das Ausschalten der gängigen Schutzprogramme bereit.[625]

(2) Anbieterseitige Vorkehrungen

Als anbieterseitige Vorkehrungen kommen in erster Linie AVS-Systeme in Betracht. Verschiedene bestehende und in der Zukunft denkbare AVS-Systeme wurden bereits oben ausführlich dargestellt, worauf an dieser Stelle Bezug genommen wird.[626]

Wie erwähnt können auch Filter- und Abblockprogramme anbieterseitig eingesetzt werden. Hierauf wird häufig hingewiesen,[627] ohne anzusprechen, dass dies in der Praxis wohl selten vorkommen wird, da der Contentprovider sich hüten wird, ein solches System einzusetzen. Zutreffend ist zwar, dass diese Systeme sowohl auf dem Rechner des Nutzers als auch auf einem zentralen Internet-Rechner einer Institution (etwa auf dem Proxy-Server einer Schule) oder auf den Rechnern eines Zugangs-Providers (beispielsweise *AOL* oder *T-Online*) installiert werden können. Auch gelten die für Anbieter statuierten Verpflichtungen des JMStV nach dem weiten Anbieterbegriff des § 3 Abs. 2 Nr. 2 JMStV für sämtliche Anbieter unabhängig von ihrer Beteiligung an dem Kommunikationsprozess im Internet. Die speziellen Verpflichtungen aus §§ 5 Abs. 3 Nr. 1, 11 Abs. 1 JMStV treffen ihrem Wortlaut nach ebenfalls keine Differenzierung zwischen Content-, Hosting- und Accessprovidern.[628] Indem der JMStV jedoch in § 20 Abs. 4 JMStV auf § 22 Abs. 2-4 MDStV verweist, ist Adressat aufsichtsrechtli-

624 *Jugendschutz.net*, Umgehung von Schutzprogrammen, abrufbar unter: http://www.jugendschutz.net/filtering/crack.html (abgerufen am: 05.09.2004).

625 *Jugendschutz.net*, Umgehung von Schutzprogrammen, abrufbar unter: http://www.jugendschutz.net/filtering/crack.html (abgerufen am: 05.09.2004). Es soll sogar ein Programm geben, das, obwohl es die Schutzvorkehrungen aufhebt, den Schein des Schutzes aufrecht erhält, indem das Icon in der Taskleiste aktiv bleibt, vgl. *Schindler*, Rating und Filtering – Zukunftstechnologien im Jugendschutz?, S. 6, abrufbar unter: http://www.jugendschutz.net/filtering/rating-tvdiskurs.html (abgerufen am: 05.09.2004).

626 S. Teil 2 B. II. 1. c) aa) (1), S. 144 ff.

627 S. bspw. *Hartstein/Ring/Kreile/Dörr/Stettner*, RfStV, Bd. III, C 3, § 11 JMStV Rn. 5; *Grapentin*, CR 2003, 458, 461.

628 Contentprovider ist derjenige Anbieter, der eigene Inhalte zur Nutzung im Netz bereithält, Hostprovider bieten fremde Inhalte an und Accessprovider vermitteln lediglich den Zugang der Endnutzer zum Internet.

cher Maßnahmen in erster Linie der Contentprovider, vgl. § 22 Abs. 2 MDStV. Gegen Host- oder Accessprovider kommen nach den §§ 7 bis 9 MDStV Maßnahmen lediglich dann in Betracht, wenn ein Vorgehen gegen den Contentprovider nicht durchführbar oder nicht erfolgversprechend ist und die Maßnahme gegen die Angebote der Anbieter fremder Inhalte technisch möglich und zumutbar ist, vgl. § 22 Abs. 3 MDStV.

Aus der Sicht des Contentproviders ist der Einsatz eines solchen Systems jedoch widersinnig. Es liegt offenkundig nicht in seinem Interesse, die eigenen Seiten zu sperren. Auch Access- oder Hostprovider werden solche Systeme nicht einsetzen, jedenfalls nicht, ohne ein wirksames AVS-System vorzuschalten oder sich als kinderfreundlicher Provider auf dem Markt zu präsentieren. Andernfalls wäre der Zugriff auf die ausgefilterten oder abgeblockten Seiten nicht nur für Minderjährige, sondern darüber hinaus für Erwachsene generell unmöglich. Dies würde nicht zuletzt zu einer Zensur gegenüber Erwachsenen führen. Ganz überwiegend werden Filter- und Abblocksysteme daher lediglich für die nutzerseitige Empfangskontrolle verwendet.

cc) Anbieter- und nutzerseitige Vorkehrungen nach § 11 Abs. 1 JMStV

Wenngleich über die Voraussetzungen, die § 11 Abs. 1 JMStV aufstellt, im Einzelnen Unklarheit herrscht[629], so steht doch fest, dass Vorkehrungen nicht nur anbieterseitig, sondern auch nutzerseitig getroffen werden können. Dies ergibt sich sowohl aus § 11 Abs. 1 JMStV selbst, wonach die Telemedienanbieter ihrer Verpflichtung aus § 5 Abs. 3 Nr. 1 JMStV dadurch genügen, dass entwicklungsbeeinträchtigende Angebote für ein als geeignet anerkanntes Jugendschutzprogramm programmiert werden (nutzerseitige Vorkehrung) oder dass es ihnen vorgeschaltet wird (anbieterseitige Vorkehrung), als auch ausdrücklich aus der amtlichen Begründung zu § 11 Abs. 1 JMStV.[630] Der Einsatz der Programme kann folglich alternativ durch den Anbieter oder den Nutzer erfolgen.

Die Voraussetzungen für die Programmierung oder die Vorschaltung der Jugendschutzprogramme müssen allerdings durch den Anbieter geschaffen werden.

629 Vgl. die unterschiedlichen Darstellungen bei *Hartstein/Ring/Kreile/Dörr/Stettner*, RfStV, Bd. III, C 3, § 11 JMStV Rn. 4 ff.; *Schulz/Held*, Anregungen zum Entwurf eines Jugendmedienschutzstaatsvertrages, S. 8, abrufbar unter: http://www.rrz.uni-hamburg.de/hans-bredow-institut/ws-lehr/jmstv.pdf (abgerufen am: 05.09.2004); *Langenfeld*, Zur Neuordnung des Jugendschutzes im Internet, S. 7, abrufbar unter: http://www.jura.uni-sb.de/projekte/Bibliothek (abgerufen am: 10.01.2006); *Grapentin*, CR 2003, 458, 460.

630 Letztere ist abgedruckt bei *Hartstein/Ring/Kreile/Dörr/Stettner*, RfStV, Bd. III, C 1.3.

Die nutzerseitige Vorkehrung setzt somit eine Mitwirkung des Anbieters voraus. Dies wird zum einen aus der Formulierung des § 5 Abs. 1 JMStV („[...] haben sie [*scil*: die Anbieter] dafür Sorge zu tragen") und des § 5 Abs. 3 Nr. 1 JMStV („Der Anbieter kann seiner Pflicht aus Abs. 1 dadurch entsprechen, dass er durch technische oder sonstige Mittel die Wahrnehmung [...] wesentlich erschwert.") deutlich. Zum anderen zeigt der Gesetzestext des § 11 Abs. 1 JMStV, dass keinesfalls Programme ausreichen, die ganz ohne anbieterseitige Mitwirkung arbeiten. Schließlich obliegt es nach dieser Bestimmung dem Anbieter, entsprechende Angebote für ein Jugendschutzprogramm zu programmieren. Daher scheidet das Keyword-Blocking und das Site-Blocking als nach dem Staatsvertrag zulässige Form der nutzerseitigen Empfangskontrolle aus. Hierbei würde der Anbieter weder ein Jugendschutzprogramm programmieren müssen, noch ein solches den Angeboten vorschalten. Als ausreichende, derzeit existierende nutzerseitig zu errichtende Sperre kommt somit allein das Page-Labeling in Betracht. Nur dieses Jugendschutzprogramm setzt eine Programmierung durch den Anbieter voraus, indem er seine Angebote klassifiziert und die entsprechende Kennzeichnung im Header der Hompage unterbringt, die wiederum von den – vom Nutzer zu aktivierenden – Filtersystemen ausgewertet werden kann.

Die auf dem System des Site-Blockings oder Keyword-Blockings basierenden Filterprogramme können dementsprechend überhaupt nur den Anforderungen des § 11 JMStV genügen, wenn sie anbieterseitig eingesetzt werden. Dies wird in der Praxis jedoch selten vorkommen.[631] Als anbieterseitige Vorkehrung i.S.d. § 11 Abs. 1 2. Alt. JMStV kommt daher in erster Linie ein AVS-System in Betracht.[632] Welches Schutzniveau es aufweisen muss, um als geeignet anerkannt werden zu können, wird sich zeigen.

Unabhängig davon, dass sich auch viele anbieterseitige Vorkehrungen im Internet als unzureichend erweisen, liegen jedenfalls die nutzerseitigen Vorkehrungen noch einmal deutlich unter diesem Schutzniveau. Anders ausgedrückt: AVS-Systeme von mittlerem bis hohem Schutzniveau liegen über dem Niveau der auf dem System des Page-Labeling basierenden Filter- und Abblockprogramme. Vor allem liegt bei nutzerseitigen Vorkehrungen die Letztverantwortung, Minderjäh-

631 Vgl. zu den Gründen die Ausführungen bei Teil 2 B. II. 2. a) bb) (2), S. 181.

632 Dies scheinen *Hartstein/Ring/Kreile/Dörr/Stettner* (RfStV, Bd. III, C 3, § 11 JMStV Rn. 11) aufgrund der Formulierung „oder dass es ihnen vorgeschaltet wird" zu bezweifeln. Wenn sie sich letztlich auch dafür entscheiden, so halten sie es für fraglich, ob die KJM „bloße" AVS-Systeme als geeignet anerkennen werde, weil solche Systeme besonders leicht auszuhebeln seien. Dies kann von meiner Seite nicht nachvollzogen werden, da es AVS-Systeme unterschiedlichster Schutzniveaus gibt und die meisten gerade deutlich das Schutzniveau von Filter- und Abblocksystemen übertreffen.

rige von entwicklungsgefährdenden Angeboten fern zu halten, in den Händen der Erziehungsberechtigten[633], während dies bei anbieterseitigen Vorkehrungen nicht der Fall ist. Indem § 11 Abs. 1 JMStV vorsieht, dass die Anbieter bei entwicklungsbeeinträchtigenden Angeboten ihrer Verpflichtung aus § 5 Abs. 1 JMStV entweder durch die Errichtung anbieterseitiger Vorkehrungen oder der Klassifizierung ihrer Angebote, so dass vom Nutzer zu aktivierende Sperren zu greifen vermögen, genügen können, werden nach dem Staatsvertrag Instrumente des Jugendschutzes für austauschbar und damit gleichwertig erklärt, die ein unterschiedliches Schutzniveau gewährleisten. Dies wurde insbesondere von *Schulz/ Held* bereits zu den Entwürfen des Staatsvertrages kritisiert.[634]

dd) Rechtfertigender Grund für die Differenzierung zwischen Rundfunkveranstaltern und Telemedienanbietern?

Zusammenfassend lässt sich festhalten, dass die nutzerseitig zu errichtenden Vorkehrungen im Internet kein höheres Schutzniveau bieten, als nutzerseitige Sperrsysteme im Fernsehen. Insbesondere der in den USA verwendete V-Chip dürfte in seiner Wirksamkeit vergleichbar sein mit dem System des Page-Labelings im Internet. Letzteres ist nach den oben getroffenen Ausführungen auch das einzige derzeit existierende nutzerseitige System, welches den Voraussetzungen des Staatsvertrages entspricht. Hinzu kommt, dass die nutzerseitig einzurichtenden technischen Sicherungsmaßnahmen von den Landesmedienanstalten für den Bereich des digitalen Fernsehens in erster Linie deshalb als Alternative zu den Sendezeitgrenzen abgelehnt wurden, weil sie vom Zuschauer nicht in Anspruch genommen werden würden.[635] Dies dürfte sich im Internets kaum anders verhalten. Damit verstößt die Differenzierung in diesem Bereich gegen Art. 3 Abs. 1 GG.

Parallel zu der nicht zu rechtfertigenden Ungleichbehandlung von Rundfunkveranstaltern und Telemedienanbietern bei entwicklungsgefährdenden Angeboten,[636] ist bezeichnend, dass die Entwurfsfassungen des JMStV auch bei den entwicklungsbeeinträchtigenden Inhalten zunächst noch keine Differenzierung zwischen Telemedienanbietern und Rundfunkveranstaltern vorsahen. Die Anbieter

---

633 So auch die amtliche Begründung zu § 11 I JMStV, abgedruckt bei: *Hartstein/Ring/ Kreile/Dörr/Stettner*, RfStV, Bd. III, C 1.3.

634 S. *Schulz/Held*, Anregungen zum Entwurf eines Jugendmedienstaatsvertrages, S. 8, abrufbar unter: http://www.rrz.uni-hamburg.de/hans-bredow-institut/ws-lehr/jmstv.pdf (abgerufen am: 05.09.2004); *ders.*, epd medien 58/2002, 27, 30.

635 S. die Pressemitteilung 01/98 der *ALM*, Ergebnisse der 106. *DLM* am 03.02.1998, abrufbar unter: http:// www.alm.de (abgerufen am: 10.01.2006).

636 Vgl. Ausführungen bei Teil 2 B. II. 1. d), S. 166 ff.

von Telemedien hatten nach den ersten Entwürfen noch keine Wahlmöglichkeit, sondern konnten anstelle der Beachtung von Sendezeiten nur anbieterseitige Vorkehrungen treffen, vgl. beispielsweise § 11 Abs. 1 JMStV der Entwurfsfassung vom 9. November 2001.[637]

Wie das zunächst für Telemedien vorgesehene Totalverbot von entwicklungsgefährdenden Angeboten, stießen die in der Entwurfsfassung ausschließlich vorgesehenen Möglichkeiten der Verbreitung entwicklungsbeeinträchtigender Angebote bei Einhaltung von bestimmten Sendezeiten oder der Errichtung anbieterseitiger Vorkehrungen auf den harten Widerstand der Internetbranche. Die Möglichkeit altersspezifischer Sendezeitbeschränkungen wurde für das Medium Internet – zutreffenderweise – für inakzeptabel gehalten.[638] Schließlich macht es gerade den Charakter des Internets aus, dass seine Angebote zu jeder Zeit abrufbar sind. Hierin liegt der Innovationsvorsprung des Internets gegenüber hergebrachten Verteildiensten, der mit Sendezeitbegrenzungen samt des ihm innewohnenden Potentials als Wirtschaftsantrieb verloren gehen würde. Dieser Punkt gilt aber in gleicher Weise für das digitale Fernsehen – auch hier liegt der „Mehrwert" gegenüber dem analogen Fernsehen gerade in der ständigen Empfangbarkeit des vielfältigen Programmangebotes. Ein weiteres Problem für die Umsetzung von Sendezeitgrenzen ergibt sich aus der Globalität des Netzes: Aufgrund der unterschiedlichen Welt-Zeitzonen wäre im Internet ein zusätzlicher technischer Aufwand, der die Zeitverschiebungen ausgleichen müsste, zur Einhaltung von Sendezeiten erforderlich.[639]

Vor allem aber wurde von Anbieterseite gefordert, auf die Verpflichtung zur Einrichtung anbieterseitiger Vorkehrungen zugunsten von nutzerseitig zu errichtenden Vorkehrungen, die vom Anbieter lediglich eine Klassifizierung des Angebotes anhand eines Bewertungssystems verlangen, zu verzichten.[640] Diesem letzten Kritikpunkt ist der Staatsvertraggeber trotz entgegenstehenden Verfassungs-

---

637 Dieser lautete: „*Der Anbieter von Telemedien kann seiner Verpflichtung nach § 5 Abs. 4 Ziff. 3 dadurch nachkommen, dass Angeboten, die geeignet sind, die Entwicklung und Erziehung von Kindern und Jugendlichen zu beeinträchtigen, ein Jugendschutzprogramm vorgeschaltet wird.*" (abgedruckt bei *Hartstein/Ring/Kreile/Dörr/Stettner*, RfStV, Bd. III, C 2 Rn. 27 S. 54).

638 *Deutscher Multimediaverband e.V.* (dmmv), Stellungnahme zur Diskussionsgrundlage für einen Entwurf eines Jugendmedienschutz-Staatsvertrages, S. 6, abrufbar unter: http://www.dmmv.de/ww/de/data/doc/2501_002_026_stellgn_jmstv_020616_v 3. doc (abgerufen am: 12.12.2003).

639 *Hartstein/Ring/Kreile/Dörr/Stettner*, RfStV, Bd. III, C 3, § 11 JMStV Rn. 3.

640 *Dmmv*, Stellungnahme zur Diskussionsgrundlage für einen Entwurf eines Jugendmedienschutz-Staatsvertrages, S. 6 f., abrufbar unter: http://www.dmmv.de/ww/de/data/doc/2501_002_026_stellgn_jmstv_020616_v3.doc (abgerufen am: 12.12. 2003).

rechts (Verstoß gegen Art. 3 Abs. 1 GG) als Kompromiss nachgekommen, indem er Internetanbietern die begehrte Möglichkeit als Alternative eingeräumt hat. Die Gründe, die mutmaßlicher Weise hierzu geführt haben, dürften dieselben sein, wie diejenigen, die den Staatsvertraggeber wahrscheinlich dazu veranlasst haben werden, Rundfunkveranstalter und Telemedienanbieter bei den entwicklungsgefährdenden Angeboten differenziert zu behandeln. Auf die Ausführungen hierzu sei daher verwiesen.[641]

ee) Änderungsvorschlag

Für eine Neuregelung wäre es ratsam, die den Anbietern bei der Verbreitung oder Zugänglichmachung entwicklungsbeeinträchtigender Angebote obliegende Verpflichtung im Sinne des § 5 Abs. 1 JMStV nur dann als erfüllt anzusehen, wenn Sperrsysteme anbieterseitig errichtet werden. Schließlich versprechen nutzerseitige Sperrsysteme in beiden Medien einen äußerst niedrigen Schutz und stehen in ihrer Wirksamkeit als Mittel des Jugendschutzes zumindest derzeit wohl selbst Sendezeitbeschränkungen nach. Um also einen effektiven Jugendmedienschutz zu gewährleisten und zu vermeiden, dass keine Instrumente des Jugendschutzes nach dem Gesetz austauschbar sind, die nicht das gleiche Schutzniveau bieten, sollte dieser Weg eingeschlagen werden.

b) Regelung des § 5 Abs. 5 JMStV nur für Telemedien

Eine weitere Ungleichbehandlung zwischen Rundfunkveranstaltern und Anbietern von Telemedien wird durch § 5 Abs. 5 JMStV bewirkt. Dieser lautet:

> *„Ist eine entwicklungsbeeinträchtigende Wirkung im Sinne von Absatz 1 nur auf Kinder [scil: unter 14-Jährige] zu befürchten, erfüllt der Anbieter von Telemedien seine Verpflichtung nach Absatz 1, wenn das Angebot getrennt von für Kinder bestimmten Angeboten verbreitet wird oder abrufbar ist."*

Gem. § 5 Abs. 1 JMStV haben die Anbieter von Telemedien und Rundfunk dafür Sorge zu tragen, dass Kinder oder Jugendliche entwicklungsbeeinträchtigende Angebote üblicherweise nicht wahrnehmen. Die Differenzierung zwischen Rundfunkveranstaltern und Anbietern von Telemedien in Abs. 5 müsste im Hinblick auf Art. 3 Abs. 1 GG gerechtfertigt sein.

641 Teil 2 B. II. 1. d), S. 166 ff.

aa) Rechtfertigender Grund für die Ungleichbehandlung?

Die amtliche Begründung gibt keinen Hinweis darauf, warum § 5 Abs. 5 JMStV sich nicht gleichfalls auf Rundfunkveranstalter bezieht. Ausgeführt wird lediglich, dass Angebote, die eine Entwicklungsbeeinträchtigung nur für Kinder unter 14 Jahren befürchten ließen, nicht aus Gründen des Jugendschutzes insgesamt verboten werden könnten, so dass eine Sonderregelung für diese Angebote erforderlich sei. Warum diese Sonderregelung im Rundfunkbereich nicht auch für notwendig erachtet wurde, bleibt offen.

Die Entwürfe zum JMStV sahen noch bis Anfang Mai 2002 vor, dass die Bestimmung (zumindest in ähnlicher Form) auch für Rundfunkveranstalter gelten sollte. In zwei Entwürfen war geplant, dass, sofern eine entwicklungsbeeinträchtigende Wirkung nur auf Kinder zu vermuten sei, der Rundfunkveranstalter oder Anbieter von Telemedien seiner Verpflichtung nach § 5 Abs. 1 JMStV entspreche, wenn das Angebot nicht in zeitlicher Nähe zu oder in programmatischem Zusammenhang mit für Kinder bestimmten Angeboten verbreitet werde oder abrufbar sei.[642] Einer anderen Entwurfsfassung zufolge konnte der Anbieter seiner Verpflichtung im Sinne des § 5 Abs. 1 JMStV nachkommen, wenn er das Angebot getrennt von für Kinder bestimmten Angeboten verbreitete oder abrufbar halte.[643] Schließlich war zwischenzeitlich sogar ohne eine Einschränkung auf allein für Kinder beeinträchtigende Sendungen geplant, dass Telemedienanbieter und Rundfunkveranstalter ihrer Verpflichtung aus § 5 Abs. 1 JMStV erfüllen könnten, indem sie die Angebote nicht in zeitlicher Nähe oder in programmatischem Zusammenhang mit für Kinder oder Jugendlichen bestimmten Angeboten verbreiteten oder zugänglich machten.[644] In weiteren Entwurfsfassungen war eine entsprechende Sonderregelung überhaupt nicht vorgesehen, also selbst für Anbieter von Telemedien nicht.[645]

Für Rundfunkveranstalter bleibt es nunmehr in Ermangelung einer Sonderregelung bei den allgemeinen Bestimmungen. Demzufolge muss, auch wenn eine entwicklungsbeeinträchtigende Wirkung lediglich auf Kinder zu befürchten ist, die Wahrnehmung der Angebote durch unter 14 Jahre alte Minderjährige entweder mittels technischer oder sonstiger Mittel wesentlich erschwert werden oder

642 So die nicht veröffentlichten Entwürfe von 07/2001 (dort § 3 II) und vom 11.04.2002 (dort § 5 VI).

643 So § 5 V des nicht veröffentlichten Entwurfs vom 08.05.2002.

644 Vgl. § 4 II Nr. 2 des Usedomer Entwurfes aus dem Jahr 2001 (abgedruckt bei *Hartstein/Ring/Kreile/Dörr/Stettner*, RfStV, Bd. III, C 2, Rn. 23 ff.) und § 5 IV Nr. 2 des (nicht veröffentlichten) Entwurfes vom 19.10.2001.

645 Vgl. bspw. die Entwurfsfassung vom 09.11.2001, abgedruckt bei *Hartstein/Ring/Kreile/Dörr/Stettner*, RfStV, Bd. III, C 2, Rn. 27.

die Ausstrahlungszeit so gewählt werden, dass Kinder der betroffenen Altersstufe sie üblicherweise nicht wahrnehmen, vgl. § 5 Abs. 3 JMStV. Dies bedeutet, dass für unter 14-Jährige nicht geeignete Angebote in der Regel nur zwischen 22 Uhr und 6 Uhr ausgestrahlt werden dürfen (vgl. § 5 Abs. 4 S. 2 JMStV). Nach § 5 Abs. 4 S. 3 JMStV ist bei Angeboten, die für Kinder unter 12 Jahren nicht geeignet sind, bei der Wahl der Sendezeit dem Wohl jüngerer Kinder Rechnung zu tragen. Weil man kaum davon ausgehen kann, dass beispielsweise 11-jährige Kinder vor 20:00 Uhr ins Bett gehen, dürfen für diese Altersstufe nicht geeignete Sendungen vorher nicht gesendet werden.

Ein hinreichend gewichtiger Grund für die bestehende Differenzierung zwischen Veranstaltern von Rundfunk und Anbietern von Telemedien ist nicht ersichtlich. Es ist nicht nachvollziehbar, warum Telemedienanbieter ihrer Verpflichtung nach § 5 Abs. 1 JMStV derart leicht nachkommen können, während Rundfunkveranstalter an die Einhaltung von Sendezeiten oder Einrichtung technischer Mittel gebunden sind. Eine Trennung von entwicklungsbeeinträchtigenden Angeboten und ausdrücklich für Kinder geeigneten bzw. bestimmten Angeboten erscheint im Rundfunk nicht schwerer durchführbar als im Internet. Zwar läuft aufgrund der unterschiedlichen Angebotsstruktur von Rundfunk und Internet eine Trennung im Bereich der jederzeit zum Abruf bereiten Telemedien anders als im Bereich des Rundfunks, wo ein vom Rundfunkveranstalter festgelegtes Programm in einer bestimmten Zeitfolge ausgestrahlt wird, regelmäßig auf die dauerhafte Einrichtung eines Raums für Kinder hinaus. Jedoch ist die Wirkung für den Jugendschutz in beiden Medien vergleichbar. Wenngleich im Rundfunk mit einer entsprechenden Regelung kein dauerhaft geschützter Raum für Kinder im Rundfunk geschaffen würde, wäre doch gewährleistet, dass Kinder nicht im Anschluss an für sie bestimmte Angebote mit schädlichen Angeboten konfrontiert würden. Die Gefahr, dass sie Stunden später eventuell auf dem gleichen Programm ein für sie gefährdendes Angebot wahrnehmen können, liegt nicht höher, als dass sie im Internet zu einer anderen Website wechseln. Auch kann nicht davon ausgegangen werden, dass Kinder im Rundfunk häufiger zwischen den Programmen, als im Internet zwischen verschiedenen Websites wechseln. Im Internet besteht zudem die Gefahr, dass Kinder über Suchmaschinen gezielt Angebote aufspüren, die für sie schädlich sind, da gerade diese häufig ihr Interesse wecken. Das Umschalten zu einem anderen Fernsehprogramm dürfte Eltern im Übrigen eher auffallen, als das Wechseln zwischen verschiedenen Websites. Die Regelung des § 5 Abs. 5 JMStV verstößt damit gegen den Gleichheitssatz des Art. 3 Abs. 1 GG.[646]

bb) Änderungsvorschlag

Auf den ersten Blick erscheint die Vorschrift aus der Sicht des Jugendmedienschutzes insgesamt fragwürdig, hat sie doch zur Konsequenz, dass Anbieter, die keine für Kinder bestimmten Angebote bereit halten, gar keine Rücksicht auf unter 14-Jährige nehmen müssen. Dies könnten Anbieter zum Anlass nehmen, einfach keine für Kinder geeignete Angebote mehr bereit zu halten, um in dieser Weise auf „der sicheren Seite" zu sein.

Die Herausforderung eines solchen Anbieterverhaltens lag sicherlich nicht in der Intention des Staatsvertraggebers. Der amtlichen Begründung zufolge ist eine Sonderregelung für Angebote erforderlich, die lediglich für Kinder entwicklungsbeeinträchtigend sein können, weil der Jugendmedienschutz diese Angebote nicht insgesamt verbieten könne. Dem ist insofern beizupflichten, als es gegen die Rundfunkfreiheit und Informationsfreiheit Jugendlicher und Erwachsener verstoßen würde, entsprechende Angebote ganz zu untersagen. Im Zusammenhang mit § 5 JMStV kann von einem Verbot jedoch gar nicht die Rede sein. Schließlich sind danach nur bestimmte Sendezeiten einzuhalten oder Schutzvorkehrungen durch technische oder sonstige Mittel zu schaffen. Es führte allerdings ebenfalls zu weit, etwa für Kinder unter 6 Jahre nicht geeignete Filme erst ab 20 Uhr auszustrahlen oder zum Abruf bereit zu halten. So gesehen liegt die einzige Möglichkeit, dem Wohl der Kinder dennoch Rechnung zu tragen, darin, Angebote, die nicht für Kinder geeignet sind, nicht in programmatischem Zusammenhang oder zeitlicher Nähe zu Angeboten, die für sie bestimmt sind, auszustrahlen bzw. getrennt von ihnen zu verbreiten oder zum Abruf bereit zu halten. Eltern erleichtert es die häusliche Medienkontrolle, wenn sie davon ausgehen können, dass beispielsweise nicht direkt im Anschluss an die „Sesamstrasse" ein Film oder Beitrag gesendet wird, der für Kinder entwicklungsbeeinträchtigende Wirkung aufweisen kann. Soweit also der Sinn und Zweck der Vorschrift des § 5 Abs. 5 JMStV darin liegt, geschützte Räume für spezielle Kinderangebote im Internet zu schaffen, die nicht zu beeinträchtigenden Angeboten weiterführen,[647] wäre dies für den Bereich des Rundfunks durch Trennung des programmatischen Zusammenhanges oder Einhaltung eines zeitlichen Abstands ebenso sinnvoll.

646 Für „bedenklich" unter dem Blickwinkel des Art. 3 I GG halten auch *Nikles/Roll/Spürck/Umbach* (Jugendmedienschutzrecht, Teil III, § 5 JMStV Rn. 13) diese Ungleichbehandlung.

647 So *Harstein/Ring/Kreile/Dörr/Stettner*, RfStV, Bd. III, C 3, § 5 JMStV Rn. 22.

Damit ist der Anwendungsbereich der Bestimmung des § 5 Abs. 5 JMStV auf die Veranstalter von Rundfunk zu erweitern.

III. Kritische Auseinandersetzung mit dem Anwendungsbereich des § 9 Abs. 2 JMStV

§ 9 Abs. 2 JMStV entspricht der bisherigen Regelung des § 3 Abs. 5 RfStV a.F., der durch den 4. Rundfunkänderungsstaatsvertrag mit Wirkung zum 1. April 2000 neu in § 3 RfStV a.F. eingefügt wurde. § 9 Abs. 2 S. 1 JMStV lautet:

> *„Die Landesmedienanstalten können für digital verbreitete Programme des privaten Fernsehens durch übereinstimmende Satzungen festlegen, unter welchen Voraussetzungen ein Rundfunkveranstalter seine Verpflichtung nach § 5 erfüllt, indem er diese Sendung nur mit einer allein für diese verwandten Technik verschlüsselt oder vorsperrt."*

Aus § 5 Abs. 1 JMStV resultiert für Anbieter die Verpflichtung, dafür Sorge zu tragen, dass Kinder oder Jugendliche Angebote, von denen zu befürchten steht, dass sie ihre Entwicklung beeinträchtigen können, üblicherweise nicht wahrnehmen. Dies kann nach § 5 Abs. 3 Nr. 2 JMStV durch die Wahl einer bestimmten Sendezeit geschehen oder gem. § 5 Abs. 3 Nr. 1 JMStV durch technische oder sonstige Mittel bewirkt werden. § 9 Abs. 2 S. 1 JMStV konkretisiert somit § 5 Abs. 3 Nr. 1 JMStV für digital verbreitete Programme privater Veranstalter, indem er eine anbieterseitig einzurichtende Sperrvorrichtung voraussetzt. § 9 Abs. 2 S. 2 JMStV verlangt, dass die Freischaltung durch den Nutzer nur für die Dauer der bestimmten Sendung möglich ist. Die Landesmedienanstalten sollen in ihren Satzungen insbesondere bestimmen, welche Anforderungen an die vom Staatsvertrag nicht näher definierte Vorsperrung zur Gewährleistung eines effektiven Jugendschutzes zu stellen sind, vgl. § 9 Abs. 2 S. 3 JMStV. Gem. § 3 Abs. 1 der Satzung zur Gewährleistung des Jugendschutzes in digital verbreiteten privaten Fernsehangeboten[648] ist eine Vorsperrung eine technische Vorkehrung, mittels derer der Veranstalter eines Programms einzelne Sendungen mit einer allein für diese verwandte Technik dergestalt verschlüsselt, dass die gesperrte Sendung ohne individuelle Freischaltung durch den Nutzer weder für den direkten Fernsehempfang noch für die Aufzeichnung optisch oder akustisch wahrnehmbar ist. § 4 Abs. 1 dieser Satzung sieht vor, dass die Freischaltung einer in dieser Weise vorgesperrten Sendung durch die Eingabe eines aus einer vierstelligen (zunächst anbieterseitig vorgegebenen) Ziffernfolge bestehenden persönlichen

648 Diese Satzung vom 18.12.2003 ist abrufbar unter: http://www.blm.de/jugendschutz/allgemeines/satzung.htm (abgerufen am: 05.09.2004).

Jugendschutz-Codes erfolgt, der sich von der Ziffernfolge, durch die der generelle Zugang zu den Programmangeboten ermöglicht wird, unterscheidet.

Der Anwendungsbereich von § 9 Abs. 2 JMStV wirft zwei Fragen auf: Zum einen, warum er sich lediglich auf digital, nicht aber auf analog verbreitete Programme erstreckt. Zum anderen, warum die Vorschrift den öffentlich-rechtlichen Rundfunk, soweit er digital verbreitet wird, nicht einbezieht. Die vollständige Umstellung auf digitale Übertragungswege ist heute absehbar. Die Ministerpräsidenten der Länder haben 1997 beschlossen, die analoge Übertragung bis zum Jahr 2010 auslaufen zu lassen: Die Digitalisierung der terrestrischen TV-Netze soll dann abgeschlossen und für die Verbreitung digitalen Fernsehens über Kabel und Satellit soll bis dahin eine Marktdurchdringung mit Endgeräten, die auch digital empfangen können, von mindestens 95 % je Versorgungsgebiet erreicht worden sein.[649] Damit der öffentlich-rechtliche Rundfunk seinen Programmauftrag weiterhin erfüllen kann, muss die Konkurrenzfähigkeit seiner digital verbreiteten Programme am Medienmarkt gesichert bleiben.

1. Beschränkung des Anwendungsbereichs auf digital verbreitete Programme

Die erste Frage lässt sich noch relativ leicht beantworten: Für analog verbreitete Programme bleibt es bei der Grundnorm des § 5 Abs. 1, Abs. 3 Nr. 1 JMStV, weil hier die an die „technischen oder sonstigen Mittel“ zu stellenden Anforderungen niedriger gesteckt werden können als im digitalen Fernsehen. Die besondere Gefährdungslage des digitalen Fernsehens, das ein weitaus umfangreicheres Programmangebot bereit hält und bei dem das als ein Programmbouquet vermarktete Angebot neben spezifischen Programmen für Kinder häufig jugendschutzrelevante Programme enthält, erfordert erhöhte Schutzvorkehrungen.[650] Der Staatsvertraggeber hat sich wohl aus diesem Grund entschlossen, bei digital verbreiteten Programmen die Verwendung einer zusätzlichen und besonderen Verschlüsselungstechnik zu verlangen, damit der Rundfunkveranstalter seiner Pflicht, Sorge dafür zu tragen, dass Minderjährige entwicklungsbeeinträchtigende Angebote üblicherweise nicht wahrnehmen, genügt. Das analoge Pay-TV Programm wird dagegen, da es überhaupt nur aus einem einzelnen Programm besteht, sehr bewusst wahrgenommen. Deshalb reicht hier die allgemeine Verschlüsselung des Programms, welche durch Zwischenschaltung eines ausschließlich an Erwachsene zu vermietenden Decoders aufgehoben werden kann, aus.[651]

649 *Hartstein/Ring/Kreile/Dörr/Stettner*, RfStV, Bd. II, B 5, § 19 RfStV Rn. 18.
650 S. *Bornemann*, Ordnungswidrigkeiten im Rundfunk und Mediendiensten, S. 63.
651 *Bornemann/Kraus/Lörz*, BayMG, Bd. I, Art. 6 Rn. 35.

Zwar birgt das Fernsehen generell, wie alle Onlinemedien, gegenüber den Trägermedien ein besonderes Gefährdungspotential in sich, weil Minderjährige, haben sie einen Zugangsweg hierzu erst erschlossen, im Folgenden Zugriff auf eine Vielzahl von Angeboten erhalten. Es darf jedoch nicht außer Acht gelassen werden, dass es an dieser Stelle „lediglich" um entwicklungsbeeinträchtigende Inhalte geht, für die ein Schutz auf dem Niveau von Sendezeitbegrenzungen allgemein als ausreichend erachtet wird. Im analogen Fernsehen steht die allgemeine Verschlüsselung verbunden mit der Abgabe des Decoders nur an Erwachsene mit Beschränkungen der Sendezeit auf einer Schutzebene. Es kann zudem wohl nicht davon ausgegangen werden, dass ein erwachsener Abonnent eines analogen, verschlüsselten Fernsehprogramms die Nutzung des Videorekorders, mit dessen Hilfe Minderjährige problemlos die Sendezeitbeschränkungen umgehen können, stärker überwachen wird, als die Nutzung des Pay-TV Programms durch seine Kinder.

Einstweilen hat diese Frage in der Praxis ohnehin ihre Relevanz verloren. *Premiere* hat, als das einzige in Deutschland analog empfangbare verschlüsselte Programm, seine Decoder für Premiere analog zunehmend in Decoder für den Empfang des digital verbreiteten Programmbouquets Premiere World ausgewechselt und im Februar 2003 sein analoges Programm ganz abgeschaltet. Seither sendet *Premiere* ausschließlich digital.

2. *Bewirkt die Vorschrift eine Privilegierung der privaten gegenüber den öffentlich-rechtlichen Rundfunkveranstaltern?*

Weniger verständlich erscheint es, dass der Anwendungsbereich der Vorschrift sich nicht gleichfalls auf den öffentlich-rechtlichen Rundfunk erstreckt. Vielfach wird angenommen, diese Sonderregelung gelte nur für den Bereich des privaten Rundfunks, weil sie sich auf eine Verschlüsslungstechnik beziehe, die im Pay-TV üblich sei und dem öffentlich-rechtlichen Rundfunk Pay-TV nicht gestattet sei.[652] Letzteres ist zweifelsohne zutreffend, erklärt aber lediglich, dass zum Einsatz dieser Verschlüsselungstechnik im Bereich des öffentlich-rechtlichen Rundfunks bislang keine Veranlassung bestand. Es leuchtet jedoch nicht ein, warum die öffentlich-rechtlichen Rundfunkanstalten nicht die Möglichkeit erhalten sollten, auf die beim Pay-TV übliche Verschlüsselungstechnik – trotz des damit verbundenen hohen technischen und finanziellen Aufwandes – zurückzugreifen, wenn ihre Ein-

652 *Hartstein/Ring/Kreile/Dörr/Stettner*, RfStV, Bd. III, C 3, § 9 JMStV Rn. 27; *Gesellensetter*, AfP 2001, 369, 371. Erstere vertreten diese Ansicht jedoch wenig konsequent, da sie die Beschränkung auf den Bereich des privaten Rundfunks noch kurz zuvor anders zu begründen versuchen, vgl. *Hartstein/Ring/Kreile/Dörr/Stettner*, RfStV, Bd. III, C 3, § 9 JMStV Rn. 3.

führung sich aus anderen Gründen als sinnvoll erweisen sollte. Als solcher Grund kommt die dadurch mögliche Abkehr von den Sendezeitbegrenzungen in Betracht.

Das System der klassischen Sendezeitbegrenzungen ist für den Bereich des digitalen Fernsehens fragwürdig geworden.[653] Der „Mehrwert" des digitalen Fernsehens gegenüber dem analogen Fernsehen liegt neben einem unfangreicheren, weitgefächerten, und auf die Nachfragen des Nutzers abgestimmten inhaltlichen Angebotes gerade darin, die Programmbouquets rund um die Uhr konsumieren zu können.[654] Das Interesse des Nutzers an einer größeren Zeitsouveränität durch ständige Empfangbarkeit der digitalen Programminhalte kollidiert mit den Interessen an einem wirksamen Jugendmedienschutz. Es birgt die Gefahr in sich, dass Minderjährige vermehrt Zugang zu Filmen erhalten, die für sie ungeeignet sind.[655] Durch den mit der Digitalisierung einhergehenden Ausbau von Spartenprogrammen, die ein Angebot interessengruppen- und themenorientiert auf spezielle Zuschauerwünsche ausgerichtet zurechtschneiden, indem sie beispielsweise nur Sport, nur alte Spielfilme oder allein Filme, die Action oder Erotisches enthalten, ausstrahlen, erlangen Minderjährige unter Umständen Zugriff auf eine geballte Ansammlung jugendschutzrelevanter Inhalte.[656] Mit der erheblichen Vermehrung von Programmen entstehen darüber hinaus Kontrollprobleme, so dass ein effektiver Jugendmedienschutz zunehmend schwieriger zu gewährleisten sein wird.[657]

Die Möglichkeit der Abweichung von den klassischen Sendezeitbegrenzungen durch Verschlüsselung und Vorsperrung wurde privaten Veranstaltern im Bereich des digitalen Fernsehens dementsprechend gerade eingeräumt, um einen Ausgleich zwischen diesen widerstreitenden Interessen des Jugendschutzes und des digitalen Fernsehens zu schaffen. Könnte der öffentlich-rechtliche Rundfunk die Vorteile der digitalen Verbreitung von Rundfunk nicht ebenfalls voll ausschöpfen, weil er bei der Ausstrahlung seiner Programme an die Zeitgrenzen gebunden wäre, wäre die Konkurrenzfähigkeit des öffentlich-rechtlichen Rundfunks zum privaten und internationalen Rundfunk nicht mehr hinreichend gewährleistet. Die Präambel des RfStV sieht ausdrücklich vor, dass das öffentlich-rechtliche und das private Rundfunksystem gleichsam in der Lage sein müssen, den Anforderungen des nationalen und des internationalen Wettbewerbs zu entsprechen. Hervorgehoben ist sodann, dass der öffentlich-rechtliche Rundfunk in seinem Be-

653 Ebenso *Hertel*, in: Beck'scher Kommentar zum Rundfunkrecht, § 3 RfStV Rn. 98.
654 S. *Hertel*, in: Beck'scher Kommentar zum Rundfunkrecht, § 3 RfStV Rn. 9; *Hess/Gorny*, ZUM 1999, 881.
655 So auch *Hess/Gorny*, ZUM 1999, 881.
656 *Schorb/Theunert*, Jugendmedienschutz – Praxis und Akzeptanz, S. 16.
657 *Schorb/Theunert*, Jugendmedienschutz – Praxis und Akzeptanz, S. 16.

stand und seiner Entwicklung zu gewährleisten ist, wozu unter anderem seine Teilhabe an allen neuen technischen Möglichkeiten in der Herstellung und zur Verbreitung gehören soll. § 19 Abs. 3 S. 1 RfStV stellt daher klar, dass die öffentlich-rechtlichen Rundfunkanstalten ihre gesetzlich bestimmten Programme auch in digitaler Technik verbreiten können und gewährleistet durch seinen zweiten Halbsatz die Entwicklungsgarantie des öffentlich-rechtlichen Rundfunks, indem er sie darüber hinaus berechtigt, weitere Programme in digitaler Technik zu veranstalten.

Die unterschiedliche Art der Verbreitung stellt – wie zuvor ausgeführt – ein taugliches Differenzierungskriterium für die Ungleichbehandlung analog und digital verbreiteter Programme dar, weil bei der digitalen Form der Verbreitung aufgrund des höheren Gefährdungspotentials an die technischen Mittel i.S.d. § 5 Abs. 3 Nr. 1 JMStV aus Gründen des Jugendschutzes höhere Anforderungen zu stellen sind. Im Gegensatz dazu müssen die technischen Anforderungen, die ein Abweichen von den Sendezeitbegrenzungen bei digital verbreiteten Programmen ermöglichen, für den privaten und den öffentlich-rechtlichen Rundfunk identisch ausgestaltet sein. Fest steht damit, dass es auf eine willkürliche Differenzierung hinausliefe, wenn der öffentlich-rechtliche Rundfunk bei der digitalen Verbreitung seiner Programme nicht von den strengen Sendezeitbeschränkungen abweichen dürfte bzw. er seiner Verpflichtung nach § 5 Abs. 3 Nr. 1 JMStV nicht durch Verschlüsselung und Vorsperrung nachkommen könnte oder es ausreichte, wenn er weniger strenge Voraussetzungen erfüllte.

Bereits bezüglich der alten Rechtslage wurde daher kontrovers diskutiert, ob der öffentlich-rechtliche Rundfunk sich zur Verbreitung seiner digitalen Programme auf die Grundnorm des § 3 Abs. 2 S. 1 2. HS RfStV a.F. (~ § 5 Abs. 3 Nr. 1 JMStV) berufen konnte, um von den Sendezeitbeschränkungen abzuweichen. Teilweise wurde die Auffassung vertreten, § 3 Abs. 5 RfStV a.F. (~ § 9 Abs. 2 JMStV) hätte zur Konsequenz gehabt, dass für die digitalen Programme des öffentlich-rechtlichen Rundfunks allein die klassischen Sendezeitbeschränkungen Gültigkeit besäßen.[658] *Ring* sprach insofern von einer zweifelhaften Privilegierung privater Rundfunkveranstalter.[659] Andere waren demgegenüber der Auffassung, dass ein Abweichen des öffentlich-rechtlichen Rundfunks von den strengen Sendezeitgrenzen weiterhin auf die Grundnorm des § 3 Abs. 2 S. 1 RfStV a.F. gestützt werden könne, weil es sich bei § 3 Abs. 5 RfStV a.F. ledig-

658 *Bornemann/Kraus/Lörz*, BayMG, Bd. I, Art. 6 Rn. 46; *Ring*, ZUM 2000, 177, 180 f.; *Ridder*, MP 2000, 213, 215; *Gesellensetter*, AfP 2001, 369, 371. So jetzt auch bezüglich § 9 II JMStV: *Scholz/Liesching*, Jugendschutz, Teil 2, § 9 JMStV Rn. 7.

659 *Ring*, ZUM 2000, 177, 181.

lich um eine Konkretisierung der Grundnorm des § 3 Abs. 2 S. 1 RfStV a.F. für den privaten Rundfunk handeln würde.[660]

Argumente lassen sich für beide Ansichten finden. Einerseits trifft § 9 Abs. 2 JMStV keine ausdrückliche Aussage darüber, wie im Bereich des öffentlich-rechtlichen Rundfunks der Verpflichtung aus § 5 Abs. 3 Nr. 1 JMStV bei digital verbreiteten Programmen entsprochen werden kann, da diese Vorschrift nur für private Rundfunkveranstalter den Grundtatbestand des § 5 JMStV ausfüllt. Daraus könnte geschlossen werden, dass es für die digital verbreiteten Programme des öffentlich-rechtlichen Rundfunks bei der Grundnorm des § 5 Abs. 3 Nr. 1 JMStV bleibe. Andererseits muss man sich fragen, warum § 9 Abs. 2 S. 1 JMStV den öffentlich-rechtlichen Rundfunk nicht in seinen Anwendungsbereich einschließt, obwohl dies nach der Systematik des Staatsvertrages und von dem Inhalt der Vorschrift her geboten gewesen wäre. Die übrigen Bestimmungen des Abschnitts beziehen sich gleichsam auf den privaten und den öffentlich-rechtlichen Rundfunk. Es kann daher davon ausgegangen werden, dass der öffentlich-rechtliche Rundfunk bewusst aus dem Anwendungsbereich ausgegrenzt wurde (selbst der erste Absatz dieser Vorschrift gilt sowohl für den privaten als auch den öffentlich-rechtlichen Rundfunk). Für diesen Ausschluss gibt es keinen Grund. Auch wenn sich die Vorschrift auf eine Verschlüsselungstechnik bezieht, die dem öffentlich-rechtlichen Rundfunk (bisher) fremd ist, können die Anforderungen an die technischen Mittel beim öffentlichen Rundfunk weder niedriger gestellt werden, noch sind andere Mittel denkbar. Wie bei dem privaten, digitalen Rundfunk kommt hier für ein Absehen von den Sendezeitgrenzen einzig die anbieterseitig zu errichtende Vorsperrung in Betracht. Dies ergibt sich aus der beschriebenen, speziellen Gefahrenlage des digitalen Fernsehens, die derart hohe Schutzvorkehrungen erfordert und aus der Tatsache, dass derzeit kein anderes technisches Mittel existiert, dass diesen Anforderungen in gleicher Weise gerecht werden würde.

Die amtlichen Begründungen zum 4. Rundfunkänderungsstaatsvertrag, der § 3 Abs. 5 RfStV a.F. einführte, und zu § 9 Abs. 2 JMStV lassen das Bild nicht deutlicher erscheinen. Nach der Begründung zu § 3 Abs. 5 RfStV a.F. sollte die Norm den Grundtatbestand des § 3 Abs. 2 S. 1 2. Alt. RfStV a.F. (~ § 5 Abs. 1 i.V.m. § 5 Abs. 3 Nr. 1 JMStV) für private Veranstalter ausfüllen, die ihre Programme digital verbreiteten. Im Folgenden heißt es wörtlich: „Für analog verbreitete Programme sowie für ein mögliches Abweichen von den Sendezeitbeschränkungen im öffentlich-rechtlichen Rundfunk kann allein die Grundnorm in [§ 3] Absatz 2 Satz 1 herangezogen werden.“. Dies zeigt zwar, dass für die öffentlich-rechtlichen Rundfunkanstalten die Möglichkeit, von den Sendezeitbe-

660 *Hertel*, in: Beck'scher Kommentar zum Rundfunkrecht, § 3 RfStV Rn. 98.

grenzungen abzusehen, nicht ausgeschlossen werden sollte, lässt aber unklar, in welcher Form diese Möglichkeit bestand. Dagegen ist in der amtlichen Begründung zu § 9 Abs. 2 JMStV die Rede davon, dass die Bestimmung den Landesmedienanstalten die Möglichkeit gebe, „für digital verbreitete Programme des privaten Fernsehens Abweichungen von den üblichen Sendezeitbeschränkungen zu gewähren, wenn sie über eine entsprechende digitale zusätzliche Vorsperre verfügen.“. Diese Formulierung erweckt wiederum den Anschein, als sei ein Abweichen von den Sendezeitgrenzen ohne eine Konkretisierung des § 5 Abs. 3 Nr. 1 JMStV nicht möglich.

Im Ergebnis gelangt man m.E. zumindest über den Weg der verfassungskonformen Auslegung dazu, dass sich die öffentlich-rechtlichen Rundfunkveranstalter ebenso wie die Privaten der Verschlüsselung und Vorsperrung bedienen dürfen, um von den Sendezeitbeschränkungen abzuweichen. Schließlich lassen die Vorschriften des JMStV beide Auslegungen zu, so dass diejenige vorzuziehen ist, die mit der Verfassung im Einklang steht.

Letzteres darf nicht missverstanden werden. Art. 3 Abs. 1 GG scheidet selbstverständlich als Maßstab für die Beurteilung der in Rede stehenden Ungleichbehandlung aus. Juristische Personen des öffentlichen Rechts können sich in der Regel nicht auf Grundrechte berufen, da sie Adressaten und nicht Berechtigte der Grundrechte sind.[661] Für öffentlich-rechtliche Rundfunkanstalten besteht lediglich insofern eine Ausnahme, als die Rundfunkfreiheit aus Art. 5 Abs. 1 S. 2 GG die Autonomie der Rundfunkanstalten gegenüber dem Staat sichern soll und sie ihnen daher als subjektives Recht zur Seite steht.[662] Damit können sich die öffentlich-rechtlichen Rundfunkanstalten zwar nicht auf Art. 3 Abs. 1 GG berufen, jedoch ist das Willkürverbot – gestützt entweder auf das Rechtsstaatsprinzip[663] oder auf die objektiv-rechtliche Seite des Art. 3 Abs. 1 GG[664] – gleichwohl anwendbar und willkürliches Verhalten zu Lasten öffentlich-rechtlicher Einrichtungen damit verfassungswidrig.

---

661 *BVerfGE* 21, 362, 369 f.; 45, 63, 78; 61, 82, 100 f.; 68, 193, 206; *Jarass*, in: Jarass/Pieroth, GG, Art. 19 Rn. 16.

662 *BVerfGE* 31, 314, 322; 59, 231, 254; *Herzog*, in: Maunz/Dürig, GG, Art. 5 I, II Rn. 210; *Jarass*, in: Jarass/Pieroth, GG, Art. 19 Rn. 18.

663 *BVerfGE* 21, 362, 372; 56, 298, 313; 89, 132, 141; *BVerwGE* 75, 318, 327; *Jarass*, in: Jarass/Pieroth, GG, Art. 3 Rn. 4 a.

664 *BVerfGE* 35, 263, 271 f.; 76, 130, 139.

IV. Die Behandlung jugendgefährdender Fernsehsendungen unter dem Blickwinkel des Art. 3 Abs. 1 GG

Eine Ungleichbehandlung besteht ferner zwischen den Produzenten von ausschließlich für das Fernsehen hergestellten Filmen oder Beiträgen und den Produzenten von Filmen, die zunächst für die öffentliche Vorführung bestimmt bzw. als Trägermedien im Verkehr erhältlich sind.[665] Jugendgefährdende Inhalte, die als Trägermedium verfügbar sind, unterliegen einem absoluten Sendeverbot, während eigens für das Fernsehen produzierte Sendungen teilweise trotz Jugendgefährdung im Rundfunk ausgestrahlt werden dürfen.

Gem. § 4 Abs. 1 S. 1 Nr. 11, Abs. 2 S. 1 Nr. 2 JMStV ist die Ausstrahlung der nach § 18 JuSchG in die Liste aufgenommenen Angebote oder mit solchen Werken ganz oder im Wesentlichen inhaltsgleichen Angeboten unzulässig. Allein für das Fernsehen gefertigte Filme oder live ausgestrahlte Sendeformate können nicht nach § 18 JuSchG von der Bundesprüfstelle indiziert werden, weil sie nicht als körperliche Gegenstände im Verkehr erhältlich sind. Indiziert werden dürfen nach § 1 Abs. 2 S. 1 JuSchG nur Trägermedien, die zur unmittelbaren Wahrnehmung bestimmt oder in einem Vorführ- oder Spielgerät eingebaut sind. Mit Ausnahme von Live-Sendungen, die vor ihrer Ausstrahlung im Fernsehen (noch) nicht auf Bänder abgespeichert werden, liegt zwar einer Fernsehsendung immer ein Ton- und Bildträger zugrunde. Dieser körperliche Gegenstand (Zelluloidstreifen oder Magnetband) ist jedoch nicht zur unmittelbaren Wahrnehmung bestimmt, sondern allein zur Ausstrahlung im Fernsehen, die wiederum von den Rezipienten wahrgenommen werden kann.[666] Soweit es sich um Rundfunk i.S.d. § 2 RfStV handelt, nimmt § 1 Abs. 2 S. 2 JuSchG das elektronische Verbreiten ausdrücklich aus dem Anwendungsbereich des JuSchG aus.

Für Fernsehsendungen haben folglich die an die Indizierung nach dem JuSchG anknüpfenden Verbote des JMStV keine Geltung. Erfüllen sie nicht die

---

665 Diese Problematik sprachen bereits die Rundfunkreferenten im Jahre 1993 an (s. bei *Hartstein/Ring/Kreile/Dörr/Stettner*, RfStV, Bd. III, C 3, § 4 JMStV Rn. 4, S. 20). Sie wiesen insbesondere darauf hin, dass Filme zunehmend, oftmals von ausländischen Produzenten, nur für die Ausstrahlung im Fernsehen hergestellt würden. S. hierzu auch *Bornemann* (NJW 2003, 787, 789), der diese differenzierende Behandlung als „in hohem Maße inkonsequent" bezeichnet.

666 Der frühere Streit, ob das GjS auf Fernsehsendungen Anwendung findet, so dass sie indiziert werden können, hat sich durch die insoweit eindeutige Formulierung des JuSchG erledigt. Aber auch zu § 1 GjS war die Rechtsprechung (vgl. *BVerwGE* 85, 169, 171 ff.) und der überwiegende Teil der Literatur der Meinung, dass Fernsehsendungen diesen Bestimmungen nicht unterlagen, vgl. zum Streitstand mit weiteren Angaben aus der Literatur: *Hartstein/Ring/Kreile/Dörr/Stettner*, RfStV, Bd. I, § 3 RfStV, Stand: 01/2003.

Voraussetzungen eines anderen Verbotstatbestandes des § 4 JMStV, sind sie wie entwicklungsbeeinträchtigende Angebote i.S.d. § 5 JMStV zu behandeln und können daher ausgestrahlt werden.

Der Auffangtatbestand des § 4 Abs. 2 S. 1 Nr. 3 JMStV vermag diese Divergenz nicht zu vermeiden. Er erfasst lediglich offensichtlich schwer jugendgefährdende Angebote und findet damit keine Anwendung auf für das Fernsehen produzierte Beiträge und Live-Sendungen, die entweder eine einfache oder mittlere Jugendgefährdung aufweisen oder aber schwer jugendgefährdend sind, ohne dass dies offensichtlich ist.[667] Träger- und Telemedien werden dagegen bereits indiziert, wenn sie geeignet sind, die Entwicklung oder Erziehung von Minderjährigen zu gefährden. Auf den Grad der Gefährdung oder deren Evidenz kommt es dabei nicht an.

Auch § 8 JMStV korrigiert diese Ungleichbehandlung nicht, denn er schafft nicht die Möglichkeit, eigens für das Fernsehen produzierte Sendungen bei einfacher oder mittlerer Gefährdung ganz zu verbieten. § 8 JMStV räumt für bestimmte Angebote im Rundfunk lediglich eine zusätzliche Möglichkeit der Festlegung von Sendezeitbeschränkungen ein. Seine Funktion liegt darin, den Besonderheiten der Ausstrahlung ausschließlich für das Fernsehen produzierter Filme, vor allem Fernsehserien, gerecht zu werden, da für diese nicht die an das JuSchG anknüpfenden Vorschriften über entwicklungsgefährdende und -beeinträchtigende Angebote (§§ 4 Abs. 1 S. 1 Nr. 11, Abs. 2 S. 1 Nr. 2; 5 Abs. 2 JMStV) gelten. So können gem. § 8 Abs. 1 JMStV in Richtlinien oder für den Einzelfall zeitliche Beschränkungen für Filme vorgesehen werden, auf die das JuSchG keine Anwendung findet. Gerade für Fernsehserien ist eine über § 5 JMStV hinausgehende Möglichkeit von Sendezeitbeschränkungen notwendig, weil über § 5 JMStV nur eine Bewertung einzelner Folgen stattfinden kann, während häufig gerade eine Gesamtbewertung der Serie vonnöten ist, die zu dem Ergebnis kommen kann, dass eine Serie jugendschutzrelevante Inhalte aufweist, selbst wenn dies nicht bei jeder konkreten Einzelfolge der Fall sein mag. § 8 Abs. 2 JMStV enthält

667 So jetzt auch *VG München*, ZUM 2005, 252, 254; *Liesching*, ZUM 2005, 224, 225. A.A. ist *Hopf*, die für schwer jugendgefährdende Inhalte, bei denen diese Gefährdung nicht offensichtlich zu Tage tritt, durch eine Analogie zu § 4 Abs. 2 S. 1 Nr. 2 und 3 JMStV zu einem Ausstrahlungsverbot gelangen will, s. *Hopf*, Jugendschutz im Fernsehen, S. 140. Hiergegen spricht, dass es – wie das *VG München* in seiner Entscheidung zutreffend ausgeführt hat – an einer ausfüllungsbedürftigen Regelungslücke fehlt, da dem Normgeber bei Erlass des JMStV bekannt war, dass entsprechende Inhalte nicht von der Regelung des § 4 Abs. 2 S. 1 Nr. 3 JMStV, die inhaltlich der Vorgängervorschrift im RfStV entspricht, erfasst werden. Zudem weist *Liesching* richtigerweise darauf hin, dass sich eine entsprechende Anwendung des strafbewehrten § 4 Abs. 2 S. 1 Nr. 3 JMStV bereits aufgrund des Analogieverbotes gem. § 103 Abs. 2 GG verbietet.

die Möglichkeit im Einzelfall für „sonstige Sendeformate" unter bestimmten Voraussetzungen im Rahmen einer Gesamtbewertung zeitliche Beschränkungen vorzusehen. Nach der amtlichen Begründung zu § 8 JMStV sind unter sonstigen Sendeformaten beispielsweise Talkshows, Gewinnspiele und andere Unterhaltungssendungen, insbesondere wenn diese live gesendet werden, zu verstehen. § 8 JMStV berücksichtigt folglich das von der Fernsehausstrahlung ausgehende andersartige Gefährdungspotential und schließt die Lücken, die sich aus der Unanwendbarkeit des JuSchG auf diese im Hinblick auf entwicklungsbeeinträchtigende Angebote ergeben, nicht aber jene, die im Bereich der entwicklungsgefährdenden Angebote entstehen.

Die Ausstrahlung von jugendgefährdenden Fernsehsendungen ist damit im Rundfunk – wenn auch mit Sendezeitbeschränkungen gem. § 5 Abs. 4 JMStV oder zusätzlich nach § 8 JMStV – erlaubt, soweit ihr Inhalt sich nicht unter einen Tatbestand des § 4 JMStV subsumieren lässt. Entsprechende Träger- und Telemedien sind dagegen im Fernsehen stets mit einem absoluten Ausstrahlungsverbot belegt, da sie, sobald von ihnen eine Entwicklungsgefährdung ausgeht, nach dem JuSchG zu indizieren sind und sodann den Tatbestand des § 4 JMStV verwirklichen.

Fraglich ist, ob diese Ungleichbehandlung von einem vernünftigen, sich aus der Natur der Sache ergebenden oder sonst einleuchtenden Grund gedeckt ist. Für die durch die Regelungen zu schützenden Minderjährigen spielt es keine Rolle, ob ein Film eigens für das Fernsehen oder auch zur Verwertung im Bereich der öffentlichen Vorführung und für die Verwertung als Videofilm bestimmt ist. Ist der Inhalt jugendgefährdend, muss die Jugend unabhängig von diesem Differenzierungskriterium geschützt werden. Allerdings würden die Hersteller speziell für das Fernsehen produzierter Filme deutlich stärker belastet werden, unterlägen ihre Beiträge unabhängig von dem Grad der Jugendgefährdung einem Ausstrahlungsverbot. Anders als die Produzenten von Filmen, die zuvor als Trägermedien im Verkehr sind, könnten sie entsprechende Filme in keiner Form mehr verwerten. Im Übrigen wären Erwachsenen diese Filme dann gar nicht zugänglich, da sie lediglich für den Rundfunkmarkt bestimmt sind. Schließlich darf nicht verkannt werden, dass ein Verbot aller jugendgefährdender Inhalte – unabhängig von dem Grad der Gefährdung und deren Evidenz – mit Aspekten der Rechtssicherheit nicht zu vereinbaren wäre. Die Generalklausel des § 4 Abs. 2 S. 1 Nr. 3 JMStV erfasst nicht ohne Grund nur offensichtlich schwer jugendgefährdende Inhalte. Von Rundfunkveranstaltern kann keine detaillierte Prüfung jeder Rundfunksendung vor Ausstrahlung verlangt werden, so dass Grenzfälle auszuschließen sind. Offensichtlichkeit bedeutet deshalb nach der

Rechtsprechung des *Bundesverfassungsgerichts* in diesem Zusammenhang, dass die Jugendgefährdung jedem unbefangenen Beobachter erkennbar sein muss.[668]

Art. 3 Abs. 1 GG verlangt nicht die Wahl der zweckmäßigsten, vernünftigsten oder gerechtesten Lösung.[669] Erforderlich ist lediglich ein innerer Zusammenhang zwischen den vorgefundenen Verschiedenheiten und der differenzierenden Regelung.[670] Ein solcher besteht hier unzweifelhaft, so dass die Regelung durch einen sachlichen Grund gerechtfertigt ist. Ein Verstoß gegen Art. 3 Abs. 1 GG ist daher nicht anzunehmen.

Ob die Ungleichbehandlung tatsächlich sinnvoll ist, kann für die Prüfung eines Verstoßes gegen Art. 3 Abs. 1 GG zwar dahinstehen. Unter Aspekten des Jugendschutzes wäre die Schaffung eines in sich stimmigeren Regelungsgefüges jedoch begrüßenswert gewesen.[671] Konsequent wäre es, für die Ausstrahlung indizierter Trägermedien im analogen Fernsehen die Möglichkeit von Ausnahmegenehmigungen zu schaffen, soweit es sich nicht um schwer jugendgefährdende Inhalte handelt. Die Ausstrahlung von jugendgefährdenden Sendungen, die eigens für das Fernsehen produziert worden sind, von einer Genehmigung abhängig zu machen, würde gegen das Verbot der Vor- bzw. Präventivzensur des Art. 5 Abs. 1 S. 3 GG verstoßen und kommt bereits insofern nicht in Betracht. Im Bereich des digitalen Fernsehens kann ein Ausgleich besser dadurch geschaffen werden, dass jugendgefährdende Fernsehsendungen zwar ebenfalls verboten werden, die Ausstrahlung – auch indizierter Trägermedien – in geschlossenen Benutzergruppen jedoch bei Legalität der Inhalte immer zugelassen wird. Hierdurch würde gewährleistet, dass ausschließlich für das Fernsehen produzierte Sendungen trotz Jugendgefährdung noch verwertet werden könnten. Gleichzeitig wäre den Aspekten der Rechtssicherheit genügt, da Rundfunkveranstalter in zweifelhaften Fällen die Ausstrahlung innerhalb der geschlossenen Benutzergruppen vornehmen könnten. Die Zulassung der Ausstrahlung jugendgefährdender, aber legaler Inhalte in geschlossenen Benutzergruppen würde auch mit der Wertung des JuSchG übereinstimmen, wonach der Konsum indizierter Filme nur für Kinder und Jugendliche, nicht aber für Erwachsene verboten ist.

---

668 So bezogen auf § 6 I GjS: *BVerfGE* 11, 234, 238. Von dieser Definition geht nunmehr auch die Rechtsprechung zu § 4 Abs. 2 Nr. 3 JMStV aus, s. *VG München*, ZUM 2005, 252, 254.

669 *BVerfGE* 4, 144, 155; 52, 277, 280 f.; 83, 395, 401; 84, 348, 359; *Jarass*, in: Jarass/Pieroth, GG, Art. 3 Rn. 11.

670 *BVerfGE* 42, 375, 388; 71, 39, 58; *Jarass*, in: Jarass/Pieroth, GG, Art. 3 Rn. 11.

671 Auch *Liesching* beklagt die „zweifelhafte Konsequenz", dass einfach (oder nicht offensichtich) jugendgefährdende TV-Spielfilme im Nachtprogramm ausgestrahlt werden dürften bis dieselben Filminhalte vielleicht einmal als Video-Trägermedium von der BPjM indiziert würden. Dieses „inkonsistente Ergebnis" zu beseitigen sei Aufgabe des Gesetzgebers, s. *Liesching*, ZUM 2005, 224, 225.

V. Verfassungsmäßigkeit des absoluten Ausstrahlungsverbotes indizierter Trägermedien im Rundfunk

Bezüglich der Ausstrahlung indizierter Trägermedien unterscheidet der JMStV danach, ob sie in den Teilen B und D der Liste nach § 18 Abs. 2 JuSchG aufgenommen sind und somit einen strafbaren Inhalt aufweisen, oder ob sie aufgrund ihrer Eignung zur Jugendgefährdung in den Teilen A und C dieser Liste vermerkt sind. Während die ersten Angebote gem. § 4 Abs. 1 S. 1 Nr. 11 JMStV sowohl im Rundfunk als auch in den Telemedien ohne Ausnahme unzulässig sind, ist die Verbreitung der zuletzt genannten Angebote gem. § 4 Abs. 2 S. 1 Nr. 2 JMStV zwar grundsätzlich unzulässig, in den Telemedien jedoch unter der in § 4 Abs. 2 S. 2 JMStV genannten Bedingung (Einrichtung einer geschlossenen Benutzergruppe)[672] ausnahmsweise zulässig. Ein absolutes Verbot der Ausstrahlung indizierter Medien gilt damit nur im Rundfunk. Dieses bezieht sich insbesondere auf indizierte Spiel- und Videofilme.

Bis zum In-Kraft-Treten des JMStV konnten die zuständigen Organe der ARD, des ZDF bzw. die zuständige Landesmedienanstalt die Ausstrahlung indizierter Filme im Rundfunk noch in Ausnahmefällen genehmigen. Gem. § 3 Abs. 3 S. 2 RfStV a.F. konnte eine Ausnahmegenehmigung für solche indizierten Medien erteilt werden, bei denen die mögliche sittliche Gefährdung von Kindern oder Jugendlichen unter Berücksichtigung aller Umstände nicht als schwer angesehen werden konnte. Damit war die Regelung als prinzipielles Ausstrahlungsverbot mit Ausnahmemöglichkeit formuliert. Diese Möglichkeit entfällt mit dem JMStV. Gem. § 4 Abs. 3 JMStV verbleibt Rundfunkveranstaltern, die indizierte Trägermedien verwenden wollen, nunmehr allein die Möglichkeit, einen Neubewertungsantrag bei der *BPjM* zu stellen. Damit obliegt es ausschließlich der *BPjM*, eine möglicherweise veraltete Indizierung aufzuheben und durch Streichung aus der Liste zu erreichen, dass ein Angebot im Rundfunk gezeigt werden darf. Das Verbreitungsverbot für indizierte Medien wirkt im Übrigen selbst nach wesentlichen inhaltlichen Änderungen bis zu einer abschließenden Entscheidung durch die *BPjM* fort.

Die Verfassungsmäßigkeit des absoluten Ausstrahlungsverbotes indizierter Medien im Rundfunk ist aufgrund kollidierender Grundrechte bedenklich.

672 Zu den Voraussetzungen an diese: Teil 2 B. II. 1. c) aa), S. 142 ff.

1. Kollision mit der Rundfunkfreiheit und der Informationsfreiheit aus Art. 5 Abs. 1 GG

Das generelle Verbot der Ausstrahlung indizierter Beiträge ist zunächst im Hinblick auf das Grundrecht der Rundfunkfreiheit und der Informationsfreiheit Erwachsener verfassungsrechtlich kritisch zu betrachten. Gem. Art. 5 Abs. 1 S. 2 HS 2 GG wird die Freiheit der Berichterstattung durch den Rundfunk gewährleistet. Art. 5 Abs. 1 S. 1 HS 2 GG gibt jedem das Recht, „[...] sich aus allgemein zugänglichen Quellen zu unterrichten".

a) Eingriff in den Schutzbereich der Rundfunkfreiheit

Die das absolute Ausstrahlungsverbot regelnde Bestimmung des § 4 Abs. 2 S. 1 Nr. 2 JMStV greift in den Schutzbereich der Rundfunkfreiheit ein. Sie behindert die Rundfunkveranstalter in der Ausübung ihrer grundrechtlich geschützten Tätigkeit, indem sie ihre Programmautonomie im Bezug auf die Auswahl, den Inhalt und die Ausgestaltung des Programms beschränkt.

Der Schutz vor staatlichen Beschränkungen der Programmautonomie gilt unabhängig von der Art oder Qualität des Sendeinhalts.[673] Die enge Fassung des Wortlautes der Rundfunkfreiheit („Berichterstattung") darf nicht darüber hinwegtäuschen, dass ihr Schutz sich nicht nur auf rein berichtende Sendungen erstreckt, sondern gleichermaßen für alle Sendungen gilt, so auch für Fernsehspiele und andere Unterhaltungssendungen.[674] Alles andere liefe auf eine Bewertung oder Lenkung durch staatliche Stellen hinaus, was dem Wesen der Rundfunkfreiheit gerade widersprechen würde.[675]

b) Eingriff in den Schutzbereich der Informationsfreiheit Erwachsener

Des Weiteren hat das für indizierte Inhalte geltende absolute Ausstrahlungsverbot zur Folge, dass erwachsenen Rezipienten die Möglichkeit genommen wird, entsprechende Inhalte über den Rundfunk – mithin einen relevanten Verbreitungsweg – wahrnehmen zu können. Insofern könnte § 4 Abs. 2 S. 1 Nr. 2 JMStV mit dem Grundrecht der Informationsfreiheit aus Art. 5 Abs. 1 S. 1 GG kollidieren.

Unklar ist dabei zunächst, ob das Ausstrahlungsverbot überhaupt den Schutzbereich der Informationsfreiheit Erwachsener berührt. Geschützt ist durch das Grundrecht der Informationsfreiheit lediglich das Recht des Einzelnen, sich aus

673 *BVerfGE* 35, 202, 222.
674 *BVerfGE* 35, 202, 222 f.; 71, 162, 175; 101, 361, 389 f.
675 *BVerfGE* 35, 202, 222.

allgemein zugänglichen Quellen ungehindert zu unterrichten. Folglich entfaltet das Grundrecht der Informationsfreiheit seinen Schutz in der Regel erst dann, wenn eine allgemein zugängliche Informationsquelle tatsächlich existiert. Der Begriff der Informationsquelle umfasst dabei sämtliche denkbaren Träger von Informationen.[676] Allgemein zugänglich ist eine Informationsquelle nur, wenn sie technisch geeignet und bestimmt ist, der Allgemeinheit, also einem individuell nicht bestimmbaren Personenkreis, Informationen zu verschaffen.[677] Das Ausstrahlungsverbot führt jedoch dazu, dass es gar nicht zu einer Ausstrahlung von indizierten Trägermedien im Rundfunk kommt und unterbindet damit bereits die Schaffung allgemein zugänglicher Informationsquellen. Es entsteht somit keine „allgemein zugängliche Informationsquelle" i.S.d. Art. 5 Abs. 1 S. 1 GG, aus der sich Erwachsene ungehindert unterrichten könnten.

aa) Die Rundfunkanstalt als Informationsquelle

Isensee/Axer erwägen aufgrund dieser Problematik, statt des von der Rundfunkanstalt ausgestrahlten Programms die Rundfunkanstalt selbst als Informationsquelle aufzufassen, in die durch die Regelung von Sendezeitbeschränkungen bzw. Ausstrahlungsverboten eingegriffen wird.[678] Zu Recht weisen sie darauf hin, dass bei dieser Sichtweise ein Eingriff in die Informationsfreiheit zu bejahen wäre. Ob der Rundfunkteilnehmer sich tatsächlich gegen staatliche Eingriffe in seine „Informationsquelle Rundfunkanstalt" erwehren kann, lassen aber sowohl *Isensee/Axer* als auch das *Bundesverfassungsgericht*[679] offen.

M.E. kann die Rundfunkanstalt nicht als allgemein zugängliche Informationsquelle i.S.d. Art. 5 Abs. 1 S. 1 GG angesehen werden. Zum einen ist die Rundfunkanstalt keine Informationsquelle. Sie stellt lediglich viele verschiedene Informationsträger (wie zum Beispiel Kinofilme oder für den Rundfunk produzierte Filme und Dokumentationen) zu einem Programm zusammen, ohne dabei selbst Träger der Informationen zu sein oder zu werden. Erst die Ausstrahlung der Sendungen kann wieder als Informationsquelle verstanden werden. Der Rezipient bezieht seine Informationen schließlich nicht unmittelbar aus der Anstalt, sondern aus dem von ihr ausgestrahlten Programm. Zum anderen ist nur das von der Rundfunkanstalt gesendete Programm allgemein zugänglich, d.h. technisch geeignet und bestimmt, der Allgemeinheit Informationen zu beschaffen, und nicht sie selbst. Im Übrigen würde sich bei dieser Betrachtungsweise jede Verletzung

676 *Herzog*, in: Maunz/Dürig, GG, Art. 5 I, II Rn. 87; *Jarass*, in: Jarass/Pieroth, GG, Art. 5 Rn. 15.
677 *BVerfGE* 27, 71, 83 f.; 33, 52, 65; 90, 27, 32.
678 *Isensee/Axer*, Jugendschutz im Fernsehen, S. 56.
679 *BVerfG*, JZ 1989, 339.

der Rundfunkfreiheit gleichzeitig als Verletzung der Informationsfreiheit darstellen – lediglich der Träger des Grundrechts wäre ein anderer.

bb) Die Rundfunksendung als Informationsquelle

Im Rahmen der hier durchgeführten Überprüfung wird somit die Sendung des Rundfunks als Informationsquelle erblickt. Damit ergibt sich jedoch das bereits oben angesprochene Problem: Die Rundfunksendung bedarf erst der Ausstrahlung, die durch das Gesetz gerade verhindert wird, um zur Informationsquelle zu werden.

(1) Anspruch auf Ausstrahlung bestimmter Sendeinhalte?

Die Informationsfreiheit wäre unzweifelhaft dann berührt, wenn jeder Grundrechtsträger hieraus einen Anspruch auf die Ausstrahlung eines bestimmten Inhalts ableiten könnte, den der Staat durch das Ausstrahlungsverbot vereitelte.

Aus der Informationsfreiheit kann jedoch kein Anspruch auf Schaffung bzw. Eröffnung von allgemein zugänglichen Informationsquellen abgeleitet werden.[680] Art. 5 Abs. 1 S. 1 2. HS GG gibt dem Einzelnen nur das Recht, sich ungehindert aus allgemein zugänglichen Informationsquellen zu unterrichten. Bei der in dem Grundrecht geregelten, individualrechtlichen Position handelt es sich um ein reines Abwehrrecht, mit welchem der Grundrechtsträger Eingriffe abwehren, aber keine Leistungen fordern kann.[681] Daher kann weder der Staat, noch eine öffentlich-rechtliche Rundfunkanstalt und schon gar keine private Rundfunkanstalt hierdurch gezwungen werden, allgemein zugängliche Quellen erst einzurichten. Die Informationsfreiheit knüpft an das vorhandene Informationsangebot an und soll dieses vor staatlichen Beschränkungen schützen. Dementsprechend steht dem einzelnen Rundfunkteilnehmer kein Anspruch auf die Ausstrahlung bestimmter Sendeinhalte zu.[682] Ein solcher Anspruch würde sogar im klaren Widerspruch zu der Rundfunkfreiheit stehen, da ein Anspruch auf die Ausstrahlung bestimmter Sendeinhalte eine fremde Einflussnahme auf die Auswahl und den Inhalt des Programms bedeutete.

---

680 *BVerfGE* 103, 44, 59; *Bethge*, in: Sachs, GG, Art. 5 Rn. 59 a; *Degenhart*, in: BK GG, Art. 5 I, II Rn. 359; *Wendt*, in: v. Münch/Kunig, GG, Art. 5 Rn. 28.

681 *Herzog*, in: Maunz/Dürig, Art. 5 I, II Rn. 101.

682 *BVerwG*, DVBl. 1978, 640 (= DÖV 1979, 102); *BayVGH*, NJW 1992, 929 (= DVBl. 1991, 1260); *Ricker/Schiwy*, Rundfunkverfassungsrecht, Teil B, S. 124 Rn. 161; *Goerlich/Radeck*, NJW 1990, 302, 303; ähnlich *VG Mainz* (NVwZ 1985, 136), wonach dem Einzelnen „kein subjektives Recht zur Einflussnahme auf das Sendeprogramm zusteht.“.

Ob in Ausnahmefällen doch ein auf die Ausstrahlung einer bestimmten Sendung gerichteter Anspruch aufgrund der überragenden Bedeutung einer Information gegenüber einem Rundfunkveranstalter besteht, konnte das *Bundesverwaltungsgericht* im Rahmen eines von ihm zu entscheidenden Falls dahinstehen lassen, weil das Gericht jedenfalls die Übertragung von Sportveranstaltungen nicht als Information von überragender Bedeutung einstufte.[683] Zu einer Information überragender Bedeutung zählt die Ausstrahlung pornographischer oder indizierter Medien mit Sicherheit ebenfalls nicht, so dass auch diesbezüglich ein Anspruch ausgeschlossen werden kann.

(2) Abwehrrecht gegen die staatliche Verhinderung der Entstehungsmöglichkeit bestimmter Informationsquellen

Die Informationsfreiheit scheint folglich auf den ersten Blick nicht berührt zu sein: Dem Rezipienten steht kein Anspruch auf die Ausstrahlung eines bestimmten Sendeinhaltes zu und es ist ihm trotz des Ausstrahlungsverbotes ohne weiteres möglich, sich aus der Informationsquelle Rundfunk bzw. den von den Rundfunkanstalten ausgestrahlten Sendungen zu unterrichten.

Degenhart ist daher der Ansicht, es liege kein Eingriff in das Grundrecht der Informationsfreiheit vor, wenn die Ausstrahlung bestimmter Rundfunksendungen von vornherein beschränkt werde, denn hier entstehe schon keine grundrechtlich geschützte Informationsquelle.[684] Soweit jedenfalls die Rundfunksendung und nicht die Rundfunkanstalt als Informationsquelle aufgefasst werde, gehen auch *Isensee/Axer* mangels allgemein zugänglicher Informationsquelle davon aus, dass der Schutzbereich der Informationsfreiheit nicht berührt sei.[685]

Dagegen wird in der Rechtsprechung und in großen Teilen der Literatur – ganz überwiegend jedoch ohne die aufgezeigte Problematik anzusprechen oder überhaupt zu erkennen – davon ausgegangen, dass absolute Ausstrahlungsverbote im Rundfunk den Schutzbereich der Informationsfreiheit berühren.[686]

---

683 *BVerwG*, DÖV 1979, 102.

684 *Degenhart*, in: BK GG, Art. 5 I, II Rn. 377. Gleicher Ansicht ist *Engels*, Das Recht der Fernsehwerbung für Kinder, S. 170. *Degenhart* widerspricht sich allerdings, da er gleich einen Absatz später (Rn. 378) „speziell" zur Informationsfreiheit ausführt: „Absolute Ausstrahlungsverbote als Maßnahmen des Jugendschutzes sind jedoch in aller Regel unzulässig". Damit erblickt er offensichtlich in absoluten Ausstrahlungsverboten einen Verstoß gegen die Informationsfreiheit, obgleich doch seiner Auffassung zufolge deren Schutzbereich gar nicht eröffnet sein soll, wenn die Ausstrahlung bestimmter Rundfunksendungen von vornherein untersagt wird.

685 *Isensee/Axer*, Jugendschutz im Fernsehen, S. 55 f.

686 S. *VG Köln*, NJW 1987, 274, 277; *Hesse*, Rundfunkrecht, S. 88 Rn. 21; *Schraut*, Jugendschutz und Medien, S. 112; *Gabriel-Bräutigam*, Rundfunkkompetenz und

Dieser letztgenannten Auffassung wird sich hier angeschlossen. Wenngleich durch das Ausstrahlungsverbot weder der Zugang des Rezipienten zu der Informationsquelle Rundfunk beschnitten, noch die Entstehung des Rundfunks an sich verhindert wird, ist für die Annahme eines Eingriffs letztlich der folgende Aspekt ausschlaggebend: Die Vorschrift untersagt den Rundfunkanstalten die Ausstrahlung einer bestimmten Art von Inhalten und hindert sie damit an der Schaffung von bestimmten, allgemein zugänglichen Informationsquellen. Durch die Bestimmung wird dem interessierten Publikum die Möglichkeit genommen, von dem entsprechenden Inhalt über Rundfunk Kenntnis zu nehmen. Würde man hier eine Eröffnung des Schutzbereichs der Informationsfreiheit verneinen, hätte es der Staat in der Hand, durch gesetzliche Verbote den Schutzbereich der Informationsfreiheit festzulegen. Bei dieser Sichtweise stünde der Schutzbereich des Grundrechts zur Disposition des Staates. Er könnte durch gesetzliche Verbote die Entstehung von Informationsquellen beliebig verhindern. Durch diese Lenkung des Staates würde die Informationsfreiheit in ihrem Kern gegenstandslos.

Aus den gleichen Erwägungen besteht weitgehend Einigkeit darüber, dass sich die Allgemeinzugänglichkeit einer Informationsquelle nicht durch den Gesetzgeber oder eine andere staatliche Instanz festlegen lässt, sondern ausschließlich an der objektiven Tatsachenlage beurteilt.[687] Mit anderen Worten: Potentiell allgemein zugängliche Informationsquellen lassen sich nicht einfach durch staat-

Rundfunkfreiheit, S. 175; *Castendyk*, MDR 1993, 192, 194; *Schulz*, RuF 1993, 339, 356; *Kleist*, ZUM 1994, 142, 143; *Landmann*, NJW 1996, 3309, 3310; *Gersdorf*, epd medien 46/47/2001, 21, 23; *Berger*, MMR 2003, 773, 774 u. *Hoffmann-Riem*, in: AK-GG, Art. 5 I, II Rn. 122. Letzterer scheint jedoch davon auszugehen, dass umfassende Verbote von Sendungen im Rundfunk bereits deshalb den Schutzbereich der Informationsfreiheit berühren, weil der Rundfunk grundsätzlich, d.h. unabhängig von einem bestimmten Sendeinhalt, technisch allgemein zugänglich ist. *Meirowitz* (Gewaltdarstellungen auf Videokassetten, S. 312 u. 367 f.) sieht ein Werbeverbot für jugendgefährdende Schriften und Bildträger und ein Verbot der Herstellung von Gewaltdarstellungen enthaltenden Videokassetten von dem Schutzbereich der Informationsfreiheit erfasst. Schließlich hat der *VGH München* in einem Fall, in dem der Kläger die Feststellung begehrte, dass die Absetzung eines Sendebeitrags durch einen Rundfunkveranstalter rechtswidrig gewesen sei, die Informationsfreiheit als nicht betroffen angesehen, da der Träger der Informationsquelle selbst die Entscheidung getroffen habe, die Sendung nicht auszustrahlen. Aus der Begründung des VGH geht jedoch hervor, dass er einen Eingriff in die Informationsfreiheit angenommen hätte, wenn der Rundfunkveranstalter durch staatlichen Einfluss angehalten worden wäre, den Beitrag nicht zu senden, vgl. *VGH München*, NJW 1992, 929, 930.

687 *BVerfGE* 27, 71, 83; 33, 52, 65; 90, 27, 32; *Lerche*, Jura 1995, 561, 565; *Herzog*, in: Maunz/Dürig, GG, Art. 5 I, II Rn. 89 f.; *Degenhart*, in: BK GG, Art. 5 I, II Rn. 325; *Starck*, in: v. Mangoldt/Klein/Starck, GG, Art. 5 I, II Rn. 44; *Schulze-Fielitz*, in: Dreier, GG, Art. 5 I, II Rn. 78.

liche Verbote aus dem Schutzbereich der Informationsfreiheit verbannen. Massenkommunikationsmittel wie Presse, Film, Hörfunk und Fernsehen sollen unabhängig davon allgemein zugänglich i.S.d. Art. 5 Abs. 1 S. 1 GG sein, ob sie durch staatliche Maßnahmen wie Importverbote, Importbeschränkungen, Empfangsstörungen oder Ähnliches in ihrer Allgemeinzugänglichkeit faktisch beeinträchtigt sind, da das Grundrecht gerade vor derartigen Beeinträchtigungen schützen will.[688]

Diese Fälle unterscheiden sich allerdings in einem Punkt von dem vorliegenden: Bei Importverboten, Importbeschränkungen und Empfangsstörungen besteht die Informationsquelle, nur deren Allgemeinzugänglichkeit wird durch den Staat verhindert. Dagegen hindert das absolute Ausstrahlungsverbot bereits die Entstehung der Informationsquelle selbst. Erst die Ausstrahlung der Rundfunksendung bewirkt, dass sie zur Informationsquelle wird; zeitgleich entsteht ihre Allgemeinzugänglichkeit.[689] Dieser Unterschied rechtfertigt es jedoch nicht, einmal den Schutzbereich der Informationsfreiheit als eröffnet anzusehen und das andere mal nicht. Weder für den einzelnen Rezipienten, noch im Lichte der freien öffentlichen Meinungsbildung betrachtet, macht es einen Unterschied, ob die Ausstrahlung bestimmter Inhalte staatlich verboten und deshalb schon gar nicht ausgestrahlt wird, oder ob derselbe Inhalt zum Beispiel vom Ausland aus zwar gesendet, aber von staatlichen Stellen durch Einrichtung von Störsendern „neutralisiert" wird. Im letzteren Fall soll ein Eingriff in die Informationsfreiheit vorliegen.[690] Folglich wird die Informationsfreiheit durch jede Maßnahme beeinträchtigt, welche die gewünschte Informationsaufnahme unmöglich macht oder wesentlich erschwert.[691] Staatliche Eingriffe, die bereits das Anbieten der Informationen durch den Informationsanbieter behindern bzw. verbieten, beeinträchtigen

688 *Herzog*, in: Maunz/Dürig, GG, Art. 5 I, II Rn. 90; *Starck*, in: v. Mangoldt/Klein/Starck, GG, Art. 5 I, II Rn. 44.

689 Hier wird davon ausgegangen, dass die Informationsquelle Rundfunksendung und die Allgemeinzugänglichkeit dieser gleichzeitig mit der Ausstrahlung der Sendung entstehen. Ohne die Ausstrahlung ist die Rundfunksendung kein Träger von Informationen, sondern nur die Beschreibung eines Inhalts, der auf einem Ton- und Bildträger abgespeichert ist oder erst live gesendet wird. *Isensee/Axer* unterscheiden dagegen zwischen der Sendung als Informationsquelle und der Ausstrahlung, die erst die Allgemeinzugänglichkeit bewirke. Andererseits stellen sie nur wenig später der Erwägung, die Rundfunkanstalt als Informationsquelle zu betrachten, die Alternative gegenüber, das von der Rundfunkanstalt *ausgestrahlte* Programm als Informationsquelle zu sehen, vgl. *Isensee/Axer*, Jugendschutz im Fernsehen, S. 56.

690 *Herzog*, in: Maunz/Dürig, GG, Art. 5 I, II Rn. 92; *Starck*, in: v. Mangoldt/Klein/Starck, GG, Art. 5 I, II Rn. 55.

691 *Herzog*, in: Maunz/Dürig, GG, Art. 5 I, II Rn. 98; *Jarass*, in: Jarass/Pieroth, GG, Art. 5 Rn. 19.

daher die Informationsfreiheit der hieran Interessierten.[692] Hält man es mit dem Schutzzweck der Informationsfreiheit für unvereinbar, dem Staat die Befugnis zuzugestehen, über die Allgemeinzugänglichkeit der verfügbaren Informationsquellen zu bestimmen, so läuft es ihm doch erst recht zuwider, wenn der Staat bereits die Entstehung einer Informationsquelle verhindern könnte. Die Informationsfreiheit soll gewährleisten, dass der Bürger sich frei von staatlicher Einflussnahme seine Meinung bilden kann. Dann aber darf das hierfür grundlegende Informationsmaterial nicht staatlicherseits gesteuert werden. Der Staat darf das Angebot und den Fluss von Informationen nicht behindern und daher das Verhältnis zwischen dem Informationsanbieter und dem Informationsinteressenten nicht stören.[693] Das Recht, sich selbst zu informieren und bei der Auswahl des Informationsmaterials keiner Beeinflussung durch den Staat zu unterliegen, liefe leer, wenn die Möglichkeit der Entstehung von Quellen, aus denen man sich in dieser Weise informieren können soll, von vornherein vereitelt werden würde. Der Schutzzweck des Grundrechts gebietet es daher, das gesetzliche Verbot der Schaffung von Informationsquellen bestimmten Inhalts in den Schutzbereich des Grundrechts einzubeziehen.

Führt man sich den Grund dafür vor Augen, warum die Informationsfreiheit in der Regel schon entstandene Quellen voraussetzt, wird dies umso deutlicher. Der Schutzbereich der Informationsfreiheit knüpft nur deshalb erst an bestehende Informationsquellen an, weil allein dem Kommunikator als Bestimmungsberechtigten (also dem Rundfunkveranstalter) die Entscheidungsfreiheit über die Eröffnung einer Quelle zukommen soll und nicht dem potentiellen Rezipienten dieser Quelle. Keinesfalls soll dadurch aber gestattet werden, dass der Staat über die Eröffnung bzw. Nichteröffnung von nicht staatlichen Quellen entscheidet. Zwar kann der Umfang eines Bestimmungsrechts über die Rechtsordnung im Falle kollidierender verfassungsrechtlicher Positionen festgelegt werden, jedoch müssen diese Kollisionsregeln verfassungsrechtlich überprüfbar sein und dürfen daher nicht dazu führen, dass durch sie bereits der Schutzbereich eines Grundrechts verkürzt wird.

Wollte man gesetzliche Verbote, welche die Ausstrahlung bestimmter Rundfunksendungen von vornherein verbieten, aus dem Schutzbereich der Informationsfreiheit ausgrenzen, führte das zu einer merkwürdig anmutenden Konsequenz: Während das gesetzliche Verbot selbst die Informationsfreiheit nicht berührte, würden dagegen repressive Maßnahmen des Staates, die sich gegen die Zuwiderhandlung der Rundfunkveranstalter gegen diese gesetzliche Bestimmung

---

692 Ebenso *Meirowitz*, Gewaltdarstellungen auf Videokassetten, S. 312 u. 368.

693 *VGH München*, NJW 1992, 929, 930; *Herzog*, in: Maunz/Dürig, GG, Art. 5 I, II Rn. 100.

richteten, in den Schutzbereich der Informationsfreiheit eingreifen. Erfolgt nämlich entgegen dem gesetzlichen Verbot eine Verbreitung über Rundfunk, führt dies unstreitig zu dem Entstehen einer allgemein zugänglichen Informationsquelle.

Das *Bundesverfassungsgericht* hat zu dieser Problematik noch nicht ausdrücklich Stellung bezogen. Es hat aber in einem gesetzlichen Verbot der Veröffentlichung von ausländischen Stellenangeboten in der Presse einen Verstoß sowohl gegen die Pressefreiheit als auch – dies jedoch ohne nähere Begründung – gegen die Informationsfreiheit des Bürgers erblickt.[694] Damit scheint das *Bundesverfassungsgericht* auch davon auszugehen, dass das Grundrecht der Informationsfreiheit bereits vor einer Behinderung des Anbietens von Informationen durch den Informationsanbieter schützen will. In dem Verbot der öffentlichen Werbung für indizierte Ton- und Bildträger sah das *Bundesverfassungsgericht* den Schutzbereich der Informationsfreiheit ebenfalls berührt[695], obwohl infolge des Verbotes gar keine allgemein zugänglichen Quellen mit dem entsprechenden werbenden Inhalt geschaffen werden konnten.

Der Eröffnung des Schutzbereichs der Informationsfreiheit könnte schließlich noch entgegenstehen, dass dem Einzelnen, wie oben bereits ausgeführt, kein Anspruch auf die Ausstrahlung von – jedenfalls indizierten – Sendeinhalten zusteht[696] und die Programmgestaltung im Ermessen der Rundfunkveranstalter liegt. Damit ist selbst ohne das absolute Ausstrahlungsverbot für indizierte Inhalte nicht sicher, ob solche Inhalte von den Rundfunkveranstaltern in ihr Programm aufgenommen werden würden. Dem kann jedoch entgegengehalten werden, dass ohne das Verbot zumindest die Möglichkeit hierzu bestünde. Nur am Rande sei erwähnt, dass es im Übrigen äußerst unwahrscheinlich ist, dass kein Rundfunkveranstalter diese Möglichkeit nutzen würde. Gerade gewalthaltige Medien erfreuen sich einer besonderen Beliebtheit bei den Betrachtern und Rundfunkveranstalter orientieren sich bekanntermaßen bei der Erstellung ihrer Kommunikationsangebote an den Erwartungen der Nutzer. Das *Bundesverfassungsgericht* sieht in diesem Punkt offensichtlich auch kein Problem: In den voranstehend erwähnten Entscheidungen sah es den Schutzbereich der Informationsfreiheit jeweils berührt, obgleich in diesen Fällen zwischen dem Verbot und dem Informationsinteresse des Rezipienten noch die freie Entscheidung des bestimmungsberechtigten Informationsanbieters stand, ob er die verbotene Information in sein Angebot überhaupt aufnehmen wollte.

694 *BVerfGE* 21, 271, 280, 291.
695 *BVerfG*, NJW 1986, 1241, 1242.
696 S. Teil 2 B. V. 1. b) bb) (1), S. 204.

cc) Der indizierte Ton- und Bildträger als Informationsquelle

Ein Eingriff in den Schutzbereich der Informationsfreiheit lässt sich zusätzlich auf anderem Weg begründen. Will man nicht an die Verhinderung der Schaffung der Informationsquelle Rundfunksendung anknüpfen, so ist doch jedenfalls der indizierte Ton- und Bildträger selbst, d.h. die der verbotenen Sendung zugrunde liegende körperliche Aufzeichnung, eine allgemein zugängliche Informationsquelle.

Diese Quelle ist allerdings über den Weg des Rundfunks nicht allgemein zugänglich, da die Allgemeinzugänglichkeit der indizierten Ton- und Bildträger durch das Verbot der Ausstrahlung entsprechender Inhalte im Bereich des Rundfunks von vornherein verhindert wird. Auch wenn das Grundrecht der Informationsfreiheit grundsätzlich nur das Recht des Einzelnen schützt, sich aus allgemein zugänglichen Quellen ungehindert zu unterrichten, ist der Schutzbereich vorliegend dennoch eröffnet. Wie bereits zuvor ausgeführt[697] besteht zumindest Einigkeit darüber, dass sich die Allgemeinzugänglichkeit einer Informationsquelle ausschließlich anhand der objektiven Tatsachenlage bemisst und nicht vom Gesetzgeber festgelegt werden kann. Bei faktischer Betrachtungsweise liegt folglich ein Eingriff in die Informationsfreiheit vor.

Der Eröffnung des Schutzbereiches der Informationsfreiheit steht es darüber hinaus nicht entgegen, dass das Verbot „nur“ die Wahrnehmungsmöglichkeit über einen bestimmten Verbreitungsweg und nicht die Möglichkeit, sich aus dieser Informationsquelle insgesamt zu informieren, verhindert. Indem mit dem Rundfunk ein relevanter Verbreitungsweg ausgeschlossen wird, wird eine ungehinderte Unterrichtung zumindest erschwert, was ausreichend ist. Dass die indizierten Ton- und Bildträger auf andere Weise als durch rundfunkgemäße Verbreitung noch zugänglich sind, ist erst in die Güterabwägung im Rahmen der Prüfung der Angemessenheit einzubeziehen.[698] Demgemäß sah das *Bundesverfassungsgericht* den Schutzbereich der Informationsfreiheit Erwachsener durch ein Verbot, offensichtlich schwer jugendgefährdende Schriften über den Weg des Versandhandels zu vertreiben, berührt.[699] Erst bei der Abwägung zwischen der Informationsfreiheit Erwachsener und dem Jugendschutz berücksichtigte das *Bundesverfassungsgericht* die den Erwachsenen verbleibenden, anderweitigen Möglichkeiten zum Bezug entsprechender Schriften.

Ferner steht es der Annahme eines Eingriffs in den Schutzbereich der Informationsfreiheit nicht entgegen, dass die Ausstrahlung auch ohne das Ausstrah-

---

697 Teil 2 B. V. 1. b) bb) (2), S. 205 ff.

698 S. dementsprechend nachstehend, Teil 2 B. V. 1. c) cc), S. 217 ff.

699 *BVerfGE* 30, 336, 347 f.

lungsverbot für indizierte Ton- und Bildträger noch die Entscheidung des Informationsanbieters über die Aufnahme in das Programm voraussetzt.[700]

dd) Zwischenergebnis

Damit ist der Schutzbereich des Grundrechts der Informationsfreiheit nach der hier vertretenen Auffassung durch das absolute Ausstrahlungsverbot berührt. Begründet werden kann der Eingriff in die Informationsfreiheit Erwachsener sowohl mit der staatlichen Verhinderung der Entstehungsmöglichkeit bestimmter Rundfunksendungen, was m.E. zu bevorzugen ist, als auch mit der staatlichen Verhinderung der Verbreitung der indizierten Ton- und Bildträger über den Weg des Rundfunks.

c) Verfassungsrechtliche Rechtfertigung

Die Rundfunk- und die Informationsfreiheit finden gem. Art. 5 Abs. 2 GG ihre Schranken in den Vorschriften der allgemeinen Gesetze, den gesetzlichen Bestimmungen zum Schutze der Jugend und in dem Recht der persönlichen Ehre. Damit enthält Art. 5 Abs. 2 GG einen qualifizierten Gesetzesvorbehalt für die Grundrechte aus Art. 5 Abs. 1 GG. Wie der Wortlaut durch das Nebeneinander dieser Schranken deutlich zum Ausdruck bringt, sind die letzten beiden Schranken nicht lediglich Unterfälle der allgemeinen Gesetze, sondern eigenständige Schranken.[701] Die eigenständige Bedeutung dieser Bestimmungen liegt darin, dass sie zum Schutz der genannten Rechtsgüter die Grundrechte des Art. 5 Abs. 1 GG sogar ihrem Inhalt nach bewerten und aufgrund dieser Bewertung verbieten dürfen. Dabei ist die praktische Relevanz der Eigenständigkeit für die Grundrechtsschranke des Rechts der persönlichen Ehre eher gering, weil es sich bei solchen Vorschriften in der Regel auch um allgemeine Gesetze handelt[702] und ihre Erwähnung damit überwiegend deklaratorischer Natur ist. Im Gegensatz zu den allgemeinen Gesetzen kann und wird eine Bestimmung zum Schutze der Jugend eine Meinung dagegen in der Regel aufgrund eines bestimmten Inhalts verbieten und damit ein sog. Sonderrecht gegen die Kommunikationsfreiheiten des Art. 5 Abs. 1 GG sein.[703]

700 S. zuvor, Teil 2 B. V. 1. b) bb) (2), S. 205 ff.
701 So auch *Bethge*, in: Sachs, GG, Art. 5 Rn. 141, 159; *Herzog*, in: Maunz/Dürig, GG, Art. 5 I, II Rn. 244 ff.; *Starck*, in: v. Mangoldt/Klein/Starck, GG, Art. 5 I, II Rn. 191; a.A. *Ricker/Schiwy*, Rundfunkverfassungsrecht, Teil B, S. 132 Rn. 177.
702 *Degenhart*, in: BK GG, Art. 5 I, II Rn. 77; *Hoffmann-Riem*, AK-GG, Art. 5 I, II Rn. 56.
703 *Degenhart*, in: BK GG, Art. 5 I, II Rn. 78; *Bethge*, in: Sachs, GG, Art. 5 Rn. 159.

Bei § 4 Abs. 2 S. 1 Nr. 2 JMStV handelt es sich um eine Vorschrift zum Schutze der Jugend, da sie dazu bestimmt ist, dem Jugendschutz zu dienen. Unter dem Schutz der Jugend ist die Abwehr von solchen Gefahren zu verstehen, die zu einer Fehlentwicklung[704] in der Persönlichkeitsbildung bei Kindern und Jugendlichen führen können.[705] Das absolute Ausstrahlungsverbot von indizierten Medien im Fernsehen soll Kinder und Jugendliche vor den mit der Ausstrahlung solcher Sendungen verbundenen Gefahren für ihre Entwicklung und Erziehung schützen, wie auch der in § 1 JMStV beschriebene Gesetzeszweck des Staatsvertrages zeigt. Hiermit soll ihre ungestörte Entwicklung als eigenverantwortliche Persönlichkeiten in der sozialen Gesellschaft gesichert werden.

Ein Eingriff in die Rundfunk- oder Informationsfreiheit ist jedoch nicht allein schon deshalb gerechtfertigt, weil die eingreifende Vorschrift dazu bestimmt ist, dem Jugendschutz zu dienen. Wenn dem Gesetzgeber auch die Wahl der Mittel zur Gewährung eines effektiven Jugendschutzes grundsätzlich freisteht, muss sich das gewählte Mittel gleichwohl als verhältnismäßig (also geeignet, erforderlich und angemessen) erweisen.[706] Um zu gewährleisten, dass der Rechtsgehalt des eingeschränkten Art. 5 Abs. 1 GG erhalten bleibt, wendet das *Bundesverfassungsgericht* „neben" dem Verhältnismäßigkeitsgrundsatz die zu den allgemeinen Gesetzen i.S.d. Art. 5 Abs. 2 GG entwickelte Wechselwirkungslehre und das Gebot der Abwägung im Einzelfall auch auf die Schranke der gesetzlichen Bestimmungen zum Schutze der Jugend an.[707] Die Wechselwirkungslehre wird von dem *Bundesverfassungsgericht* wie folgt erklärt: „Die gegenseitige Beziehung zwischen Grundrecht und „allgemeinem Gesetz" ist [...] nicht als einseitige Beschränkung der Geltungskraft des Grundrechts durch die „allgemeinen Gesetze" aufzufassen; es findet vielmehr eine Wechselwirkung in dem Sinne statt, dass die „allgemeinen Gesetze" zwar dem Wortlaut nach dem Grundrecht Schranken setzen, ihrerseits aber aus der Erkenntnis der wertsetzenden Bedeutung dieses Grundrechts im freiheitlich demokratischen Staat ausgelegt und so in ihrer das Grundrecht begrenzenden Wirkung selbst wieder eingeschränkt werden müssen."[708] Einer Regelung zum Schutze der Jugend können folglich selbst wieder

---

704 Zu dem Begriff der Fehlentwicklung siehe Teil 1 B. II., S. 28 ff.

705 *BVerfGE* 30, 336, 347; *Degenhart*, in: BK GG, Art. 5 I, II Rn. 79.

706 *BVerfGE* 30, 336, 347 f., 353; *Starck*, in: v. Mangoldt/Klein/Starck, GG, Art. 5 I, II Rn. 207; *Schulze-Fielitz*, in: Dreier, GG, Art. 5 I, II Rn. 149 f.

707 *BVerfGE* 30, 336, 353 unter Verweis auf *BVerfGE* 7, 198, 208 f. Ebenso: *Schulze-Fielitz*, in: Dreier, GG, Art. 5 I, II Rn. 148. *Das BVerfG* wendet die Wechselwirkungslehre zudem auf das Recht der persönlichen Ehre an, vgl. *BVerfGE* 60, 234, 240; *Starck*, in: v. Mangoldt/Klein/Starck, GG, Art. 5 I, II Rn. 212.

708 *BVerfGE* 7, 198, 208 f.; 12, 113, 124 f.; 60, 234, 240. Zur Kritik an der Wechselwirkungslehre statt vieler: *Herzog*, in: Maunz/Dürig, GG, Art. 5 I, II Rn. 259 ff.

durch Art. 5 Abs. 1 GG Schranken gesetzt werden. Die Bedeutung der Wechselwirkungslehre erschöpft sich damit letztlich in der Konkretisierung der Prüfung der Angemessenheit bzw. der Verhältnismäßigkeit im engeren Sinne für die Einschränkung der Grundrechte des Art. 5 Abs. 1 GG[709]: Die Zulässigkeit der Mittel, mit denen der Gesetzgeber den Schutz der Jugend gewährleisten darf, hängt von einer Güterabwägung zwischen der Forderung nach einem umfassenden Grundrechtsschutz und dem verfassungsrechtlich hervorgehobenen Interesse an einem effektiven Jugendschutz ab.[710]

aa) Geeignetheit der Regelung

Der Einsatz eines Mittels (hier das Ausstrahlungsverbot) ist geeignet, wenn mit seiner Hilfe der gewünschte Zweck (hier der Jugendmedienschutz) gefördert werden kann.[711] Dies setzt selbstverständlich voraus, dass von dem Konsum indizierter Sendungen überhaupt Gefahren für Kinder und Jugendliche ausgehen. Könnte ihre Persönlichkeitsentwicklung hierdurch gar nicht negativ beeinflusst werden, würde das Verbot der Ausstrahlung indizierter Sendungen auch nicht zum Jugendmedienschutz – als dem gewünschten Ziel der Vorschrift – beitragen. Ein Wirkungszusammenhang zwischen der Wahrnehmung indizierter Medien und einer Gefährdung der Persönlichkeitsentwicklung von Kindern und Jugendlichen ist wissenschaftlich nicht geklärt.[712] In einer solchen wissenschaftlich ungeklärten Situation ist dem Gesetzgeber eine Einschätzungsprärogative hinsichtlich der Abschätzung von Gefahrenlage und Risiko und der Entscheidung, ob Maßnahmen zu ergreifen sind oder nicht, einzuräumen.[713] Der Gesetzgeber würde nur dann den ihm zustehenden Entscheidungsspielraum überschreiten, wenn ein Wirkungszusammenhang nach dem Stand der Wissenschaft vernünftigerweise auszuschließen wäre,[714] was vorliegend nicht der Fall ist. Aus der wissenschaftlich ungeklärten Lage lässt sich vielmehr folgern, dass sich ein Wirkungsrisiko nach dem heutigen Stand der Wissenschaft zumindest nicht ausschließen lässt. Ein

709 Ebenso *Stein/Frank*, Staatsrecht, § 38 IX 3, S. 317. Insoweit ist auch die Formulierung des *BVerfG*, wonach zu prüfen sein soll, „[...] ob die gesetzliche Regelung der Bedeutung der in Art. 5 Abs. 1 GG garantierten Rechte ausreichend Rechnung getragen und den rechtsstaatlichen Grundsatz der Verhältnismäßigkeit beachtet hat." (*BVerfGE* 30, 336, 353), missverständlich, da es sich dabei gerade nicht um zwei verschiedene Prüfungspunkte handelt. Ähnlich *Scholz*, NStZ 1995, 42 f.

710 *BVerfGE* 30, 336, 348.

711 *BVerfGE* 30, 292, 316; 33, 171, 187; 67, 157, 173; *Stern*, Staatsrecht, Bd. III/2, S 776.

712 S. ausführlich Teil 1 A., S. 17 ff.

713 S. Teil 1 B. III., S. 29 f.

714 *BVerfGE* 83, 130, 142.

empirischer Nachweis einer Kinder und Jugendlichen drohenden Gefahr durch die Wahrnehmung indizierter Inhalte ist nicht erforderlich, um diese Norm zu stützen. Dass die Möglichkeit der Beeinträchtigung Kinder und Jugendlicher ausreichend sein muss, ergibt sich im Übrigen aus dem vorrangigen Ziel des Verfassungsgutes Jugendschutz, bereits den Eintritt von Gefährdungen zu verhindern und nicht erst nach entstandenem Schaden repressiv tätig zu werden.

Darüber hinaus bestehen keine Zweifel an der Geeignetheit der Norm zur Erreichung des angestrebten Zwecks. Die gesetzliche Regelung ist geeignet, den gewünschten Jugendschutz zu fördern. Ein absolutes Ausstrahlungsverbot schließt die Wahrnehmung der indizierten Medien im Fernsehen durch Kinder und Jugendliche gänzlich aus, so dass die ihnen aus der Wahrnehmung des Inhalts drohenden Gefahren – von denen der Staatsvertraggeber im Rahmen seiner Einschätzungsprärogative ausgehen darf – beseitigt werden.

bb) Erforderlichkeit des Eingriffs

Als diffiziler erweist sich die Erfüllung des Merkmals der Erforderlichkeit des absoluten Ausstrahlungsverbotes indizierter Medien im Rundfunk. Im Rahmen der Überprüfung der Erforderlichkeit kommt es maßgeblich darauf an, ob das zur Erreichung des Erfolges mildeste Mittel gleicher Wirksamkeit eingesetzt wurde.[715] Der Gesetzgeber ist nach der Rechtsprechung des *Bundesverfassungsgerichts* nur dort zur Wahl des milderen Mittels verpflichtet, wo das mildere Mittel sich als eindeutig gleichwertige Alternative erweist.[716] Damit wäre das rundfunkrechtliche Totalverbot lediglich dann nicht erforderlich, wenn eine die Rundfunkfreiheit weniger einschneidende Maßnahme in Betracht käme, die das gesetzgeberische Ziel – die Gewährleistung eines effektiven Jugendschutzes – unzweifelhaft wenigstens in gleicher Weise förderte. Der juristische Begriff der Erforderlichkeit weicht damit insofern von dem allgemeinen Sprachgebrauch ab, als jedes noch so geringe Minus auf der Erfolgsseite zur Bejahung des Merkmals der Erforderlichkeit führen muss, selbst wenn dem geringeren Erfolgsminus ein größeres Minus bei der Schwere des Eingriffs gegenübersteht.[717]

Da es sich bei einem umfassenden Sendeverbot um die denkbar stärkste Form eines Eingriffs handelt und somit jedes andere Mittel schonender ist, ist zu prüfen, ob kein gleich wirksames Mittel vorhanden ist, um der Jugendgefährdung angemessen begegnen zu können.

---

715 *Sachs*, in: Sachs, GG, Art. 20 Rn. 152; *Hofmann*, in: Schmidt-Bleibtreu/Klein, GG, Art. 20 Rn. 73.

716 *BVerfGE* 39, 156, 165; 40, 196, 223; 77, 84, 109; 81, 70, 90 f.

717 S. *Gentz*, NJW 1968, 1600, 1604.

(1) Sendezeitbeschränkungen

Ein milderes Mittel liegt in der Anordnung von Sendezeitbeschränkungen, weil den Rundfunkveranstaltern hiermit die Ausstrahlung indizierter Inhalte nicht gänzlich untersagt wird, sondern lediglich zu bestimmten Zeiten. Auch Erwachsenen wird hierdurch die Möglichkeit, entsprechende Inhalte im Rundfunk rezipieren zu können, nur zeitweise genommen.

Die in Deutschland bislang bestehenden Regelungen über Begrenzungen der Ausstrahlungszeit ließen eine Ausstrahlung der von der Bestimmung betroffenen Inhalte zwischen 23:00 Uhr und 6:00 Uhr zu. Für die Wirksamkeit von Sendezeitbeschränkungen spricht, dass zur Nachtzeit eine wesentlich geringere Zahl von Kindern und Jugendlichen fernsieht. Weil nach 24:00 Uhr die Zuschauerzahl gegenüber dem Zeitpunkt von 23:00 Uhr noch einmal erheblich zurückgeht, wäre eine Verschiebung der Ausstrahlungszeit auf diesen Zeitpunkt zu erwägen, wie schon früher diskutiert wurde.[718]

Dieses Mittel ist jedoch offenkundig nicht ebenso wirksam wie ein umfassendes Sendeverbot: Es kann – jedenfalls von Seiten des Gesetzgebers – nicht verhindert werden, dass Kinder und Jugendliche trotz der Beschränkungen der Sendezeit die indizierten Inhalte wahrnehmen. Wenn sie zur Nachtzeit üblicherweise auch schlafen, werden insbesondere aus instabilen sozialen Verhältnissen stammende Minderjährige häufig länger wach bleiben und während dieser Zeit zum Teil doch noch fernsehen. Aber auch sonst werden Kinder und Jugendliche vor allem an Wochenenden nicht selten bis in die frühen Morgenstunden von ihren Eltern alleine gelassen und verfügen somit über freien Zugang zu den Fernsehgeräten. Außerdem besteht für Minderjährige in der Regel die Möglichkeit, eine zur Nachtzeit ausgestrahlte Sendung durch entsprechende Programmierung des Videorekorders aufzuzeichnen und sie sodann zeitversetzt anzusehen, wann immer sie es wünschen. Die mit der Anordnung von Sendezeitbeschränkungen verfolgte gesetzgeberische Intention kann damit ohne weiteres unterlaufen werden. Mögen die Eltern noch fähig und willens sein, ihre Kinder zur Nachtzeit nicht fernsehen zu lassen, so werden sie von der Möglichkeit, den Zugriff ihrer Kinder auf den Videorecorder zu kontrollieren bzw. das Gerät gänzlich unter Verschluss zu halten, kaum Gebrauch machen.

718 Schon seit geraumer Zeit wird eine Verschiebung der Zeitgrenzen diskutiert, vgl. *Schulz*, RuF 1993, 339, 357. Bei einer von dem Ausschuss für Familie, Senioren, Frauen und Jugend des Deutschen Bundestages im Jahre 1996 durchgeführten Anhörung zum Thema „Jugendschutz und Medien" hatten sich die Sachverständigen für eine – von der *FSF* empfohlene – Verlegung der Ausstrahlungszeit auf nach 24:00 Uhr ausgesprochen, s. dazu *Isensee/Axer*, Jugendschutz im Fernsehen, S. 32 f.

(2) Ausstrahlungsverbot mit Ausnahmegenehmigung nach dem Vorbild des RfStV

Auch die bisherige Regelung des RfStV, nach der die Ausstrahlung von indizierten Medien im Rundfunk grundsätzlich verboten war, eine Ausnahmegenehmigung jedoch erteilt werden konnte, sofern die mögliche sittliche Gefährdung von Kindern oder Jugendlichen unter Berücksichtigung aller Umstände nicht als schwer anzusehen war (vgl. § 3 Abs. 3 RfStV a.F.), erweist sich als milderes Mittel.

Sofern allerdings eine lediglich leichte oder mittlere Gefahr für Kinder und Jugendliche mit der Ausstrahlung verbunden ist, stellt sich dieses Mittel als weniger wirksam dar, weil dann eine Ausnahmegenehmigung in Betracht käme. Bei ihrer Erteilung dürfte die Sendung ausgestrahlt werden. Selbst wenn die Ausstrahlung entsprechend der alten Regelung des RfStV dann nur zu bestimmten Zeiten möglich wäre, könnte doch – wie bereits zu dem Mittel der Sendezeitbeschränkungen festgestellt – nie ausgeschlossen werden, dass Kinder oder Jugendliche diese Inhalte gleichwohl wahrnehmen würden.

(3) Nutzer- und anbieterseitige Sperrsysteme

Die Möglichkeiten nutzer- oder anbieterseitig zu errichtender Sperrsysteme wurden bereits an anderer Stelle eingehend beschrieben und bewertet.[719] Aus diesen Ausführungen ergibt sich, dass selbst die gegenüber der nutzerseitigen Sperrung wirksamere Technik der anbieterseitigen Sperrsysteme in ihrer Effektivität nicht annähernd an das Mittel des absoluten Ausstrahlungsverbotes herangelangt.

(4) Einrichtung geschlossener Benutzergruppen

Als gleich geeignetes, aber milderes Mittel käme letztlich in Betracht, die Ausstrahlung indizierter Inhalte zwar grundsätzlich zu verbieten, sie bei der Einrichtung von geschlossenen Benutzergruppen jedoch ausnahmsweise zu gestatten. Für den Bereich der Telemedien sieht der JMStV gemäß dessen § 4 Abs. 2 S. 2 eine solche Ausnahme vor. Die Möglichkeit der Ausstrahlung bei Einrichtung von geschlossenen Benutzergruppen bedeutete eine geringere Eingriffsintensität für die Fernsehveranstalter und wäre daher ein schonenderes Mittel. Ihnen stünde es dann frei, die betreffenden Inhalte zu verbreiten, solange sie den vorgeschriebenen Schutz der Jugend gewährleisteten. Zudem wäre dieses Mittel für die erwachsenen Rezipienten deutlich milder, denn eine solche Regelung würde ledig-

719 Siehe oben unter Teil 2 B. II. 2. a), S. 169 ff.

lich Kinder und Jugendliche von der Wahrnehmung indizierter Medien durch den Rundfunk ausschließen. Für Erwachsene bliebe die Wahrnehmung dieser Sendungen über den Weg des Rundfunks möglich.

Die Frage, ob dieses mildere Mittel ebenso wirksam ist, muss jedoch verneint werden. Das *Bundesverfassungsgericht* verlangt ausdrücklich eine „eindeutig" gleich wirksame Alternative.[720] Wie zuvor bereits festgestellt,[721] kann sogar bei der Einrichtung einer geschlossenen Benutzergruppe niemals ganz ausgeschlossen werden, dass Kinder oder Jugendliche an die so geschützten Inhalte gelangen. Es kann weder verhindert werden, dass Erwachsene Kindern oder Jugendlichen fahrlässig oder vorsätzlich die Möglichkeit zur Kenntnisnahme der Inhalte verschaffen, noch kann vollständig ausgeschlossen werden, dass technisch hochgradig versierte Jugendliche die besondere Fähigkeit besitzen, selbst Sperren von hohem Schutzniveau zu umgehen. Es lässt sich daher zumindest nicht zweifelsfrei und damit nicht eindeutig feststellen, ob die Einrichtung einer geschlossenen Benutzergruppe eine mit dem Ausstrahlungsverbot vergleichbare Wirkung für den Jugendmedienschutz besitzt.

(5) Zwischenergebnis der Erforderlichkeitsprüfung

Das absolute Ausstrahlungsverbot ist im Ergebnis erforderlich. Alle übrigen denkbaren und alternativ einsetzbaren Mittel sind zwar schonender, aber nicht unzweifelhaft gleich wirksam.

cc) Angemessenheit des § 4 Abs. 2 S. 1 Nr. 2 JMStV

Die Regelung des § 4 Abs. 2 S. 1 Nr. 1 JMStV verstößt jedoch gegen das Gebot der Verhältnismäßigkeit im engeren Sinne und ist damit verfassungswidrig.

Dies ergibt sich aus der in der nachstehenden Prüfung getroffenen Güterabwägung:

Nachdem bereits positiv festgestellt wurde, dass das kategorische Ausstrahlungsverbot des § 4 Abs. 2 S. 1 Nr. 2 JMStV geeignet und erforderlich ist, um die mit diesem Totalverbot beabsichtigte Sicherung des Jugendschutzes zu bewirken, ist nunmehr zu klären, ob das mit der Vorschrift erreichte in einem angemessenen Verhältnis zu den Einbußen steht, welche die Rundfunk- und die Informationsfreiheit Erwachsener durch sie erfahren. An dieser Stelle ist die Wechselwirkungslehre des *Bundesverfassungsgerichts* zu verorten: Die Regelung des § 4

720 *BVerfGE* 77, 84, 109.

721 S. hierzu ausführlich Teil 2 B. II. 1. c) aa) (6), S. 161.

Abs. 2 S. 1 Nr. 2 JMStV darf bei einer Gesamtabwägung der betroffenen Belange im Lichte des eingeschränkten Grundrechts nicht unzumutbar sein.

Diese Abwägung ist im Sinne einer wertenden Zusammenschau aller ins Gewicht fallender Verfassungsgüter vorzunehmen.[722] Vorliegend treten dem Jugendschutz gleich zwei geschützte Güter gegenüber, so dass auf der einen Seite das Gewicht des Jugendmedienschutzes liegt und auf der anderen Seite die Rundfunk- und die Informationsfreiheit Erwachsener in die Waagschale fallen. Bei dieser Gegenüberstellung ist zu beachten, dass allen in die Prüfung einzubeziehenden Rechtsgütern Verfassungsrang zukommt. Sind verfassungsrechtliche Belange gegeneinander abzuwägen, besteht mangels einer allgemeinen grundgesetzlichen Wertrangordnung grundsätzlich kein Übergewicht einer Seite.[723] Ein Gut darf nicht auf Kosten eines anderen überproportional gewichtet werden, sondern die konkurrierenden Positionen sind nach dem Prinzip des schonendsten Ausgleichs zu berücksichtigen.

Das Gewicht und die Dringlichkeit der den Eingriff rechtfertigenden Gründe sind somit dem Gewicht und der Bedeutung der durch den Eingriff beeinträchtigten Grundrechte gegenüberzustellen.[724] Einzubeziehen ist dabei, in welchem Ausmaß die verfolgten Interessen durch den Eingriff gefördert werden. Das Gewicht der Zweckverfolgung hängt nämlich unter anderem von dem Tauglichkeitsgrad des angewendeten Mittels ab. Entscheidend ist insbesondere die Möglichkeit, mit einem unerheblich Weniger an Geeignetheit ein erhebliches Mehr an Freiheit im Hinblick auf die betroffenen Grundrechte zu gewinnen.[725]

(1) Die Bedeutung des Ausstrahlungsverbotes für den Jugendmedienschutz

Zunächst zu dem Gewicht und der Dringlichkeit der den Eingriff rechtfertigenden Gründen: Der Staatsvertraggeber hat das absolute Ausstrahlungsverbot aus Gründen des Jugendschutzes, dem eine überragende Bedeutung für die Gesellschaft zukommt, konzipiert. Das Ziel der Regelung des § 4 Abs. 2 S. 1 Nr. 2 JMStV liegt darin, Kinder und Jugendliche vor den ihren Entwicklungsprozess möglicherweise negativ beeinflussenden Gefahrenquellen zu schützen. Sollte von den indizierten Inhalten tatsächlich eine solche Gefahr ausgehen (was, wie bereits dargelegt,[726] der Gesetzgeber aufgrund der ihm zustehenden Einschätzungs-

722 *Stern*, Staatsrecht, Bd. III/2, S. 830, *Wendt*, AöR Bd. 104 (1979), 414, 465.

723 *Stern*, Staatsrecht, Bd. III/2, S. 828; *Sachs*, in: Sachs, GG, Art. 20 Rn. 156; *Schulz*, RuF 1993, 339, 347.

724 *BVerfGE* 67, 157, 173; 83, 1, 19.

725 *Stern*, Staatsrecht, Bd. III/2, S. 836; *Gentz*, NJW 1968, 1600, 1604; *Wendt*, AöR Bd. 104 (1979), 414, 467.

726 S. Teil 1 B. III., S. 29 f.

prärogative vermuten darf), wären die Folgen für die Entwicklung Minderjähriger bei deren Wahrnehmung im Fernsehen weitreichend. Dies gilt nicht nur unter der Berücksichtigung des Aspektes, dass Kinder und Jugendliche vermehrt fernsehen (der Fernsehkonsum liegt heute durchschnittlich bei ca. 97 Minuten am Tag bei den 3- bis 13-jährigen und bei ca. 116 Minuten bei den 10- bis 13-jährigen Kindern[727]), sondern auch, weil sich der Verbreitungsweg Rundfunk für Kinder und Jugendliche als besonders gefährlich erweist. Im Gegensatz zu dem Besuch von Lichtspielhäusern, dem Ausleihen von Videofilmen oder dem Erwerb von Presseerzeugnissen, entfallen hier die bei diesen anderen Wahrnehmungsmöglichkeiten bestehenden Hindernisse, die sich aus dem Kauf- oder Mietvorgang ergeben. Die Eltern sind kein gleichwertiges Hindernis, weil sie zumeist weder in der Lage noch willens sind, den Fernsehkonsum ihrer Kinder rund um die Uhr zu kontrollieren oder gar zu steuern. In vielen Haushalten befinden sich zwei oder sogar noch mehr Fernsehgeräte.[728] Zudem sind viele Kinderzimmer mit Fernsehgeräten ausgestattet.[729] Der Gesetzgeber ist daher im Bereich des Rundfunks besonders gefordert, Rundfunkveranstaltern aus Gründen des Jugendschutzes Beschränkungen aufzuerlegen.

(2) Zu dem Einfluss indizierter Medien auf die öffentliche Meinungsbildung

Dem sind das Gewicht und die Bedeutung der durch den Eingriff beeinträchtigten Grundrechte gegenüberzustellen. Fraglich ist dabei zunächst, inwieweit es einen Einfluss auf das Gewicht der Rundfunk- und Informationsfreiheit im Rahmen der Güterabwägung nimmt, dass von einem großen Teil der indizierten Medien keine besondere Bedeutung für die öffentliche Meinungsbildung ausgeht. Bei indizierten Medien handelt es sich ganz überwiegend um Filme, die weniger zur Information und Meinungsbildung genutzt werden, als zu Unterhaltungszwecken.

Während der Schutzbereich einer Kommunikationsfreiheit unabhängig von dem mit dem jeweiligen Inhalt verfolgten Interesse oder seiner Qualität eröffnet ist,[730] kann der Kommunikationsinhalt bei Kollision mit anderen Rechtsgütern dagegen innerhalb der Güterabwägung Bedeutung erlangen.[731] Es soll dann „auf

727 Bei Minderjährigen, die über ein eigenes TV-Gerät verfügen, liegen diese Zahlen noch deutlich höher. Überdies sehen 82% der Kinder zwischen 6-13 Jahren und 95% der Jugendlichen täglich oder zumindest fast täglich fern. S. zu den zum Medienverhalten Minderjähriger durchgeführten Studien: Teil 1 A. I., S. 17 f.

728 *Schorb/Theunert*, Jugendmedienschutz – Praxis und Akzeptanz, S. 45.

729 Zu den durch Statistiken ermittelten, konkreten Zahlen s. Teil 1 A. I., S. 17 f.

730 S. oben Teil 2 B. V. 1. a), S. 202.

731 *Schulz*, RuF 1993, 339, 348. Vgl. hierzu ausführlich *Schulz/Korte* (ZUM 2002, 719, 722), die den Schutzbereich des Art. 5 I S. 2 GG in drei Schutzabstufungen zerglie-

das mit der konkreten Sendung verfolgte Interesse, die Art und Weise der Gestaltung und die erzielte oder voraussehbare Wirkung ankommen" können.[732] Insbesondere für die Abwägung zwischen der Pressefreiheit und anderen verfassungsrechtlich geschützten Rechtsgütern hat das *Bundesverfassungsgericht* klargestellt, dass (trotz einer grundsätzlich formalen Auslegung des Begriffs der Presse) berücksichtigt werden könne, ob die Presse eine Angelegenheit von öffentlichem Interesse ernsthaft und sachbezogen erörtere, damit den Informationsanspruch des Publikums erfülle und zur Bildung der öffentlichen Meinung beitrage, oder ob sie lediglich das Bedürfnis einer mehr oder minder breiten Leserschicht nach oberflächlicher Unterhaltung befriedige.[733] Bei der Prüfung der Angemessenheit kann folglich die Art der vermittelten Information und ihr Stellenwert für die politische Willensbildung berücksichtigt werden.[734]

Dies bedeutet jedoch nicht, dass sich aufgrund der geringen Bedeutung für die politische Willensbildung, die von indizierten Medien ausgeht, vorliegend ein Vorrang des Jugendschutzes ergibt. Aus der Rechtsprechung des *Bundesverfassungsgerichts* kann kein Umkehrschluss in dem Sinne gezogen werden, dass die Kommunikationsfreiheiten bei geringer Bedeutung für den geistigen Meinungskampf zwangsläufig hinter anderen Verfassungsgütern zurücktreten. Die Vermutung für einen Vorrang der Kommunikationsfreiheiten bei einem hohen Stellenwert des Kommunikationsinhaltes für die öffentliche Meinungsbildung liegt schließlich in dem überragenden Rang, den die Freiheiten des Art. 5 Abs. 1 GG einnehmen, begründet.[735] Allein aufgrund dieses hohen Ranges der Kommunikationsfreiheiten ist es gerechtfertigt, den Schutz der durch sie betroffenen Rechtsgüter ihnen gegenüber um so mehr zurücktreten zu lassen, je eher es sich um einen Beitrag zum geistigen Meinungskampf in einer die Öffentlichkeit wesentlich berührenden Frage handelt. Auch das *Bundesverwaltungsgericht* hat im Rahmen der Abwägung zwischen Kunstfreiheit (deren Schutzbereich ebenfalls formal zu bestimmen ist) und Jugendschutz nur insofern auf das künstlerische Niveau der Kunst abgestellt, als das Kunstwerk ein bestimmtes Maß an ästhetischen Kriterien und ein gewisses Gewicht für die pluralistische Gesellschaft aufweisen müsse, um gegenüber den Erfordernissen des Jugendschutzes von vornherein einen uneingeschränkten Vorrang genießen zu können.[736]

---

dern, die sich durch eine i. R. d. Abwägung mit kollidierenden Gütern zu berücksichtigende, jeweils zunehmende Intensität des Schutzes auszeichnen sollen.

732 *BVerfGE* 35, 202, 223.

733 *BVerfGE* 34, 269, 283; *BVerfG*, NJW 2000, 2191, 2192 a.E.

734 *Schulz*, RuF 1993, 339, 348.

735 Ähnlich *BVerfGE* 61, 1, 11; 85, 1, 16; *Jarass*, in: Jarass/Pieroth, GG, Art. 5 Rn. 58.

736 *BVerwGE* 39, 197, 207.

Überdies können die zur Pressefreiheit entwickelten Abwägungskriterien des *Bundesverfassungsgerichts*, nach denen der Schutz der Pressefreiheit besonders stark ausgeprägt ist, wenn die freie Meinungsbildung – im Gegensatz zu der bloßen Befriedigung des Interesses des Zuschauers nach Sensation oder oberflächlicher Unterhaltung – berührt ist, nicht ohne weiteres auf alle Grundrechte des Art. 5 Abs. 1 GG übertragen werden. In diesen Entscheidungen (und in der zum Rundfunkwesen ergangenen „Lebach"-Entscheidung[737]) geht es um Konflikte mit Persönlichkeitsrechtsverletzungen. Dass es dabei in verstärktem Maße relevant sein muss, ob der konkrete Inhalt die Öffentlichkeit wesentlich etwas angeht, oder ob private Angelegenheiten allein deshalb ausgebreitet werden, um die Neugierde zu befriedigen, liegt auf der Hand.

Zusammenfassend ergibt sich aus der eher geringen Bedeutung, die indizierte Beiträge für die öffentliche Meinungsbildung besitzen, lediglich, dass den Kommunikationsfreiheiten nicht von vornherein ein Übergewicht im Rahmen der Abwägung zufällt.

Zudem bleibt anzumerken, dass selbst einem Spielfilm, der vordergründig nicht politisch oder gesellschaftlich bedeutsame Themen behandelt, nicht jegliche Relevanz für den Meinungsbildungsprozess abgesprochen werden kann.[738] Gerade ein Film, dem ein rein unterhaltender Charakter zuzukommen scheint, kann gleichwohl (gesellschafts-) politisch motiviert sein und daher zu einer Beeinflussung seiner Rezipienten führen. Bestimmte Handlungsweisen, Glaubensrichtungen, Gruppierungen oder Nationen können durch ihre Darstellungsweise im Film positiv oder negativ herausgestellt werden.[739] Man denke beispielsweise an die

737 *BVerfGE* 35, 202 ff.

738 S. *BVerfGE* 101, 361, 389 f.; *Meirowitz*, Gewaltdarstellungen auf Videokassetten, S. 131 f. Das *BVerfG* geht sogar davon aus, dass der *reinen* Unterhaltung nicht der Bezug zur Meinungsbildung abgesprochen werden könne und führt weiter aus: „Es wäre einseitig anzunehmen, Unterhaltung befriedige lediglich Wünsche nach Zerstreuung und Entspannung, nach Wirklichkeitsflucht und Ablenkung. Sie kann auch Realitätsbilder vermitteln und stellt Gesprächsgegenstände zur Verfügung, an die sich Diskussionsprozesse und Integrationsvorgänge anschließen können, die sich auf Lebenseinstellungen, Werthaltungen und Verhaltensmuster beziehen, und erfüllt insofern wichtige gesellschaftliche Funktionen".

739 Beispielhaft sei hier auf den Spielfilm „Nicht ohne meine Tochter" verwiesen, der als angeblich wahre (dafür aber in zu viele Widersprüche verflochtene) Geschichte nach dem als Autobiographie bezeichneten Roman von Betty Mahmoody verfilmt wurde. Nicht nur in den USA, sondern auch in Deutschland bildeten sich breite Bevölkerungskreise eine Vorstellung über die iranische Kultur und den Islam aus den „Erkenntnissen", die sie aus diesem Film gewonnen hatten, so dass sie in der Folge ein extrem negatives Bild hiervon hatten. Überdies wurde das Buch und der Film in den USA zu einer Zeit herausgebracht (1987 das Buch, 1991 der Film), als der Iran dem aktuellen Feindbild der US-Amerikaner entsprach.

vielen in den USA produzierten Thriller und Actionfilme, welche immer wieder in pathetischer Art und Weise die Macht und Stärke der USA demonstrieren und glorifizieren. Verstärkt wird dieser Effekt noch durch die sich aus der Kombination von Ton und Bild ergebenden besonderen Suggestivkraft und den Einsatz filmischer Stilelemente wie Kameraführung, Beleuchtung, Schnitttechnik und Unterlegung einzelner Szenen mit Musik.[740] Ein Spielfilm kann seine Zuschauer beeinflussen, ohne dass es diesen bewusst wird und insofern ganz erheblich auf den Meinungsbildungsprozess einwirken: Im Gegensatz zu einer rein politischen Sendung, die Rezipienten bewusst wahrnehmen, um sich mit einem bestimmten Thema auseinander zu setzen, wird bei der unterschwelligen Form der Beeinflussung eine Reflektion häufig nicht mehr stattfinden und der Inhalt damit unaufgearbeitet und ungefiltert aufgenommen. Der Betrachter will sich bei der Wahrnehmung eines unterhaltenden Inhalts entspannen und ist im Rahmen dieser Freizeitgestaltung für kritische Auseinandersetzungen nicht motiviert. Auch das *Bundesverfassungsgericht* geht davon aus, dass unterhaltende Beiträge „die Meinungsbildung unter Umständen sogar nachhaltiger anregen oder beeinflussen [können] als ausschließlich sachbezogene Informationen."[741] Nicht außer Acht gelassen werden darf zudem, dass jeder Rundfunksendung bereits durch ihre Gestaltung oder die getroffene Auswahl dieser Sendung durch den Rundfunkveranstalter eine bestimmte meinungsbildende Wirkung innewohnt.[742]

(3) Das Gewicht des Eingriffs in die Rundfunkfreiheit

Die Rundfunkfreiheit wird durch die Regelung des § 4 Abs. 2 S. 1 Nr. 2 JMStV in erheblichem Maße beschränkt, da die angesprochenen Inhalte gar nicht durch Rundfunk verbreitet werden dürfen. Eine gesamte Gattung von Filmen wird der grundsätzlich freien Programmgestaltung der Rundfunkveranstalter ausnahmslos entzogen. Es handelt sich damit um die stärkste Eingriffsintensität in die Programmautonomie der Rundfunkveranstalter überhaupt.

Hinzu kommt, dass gerade indizierte Inhalte, die häufig Darstellungen von Gewalt und Sex enthalten, sich einer besonderen Beliebtheit bei den Betrachtern erfreuen, und damit für die Rundfunkveranstalter eine kapitale wirtschaftliche Bedeutung besitzen. Sie ziehen im Rundfunk erfahrungsgemäß die Aufmerksamkeit einer immensen Zahl von Zuschauern an und führen so zu einer Steigerung der Einschaltquoten.[743] Diesem wirtschaftlichen Interesse der Rundfunkveran-

740 S. *Meirowitz*, Gewaltdarstellungen auf Videokassetten, S. 132.
741 S. *BVerfGE* 101, 361, 389 f.
742 Ebenso *BVerfGE* 35, 202, 222.
743 S. *Holznagel*, Rundfunkrecht in Europa, S. 331.

stalter darf jedoch kein übermäßiges Gewicht beigemessen werden. Schließlich hebt das *Bundesverfassungsgericht* in seiner ständigen Rechtsprechung gerade die objektiv-rechtliche Seite der Rundfunkfreiheit gegenüber der Rundfunkfreiheit als Abwehrrecht besonders hervor: Im Unterschied zu den anderen Freiheitsrechten des Grundgesetzes sei die Rundfunkfreiheit seinem Träger nicht zum Zwecke der Persönlichkeitsentfaltung oder Interessenverfolgung eingeräumt, sondern diene vielmehr der freien individuellen und öffentlichen Meinungsbildung.[744] Allerdings folgt aus der Funktion der Rundfunkfreiheit, die um des Schutzes der Informationsfreiheit willens konzipiert ist,[745] dass sie sich an den Bedürfnissen des Publikums zu orientieren hat,[746] so dass der angesprochene Aspekt insofern wieder an Bedeutung gewinnt.

(4) Das Gewicht des Eingriffs in die Informationsfreiheit

Der daneben bestehende Eingriff in die Informationsfreiheit Erwachsener wiegt ebenfalls schwer, weil Erwachsenen die Möglichkeit genommen wird, indizierte Inhalte über den Rundfunk, der einen relevanten Verbreitungsweg darstellt, wahrzunehmen. Die Informationsfreiheit ergänzt die Meinungsfreiheit, die den Schutz des Empfangs der Meinung durch andere lediglich einschließt, um die Meinungsfreiheit des Äußernden zu sichern, nicht allein aus der Empfängerperspektive.[747] Noch über diese Funktion hinaus besitzt die Möglichkeit der umfassenden Information als Voraussetzung für die Meinungsbildungsfreiheit ein besonders starkes Gewicht.[748] Jugendschutz sollte daher nicht darauf hinauslaufen, dass Erwachsene nur noch zu sehen bekommen, was sich für Kinder und Jugendliche als geeignet erweist. Demgemäß dürfen Erwachsene nicht völlig von dem Bezug entsprechender Medien ausgeschlossen werden.

Das absolute Ausstrahlungsverbot für den Bereich des Rundfunks bewirkt zwar nicht, dass Erwachsenen der Zugang zu indizierten Medien gänzlich verwehrt wird. Erwachsenen verbleibt die Möglichkeit der Wahrnehmung dieser Inhalte durch Miete der indizierten Trägermedien (gewerbliche Vermietung ist in Ladengeschäften, die Kindern und Jugendlichen nicht zugänglich sind und von ihnen nicht eingesehen werden können, erlaubt, vgl. § 15 Abs. 1 Nr. 4 JuSchG), durch deren Kauf (Verkauf ist im Einzelhandel in den zu diesem Vertrieb be-

744 *BVerfGE* 87, 181, 197 unter Verweis auf *BVerfGE* 57, 295, 319. S. hierzu auch *Bethge*, in: Sachs, GG, Art. 5 Rn. 93.
745 *Starck*, in: v. Mangoldt/Klein/Starck, GG, Art. 5 I, II Rn. 108.
746 *Degenhart*, in: BK GG, Art. 5 I, II Rn. 723.
747 *BVerfGE* 27, 71, 81; 90, 27, 31 f.
748 *BVerfGE* 27, 71, 81; *Hoffmann-Riem*, in: AK-GG, Art. 5 I, II Rn. 117.

stimmten Geschäftsräumen möglich, nicht jedoch außerhalb dieser, in Kiosken oder anderen vom Kunden nicht zu betretenden Verkaufsstellen und im Versandhandel, vgl. § 15 Abs. 1 Nr. 3 JuSchG) und über den Weg der öffentlichen Vorführung (gem. § 15 Abs. 1 Nr. 2 JuSchG möglich, soweit der Ort der Vorführung Kindern und Jugendlichen nicht zugänglich ist und nicht von ihnen eingesehen werden kann). Wenn damit die entsprechenden Inhalte auch nicht vollständig unterdrückt werden, so wird die Wahrnehmungsmöglichkeit dieser Inhalte für Erwachsene deutlich erschwert, weil auch Miete, Kauf und Vorführung den genannten Beschränkungen unterliegen.

Zudem ist die Wahrnehmung der Inhalte auf diesen Wegen kostspieliger. Diesem Gesichtspunkt darf allerdings keine allzu große Bedeutung beigemessen werden, da sich aus der Informationsfreiheit kein Anspruch auf eine kostenlose Verschaffung von Informationen ableiten lässt.[749] Hinzu kommt jedoch, dass die Miete, Kauf oder öffentliche Vorführung voraussetzende Wahrnehmung der indizierten Inhalte sich nicht ebenso diskret und unbeobachtet vollziehen lässt, wie deren Wahrnehmung über Rundfunk.

Es muss ferner berücksichtigt werden, dass es sich bei den für den Rundfunkbereich relevanten indizierten Inhalten um Kino- und Videofilme handelt. Während die Verwertungsphase indizierter Trägermedien im Kino- und Videosektor schon nach kurzer Zeit ausgeschöpft ist, weil die Konzentration hier auf der Darbietung aktueller Filme liegt, beginnt sie im Bereich des Fernsehens in der Regel erst im Anschluss daran. Hier werden sogar zahlreiche Filme gezeigt, die fünfzig Jahre oder älter sind. Häufig wird es daher nicht ohne weiteres möglich sein, einen indizierten Film zu mieten oder zu kaufen – von einer Wahrnehmung über den Weg der öffentlichen Filmvorführung ganz zu schweigen. Durch das Fernsehprogramm und die Werbung dafür wird unter Umständen überhaupt erst das Interesse an bestimmten indizierten Filmen geweckt, bzw. erlangt der Rezipient teilweise erst hierdurch Kenntnis von der Existenz entsprechender Werke, da sie, haben sie ihre Aktualität erst verloren, weder öffentlich besprochen noch beworben werden und ihnen fortan lediglich durch ihre Ausstrahlung im Fernsehen Aufmerksamkeit zukommt.

Vor allem darf nicht verkannt werden, dass die Informationsfreiheit einen umfassenden Schutz bietet und daher jedem das Recht einräumt, zu entscheiden, aus welcher der verschiedenen Informationsquellen er sich unterrichten möchte.[750] Die Verfügbarkeit anderweitiger Informationsmöglichkeiten (wie beispielsweise

749 *BVerwG*, DVBl. 1968, 656, 658; *Wendt*, in: v. Münch/Kunig, GG, Art. 5 Rn. 28.
750 *BVerfGE* 90, 27, 38.

Zeitungen, Video oder Internet) ersetzt nicht das Recht auf Nutzung des Rundfunks.[751]

(5) Die Bedeutung der „Sonnenfreunde"-Entscheidung des Bundesverfassungsgerichts

Keine falschen Rückschlüsse auf die Verfassungsmäßigkeit des § 4 Abs. 2 S. 1 Nr. 2 JMStV dürfen aus der bekannten „Sonnenfreunde"- Entscheidung des *Bundesverfassungsgerichts*[752] gezogen werden. Das Gericht hat in dieser Entscheidung festgestellt, dass der Gesetzgeber mit der ein Verbot des Vertriebs jugendgefährdender Schriften im Versandhandel enthaltenden Vorschrift, durch welche auch Erwachsene mittels dieser Vertriebsart nicht an entsprechende Schriften gelangen konnten, der Informationsfreiheit Erwachsener Rechnung getragen habe.[753] Erwachsenen verblieben schließlich auf anderen Wegen noch genügend Möglichkeiten zum Bezug entsprechender Schriften. Bewirkte das Verbot zusammen mit den übrigen Vertriebsverboten, dass Erwachsene völlig vom Bezug derartiger Schriften ausgeschlossen würden, hätte der Gesetzgeber der Meinungs- und Informationsfreiheit gar nicht Rechnung getragen und seine Regelungsbefugnis im Bereich des Jugendschutzes überschritten.

Für die Verfassungsmäßigkeit des § 4 Abs. 2 S. 1 Nr. 2 JMStV kann aus verschiedenen Gründen nicht mit dieser Entscheidung argumentiert werden.

Zunächst hatte das *Bundesverfassungsgericht* sich in seiner Entscheidung mit einem für indizierte Schriften geltenden Verbot des Vertriebsweges Versandhandel zu befassen. Bei diesem handelt es sich um eine neben vielen anderen Formen bestehende Möglichkeit des Verkaufs. Während das Verbot des Versandhandels damit eine bloße Verkaufsmodalität betrifft, der Verkauf aber nicht gänzlich verboten wird, wird durch das hier in Rede stehende Verbot die Verbreitung über den Weg des Rundfunks ganz ausgeschlossen. Die Verbreitung über Rundfunk kann damit in seiner Bedeutung für den Interessierten nicht mit der des Versandhandels gleichgestellt werden. Die Rundfunkempfangsfreiheit erweist sich aufgrund ihrer besonderen Breitenwirkung für weite Bevölkerungskreise als die Ausprägung der Informationsfreiheit schlechthin.[754] Die häusliche Nutzung elektronischer Medien ist zu einer Hauptquelle individueller Informationsaufnahme geworden und damit elementar für die Fähigkeit des Einzelnen, sich umfassend zu informieren und am öffentlichen Diskurs teilzuhaben.[755]

751 *BVerfGE* 90, 27, 38; *Hoffmann-Riem*, in: AK-GG, Art. 5 I, II Rn. 118.
752 *BVerfGE* 30, 336 ff.
753 *BVerfGE* 30, 336, 348.
754 S. *Tettinger*, JZ 1990, 846, 849.
755 *Hoffmann-Riem*, in: AK-GG, Art. 5 I, II Rn. 118.

Schließlich ist der Rundfunk aufgrund seiner herausragenden Bedeutung für die öffentliche Meinungsbildung als eigenes Grundrecht konzipiert. Vorliegend ist zwar die grundsätzliche Möglichkeit der Kommunikation des Schöpfers des Werks mit der Öffentlichkeit sichergestellt, ein relevanter Verbreitungsweg wird allerdings vollständig ausgeschlossen. Zudem kann im Versandhandel lediglich durch ein Verbot sichergestellt werden, dass als jugendgefährdend indizierte Schriften nicht an Minderjährige gelangen.[756] Im Gegensatz dazu sind im Bereich des Fernsehens andere praktikable Maßnahmen durchaus möglich.[757]

Darüber hinaus wird häufig verkannt, dass das *Bundesverfassungsgericht* in seinen Entscheidungsgründen nicht zum Ausdruck gebracht hat, dass eine Vorschrift des Jugendschutzes nur dann unverhältnismäßig ist, wenn Erwachsene gänzlich von dem Bezug indizierter Schriften ausgeschlossen werden und eine Regelung verfassungsrechtlich nicht zu beanstanden ist, solange der Gesetzgeber irgendeine anderweitige Möglichkeit zum Bezug entsprechender Schriften belässt. Das *Bundesverfassungsgericht* hat lediglich festgestellt, dass der Gesetzgeber in diesen Fällen nicht schon seine Regelungsbefugnis im Bereich des Jugendschutzes überschritten hat und prüft infolgedessen im Anschluss noch weiter, ob ohne das Vertriebsverbot – mithin durch eine andere praktikable, aber die Informationsfreiheit weniger einschneidende Maßnahme – ein effektiver Jugendschutz nicht ebenfalls hätte sichergestellt werden können.[758] Aus der Entscheidung kann daher nur das Folgende geschlossen werden: Auf jeden Fall unzulässig wäre es, Erwachsenen alle Zugangsmöglichkeiten zu jugendgefährdenden, aber ihnen erlaubten Inhalten zu nehmen. Die Informationsfreiheit durch eine präventiv-generalisierende Regelung für bestimmte Vertriebsarten einzuschränken ist nur möglich, sofern ohne eine solche Regelung ein effektiver Jugendschutz nicht sichergestellt werden kann.

(6) Die Güterabwägung zwischen dem Jugendschutz einerseits und der Rundfunk- und Informationsfreiheit andererseits

Obgleich ein effektiver Jugendschutz mit einer anderen praktikablen, aber weniger einschneidenden Maßnahme hätte sichergestellt werden können, statuiert der Staatsvertrag ein absolutes Ausstrahlungsverbot für indizierte Medien und räumt damit dem Jugendschutz gegenüber den Grundrechten aus Art. 5 Abs. 1 GG einen absoluten Vorrang ein. Im Rahmen der Prüfung, ob der unbeschränkte Vor-

---

756 So auch *Starck*, in: v. Mangoldt/Klein/Starck, GG, Art. 5 I, II, Rn. 207.

757 S. hierzu die nähren Ausführungen unter dem nächsten Gliederungspunkt, Teil 2 B. V. 1. c) cc) (6), S. 226 ff.

758 Vgl. *BVerfGE* 30, 336, 349.

rang gerechtfertigt ist, ist die Möglichkeit zu berücksichtigen, mit einem unerheblich Weniger an Geeignetheit ein erhebliches Mehr an Freiheit im Hinblick auf das betroffene Grundrecht zu gewinnen.[759]

M.E. erfordert[760] der Jugendmedienschutz im Bereich des digitalen Fernsehens keinen derart schwerwiegenden Eingriff in die Rundfunk- und Informationsfreiheit. Verbote zum Schutze der Jugend dürfen sich nur dann auch auf Erwachsene (denen gegenüber die Ziele des Jugendschutzes schließlich nicht eingreifen) erstrecken, wenn ein effektiver Jugendschutz anders nicht zu gewährleisten ist.[761] Der Staatsvertraggeber hätte durch die Einräumung der Möglichkeit der Ausstrahlung indizierter Inhalte in geschlossenen Benutzergruppen einen ausreichenden und nur unerheblich weniger guten Erfolg für den Jugendschutz erzielen können. Fordert man für die Einrichtung der geschlossenen Benutzergruppen ein ebenso hohes Schutzniveau wie bei den Telemedien, bieten sie einen nahezu perfekten technischen Schutz und gewährleisten damit einen effektiven Jugendmedienschutz. Kinder und Jugendliche würden – eventuell mit Ausnahme einiger weniger technisch sehr begabter Jugendlicher – nur an entsprechende Angebote gelangen, wenn Volljährige dies zuließen. Die Wahrscheinlichkeit läge dabei nicht höher, als wenn Erwachsene Videos oder DVDs ausleihen bzw. kaufen würden und Minderjährigen diese sodann zugänglich machten. Ganz im Gegenteil: Bei Videos und DVDs kann es geschehen, dass Erwachsene diese offen liegen lassen oder schlecht verstecken, während die bloße Fahrlässigkeit Erwachsener bei der Einrichtung geschlossener Benutzergruppen im digitalen Fernsehen nicht gleichsam schnell zu einer Kenntnisnahme der Inhalte durch Minderjährige führen wird. Im Gegensatz zu einem absoluten Sendeverbot, welches Erwachsenen im Ganzen die Möglichkeit nimmt, entsprechende Sendungen im Fernsehen anzuschauen, trägt die Einrichtung geschlossener Benutzergruppen dem Informationsbedürfnis Erwachsener Rechnung. Auch der Rundfunkfreiheit der Veranstalter würde damit entgegengekommen werden, da sie unter den genannten Voraussetzungen indizierte Inhalte senden dürften. Diese Regelungsalternative, die den Jugendschutz nur unwesentlich weniger erfolgreich verwirklichen würde, beließe den kollidierenden Rechtsgütern der Informationsfreiheit und der Rund-

759 *Stern*, Staatsrecht, Bd. III/2, S. 836; *Gentz*, NJW 1968, 1600, 1604; *Wendt*, AöR Bd. 104 (1979), 414, 467.

760 Hiermit ist nicht die Erforderlichkeit im juristischen Sinne gemeint, sondern es handelt sich um eine typische Frage der Angemessenheit, ob nicht mit einer geringfügig weniger geeigneten, dafür aber das Grundrecht minder belastenden Maßnahme noch ein ausreichender, wenn auch nicht ganz so guter Erfolg erzielt werden kann. Vgl. hierzu *Gentz*, NJW 1968, 1600, 1604.

761 *BVerfGE* 30, 336, 348 f.; *Degenhart*, in: BK GG, Art. 5 I, II Rn. 892; *Starck*, in: v. Mangoldt/Klein/Starck, GG, Art. 5 I, II Rn. 207.

funkfreiheit weit größere Verwirklichungschancen. Die bei der Verbreitung in geschlossenen Benutzergruppen verbleibende, aber äußerst geringe Restgefahr muss daher zugunsten der größeren Freiheit akzeptiert werden. Das Grundgesetz nimmt es mit seiner Grundsatzentscheidung für eine umfassend freie Kommunikation in Kauf, dass der Jugendschutz gerade im Bereich der neuen Medien stets nur begrenzt zu sichern ist.[762] Hält man sich die weitgehenden Folgen eines Totalverbotes für die Rundfunk- und Informationsfreiheit vor Augen, erscheint es insgesamt verschmerzbar, dass der gewünschte Erfolg durch eine weniger weitreichende Regelung nicht vollständig erzielt werden kann.

Im Bereich der Telemedien geht der Staatsvertraggeber offensichtlich selbst davon aus, dass ein effektiver Jugendschutz gewährleistet ist, sofern die Anbieter sicherstellen, dass indizierte oder pornographische Angebote nur Erwachsenen zugänglich gemacht werden, vgl. § 4 Abs. 2 S. 2 JMStV. Es gibt keinen sachlichen Grund, warum sich diese Verbotsausnahme allein auf Telemedien, nicht aber auf den Rundfunk bezieht.[763] Insbesondere bestehen keine technischen Unterschiede, die diese Differenzierung rechtfertigen könnten. Der Staatsvertraggeber nimmt es folglich im Bereich des digitalen Fernsehens hin, dass Erwachsenen indizierte oder schlicht pornographische und somit grundsätzlich erlaubte Inhalte verborgen bleiben, obgleich die Wahrnehmung dieser Inhalte durch Kinder und Jugendliche auf anderem Wege nahezu ausgeschlossen werden könnte, womit dem Jugendschutz genüge getan wäre.

Überdies wäre dieser absolute Vorrang des Jugendschutzes gegenüber den Kommunikationsgrundrechten nur durch ein als überragend zu klassifizierendes Gewicht des Jugendschutzes zu rechtfertigen. Von indizierten Medien müsste folglich eine ganz erhebliche Jugendgefährdung ausgehen. Je größer nämlich die Jugendgefährdung ist, desto mehr Gewicht erlangt das Rechtsgut Jugendschutz im Rahmen der Abwägung gegenüber der Rundfunk- und Informationsfreiheit. Nach dem JuSchG erfolgt eine Indizierung jedoch bereits dann, wenn die Träger- oder Telemedien geeignet sind, die Entwicklung von Minderjährigen oder ihre Erziehung zu gefährden, vgl. § 18 Abs. 1 JuSchG. Auf den Grad der Gefährdung kommt es dabei nicht an. Bei einer einfachen oder mittleren Gefährdung kann dem Jugendschutz aber nicht von vornherein ein absoluter Vorrang eingeräumt werden. Sofern ein Film schwer jugendgefährdend ist, ist das Verbot der Ausstrahlung indizierter Medien überflüssig, weil er dann bereits unter ein anderes Ausstrahlungsverbot fällt (insbesondere den Auffangtatbestand des § 4 Abs. 2 S. 1 Nr. 3 JMStV). Von einem verhältnismäßigen Ausgleich zwischen den kollidie-

762 *Degenhart*, in: BK GG, Art. 5 I, II Rn. 895.

763 Aus diesem Grund erweist sich die Differenzierung auch als Verstoß gegen Art. 3 I GG, vgl. vorstehend Teil 2 B. II. 1., S. 133 ff.

renden Positionen, durch den allen betroffenen Verfassungsgütern zu einer optimalen Entfaltung verholfen würde, kann bei der Regelung des § 4 Abs. 2 S. 1 Nr. 2 JMStV daher nicht mehr gesprochen werden: Das Verbot geht einseitig zu Lasten der Rundfunk- und Informationsfreiheit. Mit dem generellen Ausstrahlungsverbot indizierter Inhalte wird auf eine Abwägung verzichtet, die verfassungsrechtlich geboten ist, da keines der hier kollidierenden Verfassungsgüter per se Priorität beanspruchen kann.

Die Rechtsgüterabwägung ergibt damit, dass § 4 Abs. 2 S. 1 Nr. 2 JMStV, soweit er sich auf das digitale Fernsehen bezieht, die Informationsfreiheit Erwachsener und die Rundfunkfreiheit unverhältnismäßig einschränkt.[764] Die Vorschrift verstößt bezogen auf das analoge Fernsehen ebenfalls gegen die Verfassung, da sie nicht die Möglichkeit einer Ausnahmegenehmigung für die Fälle einer nur leichten oder mittleren Jugendgefährdung vorsieht. Das absolute Sendeverbot ist folglich nicht als Ausdruck der Schranken des Art. 5 Abs. 2 GG gerechtfertigt, sondern bewegt sich außerhalb der verfassungsrechtlich zulässigen Grenzen. Die Beschränkungen der Rundfunk- und Informationsfreiheit stehen in

764 Im Ergebnis ebenso *Schumann*, Die Auslegung des Merkmals „Sicherstellen" in § 4 Abs. 2 S. 2 JMStV, Gutachten v. 15.06.2004, S. 16, abrufbar unter: http://www.ueber18.de/gutachten.pdf (abgerufen am: 10.01.2006). A.A. *Ukrow*, Jugendschutzrecht, S. 54 ff., der alle Vorschriften des JMStV für verfassungsgemäß hält. Soweit ersichtlich wurde diese Vorschrift des JMStV bisher noch keiner weiteren verfassungsrechtlichen Untersuchung unterzogen. In der Literatur wurde jedoch vor Erlass des JMStV – vielfach ohne konkreten Bezug – die Auffassung vertreten, dass absolute Sendeverbote für alle indizierten Medien im Rundfunk als reine Maßnahmen des Jugendschutzes (um solche handelt es sich bei den in den Teilen A und C der Liste aufgenommenen Inhalten) unzulässig seien, vgl. *Degenhart*, in: BK GG, Art. 5 I, II Rn. 378 f., 892; *Jarass*, in: Jarass/Pieroth, GG, Art. 5 Rn. 60; *Isensee/Axer*, Jugendschutz im Fernsehen, S. 80; *Liesching*, Jugendmedienschutz in Deutschland und Europa, S. 162; *Meurer*, unveröffentlichtes Gutachten, wiedergegeben bei: Isensee/Axer, S. 31; *Schulz*, RuF 1993, 339, 356. Ein generelles Verbot der Ausstrahlung indizierter Medien sei nicht verfassungskonform, da es mit der Informations- und Rundfunkfreiheit unvereinbar sei (so *Schulz*, RuF 1993, 339, 356 und *Isensee/Axer*, Jugendschutz im Fernsehen, S. 31 unter Bezugnahme auf das unveröffentlichtes Gutachten von *Meurer*). Das verfassungskonforme Ergebnis einer Abwägung zwischen Rundfunkfreiheit und Jugendschutz liege darin, Ton und Bild bei der Ausstrahlung indizierter Filme im Fernsehen zu verschlüsseln. Zumindest eine Dispensmöglichkeit sei für die verfassungsrechtliche Rechtfertigung einer solchen Regelung notwendig, um im Einzelfall eine Ausstrahlung aufgrund einer verfassungsrechtlichen Güterabwägung doch gewährleisten zu können, s. *Isensee/Axer*, Jugendschutz im Fernsehen, S. 81. A.A. wohl *Starck* (NJW 1980, 1359, 1362), der ein Verbot aller jugendgefährdender Sendungen (und nur solche werden indiziert) im Fernsehen für verfassungskonform hält.

ihrer Intensität außer Verhältnis zu dem mit diesen Beschränkungen bezweckten Erfolg. Der Eingriff in die Rundfunk- und Informationsfreiheit ist unzulässig.

Von einem völligen Verbot der Ausstrahlung indizierter Filme wurde aus eben diesem Grunde in § 3 RfStV a.F. bewusst abgesehen. Indizierte Filme durften nach dem RfStV zunächst grundsätzlich zwischen 23.00 Uhr und 6.00 Uhr gesendet werden, wenn die Gefährdung für Kinder und Jugendliche nicht als schwer anzusehen war. Die Veranstalter konnten dies selbst entscheiden und die Aufsichtsgremien waren auf eine nachträgliche Kontrolle beschränkt. In der Begründung zum 1. Rundfunkänderungsstaatsvertrag heißt es wörtlich: „Von einem völligen Verbot der Ausstrahlung indizierter Filme wird vor allem aus verfassungsrechtlichen Gründen abgesehen. Bei der Beurteilung der Handlungsalternativen ist eine Abwägung zwischen der Rundfunkfreiheit Erwachsener[765] einerseits sowie dem Jugendschutz andererseits vorzunehmen. Dabei entspricht es der gefestigten Rechtsprechung des Bundesverfassungsgerichts, dass alle in Rede stehenden, durch die Verfassung geschützten Rechtsgüter möglichst umfassend wirksam bleiben müssen und es in aller Regel dem rechtsstaatlichen Verhältnismäßigkeitsprinzip nicht entspricht, wenn eine grundrechtlich verbürgte Freiheit völlig gegenüber anderen Rechtsgütern zurückzutreten hat.“[766] Diese Vorschrift erfuhr mit der Einführung eines grundsätzlichen Verbotes mit Erlaubnisvorbehalt durch den 4. Rundfunkänderungsstaatsvertrag eine Verschärfung: Gem. § 3 Abs. 3 RfStV a.F. war die Ausstrahlung indizierter Filme grundsätzlich unzulässig. Es konnte jedoch eine Ausnahmegenehmigung erteilt werden, wenn die mögliche sittliche Gefährdung von Kindern und Jugendlichen nicht als schwer anzusehen war. Die diesbezügliche amtliche Begründung zum 4. Rundfunkänderungsstaatsvertrag[767] lautet: „Damit kann weiterhin die verfassungsrechtlich gebotene Abwägung zwischen den beiden Rechtsgütern der Meinungsfreiheit und des Jugendschutzes erfolgen.“ Aus beiden Begründungen kann geschlossen werden, dass die vertragsschließenden Länder in der Vergangenheit ein absolutes Verbot der Ausstrahlung indizierter Filme selbst für verfassungswidrig hielten. In der Literatur wurde vielfach sogar bereits die den Erlaubnisvorbehalt enthaltene Regelung des § 3 Abs. 3 RfStV a.F. im Hinblick auf den dadurch verursachten Eingriff in die Programmautonomie der Sender als verfassungsrechtlich bedenklich einge-

765 Weil es eine „Rundfunkfreiheit Erwachsener“ nicht gibt, sondern lediglich die „Informationsfreiheit Erwachsener“, wird es sich hierbei wohl um einen Druckfehler handeln. Der Rezipient ist nicht Grundrechtsträger der Rundfunkfreiheit, sondern ausschließlich der Rundfunkveranstalter.

766 Amtl. Begründung zum 1. Rundfunkänderungsstaatsvertrag, abgedruckt bei: *Bornemann/Kraus/Lörz*, Bay-MG, Bd. I, Art. 6.

767 Abgedruckt bei: *Hartstein/Ring/Kreile/Dörr/Stettner*, RfStV, Bd. I, A 2.2, S. 5.

stuft.[768] Teilweise wurde die Regelung nur deshalb als gerade „noch" angemessen betrachtet, weil die Möglichkeit der Ausstrahlung nicht gänzlich ausgeschlossen war und hierdurch die verfassungsrechtlich gebotene Abwägung zwischen den Rechtsgütern der Meinungsfreiheit und dem des Jugendschutzes weiterhin möglich war.[769]

d) Zwischenergebnis und Änderungsvorschlag

Die Überprüfung der Verhältnismäßigkeit im engeren Sinne ergibt, dass das absolute Ausstrahlungsverbot für indizierte Trägermedien gegen die Rundfunkfreiheit und die Informationsfreiheit Erwachsener verstößt.[770]

Für den Bereich des digitalen Fernsehens muss die Ausstrahlung indizierter Medien in geschlossenen Benutzergruppen grundsätzlich erlaubt sein. Was das analoge Fernsehen anbelangt, wäre ein Ausstrahlungsverbot gerechtfertigt, soweit es die Möglichkeit der Erteilung einer Ausnahmegenehmigung entsprechend der Vorschrift des § 3 Abs. 3 RfStV a.F. bei einer bloß einfachen oder mittleren Gefahr für Kinder und Jugendliche zuließe.

2. Kollision mit der Kunstfreiheitsgarantie des Art. 5 Abs. 3 S. 1 GG

Die Freiheit der Kunst wird in Art. 5 Abs. 3 S. 1 GG vorbehaltlos gewährleistet und kann somit nur aufgrund kollidierender Grundrechte Dritter oder anderer mit Verfassungsrang ausstaffierter Rechtsgüter beschränkt werden. Der Jugendschutz ist ein solches Rechtsgut mit Verfassungsrang.[771] Er kann die Kunstfreiheit daher verfassungsimmanent beschränken. Zu berücksichtigen ist auch hier, dass keinem der Verfassungsgüter ein genereller Vorrang zukommt.

a) Absoluter Vorrang des Jugendschutzes in § 4 Abs. 2 S. 1 Nr. 2 JMStV?

Das Verbot des § 4 Abs. 2 S. 1 Nr. 2 JMStV räumt dem Jugendschutz gegenüber der Kunstfreiheit keinen absoluten Vorrang ein und verstößt daher nicht gegen Art. 5 Abs. 3 S. 1 GG. Nach § 4 Abs. 2 S. 1 Nr. 2 JMStV wird die Ausstrahlung indizierter Trägermedien zwar unabhängig davon untersagt, ob sie einen künstlerischen Inhalt aufweisen. Die Indizierung, an die der JMStV in dieser Vorschrift

768 Vgl. *Isensee/Axer*, Jugendschutz im Fernsehen, S. 82; *Bornemann/Kraus/Lörz*, BayMG, Bd. I, Art. 6 Rn. 8; *Liesching*, Jugendmedienschutz in Deutschland und Europa, S. 161 f.

769 *Bornemann/Kraus/Lörz*, BayMG, Bd. I, Art. 6 Rn. 8.

770 A.A. *Ukrow*, Jugendschutzrecht, S. 54 ff.

771 *BVerfGE* 83, 130, 139 f. Ausführlich hierzu Teil 1 B. I., S. 25 ff.

anknüpft, erfolgt jedoch nach dem JuSchG und § 18 Abs. 3 Nr. 2 JuSchG enthält, wie bereits § 1 Abs. 2 Nr. 2 GjSM, ein Indizierungsverbot für der Kunst, der Wissenschaft, der Forschung oder der Lehre dienende Schriften. Aufgrund dieses Kunstvorbehaltes ist die Vorschrift des § 4 Abs. 2 S. 1 Nr. 2 JMStV jedenfalls nicht wegen eines nicht zu rechtfertigenden Eingriffs in die Kunstfreiheit verfassungswidrig.

b) Räumt § 4 Abs. 2 S. 1 Nr. 2 JMStV der Kunst einen absoluten Vorrang ein?

Ein verfassungsrechtlicher Konflikt könnte sich hier ganz im Gegenteil daraus ergeben, dass das JuSchG (und damit auch der sich hierauf beziehende JMStV) durch diesen Ausschluss von künstlerischen Inhalten aus dem Kreis der indizierbaren Medien der Kunst[772] einen generellen Vorrang vor dem Jugendschutz einzuräumen scheint.

Da weder der Kunstfreiheit noch dem Jugendschutz von Verfassungs wegen ein absoluter Vorrang gebührt,[773] wäre die Vorschrift bei einer solchen Auslegung verfassungswidrig. Die ursprüngliche Rechtsprechung, die den Grundsatz „Kunstschutz geht vor Jugendschutz" aufgestellt hat,[774] wurde unterdessen aufgegeben und dahingehend korrigiert, dass bei einem Widerstreit der Kunstfreiheit mit dem Verfassungsgut Jugendschutz die Kunstfreiheit nicht von vornherein Vorrang genießt, sondern beide mit dem Ziel der Optimierung in einen angemessenen Ausgleich zu bringen sind.[775] § 18 Abs. 3 Nr. 2 JuSchG muss daher wider seinen Wortlaut verfassungskonform so ausgelegt werden, dass eine Indizierung nicht schon bei einem Vorliegen von Kunst ausgeschlossen ist, sondern erst, wenn zusätzlich die Belange der Kunst bei einer Abwägung zwischen der Kunstfreiheit und dem Jugendschutz im konkreten Fall überwiegen. Allein durch diese Deutung kann der verfassungsrechtlich gebotene optimale Ausgleich zwischen beiden Verfassungsgütern geschaffen werden. Die verfassungskonforme Auslegung des einfachen Rechts beruht auf dem Gedanken der Einheit des Rechts und dem daraus abgeleiteten interpretatorischen Konformitätsprinzip.[776] Sofern nach dem Wortlaut, der Entstehungsgeschichte, dem Gesamtzusammenhang der einschlägigen Regelungen und deren Sinn und Zweck mehrere Auslegungen mög-

772 Vgl. zu dem problematischen Kunstbegriff den nachfolgenden Teil 2 B. VI. 2. b) aa), S. 244 ff.

773 *BVerfGE* 83, 130, 146.

774 So noch *BVerwGE* 23, 104, 110.

775 *BVerfGE* 83, 130, 143.

776 *Stern*, Staatsrecht, Bd. III/1, S. 1317.

lich sind, ist derjenigen der Vorzug zu geben, die zu einem verfassungsgemäßen Ergebnis führt.[777]

Die amtliche Begründung zu § 18 Abs. 3 Nr. 2 JuSchG ist für die Auslegung wenig hilfreich. Zu § 18 Abs. 3 JuSchG wird im Ganzen nur angemerkt, „§ 1 Abs. 2 GjS wird unverändert übernommen".[778] Allerdings wurde bereits zu § 1 Abs. 2 Nr. 2 GjS, der § 18 Abs. 3 Nr. 2 JuSchG entspricht, entgegen des ausdrücklichen Wortlautes dieser Bestimmung gefordert, sie so auszulegen, dass es noch einer konkreten Abwägung im Einzelfall zwischen Kunst und Jugendschutz bedurfte.[779] Grundsätzlich ist eine verfassungskonforme Auslegung zwar nicht möglich, wenn sie zu dem Wortlaut der Vorschrift und dem klar erkennbaren Willen des Gesetzgebers in Widerspruch tritt.[780] Eine entsprechende Auslegung der Vorschrift war trotz des entgegenstehenden Wortlautes der Vorschrift und Willens des historischen Gesetzgebers jedoch erlaubt, weil sich die Auffassung über die Verfassungsrechtslage im Laufe der Zeit gewandelt hatte.[781] Der Gesetzgeber von 1953[782] und die alte Rechtsprechung[783] haben nicht nur einen engen Kunstbegriff im Sinn gehabt und demzufolge nur ein „ernst zu nehmendes Kunstwerk"[784] bzw. eines „mit einem bestimmten Maß an künstlerischem Niveau"[785] unter die Klausel subsumiert, sondern überdies dem Jugendschutz keinen Verfassungsrang beigemessen.[786] Durch die wertende Einengung des Kunst-

777 *Jarass*, in: Jarass/Pieroth, GG, Art. 5 Rn. 34.

778 S. amtliche Begründung zum JuSchG, abgedruckt bei *Hartstein/Ring/Kreile/Dörr/Stettner*, RfStV, Bd.III, C 1.6.

779 *BVerwGE* 91, 223, 224 ff.; *BVerwG*, NJW 1997, 602; *Gödel*, in: Löffler, Presserecht, § 1 GjS Rn. 109; *Altenhain*, in: Roßnagel, Recht der Multimedia-Dienste, Teil 9, § 1 GjS Rn. 85; *Vlachopoulos*, Kunstfreiheit und Jugendschutz, S. 185; *Beisel*, Die Kunstfreiheitsgarantie des Grundgesetzes und ihre strafrechtlichen Grenzen, S. 250 f.; *Geis*, NVwZ 1992, 25, 28. A.A. *Borgmann*, JuS 1992, 916, 918; *v. Kalm*, DÖV 1994, 23, 25 und noch die alte Rspr. des *BVerwG*, vgl. *BVerwGE* 23, 104, 109; 77, 75, 83.

780 *BVerfGE* 2, 380, 398; 18, 97, 111; 63, 131, 147 f.; 90, 263, 275.

781 *Altenhain*, in: Roßnagel, Recht der Multimedia-Dienste, Teil 9, § 1 GjS Rn. 85. Auch das *BVerfG* hat in einem anderen Zusammenhang eine verfassungskonforme Auslegung entgegen dem Wortlaut einer Vorschrift vorgenommen, weil der Gesetzgeber bei Schaffung des Wortlautes von einer anderen Prämisse ausgegangen war, vgl. *BVerfGE* 30, 83, 88.

782 Vgl. die amtliche Begründung zu § 1 GjS (BT-Drs. 1/1101, S. 11), in der es heißt, dass in Anbetracht der vorbehaltlosen Gewährung des Art. 5 III GG davon ausgegangen werden müsse, dass „der Gesetzgeber die Freiheit der Kunst und der Wissenschaft höher bewertet hat als den Schutz der Jugendlichen".

783 S. *BVerwGE* 23, 104, 106 u. 109.

784 Vgl. *BVerwGE* 23, 104, 106.

785 Vgl. *BVerwGE* 39, 197, 207.

786 *Altenhain*, in: Roßnagel, Recht der Multimedia-Dienste, Teil 9, § 1 GjS Rn. 85.

begriffs bestand genügend Anwendungsraum für Vorschriften des Jugendschutzes. Beide Verfassungsinterpretationen sind mittlerweile durch eine gegenteilige Rechtsprechung des *Bundesverfassungsgerichts* obsolet geworden. Das *Bundesverfassungsgericht* nimmt nunmehr eine weite Auslegung des Begriffs der Kunst in Art. 5 Abs. 3 S. 1 GG vor[787] und hat den Verfassungsrang des Jugendschutzes ausdrücklich anerkannt.[788] Insofern lässt sich sogar argumentieren, die Auslegung entspreche dem Willen des Gesetzgebers. Schließlich wollte dieser mit § 1 Abs. 2 Nr. 2 GjS eine einfachgesetzliche Ausprägung des Art. 5 Abs. 3 GG schaffen. Nach der heute bestehenden Auffassung gewährt Art. 5 Abs. 3 GG aber keinen allgemeinen Vorrang der Kunstfreiheit vor den Belangen des Jugendschutzes.

Während eine verfassungskonforme Auslegung des § 1 Abs. 2 Nr. 2 GjS in diesem Sinne weitgehend anerkannt war, wurden hierfür unterschiedliche Aufhänger gewählt: *Altenhain* fasste die Güterabwägung als ein ungeschriebenes Tatbestandsmerkmal der Vorbehaltsklausel auf,[789] wohingegen das *Bundesverwaltungsgericht* sie auf den Ausdruck „der Kunst [...] dient" im Rahmen des § 1 Abs. 2 Nr. 2 GjS stützte.[790] Das Gericht legte dieses Merkmal dahingehend aus, dass eine Schrift der Kunst nur dann diene, wenn die Belange der Kunst im konkreten Einzelfall Vorrang vor denen des Jugendschutzes hätten. Anderenfalls stünde der jugendgefährdende Charakter dermaßen im Vordergrund, dass die Schrift, obwohl sie ein Kunstwerk sei, gerade nicht die Belange der Kunst beförderte. Die Auffassung *Altenhains* ist zu bevorzugen, da es äußerst konstruiert und geradezu hingebogen erscheint, dass es Kunst geben soll, die nicht der Kunst dient, bloß weil bei der Abwägung die Belange des Jugendschutzes überwiegen. Die Auslegung als ungeschriebenes Tatbestandsmerkmal korrespondiert dagegen mit Art. 5 Abs. 3 S. 1 GG, der die Kunst dem Wortlaut nach vorbehaltlos gewährleistet, obgleich sie sich durch kollidierende Grundrechte oder Verfassungsgüter einschränken lässt.

§ 18 Abs. 3 Nr. 2 JuSchG ist aus gleichen Gründen dieser verfassungskonformen Auslegung zugänglich. Ausweislich der amtlichen Begründung wurde die Vorgängervorschrift lediglich blind übernommen und die Auslegung des § 1 Abs. 2 Nr. 2 GjS, nach der erst eine Abwägung zwischen Kunst und Jugendschutz über das Eingreifen des Kunstvorbehaltes entscheiden sollte, war allgemein aner-

---

787 S. *BVerfGE* 67, 213, 225 ff. Anders noch *BVerfGE* 30, 173, 188 f. Nähere Ausführungen zum Kunstbegriff der verfassungsgerichtlichen Judikatur finden sich nachstehend unter Teil 2 B. VI. 2. b) aa), S. 244 ff.

788 S. *BVerfGE* 83, 130, 139 f.

789 *Altenhain*, in: Roßnagel, Recht der Multimedia-Dienste, Teil 9, § 1 GjS Rn. 86.

790 So *BVerwGE* 91, 223, 225 f. Dieser Auslegung zustimmend *Gödel*, in: Löffler, Presserecht, § 1 GjS Rn. 109 u. *Vlachopoulos*, Kunstfreiheit und Jugendschutz, S. 186.

kannt. Es ist insofern davon auszugehen, dass eine solche Auslegung dem Willen des Gesetzgebers entspricht. Es wäre jedoch zu begrüßen gewesen, wenn der Bundesgesetzgeber der gefestigten Rechtsprechung und überwiegenden Ansicht in der Literatur im Gesetzestext Ausdruck verliehen hätte, statt eine dem Wortlaut nach nicht mehr haltbare Vorschrift scheinbar unreflektiert zu übernehmen. Es ist nicht nachvollziehbar, warum er die sich ihm bei Schaffung des JuSchG gebotene Gelegenheit hierzu nicht genutzt hat.

VI. Verfassungsmäßigkeit des absoluten Ausstrahlungsverbotes für schlicht pornographische Inhalte im Rundfunk

Schließlich ist die Verfassungsmäßigkeit des nach dem JMStV bestehenden Totalverbotes von Pornographie zu untersuchen.

1. Vergleich des Pornographieverbotes nach dem JMStV mit der früheren Rechtslage

Die Bestimmungen über die Ausstrahlung einfacher Pornographie im Fernsehen haben sich durch die Einführung des JMStV im Vergleich zu der alten Rechtslage des RfStV verschärft.

a) Pornographieverbot i.S.d. § 3 Abs. 1 Nr. 1 RfStV a.F.

Pornographie war in der Fassung des RfStV vom 3. April 1987 gemäß dessen Art. 10 Abs. 1 Nr. 3 verboten. Danach waren Sendungen unzulässig, „die pornographisch sind (§ 184 StGB)“. Der Klammerzusatz sollte zum Ausdruck bringen, dass im Bereich des RfStV der strafrechtliche Pornographiebegriff übernommen werden sollte.[791] Wortgleich fand sich diese Bestimmung in § 3 Abs. 1 Nr. 3 der Neufassung des RfStV wieder, die durch den 1. Rundfunkänderungsstaatsvertrag, der am 1. August 1991 in Kraft trat, erfolgte; später in § 3 Abs. 1 Nr. 4 RfStV[792]. Mit dem 4. Rundfunkänderungsstaatsvertrag vom 1. April 2000 wurde der Katalog der in § 3 RfStV aufgezählten unzulässigen Sendungen neu gefasst. Das Pornographieverbot war nunmehr in § 3 Abs. 1 Nr. 1 RfStV a.F. verankert, der alle Sendungen für unzulässig erklärte, die gegen Bestimmungen des StGB verstie-

791 So *Hartstein/Ring/Kreile*, RfStV, 1. Aufl. 1989, Art. 10 RfStV Rn. 27.

792 Diese rein numerische Verschiebung ergab sich aufgrund des Einfügens einer neuen Nr. 1 durch den 3. Staatsvertrag zur Änderung des Rundfunkstaatsvertrages vom 11.09.1996, vgl. Begründung zum 3. Rundfunkänderungsstaatsvertrag, abgedruckt bei *Bornemann/Kraus/Lörz*, BayMG, Bd. I, Art. 6.

ßen. Von diesem Verweis auf sämtliche Vorschriften des StGB sollten insbesondere die zuvor ausdrücklich aufgeführten Straftatbestände umfasst werden, u.a. also § 184 StGB a.F.

Das *Bundeswaltungsgericht* forderte in einer Entscheidung aus dem Jahr 2002 für die Annahme des rundfunkrechtlichen Pornographieverbotes i.S.d. § 3 Abs. 1 Nr. 4 RfStV a.F. und der ihm nachfolgenden Vorschrift (§ 3 Abs. 1 Nr. 1 RfStV a.F. i.V.m. § 184 StGB a.F.), dass neben der Qualifizierung der Sendung als Pornographie der objektive Tatbestand des § 184 StGB a.F. insgesamt erfüllt sein müsse.[793] Damit ging das Gericht nicht von einem generellen Verbot einfacher Pornographie im Bereich des Rundfunks aus. Denn anders als das Verbot der harten Pornographie[794] i.S.d. § 184 Abs. 3 StGB a.F. (jetzt § 184 a und b StGB[795]), erfassen die sich mit einfacher Pornographie auseinandersetzenden Straftatbestände nicht die Herstellung und Verbreitung von Pornographie als solcher, sondern für diese Inhalte existieren lediglich spezifische Verbreitungsverbote. Die Ausstrahlung einer (einfach) pornographischen Darstellung, d.h. die über ein Medium vermittelte Wiedergabe eines Vorgangs oder eines Zustands,[796] ist nach § 184 Abs. 1 Nr. 2 StGB strafbar. Danach dürfen pornographische Filme nicht an einem Ort, der Minderjährigen zugänglich ist oder von ihnen eingesehen werden kann, zugänglich gemacht werden. Fraglich ist, wann entsprechende Fernsehsendungen Minderjährigen in diesem Sinne „zugänglich" gemacht werden. Die strafrechtliche Verantwortung muss dort ihre Grenze finden, wo dem Kinder- und Jugendschutz Rechnung getragen ist. Zutreffend soll deshalb nach der Rechtsprechung und der herrschenden Meinung in der strafrechtlichen Literatur die geforderte abstrakte Wahrnehmungsmöglichkeit durch den Minderjährigen[797] bei der Ausstrahlung pornographischer Filme dann nicht vorliegen, wenn technische Vorkehrungen getroffen werden, die den visuellen Zugang Minderjähriger zu dem Inhalt dieser Filme regelmäßig verhindern.[798] Dazu ist nach dem

793 *BVerwG*, NJW 2002, 2966, 2967 u. 2972. S. zu dieser Entscheidung bereits Teil 2 B. II. c) aa) (3), S. 151 ff.

794 Zu verstehen sind hierunter pornographische Angebote, die Gewalttätigkeiten, Kinderpornographie und Sodomie enthalten.

795 S. zu dem am 01.04.2004 in Kraft getretenem Gesetz zur Änderung der Vorschriften über die Straftaten gegen die sexuelle Selbstbestimmung und zur Änderung anderer Vorschriften Teil 1 C. I., S. 33.

796 *BVerwG*, NJW 2002, 2966, 2967.

797 Bei § 184 I Nr. 1 StGB ist hingegen die tatsächliche Wahrnehmung durch den Minderjährigen gefordert, vgl. *Tröndle/Fischer*, StGB, § 184 Rn. 10.

798 *BVerwG*, NJW 2002, 2966, 2968; *Tröndle/Fischer*, StGB, § 184 Rn. 11; *Lenckner/Perron*, in: Schönke/Schröder, StGB, § 184 Rn. 15; *Horst*, ZUM 1993, 227, 228; *Beisel/Heinrich*, JR 1996, 95, 96. A.A. *Kühl*, in: Lackner/Kühl, StGB, § 184 Rn. 6; *Ramberg*, ZUM 1994, 140, 141 f.

Bundesverwaltungsgericht erforderlich, „dass zwischen der pornographischen Darstellung und dem Minderjährigen eine „effektive Barriere“ besteht, die er überwinden muss, um die Darstellung wahrnehmen zu können“.[799] Gemäß § 184 Abs. 2 StGB a.F. (nunmehr § 184 c StGB) war die Verbreitung einer pornographischen Darbietung durch Rundfunk strafbewährt. Der Anwendungsbereich des § 184 Abs. 2 StGB a.F. wurde (und wird bezüglich § 184 c StGB n.F.[800]) von der Rechtsprechung und einem großen Teil der Literatur nur auf die Verbreitung pornographischer Live-Sendungen bezogen und nicht auf die Ausstrahlung von Reproduktionen unter Verwendung von Ton- und Bildträgern erstreckt.[801] Grund hierfür ist, dass letztere bereits von § 184 Abs. 1 Nr. 2 StGB erfasst sind, weil § 11 Abs. 3 StGB Ton- und Bildträger den Schriften gleichstellt. Da hier kein weitergehendes Schutzinteresse als bei § 184 Abs. 1 Nr. 2 StGB besteht, ist im Wege der teleologischen Reduktion der Tatbestand ebenfalls als nicht erfüllt anzusehen, wenn es sich um eine verschlüsselte Ausstrahlung handelt und sichergestellt ist, dass die Dekodierungseinrichtung nicht an Jugendliche abgegeben wird.[802]

Offenbar wurde jedenfalls bis zu dieser Entscheidung des *Bundesverwaltungsgerichts* einmündig davon ausgegangen, dass es für das Pornographieverbot nach dem RfStV nicht auf das Vorliegen sämtlicher objektiver Tatbestandsmerkmale des § 184 StGB ankomme, sondern lediglich darauf, ob der strafrechtliche Pornographiebegriff erfüllt sei. Pornographie war dieser Auslegung zufolge im Rundfunk generell verboten. So finden sich in der Kommentierung bei *Hartstein/Ring/Kreile/Dörr/Stettner* zum Pornographieverbot i.S.d. § 3 Abs. 1 Nr. 1 RfStV a.F. lediglich Ausführungen zum Pornographiebegriff.[803] Ebenfalls unerwähnt bleiben die weiteren Tatbestandsmerkmale des § 184 StGB in der Kom-

---

799 *BVerwG*, NJW 2002, 2966, 2968. Zu den konkreten Voraussetzungen s. Teil 2 B. II. 1. c) aa) (3), S. 151 ff.

800 S. *Duttge/Hörnle/Renzikowski*, NJW 2004, 1065, 1069.

801 Besonders ausführlich hierzu: *BVerwG*, NJW 2002, 2966, 2967 f. Im Übrigen: *Tröndle/Fischer*, StGB, § 184 c Rn. 3; *Lenckner/Perron*, in: Schönke/Schröder, StGB, § 184 Rn. 51. So jetzt auch ausdrücklich die amtliche Begründung zu dem neuen § 184 c StGB, s. BT-Drs. 15/350, S. 21. A.A. *Lackner/Kühl*, StGB, § 184 Rn. 7 (24. Aufl.); *Albrecht/Hotter*, Rundfunk und Pornographieverbot, S. 53 ff.; *Ory*, NJW 1987, 2967, 2968; *Hopf*, Jugendschutz im Fernsehen, S. 196 ff.

802 *Lenckner/Perron*, in: Schönke/Schröder, StGB, § 184 Rn. 51. Eine solche Auslegung ist nach der neuen Rechtslage bedenklich. § 184 c S. 1 StGB n.F. bezieht sich auch auf Medien- und Teledienst, für die er allerdings in § 184 c S. 2 StGB eine Ausnahme vorsieht, wenn durch technische oder sonstige Vorkehrungen sichergestellt ist, dass die pornographische Schrift lediglich Erwachsenen zugänglich gemacht wird. Für den Rundfunk fehlt eine entsprechende Regelung.

803 *Hartstein/Ring/Kreile/Dörr/Stettner*, RfStV, Bd. I, B 5, § 3 RfStV Rn. 36 u. 37, Stand: 01/2003.

mentierung von *Bornemann/Kraus/Lörz* zum rundfunkrechtlichen Pornographieverbot.[804] Bei *Ricker/Schiwy* ist ausdrücklich die Rede von einem völligen Verbot pornographischer Sendungen im Bereich des Rundfunks.[805] *Gersdorf* bezeichnet § 3 Abs. 1 Nr. 1 RfStV a.F. i.V.m. § 184 StGB als striktes Pornographieverbot.[806] Schließlich hebt *Hertel* die besagte Entscheidung des *Bundesverwaltungsgerichts* besonders hervor und führt hierzu aus, dass nach Ansicht des Gerichts für das Pornographieverbot nach dem RfStV nicht allein die Erfüllung der materiell-rechtlichen Bestandteile des strafrechtlichen Pornographiebegriffes relevant wären, sondern darüber hinaus, inwieweit die übrigen Voraussetzungen des § 184 StGB verwirklicht worden seien.[807] Ob in dieser Entscheidung eine Modifizierung des Pornographieverbotes nach dem RfStV zu erblicken sei, bleibe abzuwarten.

Der durch das *Bundesverwaltungsgericht* vorgenommenen Auslegung des § 3 Abs. 1 Nr. 1 RfStV a.F. ist zu folgen. Während die ersten Fassungen des Pornographieverbotes nach dem RfStV unter Umständen noch dahingehend hätten verstanden werden können, dass der Verweis auf § 184 StGB nur die Heranziehung des strafrechtlichen Pornographiebegriffes gewährleisten sollte,[808] widersprach eine solche Interpretation dem insoweit eindeutigen Wortlaut des § 3 Abs. 1 Nr. 1 RfStV in der Fassung des 4. Rundfunkänderungsstaatsvertrages: Eine Sendung kann nur gegen eine Bestimmung des StGB verstoßen, wenn sämtliche Tatbestandsmerkmale dieser Strafnorm erfüllt sind.

b) Pornographieverbot i.S.d. § 4 Abs. 1 S. 1 Nr. 10, Abs. 2 S. 1 Nr. 1 JMStV

Bei der Ausstrahlung pornographischer Inhalte unterscheidet der JMStV – ohne sich dabei auf das StGB zu beziehen – zwischen harter und einfacher Pornographie. Gem. § 4 Abs. 1 S. 1 Nr. 10 JMStV sind Angebote, die

---

804 *Bornemann/Kraus/Lörz*, BayMG, Bd. I, Art. 6 Rn. 20 ff.

805 *Ricker/Schiwy*, Rundfunkverfassungsrecht, Teil F, S. 434 Rn. 111.

806 *Gersdorf*, epd medien 46/47/2001, 21, 23; *ders.*, Lockerung des Pornographieverbotes nach dem JMStV, S. 1, abrufbar unter: http://www.uni-rostock.de/fakult/jurfak/Gersdorf/News/Pornographieverbot nach dem JMStVEntwurf09.11.01.pdf (abgerufen am: 12.12.03).

807 *Hertel*, in: Hahn/Vesting, Beck'scher Kommentar zum Rundfunkrecht, § 3 RfStV Rn. 43.

808 Das *BVerwG* ging in seiner Entscheidung sogar mit guten Gründen davon aus, dass die Vorgängervorschriften des § 3 I Nr. 1 RfStV a.F. mit dem Wortlaut „Sendungen sind unzulässig, wenn sie pornographisch sind (§ 184 StGB)" neben dem Vorliegen eines pornographischen Inhaltes die objektiven Voraussetzungen einer Tathandlung des § 184 StGB verlangte, vgl. NJW 2002, 2966.

„[...] pornographisch sind und Gewalttätigkeiten, den sexuellen Missbrauch von Kindern oder Jugendlichen oder sexuelle Handlungen von Menschen mit Tieren zum Gegenstand haben [...]"

ausnahmslos unzulässig. Angebote, die

„in sonstiger Weise pornographisch sind",

erklärt § 4 Abs. 2 S. 1 Nr. 1 JMStV für unzulässig. Bezüglich dieser Angebote sieht § 4 Abs. 2 S. 2 JMStV jedoch eine Ausnahme für Telemedien vor.

Weil das Verbot der einfachen Pornographie lediglich an die Erfüllung des – wie auch immer zu definierenden[809] – Pornographiebegriffs anknüpft, schreibt der JMStV für den Bereich des Rundfunks ein generelles Pornographieverbot vor.

Anderer Ansicht scheinen insoweit *Nikles/Roll/Spürck/Umbach* zu sein, die selbst bei dem Pornographieverbot des JMStV noch darauf abstellen, ob ein Angebot pornographisch i.S.d. § 184 StGB ist.[810] Dabei knüpfen sie an die vorstehend erwähnte Rechtsprechung des *Bundesverwaltungsgerichts* an, so dass sie auch für den Rundfunk davon ausgehen, dass die Ausstrahlung (einfach) pornographischer Inhalte möglich ist, solange sie in codierten Fernsehprogrammen er-

809 Auf den umstrittenen Pornographiebegriff kann im Rahmen dieser Arbeit nicht ausführlich eingegangen werden. Nach der Rspr. des *BGH* sind Sendungen pornographisch, wenn sie unter Hintansetzung sonstiger menschlicher Bezüge sexuelle Vorgänge in grob aufdringlicher, anreißerischer Weise in den Vordergrund rücken und ausschließlich oder überwiegend auf die Erregung sexueller Reize abzielen, vgl. *BGHSt* 37, 55, 59 f.; *BGH*, NJW 1990, 3026. In der jüngeren Literatur wird teilweise vertreten, für die Annahme von Pornographie komme es allein oder zumindest bei den dem Jugendschutz dienenden Tatbeständen des § 184 StGB darauf an, ob die Darstellung offensichtlich schwer jugendgefährdend sei, vgl. *Schumann*, in: Eser/Schittenhelm/Schumann, FS für Lenckner, S. 565, 576 ff.; *Mahrenholz*, ZUM 1998, 525, 526 ff.; *Horn/Wolters*, in: SK-StGB, § 184 Rn. 4. Dagegen spricht jedoch, dass die Vorschrift des § 184 StGB neben dem Jugendschutz auch den Zweck verfolgt, Erwachsene vor ungewollter Konfrontation mit Pornographie zu schützen und dementsprechend ein diese beiden Schutzzwecke umfassender einheitlicher Pornographiebegriff angewandt werden sollte. Eine ausschließlich am Gedanken des Jugendschutzes orientierte Auslegung des § 184 StGB würde damit dem Zweck der Vorschrift nicht gerecht werden; vgl. *BVerwG*, NJW 2002, 2966, 2969.

810 *Nikles/Roll/Spürck/Umbach*, Jugendmedienschutzrecht, Teil III, § 4 JMStV Rn. 28. Auch *Hopf* hält das Vorliegen der objektiven Tatbestandsvoraussetzungen des § 184 StGB für eine Voraussetzung für das Eingreifen des Ausstrahlungsverbots von Pornographie im Rundfunk, s. *Hopf*, Jugendschutz im Fernsehen, S. 195 f. Gleichwohl geht sie jedoch von einem absoluten Ausstrahlungsverbot aus, da sie § 184 Abs. 2 StGB a.F. auf den Rundfunk in seiner Gesamtheit (und nicht lediglich auf die Verbreitung pornographischer Live-Sendungen) anwendet.

folgt und sichergestellt ist, dass die Nutzung einschließlich der Decodierung allein durch Volljährige möglich ist.

c) Ergebnis des Vergleiches

Während das rundfunkrechtliche Pornographieverbot im RfStV keine ausdrückliche Erwähnung fand, sondern nur durch den Verweis in § 3 Abs. 1 Nr. 1 RfStV a.F. auf sämtliche Bestimmungen des StGB und somit auf § 184 StGB a.F. zum Ausdruck kam, bezieht sich das Verbot der Pornographie nach dem JMStV ausdrücklich nicht auf das StGB. Durch den Verzicht auf den bisher bestehenden pauschalen Verweis auf das StGB, ist dem Wortlaut nach nunmehr eindeutig, dass das Verbot unabhängig von dem Vorliegen der gesamten objektiven Tatbestandsvoraussetzungen des Straftatbestandes der Pornographie und (entsprechend der bisherigen Praxis) unabhängig von der Verwirklichung des subjektiven Tatbestandes gilt.

Hierdurch ergibt sich eine gravierende Änderung: Während § 4 Abs. 1 S. 1 Nr. 10 JMStV zwar ebenfalls die vom Tatbestand des § 184 Abs. 3 StGB erfasste harte Pornographie voraussetzt, bleibt § 4 Abs. 2 S. 1 Nr. 1 JMStV hinter dem Tatbestand des § 184 Abs. 1 und Abs. 2 StGB insoweit zurück, als es nach dieser Bestimmung des JMStV ausreichend ist, dass eine Sendung pornographisch ist. Das Verbot ist damit weitreichender als das Pornographieverbot des § 3 Abs. 1 Nr. 1 RfStV a.F. i.V.m. § 184 StGB, das über den pornographischen Inhalt hinaus eine der in § 184 Abs. 1 oder Abs. 2 StGB näher beschriebene Tathandlung voraussetzte. Der Sendevorgang selbst musste sich als strafbedrohte Tathandlung darstellen.[811] Unter Berücksichtigung der Voraussetzungen des § 184 Abs. 1, Abs. 2 StGB lässt sich damit festhalten, dass nach der alten Rechtslage für den Bereich der einfachen Pornographie dann eine Ausnahme von dem Sendeverbot bestand, wenn es sich um eine verschlüsselte Sendung mit zusätzlich im System angelegter effektiver Zugangsperre handelte.

Ob diese neue Formulierung von Seiten des Staatsvertraggebers bewusst so gewählt wurde, um klarzustellen, dass es für das Verbot der einfachen Pornographie nicht der weiteren objektiven Tatbestandsmerkmale des § 184 Abs. 1 Nr. 2 StGB bedarf, ist zweifelhaft. In der amtlichen Begründung zu § 4 Abs. 1 JMStV wird lediglich darauf hingewiesen, dass durch das Anknüpfen an Straftatbestände ohne Nennung der entsprechenden Normen des StGB insofern eine Klarstellung erreicht werden solle, als es nicht der Verwirklichung der subjektiven Tatbestandsmerkmale der jeweiligen Strafnorm bedürfe. Die damit gleichzeitig nicht mehr notwendige Erfüllung weiterer, nicht genannter Voraussetzungen des ob-

811 *BVerwG*, NJW 2002, 2966, 2967.

jektiven Tatbestandes einer Strafnorm findet in der amtlichen Begründung nur im Hinblick auf eine andere Fallkonstellation Erwähnung. Zu § 4 Abs. 2 S. 1 Nr. 1 JMStV heißt es dort lediglich: „Nummer 1 erfasst pornographische Darstellungen gemäß § 184 Abs. 1 und 2 des Strafgesetzbuches, die nicht bereits unter Absatz 1 fallen“. Keinesfalls wurde damit auf die oben angesprochene Entscheidung des *Bundesverwaltungsgerichts* reagiert, wie *Hartstein/Ring/ Kreile/Dörr/Stettner* annehmen.[812] § 4 Abs. 1 S. 1 Nr. 2 JMStV war bereits in der Entwurfsfassung des JMStV vom 9. November 2001 entsprechend formuliert, während das besagte Urteil des *Bundesverwaltungsgerichts* erst am 20. Februar 2002 erging.[813]

Davon abgesehen haben sich im Rundfunkbereich keine Änderungen ergeben: Auch nach § 3 Abs. 1 Nr. 1 RfStV a.F. bestand, sofern der Tatbestand des § 184 StGB erfüllt war, das Pornographieverbot ausnahmslos. Dagegen hat sich für die nach jetziger Rechtslage unter den Begriff der Telemedien fallenden Mediendienste eine Lockerung ergeben, indem die Ausnahmeregelung des § 4 Abs. 2 S. 2 JMStV geschaffen wurde. Bisher bestand in diesem Gebiet gem. § 8 Abs. 1 Nr. 4 MDStV ein striktes Pornographieverbot.[814] Für den Bereich der Teledienste hat sich jedenfalls keine Milderung ergeben, da hier auch bisher kein absolutes Pornographieverbot statuiert war, vgl. §§ 3 Abs. 2 S. 2, 5 Abs. 3 Nr. 2 GjSM.

2. Verfassungsmäßigkeit eines generellen Pornographieverbotes

Das nunmehr absolut geltende Verbot der einfachen Pornographie des JMStV greift in die Informationsfreiheit Erwachsener, die Rundfunk- und die Kunstfreiheit ein.

a) Vereinbarkeit mit der Rundfunk- und der Informationsfreiheit Erwachsener

Voranzustellen ist, dass das *Bundesverfassungsgericht* für Pornographie ausdrücklich festgestellt hat, dass sie von dem Grundrecht der Kunstfreiheit ge-

812 *Hartstein/Ring/Kreile/Dörr/Stettner*, RfStV, Bd. III, C 3, Überblick Rn. 5 u. § 4 JMStV Rn. 15.

813 *BVerwG*, NJW 2002, 2966.

814 § 8 I Nr. 4 MDStV a.F. lautete: „Angebote sind unzulässig, wenn sie pornographisch sind (§ 184 StGB)“ Bei dieser Formulierung konnte im Gegensatz zu der des § 3 I Nr. 1 RfStV a.F. u.U. noch angenommen werden, dass allein auf den Pornographiebegriff des § 184 StGB verwiesen werden sollte und nicht auf die weiteren Tatbestandsmerkmale des § 184 StGB. Allerdings wäre dies im Hinblick auf die oben genannte Rspr. des *BVerwG* ebenfalls zu überdenken gewesen.

schützt sein kann.[815] Ein Werk könne nicht deshalb seinen grundrechtlichen Schutz verlieren, weil es pornographisch sei. Für das Grundrecht der Rundfunk- oder der Informationsfreiheit kann nichts anderes gelten. Die Ausstrahlung pornographischer Inhalte ist daher von dem Grundrecht der Rundfunkfreiheit i.S.d. Art. 5 Abs. 1 S. 2 GG geschützt, und die Informationsfreiheit (Art. 5 Abs. 1 S. 1 GG) umfasst das Recht, sich ungehindert aus pornographischen Inhalten unterrichten zu dürfen.

Zudem ist darauf hinzuweisen, dass sich dem zum rundfunkrechtlichen Pornographieverbot ergangenen und bereits erwähnten Urteil des *Bundesverwaltungsgerichts* nicht entnehmen lässt, dass das Gericht ein absolutes Ausstrahlungsverbot von Pornographie im Rundfunk für verfassungsgemäß hält. Zwar kam es zu dem Schluss, dass das rundfunkrechtliche Pornographieverbot im Einklang mit der Verfassung stand, jedoch erfolgte die dem Ergebnis zugrunde liegende Prüfung unter der Prämisse, dass für die Annahme des Pornographieverbotes nach dem Rundfunkstaatsvertrag der objektive Tatbestand des § 184 StGB insgesamt erfüllt sein müsse und Pornographie daher nicht verboten sei, wenn der Veranstalter hinreichende technische Vorkehrungen treffe. Das Gericht prüfte folglich nur, ob das von ihm angenommene beschränkte Ausstrahlungsverbot gegen Grundrechte verstieß.

aa) Verbot der harten Pornographie im Fernsehen

An der Verfassungsmäßigkeit des § 4 Abs. 1 S. 1 Nr. 10 JMStV bestehen keine Bedenken. Diese Norm deckt sich mit den Straftatbeständen der §§ 184 a und b StGB, die neben dem Jugendschutz insbesondere den Schutzzweck haben, junge Erwachsene vor einer Beeinträchtigung in ihrer seelischen Entwicklung und ihrer sozialen Orientierung zu schützen, die Allgemeinheit vor derartigen Erzeugnissen zu schützen und schließlich vor mittelbarer Förderung des sexuellen Missbrauchs von Kindern zu schützen.[816]

bb) Verbot der einfachen Pornographie im digitalen Fernsehen

Indessen ist der mit dem generellen Verbot der einfachen Pornographie für den Rundfunk bewirkte Eingriff in die Rundfunkfreiheit der Veranstalter und in die Informationsfreiheit Erwachsener im Bereich des digitalen Fernsehens nicht gerechtfertigt und deshalb verfassungswidrig. Wie das absolute Verbot von indi-

815 So das *BVerfG* in seiner Entscheidung über den pornographischen Roman „Josephine Mutzenbacher“, *BVerfGE* 83, 130, 138 f.

816 *Tröndle/Fischer*, StGB, § 184 Rn. 2, § 184 a Rn. 2 u. § 184 b Rn. 2.

zierten Medien im Rundfunk, erweist sich das Verbot des § 4 Abs. 2 S. 1 Nr. 1 JMStV als Vorschrift zum Schutze der Jugend i.S.d. Art. 5 Abs. 2 GG, die, wenngleich geeignet und erforderlich, für den Bereich des digitalen Fernsehens nicht angemessen ist.

Die Vorschrift des § 4 Abs. 2 S. 1 Nr. 1 JMStV ist eine geeignete Schutzvorschrift im Sinne des Jugendschutzes, weil das rundfunkrechtliche Pornographieverbot zu verhindern hilft, dass pornographische Sendungen durch Kinder und Jugendliche wahrgenommen werden und sich somit unter Umständen negativ auf ihre Entwicklung auswirken können. Entsprechend dem umfassenden Verbot der Ausstrahlung indizierter Trägermedien ist das absolute Pornographieverbot auch erforderlich (dem Staatsvertraggeber standen nicht unzweifelhaft ebenso wirksame Mittel wie ein Totalverbot zur Verfügung).[817] Aus den gleichen Gründen wie das Ausstrahlungsverbot für indizierte Inhalte ist es jedoch für das digitale Fernsehen unverhältnismäßig im engeren Sinne. Eines Totalverbotes hätte es nicht bedurft; ein effektiver Jugendschutz hätte hinreichend gewährleistet werden können, ohne derart schwer in die Rundfunk- und die Informationsfreiheit Erwachsener einzugreifen. Auf die diesbezügliche Darstellung bei § 4 Abs. 2 S. 1 Nr. 2 JMStV sei daher verwiesen.[818]

Auch *Gersdorf* ist der Ansicht, dass ein generelles Pornographieverbot im Bereich des digitalen Rundfunks gegen die Verfassung verstößt.[819] *Degenhart* hält ein generelles Pornographieverbot, das sich nicht nur auf strafbare Pornographie im Sinne des § 184 StGB beschränkt, für verfassungsrechtlich problematisch.[820] Wie vorstehend festgestellt ist das Verbot der einfachen Pornographie im JMStV weitreichender als die Strafbarkeit der einfachen Pornographie, die bei Einrichtung bestimmter technischer Vorrichtungen nicht gegeben ist.

cc) Verbot der einfachen Pornographie im analogen Fernsehen

Bezogen auf das analoge Fernsehen ist der mit dem Verbot bewirkte Eingriff in die Rundfunk- und Informationsfreiheit dagegen gerechtfertigt. Im Bereich des

817 S. Teil 2 B. V. 1. c) bb), S. 214 ff.

818 S. Teil 2 B. V. 1. c) cc), S. 217 ff.

819 So *Gersdorf* (epd medien 46/47/2001, 21, 26 f.) bereits zur alten Rechtslage. Wie zuvor angesprochen, wurde bis zur Entscheidung des *BVerwG* davon ausgegangen, dass § 3 I Nr. 1 RfStV a.F. ein absolutes Ausstrahlungsverbot pornographischer Inhalte statuierte. *Gersdorf* forderte dementsprechend, pornographische Sendungen aus dem Katalog der absolut geltenden Verbotstatbestände des § 3 I RfStV herauszunehmen und sie als Sendungen i.S.d. § 3 II RfStV a.F. zu qualifizieren. A.A. *Hopf*, Jugendschutz im Fernsehen, S. 231 f., die sich hierbei insbesondere auf Art. 22 Abs. 1 EG-FsRL beruft, s. hiergegen ausführlich Teil 2 B. I.

820 *Degenhart*, in: BK GG, Art. 5 I, II Rn. 892.

analogen Fernsehens besteht die Möglichkeit der Einrichtung von geschlossenen Benutzergruppen schließlich nicht. Zudem darf der Gesetzgeber aufgrund der ihm zustehenden Einschätzungsprärogative davon ausgehen, dass pornographische Inhalte Kinder und Jugendliche grundsätzlich schwer gefährden.

b) Vereinbarkeit mit der Kunstfreiheitsgarantie

Soweit es sich bei den pornographischen Inhalten gleichzeitig um Kunstwerke handelt, wird die Regelung der Kunstfreiheitsgarantie des Art. 5 Abs. 3 S. 1 GG nicht gerecht.

aa) Eingriff in den Schutzbereich der Kunstfreiheit

Pornographische Inhalte können auf der Grundlage des weiten Kunstverständnisses der verfassungsgerichtlichen Judikatur, wonach unter Umständen rein formale Kriterien ein Werk bereits als Kunst erscheinen lassen, in den Schutzbereich der Kunstfreiheit fallen. Der Versuch, eine klare juristische Definition für den Kunstbegriff zu finden, wurde weitgehend aufgegeben. Angesichts der Schwierigkeit oder gar Unmöglichkeit Kunst zu definieren, gibt es eine Vielzahl von Lösungsansätzen zur Ermittlung von Kunst. Da es zu weit führen würde, in diesem Rahmen einen umfassenden Überblick über die verschiedenen Kunstbegriffe zu geben, wird an dieser Stelle auf die ausführlichen Darstellungen anderer verwiesen[821] und lediglich die von der höchstrichterlichen Rechtsprechung verwendeten Kunstbegriffe kurz erläutert.

Nachdem das *Bundesverfassungsgericht* zunächst ausschließlich einen materialen Kunstbegriff vertreten hat, geht es seit seiner Entscheidung zum „Anachronistischen Zug“ von der Unmöglichkeit einer generellen Definition von Kunst aus und befürwortet daher einen weiten Kunstbegriff.[822] Das *Bundesverfassungsgericht* hat den materialen, den formalen und den zeichentheoretischen Kunstbegriff als tragfähige Ansätze zur Bestimmung von Kunst im Einzelfall genannt und wendet diese nebeneinander und eher beispielhaft an.[823] Nach dem materialen Kunstbegriff ist das Wesentliche der künstlerischen Betätigung die freie schöpferische Gestaltung, in der Eindrücke, Erfahrungen, Erlebnisse des Künstlers durch das Medium einer bestimmten Formensprache zur unmittelbaren Anschauung gebracht werden.[824] Bei dem zeichentheoretischen Ansatz wird von Kunst gespro-

821 *Wendt*, in: v. Münch/Kunig, GG, Art. 5 Rn. 89 ff.; *Vlachopoulos*, Kunstfreiheit und Jugendschutz, S. 78 ff.

822 *BVerfGE* 67, 213, 224 ff.

823 Vgl. *BVerfGE* 67, 213, 226 f.; 83, 130, 138.

824 *BVerfGE* 30, 173, 179; 67, 213, 226; 75, 369.

chen, wenn einer Darstellung im Wege einer fortgesetzten Interpretation immer weitreichendere Bedeutungen zu entnehmen sind, so dass sich eine praktisch unerschöpfliche, mehrstufige Informationsvermittlung ergibt.[825] Für die Annahme eines Kunstwerkes genügt nach dem formalen Kunstbegriff des *Bundesverfassungsgerichts* eine irgendwie geartete schöpferische Formgestaltung unter Verzicht auf jegliche Niveaukontrolle, falls bloße Gattungsanforderungen eines bestimmten Werktyps (beispielsweise Gedicht, Roman, Erzählung, Gemälde) erfüllt sind.[826]

Das *Bundesverfassungsgericht* und der *Bundesgerichtshof* haben im Jahr 1990 ausdrücklich festgestellt, dass Kunst und Pornographie sich nicht ausschließen.[827] Die bis zu diesen Entscheidungen überwiegend vertretene Auffassung, die Begriffe von Kunst und Pornographie stünden im Verhältnis der Exklusivität,[828] wird nur noch vereinzelt vertreten.[829] Sie wurde damit begründet, dass im Kunstwerk – im Gegensatz zur Pornographie – das Sexuelle nicht unter Ausklammerung aller sonstiger menschlichen Bezüge und ohne Sinnzusammenhang mit anderen Lebensäußerungen dargestellt werde, sondern durch die künstlerische Gestaltung so durchgeistigt und überhöht werde, dass es zum dienenden Bestandteil einer künstlerischen Gestaltung werde und damit obszön, aber nicht pornographisch sein könne. Die Verfechter dieser Exklusivitätsthese gingen davon aus, dass die „Übermittlung gedanklicher Inhalte", die „geistige Auseinandersetzung mit der Welt" und die „Durchgeistigung und Sublimierung" zum Wesensmerkmal der Kunst gehöre.[830] Kunst wurde damit als Gegenteil dessen angesehen, was Pornographie charakterisiert. Denn nach der ständigen Rechtsprechung ist eine Darstellung pornographisch, wenn sie unter Ausklammerung son-

825 *BVerfGE* 67, 213, 227.

826 *BVerfGE* 67, 213, 226; 81, 298, 305; 83, 130, 138. Ebenso *BGHSt* 37, 55, 58.

827 *BVerfGE* 83, 130, 139; *BGHSt* 37, 55, 57 = *BGH*, NJW 1990, 3026, 3027. Ihnen (nunmehr) zustimmend: *Scholz*, in: Maunz/Dürig, GG, Art. 5 III Rn. 77; *Starck*, in: v. Mangoldt/Klein/Starck, GG, Art. 5 III Rn. 344; *Tröndle/Fischer*, StGB, § 184 Rn. 8; *Horn/Wolters*, in: SK-StGB, § 184 Rn. 7; *Schroeder*, Pornographie, Jugendschutz und Kunstfreiheit, S. 54; *Vlachopoulos*, Kunstfreiheit und Jugendschutz, S. 112 f.

828 *LG Stuttgart*, ZUM 1989, 365, 368; *Dreher/Tröndle*, StGB, 44. Aufl., § 184 Rn. 11; *Lackner*, StGB, 18. Aufl., § 184 Anm. 2b,; *Lenckner*, in: Schönke/Schröder, StGB, 24. Aufl., § 184 Rn. 4. Weitere Nachweise aus der veralteten strafrechtlichen Literatur finden sich bei *BGHSt* 37, 55, 57.

829 *Harstein/Ring/Kreile/Dörr/Stettner*, RfStV, Bd. III, C 3, § 4 Rn. 56, unter fehlerhafter Berufung auf *Schönke/Schröder*, StGB, § 184 Rn. 4. Diese sind bereits seit ihrer 24. Auflage anderer Ansicht, vgl. *Lenckner/Perron*, in: Schönke/Schröder, StGB, § 184 Rn. 5a.

830 Vgl. bspw. *Lenckner*, in: Schönke/Schröder, StGB, 23. Aufl., § 184 Rn. 4; *Dreher/Tröndle*, StGB, 44. Aufl., § 184 Rn. 11.

stiger menschlicher Bezüge sexuelle Vorgänge in grob aufdringlicher, anreißerischer Weise in den Vordergrund rückt und ihre objektive Gesamttendenz ausschließlich oder überwiegend auf die Aufreizung des sexuellen Triebs beim Betrachter abzielt und dabei die im Einklang mit allgemeinen gesellschaftlichen Wertvorstellungen gezogenen Grenzen des sexuellen Anstands eindeutig überschreitet.[831] Im Zuge der Anerkennung eines formalen Kunstbegriffes durch den *Bundesgerichtshof* und das *Bundesverfassungsgericht* gibt es für dieses Ausschließlichkeitsverhältnis zwischen Kunst und Pornographie keinen Raum mehr.[832] Wenn nach diesem offeneren Verständnis für die Annahme von Kunst nicht die Übermittlung irgendwelcher gedanklicher Inhalte oder eine geistige Auseinandersetzung mit der Welt erforderlich ist, sondern eine irgendwie geartete schöpferische Formgestaltung genügt, falls bloße Gattungsanforderungen eines bestimmten Werktyps erfüllt sind, kann der so qualifizierte Inhalt sich gleichzeitig als Pornographie erweisen. Selbst bei Zugrundelegung eines materialen Kunstbegriffes schließen sich Kunst und Pornographie nicht gegenseitig aus, da auch dieser auf jede Niveaukontrolle verzichtet und insbesondere keine geistige Auseinandersetzung mit der Welt erfordert.[833] Die Anerkennung der Kunsteigenschaft bemisst sich ausschließlich nach den allgemeinen Kunstkriterien und hängt nicht von einer staatlichen Stil-, Niveau- und Inhaltskontrolle oder einer Beurteilung der Außenwirkung des Kunstwerkes ab.[834] Allenfalls im Rahmen der Abwägung zwischen der Kunstfreiheit und konkurrierenden Verfassungsgütern können diese Gesichtspunkte eine Bedeutung erlangen.[835] Kunst kann ihrer Natur nach alles sein, ohne dabei auf bestimmte, sittliche Inhalte beschränkt zu sein. In ihrer Wirkung brechen Kunstwerke gerade häufig mit gesellschaftlich anerkannten Werten. Es gehört zum Kerngehalt der Kunstfreiheit, dass das Thema frei gewählt werden kann[836] und dementsprechend ein pornographisches sein kann. Im Übrigen steht auch eine verzerrende und unrealistische Darstellung geschlechtlicher Vorgänge deren Qualifizierung als Kunst nicht entgegen, weil sich gerade übersteigerte und verzerrende Darstellungsformen als Mittel künstlerischer Gestaltung erweisen können.[837] Demgemäß schließt weder das pornogra-

831 *BGHSt* 37, 55, 60; *OLG Hamm*, NJW 1973, 817; *OLG Düsseldorf*, NJW 1974, 1474, 1475; *OLG Koblenz*, NJW 1979, 1467, 1468; *Kühl*, in: Lackner/Kühl, StGB, § 184 Rn. 2; *Lenckner/Perron*, in: Schönke/Schröder, StGB, § 184 Rn. 4.

832 *BVerfGE* 83, 130, 138 f.; *BGHSt* 37, 55, 58; *Horn/Wolters*, in: SK-StGB, § 184 Rn. 7; *Schreibauer*, Das Pornographieverbot des § 184 StGB, S. 158; *Maiwald*, JZ 1990, 1141 f.

833 S. *BGHSt* 37, 55, 59.

834 *BVerfGE* 83, 130, 139.

835 S. *BVerfGE* 83, 130, 139. Auch hierbei ist jedoch Vorsicht geboten.

836 *Wendt*, in: v. Münch/Kunig, GG, Art. 5 Rn. 94.

837 *BGHSt* 37, 55, 60.

phische Element zwingend das des künstlerischen aus noch umgekehrt, so dass Pornographie und Kunst nicht im Verhältnis der Exklusivität stehen.

Teilweise wird die Auffassung vertreten, die praktische Bedeutung dieser Überschneidungsmöglichkeit sei relativ gering, da Pornographie im Rundfunk in der Praxis überwiegend einer kommerziellen Nutzung, der weniger an der künstlerischen Verbreitung, als an Einschaltquoten gelegen sei, diene.[838] Letzteres ist zwar zutreffend, m.E. aber für den Schutzumfang der Kunstfreiheitsgarantie unerheblich. Ob mit dem Kunstwerk ein politischer, religiöser, wirtschaftlicher oder sonstiger Zweck angestrebt wird, ändert nichts an seinem Charakter als Kunstwerk.[839] Unabhängig davon, ob ein pornographischer Film schwerpunktmäßig der kommerziellen Nutzung wegen geschaffen oder verbreitet wird, bestimmt sich sein Charakter als Kunstwerk nach den allgemeinen Kunstkriterien. Insbesondere mit dem formalen Kunstbegriff lässt sich eine dahingehende Einschränkung des Schutzbereiches nicht vereinbaren.[840] So reicht es danach doch aus, dass bei formaler, typologischer Betrachtung die Gattungsanforderungen eines bestimmten Werktyps erfüllt sind.[841] Bei einem pornographischen Film handelt es sich um den Werktyp Film.[842] Selbstverständlich hat die Beurteilung letztlich aufgrund einer Gesamtheit der verschiedenen Gesichtspunkte stattzufinden,[843] so dass zwar nicht jedem pornographischen Film Kunsteigenschaft zuzusprechen sein wird, die Erfüllung des Werktyps aber die Vermutung zulässt, dass es sich um Kunst handelt. Ergänzend kann der materiale Ansatz herangezogen werden,

838 So z.B. *Albrecht/Hotter*, Rundfunk und Pornographieverbot, S. 64.

839 *Jarass*, in: Jarass/Pieroth, GG, Art. 5 Rn. 85; *Scholz*, in: Maunz/Dürig, GG, Art. 5 III Rn. 32 a.E.

840 Das *BVerfG* hat einem Film, der ein politisches Interview wiedergab, die Kunsteigenschaft abgesprochen, jedoch darauf hingewiesen, dass ein Film im Einzelfall durchaus den Charakter eines Kunstwerkes aufweisen könne (vgl. *BVerfGE* 33, 52, 70). Den formalen Kunstbegriff hat das Gericht allerdings erst in seine spätere Rspr. einfließen lassen. Außerdem handelte es sich in dieser Entscheidung nicht um einen Spielfilm. Auch das *BVerwG* (*BVerwGE* 23, 104, 106 ff.) ging in einer Entscheidung, in der es ausführte, nicht jeder Roman oder Spielfilm, der eine erdachte Handlung zum Gegenstand habe, ohne zugleich erkennbar eine bestimmte Stellung zu irgendwelchen Problemen zu beziehen, sei Kunst, noch von einem rein material zu bestimmendem Kunstverständnis aus.

841 Der formale Kunstbegriff wurde bereits eingangs erörtert.

842 Auch *Pernice* versteht den Film als einen der gängigen Werktypen, die von dem formellen Kunstbegriff erfasst sind, vgl. *Pernice*, in: Dreier, GG, Art. 5 III Rn. 24.

843 *BVerfGE* 67, 213, 225. Das *BVerfG* hat im Übrigen Zweifel angedeutet, ob ein Werk sich allein aufgrund der Erfüllung des formalen Kunstbegriffs als Kunst bezeichnen lassen könne, vgl. *BVerfGE* 83, 130, 138. Speziell bezogen auf das Genre des Films weist *Herkströter* darauf hin, dass dieses in sich zu spezifiziert sei, um durchgängig als Kunst gelten zu können, vgl. *Herkströter*, AfP 1992, 23, 29.

nach dem ein pornographischer Film ebenfalls als Kunst zu bewerten sein kann. Eine große Anzahl pornographischer Filme unterfällt daher dem Schutzbereich des Art. 5 Abs. 3 S. 1 GG.[844] Es ist nicht einzusehen, warum die überwiegende Zahl pornographischer Romane von dem Schutzbereich erfasst sein sollte, nicht aber entsprechende Spielfilme. Der Schutz der Verfassung soll sich schließlich ohne Rücksicht auf die Qualität des Geschaffenen entfalten. Alles andere liefe auf eine Stil-, Niveau- und Inhaltskontrolle hinaus, was ein unzulässiges staatliches Kunstrichtertum bedeutete. Selbst die Intention des Schöpfers, ein Kunstwerk schaffen zu wollen oder nicht, ist für den Schutzumfang der Kunstfreiheit bedeutungslos.[845] Konsequenterweise muss sein wirklicher Beweggrund ebenfalls unbeachtlich bleiben. Was den Wirkbereich betrifft, entfaltet die Kunstfreiheitsgarantie ihren Schutz unabhängig davon, ob die Vermittlung durch den Künstler selbst erfolgt.[846] Zu dem Wirkbereich zählen daher auch die Medien, die durch Vervielfältigung, Verbreitung und Veröffentlichung eine unentbehrliche Mittlerfunktion zwischen dem Künstler und seinem Publikum ausüben.[847] Für einen Verleger, Musikproduzent, Filmproduzent oder Rundfunkveranstalter wird nahezu immer der wirtschaftliche Aspekt für die Vermittlung den Ausschlag geben, ohne dass dem in dieser Weise geschäftsmäßig vermittelten Werk der Kunstcharakter abgesprochen würde. Wie viele (auch nicht pornographische) Filme werden nicht vordergründig der kommerziellen Nutzung wegen geschaffen und verbreitet?

Mag es eine Frage des Einzelfalls sein, ob einem pornographischen Inhalt tatsächlich ein Kunstgehalt zugeschrieben werden kann, wird doch, soweit er vorliegt, durch das Verbot der Ausstrahlung entsprechender Inhalte in die Kunstfreiheit eingegriffen. Die Kunstfreiheit ist beeinträchtigt, wenn der Staat den Künstler oder einen anderen Grundrechtsträger[848] der Kunstfreiheitsgarantie beispiels-

844 Auch *Wendt* ist der Ansicht, dass die Mehrzahl der Filme den Schutz der Kunstfreiheit genießen, s. *Wendt*, in: v. Münch/Kunig, GG, Art. 5 Rn. 61.

845 *Starck*, in: v. Mangoldt/Klein/Starck, GG, Art. 5 III Rn. 309.

846 *Starck*, in: v. Mangoldt/Klein/Starck, GG, Art. 5 III Rn. 310.

847 *BVerfGE* 77, 240, 251. Des Weiteren s. die nachstehende Fußnote.

848 Neben dem Künstler selbst zählen auch die Vermittler der Kunst zu den Grundrechtsträgern, somit bspw. ein Verleger, ein Musik- oder Filmproduzent oder ein Rundfunkveranstalter, vgl. *BVerfGE* 30, 173, 191; 36, 321, 331; *Starck*, in: v. Mangoldt/Klein/Starck, GG, Art. 5 III Rn. 323 (speziell zum Rundfunkveranstalter: *Rüfner*, in: Isensee/Kirchhof, Handbuch des Staatsrechts, Bd. V, § 116 Rn. 74; *Herrmann/Lausen*, Rundfunkrecht, § 5 Rn. 55). *Scholz* ist dagegen der Ansicht, der Verleger, Rundfunkveranstalter oder Filmproduzent könne sich bei der Darbietung oder Verbreitung eines Kunstwerkes nicht auf Art. 5 III GG berufen, da ihre Tätigkeit eine größere Sachnähe zu Art. 5 I GG aufweise und zwischen Art. 5 I und III

weise durch Verbote oder Sanktionen im Werk- oder Wirkbereich behindert.[849] Unter dem Werkbereich ist die eigentliche künstlerische Tätigkeit zu verstehen; der Wirkbereich umfasst dagegen die Vermittlung des Kunstwerks an Dritte.[850] Durch das Verbot der Ausstrahlung pornographischer Inhalte im Rundfunk wird nicht das Hervorbringen eines Kunstwerkes beeinträchtigt, sondern dessen Verbreitung über den Weg des Rundfunks, mithin der Wirkbereich.

bb) Verfassungsrechtliche Rechtfertigung

Die Kunstfreiheit ist vorbehaltlos gewährleistet, was jedoch eine Beschränkung dieses Grundrechts aus Gründen des Jugendschutzes nicht ausschließt. Zwar unterliegt die Kunstfreiheit weder dem Schrankentrias des Art. 2 Abs. 1 2. HS GG, noch den in Art. 5 Abs. 2 GG aufgeführten Schranken.[851] Der vorbehaltlos ausgestalteten Kunstfreiheit können aber durch die Grundrechte anderer Rechtsträger oder sonstige Verfassungsgüter Grenzen gezogen sein.[852] Weil dem Rechtsgut Jugendschutz Verfassungsrang zukommt,[853] kann dieses Verfassungsgut unter Beschränkung seiner selbst der Kunstfreiheit verfassungsimmanente Schranken setzen.[854] Notwendig ist folglich eine Abwägung zwischen den durch das Verbot kollidierenden Gütern des Jugendschutzes und der Kunstfreiheit. Bei der Abwägung kommt dem Grundsatz der Verhältnismäßigkeit besondere Bedeutung zu.[855]

An der Geeignetheit und Erforderlichkeit der Regelung bestehen, wie oben bereits dargestellt,[856] keine Bedenken.

(1) Angemessenheit des absoluten Pornographieverbotes

Das dem Wortlaut nach absolut konzipierte Ausstrahlungsverbot für einfach pornographische Inhalte ist allerdings nicht angemessen und verstößt daher gegen die Verfassung. In § 4 Abs. 2 S. 1 Nr. 1 JMStV wurde dem Jugendschutz ein absoluter Vorrang gegenüber der Kunstfreiheit eingeräumt, obwohl keinem der

GG Gesetzeskonkurrenz bestehe, vgl. *Scholz*, in: Maunz/Dürig, GG, Art. 5 III Rn. 13 u. 50.

849 *Jarass*, in: Jarass/Pieroth, GG, Art. 5 Rn. 88.

850 *BverfGE* 30, 173, 189; 67, 213, 224; *Jarass*, in: Jarass/Pieroth, GG, Art. 5 Rn. 86.

851 *BVerfGE* 30, 173, 191 f.; 83, 130, 139; *Jarass*, in: Jarass/Pieroth, GG, Art. 5 Rn. 91.

852 *BVerfGE* 30, 173, 193; 67, 213, 228; 77, 240, 253 ff.; 83, 130, 139.

853 *BVerfGE* 83, 130, 139 f. Ausführlich hierzu Teil 1 B I., S. 25 ff.

854 *BVerfGE* 83, 130, 139 ff.; *BVerwGE* 77, 75, 82 f.; 91, 223, 224 f.

855 *BVerfGE* 30, 173, 199; 83, 130, 143.

856 S. Teil 2 B. VI. 2. a) bb), S. 242 unter Verweis auf Teil 2 B. V. 1. c) aa) u. bb), S. 213 ff.

Rechtsgüter ein genereller Vorrang zukommt.[857] Der Staatsvertraggeber durfte die erforderliche Abwägung nicht bereits selbst durchführen und so zu einem abschließenden Ergebnis gelangen. Die in die Abwägung einzustellenden Ausprägungen beider Rechtsgüter im konkreten Fall verbieten eine starre gesetzliche Regelung, die sich von vornherein für oder gegen die Kunstfreiheit entscheidet. Anders als bei den Grundrechten aus Art. 5 Abs. 1 GG sind präventiv-generalisierende Regelungen zugunsten eines effektiven Jugendschutzes hier nicht möglich, da die Kollision der vorbehaltlos gewährleisteten Kunstfreiheit mit anderen Verfassungsgütern eine Konfliktlösung im Wege der Einzelfallprüfung verlangt. Ein vom Gesetzgeber selbst umfassend geregelter Ausgleich zwischen Kunstfreiheit und Jugendschutz im Bereich jugendgefährdender Inhalte mit Kunstgehalt scheitert schon daran, dass der Charakter des konkreten Kunstwerkes und die Einbettung der jeweiligen jugendgefährdenden Darstellungen in die Gesamtkonzeption des Kunstwerkes bei der Abwägung Berücksichtigung finden muss.

Diese notwendige Einzelfallabwägung wird weder dadurch entbehrlich, dass der Eingriff in die Kunstfreiheit – wie bei der in Rede stehenden Regelung – im Wirkbereich erfolgt, noch aufgrund der Tatsache, dass die Verbreitung nicht gänzlich, sondern „nur" auf einem bestimmten Weg (dem des Rundfunks) untersagt wird. Die Abwägung im Einzelfall ist schließlich selbst dann nötig, wenn es sich um schwer jugendgefährdende Inhalte handelt. Hierzu im Einzelnen:

(a) Beschränkung des Verbotes auf den Wirkbereich

Wie bereits erörtert, beschränkt das Ausstrahlungsverbot die Kunstfreiheit in ihrem Wirkbereich. Die Ausführung des *Bundesverfassungsgerichts*, dass es den Wertvorstellungen des Verfassungsgebers entspreche, den Werkbereich grundsätzlich für weniger beschränkbar zu halten als den Wirkbereich, da die Kunstfreiheit um des künstlerischen Schaffens willen gewährleistet werde, wohingegen die Vermittlung des Kunstwerks dienende Funktion habe,[858] darf nicht dahingehend interpretiert werden, dass bei einer Einschränkung „nur" im Wirkbereich der Jugendschutz unweigerlich gegenüber der Kunstfreiheit überwiegt. Für die verfassungsrechtliche Rechtfertigung unterliegen Werk- und Wirkbereich denselben Prüfungsmaßstab, weil die Freiheitsgarantie beide Bereiche in gleicher Weise vorbehaltlos gewährleistet und die Übergänge zwischen diesen Bereichen häufig fließend sind.[859] Das Gericht hat mit seiner Aussage nur feststellen wollen,

857 Die ursprüngliche Auffassung des *BVerwG* (*BVerwGE* 23, 104, 110), die den Grundsatz „Kunstschutz geht vor Jugendschutz" aufgestellt hat, ist überholt, vgl. hierzu bereits Teil 2 B. V. 2., S. 231 ff.

858 *BVerfGE* 77, 240, 253.

859 *BVerfGE* 77, 240, 254.

dass nicht jede von Art. 5 Abs. 3 S. 1 GG geschützte Handlung desselben Schutzes bedarf, weshalb staatliche Eingriffe um so weniger zuzulassen seien, je näher sie dem Kern der Kunstfreiheit kämen und je mehr sie sich im Bereich des Schaffens – also des Werkbereiches – abspielten.[860] Daraus ergibt sich jedoch nicht mehr als eine tatsächliche Vermutung dafür, dass die Kunstfreiheit im Werkbereich eher Vorrang genießt als im Wirkbereich. Dies bedeutet dagegen nicht, dass bei einem Eingriff in den Wirkbereich eher den kollidierenden Verfassungsgütern der Vorrang einzuräumen ist. Schließlich sichert der Wirkbereich, dass die Öffentlichkeit überhaupt Zugang zu dem Kunstwerk erhält.

(b) Schwere des Eingriffs in die Kunstfreiheit

Obgleich die Verbreitung des Kunstwerkes durch das Ausstrahlungsverbot nicht gänzlich untersagt wird, ist das Gewicht des Eingriffs nicht gering. Der Rundfunk stellt einen wesentlichen Verbreitungsweg dar, der für die Übermittlung eines filmischen Kunstwerkes von großer Bedeutung ist. Das *Bundesverfassungsgericht* hat in seiner viel beachteten Entscheidung zu der Indizierung des pornographischen Romans „Josefine Mutzenbacher" ausgeführt, die Kunstfreiheit dürfe nicht deshalb unberücksichtigt bleiben, weil eine gesetzliche Bestimmung nur Verbreitungsbeschränkungen anordne, nicht aber die Verbreitung des Kunstwerkes völlig verhindere.[861]

Soweit sich das Verbot auf die Ausstrahlung pornographischer Beiträge bezieht, die ausschließlich für das Fernsehen produziert worden sind, wiegt die Beeinträchtigung der Kunstfreiheit sogar außerordentlich schwer. In diesen Fällen wird die Verbreitung des Kunstwerks durch das Verbot faktisch ganz unterbunden.

Aber selbst wenn das Verbot bei Werken zur Anwendung gelangt, die als Videokassetten oder als Kinofilme bereits auf dem Markt erschienen sind, kann die Beeinträchtigung der Kunstfreiheit nicht als unerheblich abgetan werden. Die Miete, der Kauf und die öffentliche Vorführung pornographischer Filme unterliegen zumeist den Beschränkungen des JuSchG, denn pornographische Trägermedien werden in der Regel indiziert. Ein in erster Linie in künstlerischer Hinsicht an dem pornographischen Film interessierter Erwachsener wird es nicht selten als Zumutung empfinden, sich zur Miete oder zum Kauf des entsprechenden Trägermediums in einen Kindern und Jugendlichen unzugänglichen Geschäftsraum zu begeben, der in der Gesellschaft den Stempel des Anstößigen und Unsittlichen trägt. Weil das JuSchG einen Kunstvorbehalt enthält, wird es hier

860 *BVerfGE* 77, 240, 254.
861 *BVerfGE* 83, 130, 143 f.

nur dann einen Konflikt mit der Kunstfreiheit geben, wenn die Abwägungsentscheidung von der *BPjM* fehlerhaft getroffen wurde. Ist der Film dagegen gerade aufgrund seines künstlerischen Gehaltes nicht von der *BPjM* indiziert worden, ergäbe sich ein gravierender Wertungswiderspruch zwischen Offline- und Onlinemedien: Der Film würde den Verbreitungsbeschränkungen und -verboten nach dem JuSchG wegen seiner Kunsteigenschaft nicht unterliegen (und deshalb auch nicht dem Verbot des § 4 Abs. 2 S. 1 Nr. 2 JMStV), würde aber dem absoluten Verbot des § 4 Abs. 2 S. 1 Nr. 1 JMStV unterfallen, da dieses keine Kunstklausel enthält. Für Filme hat die Ausstrahlung über den Weg des Rundfunks vor allem deshalb eine besondere Bedeutung, weil die Verwertungsphase von Filmen im Bereich der öffentlichen Vorführung und des Videoverleihs und -verkaufs relativ schnell verloren geht und ein pornographisches Filmkunstwerk daher nach einem gewissen Zeitablauf nahezu ausschließlich im Rahmen der Ausstrahlung über den Weg des Rundfunks Bedeutung erlangt, wo auch ältere Filme noch ausgestrahlt werden.[862]

(c) Schwere der Jugendgefährdung

Selbst wenn in den überwiegenden Fällen bei schwerer Jugendgefährdung dem Jugendschutz der Vorrang einzuräumen sein wird, kann es aufgrund der Komplexität und Vielgestaltigkeit der Kollision zwischen Kunstfreiheit und Jugendschutz durchaus Fälle geben, die anders zu beurteilen sind. Wenn auch die Schwere der Jugendgefährdung einen für die Lösung der Kollision wichtigen Maßstab darstellt, kann eine Vielzahl weiterer Gesichtspunkte in ihrer Gesamtheit gleichwohl einen Vorrang der Kunstfreiheit begründen.

Hiervon geht auch das *Bundesverfassungsgericht* in der „Mutzenbacher"-Entscheidung aus: Sogar bei offensichtlich schwer jugendgefährdenden Schriften habe eine Einzelfallabwägung mit der Kunstfreiheit noch stattzufinden.[863] Der Gesetzgeber dürfe nicht anordnen, dass der Jugendschutz bei einer bestimmten Art besonders gefährdender Schriften gegenüber der Kunstfreiheit stets und aus-

---

862 S. hierzu die Diskussion unter Teil 2 B V. 1. c) cc) (4), S. 223 ff.

863 *BVerfGE* 83, 130, 146 ff. Zustimmend *BVerwGE* 91, 223, 224; *Borgmann*, JuS 1992, 916, 918. Den Aussagegehalt der „Mutzenbacher"-Entscheidung verkennen *Hartstein/Ring/Kreile/Dörr/Stettner* (RfStV, Bd. III, C 3, § 4 JMStV Rn. 62) ersichtlich, wenn sie ausführen, dass danach schwer jugendgefährdende Schriften selbst dann § 6 GjS unterfielen, wenn sie Kunstwerke seien, da der Kunstvorbehalte des § 1 II Nr. 2 GjS nicht gelte. Diese Rechtsprechung bedeute ferner übertragen auf das Verbot offensichtlich schwer jugendgefährdender Inhalte nach § 3 I Nr. 3 RfStV, dass es keinen Rechtfertigungsgrund für die Rundfunkveranstalter darstelle, wenn es sich bei diesen Filmen um Kunstwerke handle.

nahmslos Vorrang genieße.[864] Die Abwägung im Einzelfall sei vor allem deshalb erforderlich, weil der Charakter des Werkes zu berücksichtigen sei und die Kunstfreiheit um so eher Vorrang beanspruchen könne, je mehr die jugendgefährdenden Darstellungen künstlerisch gestaltet und in die Gesamtkonzeption des Kunstwerkes eingebettet seien.[865] Dies gelte – insbesondere aufgrund der vorbehaltlosen Verbürgung des Art. 5 Abs. 3 S. 1 GG – auch für offensichtlich schwer jugendgefährdende Schriften.[866]

Im Rahmen des § 4 Abs. 2 S. 1 Nr. 1 JMStV ist nicht einmal klar, ob es sich um schwer jugendgefährdende Inhalte handelt. Zwar dürfte der Gesetzgeber einfach pornographische Sendungen aufgrund seiner Einschätzungsprärogative in diesem Bereich generell als schwer jugendgefährdend einstufen, jedoch ist nicht deutlich, ob er davon wirklich ausging. Mit § 4 Abs. 2 S. 1 Nr. 2 JMStV will er schließlich auch Inhalte von dem absoluten Ausstrahlungsverbot umfasst sehen, die nur leicht jugendgefährdend sind, denn das JuSchG macht die nach ihm vorzunehmende Indizierung nicht von einem Gefährdungsgrad abhängig.

(d) Zwischenergebnis

Die Bestimmung des § 4 Abs. 2 S. 1 Nr. 1 JMStV ist damit unverhältnismäßig, weil sie die Kunstfreiheit unabhängig von dem Charakter des Kunstwerkes unberücksichtigt lässt. Im Übrigen darf – wie bereits bei der Prüfung des Eingriffs in die Rundfunk- und die Informationsfreiheit Erwachsener festgestellt – der Jugendschutz nicht über sein Ziel hinausschießen und Erwachsene stärker betreffen als dies notwendig ist, um die Jugend zu schützen. Die durch die Vorschrift bedingte, gegenüber Erwachsenen wirkende unverhältnismäßige Einschränkung der Kunstfreiheit wäre im Interesse eines effektiven Jugendschutzes nicht nötig gewesen. Eine Differenzierung zwischen Minderjährigen und Erwachsenen wäre hier durch die Möglichkeit der Einrichtung von geschlossenen Benutzergruppen mit einer für Kinder und Jugendliche nur minimal geringeren Schutzintensität möglich gewesen. Für den Bereich des analogen Fernsehens hätte eine Kunstklausel vorgesehen werden können.

Nicht anders ist die verfassungsrechtliche Lage für § 4 Abs. 2 S. 1 Nr. 3 JMStV, der alle offensichtlich schwer entwicklungsgefährdenden Angebote für unzulässig erklärt, zu beurteilen. Unter diesen Auffangtatbestand können künstlerische Inhalte fallen, denn auch diese Bestimmung enthält keine Kunstklausel.

864 *BVerfGE* 83, 130, 143.
865 *BVerfGE* 83, 130, 147 f.
866 *BVerfGE* 83, 130, 144.

Die Beschränkung auf offensichtlich schwer jugendgefährdende Inhalte vermag keinen absoluten Vorrang des Jugendschutzes zu begründen.

(2) Verfassungsmäßigkeit aufgrund eines ungeschriebenen Kunstvorbehaltes?

Ein anderes Ergebnis ergäbe sich, wenn man zu der Auffassung gelangte, die Kunsteigenschaft eines schlicht pornographischen Inhaltes sei im Rahmen des § 4 Abs. 2 S. 1 Nr. 1 JMStV – anders als bei vorstehender Prüfung angenommen – doch zu beachten.

Dem Wortlaut nach greift die Verbotsnorm unabhängig davon ein, ob es sich bei den pornographischen Inhalten um Kunst handelt. Allerdings können Grundrechte durch ihren objektiv-rechtlichen Gehalt Ausstrahlungswirkung erzeugen und so Einfluss auf die Bedeutung von Vorschriften aller Rechtsordnungen und -bereiche ausüben.[867] Die Anwendung einfachgesetzlicher Rechtsnormen im Lichte der Verfassung setzt jedoch voraus, dass bei der Anwendung und Auslegung des Rechts für die rechtsanwendenden Organe Spielräume bestehen. Dies ist hier dem Wortlaut nach eindeutig nicht der Fall, so dass die naheliegende Auffassung des Gesetzestextes, wie zuvor erörtert, zur Nichtigkeit führen würde. Des Weiteren gelangt man – wie die nachfolgende Prüfung zeigen wird – weder über den Weg einer verfassungskonformen Auslegung des § 4 Abs. 2 S. 1 Nr. 1 JMStV zu einem anderen Ergebnis, noch kann von einer unmittelbaren Geltung des Art. 5 Abs. 3 S. 1 GG im Anwendungsbereich des § 4 Abs. 2 S. 1 Nr. 1 JMStV ausgegangen werden.

(a) Verfassungskonforme Auslegung

Eine verfassungskonforme Auslegung des § 4 Abs. 2 S. 1 Nr. 1 JMStV in der Weise, dass die Verbotsnorm bei pornographischen Inhalten mit künstlerischem Gehalt nur greift, wenn nach einer Einzelfallabwägung der Jugendschutz gegenüber der Kunstfreiheit überwiegt, verbietet sich hier.

Der verfassungskonformen Auslegung liegt ein normerhaltendes Prinzip zugrunde. Sie greift dann ein, wenn bei mehreren Auslegungsmöglichkeiten die naheliegende Auslegung zur Verfassungswidrigkeit führt, eine andere Auslegung das Gesetz aber verfassungsgemäß erscheinen lässt.[868] Dabei geht es nicht um Normerhaltung um jeden Preis, sondern um den Ausdruck des Respekts vor der legislativen Gewalt, im Rahmen des verfassungsrechtlich Zulässigen so viel wie

867 *Sachs*, Verfassungsrecht II, A 4 Rn. 57.
868 *Sachs*, Verfassungsrecht II, A 4 Rn. 59.

möglich von dem aufrechtzuerhalten, was der Gesetzgeber gewollt hat.[869] Die Grenze einer verfassungskonformen Auslegung liegt daher dort, wo sie mit dem Wortlaut der Vorschrift und dem klar erkennbaren Willen des Gesetzgebers nicht mehr zu vereinbaren ist.[870] Eine entsprechende Auslegung stünde hier weder mit dem Wortlaut der Verbotsnorm noch mit dem erkennbaren Willen des Gesetzgebers im Einklang.

Dem Wortlaut nach sind einfach pornographische Inhalte eindeutig und vor allem abschließend verboten. Ein der Auslegung entsprechender Wille kann dem Staatsvertraggeber ebenfalls nicht unterstellt werden. Andernfalls hätte er wohl zumindest in der amtlichen Begründung den Einfluss der Kunsteigenschaft auf die Anwendung der Verbotsnorm erwähnt. Der Staatsvertraggeber hat die Bedeutung Kunstfreiheitsgarantie bei der Schaffung des § 4 Abs. 2 S. 1 Nr. 2 JMStV auch nicht übersehen oder etwa deren automatisches Eingreifen vorausgesetzt, da er an anderer Stelle des § 4 JMStV einen Kunstvorbehalt zum Tragen kommen lässt. § 4 Abs. 1 S. 2 JMStV sieht vor, dass die Verbreitung bestimmter unter § 4 Abs. 1 S. 1 JMStV fallender Inhalte möglich ist, sofern ihre Verbreitung der Kunst dient. Ein redaktionelles Versehen kann damit ausgeschlossen werden; es ist vielmehr davon auszugehen, dass die vertragsschließenden Länder sich bewusst gegen eine Beachtung der Kunsteigenschaft bei dem Verbot der Ausstrahlung schlicht pornographischer Inhalte entschieden haben.

Anders als in der „Mutzenbacher"-Entscheidung des *Bundesverfassungsgerichts* kommt eine verfassungskonforme Auslegung hier daher nicht in Betracht. In dieser Entscheidung hatte das Gericht § 6 GjS, nach dem bei offensichtlich schwer jugendgefährdenden Inhalten die Beschränkungen der §§ 3-5 GjS kraft Gesetzes ohne vorherige Aufnahme in die Liste eintreten sollten, verfassungskonform so ausgelegt, dass der Kunstvorbehalt des § 1 Abs. 2 Nr. 2 GjS auch auf § 6 GjS Anwendung finden sollte.[871] Die bundesverfassungsgerichtliche Rechtsprechung konnte in diesem Fall eine verfassungskonforme Auslegung vornehmen, weil die systematische Stellung des § 1 Abs. 2 Nr. 2 GjS eine solche zuließ und dem Gesetzgeber ein entsprechender Wille unterstellt werden konnte. § 6 GjS, der die automatische Geltung der Indizierungswirkungen unabhängig von der Entscheidung eines Indizierungsorgans anordnete, konnte dahingehend gedeutet werden, dass seine Anwendung voraussetzte, dass die entsprechende Schrift überhaupt nach § 1 Abs. 1 GjS in die Liste hätte aufgenommen werden dürfen.

869 *BVerfGE* 86, 288, 320; 90, 263, 275.

870 *BVerfGE* 2, 380, 398; 18, 97, 111; 63, 131, 147 f.; 90, 263, 275.

871 *BVerfGE* 83, 130, 144. Das *BVerfG* hat sich bereits in seiner früheren „Sonnenfreunde"-Entscheidung dafür ausgesprochen, dass – sofern es sich bei jugendgefährdenden Inhalten überhaupt um Kunst handeln könne – einer Anwendung des § 1 II Nr. 2 GjS auf § 6 GjS nichts im Wege stünde, vgl. *BVerfGE* 30, 336, 350.

Dies wäre jedoch beim Eingreifen des § 1 Abs. 2 Nr. 2 GjS gerade nicht der Fall gewesen. Vorliegend ist eine solche „Verknüpfung" zwischen § 4 Abs. 2 S. 1 Nr. 1 JMStV mit dem Kunstvorbehalt des § 4 Abs. 1 S. 2 JMStV nicht gegeben und die Lage daher nicht vergleichbar.

Teilweise wurde allerdings sogar bezüglich der alten Rechtslage des § 3 RfStV a.F., der an keiner Stelle seines Gesetzestextes einen Kunstvorbehalt enthielt, eine verfassungskonforme Auslegung im eingangs beschriebenen Sinne befürwortet.[872] Die Ergänzung um eine Kunstklausel, die eine Abwägung zwischen dem Kunstrundfunk und dem Jugendschutz zulasse, ließe sich mit dem Willen des Gesetzgebers angeblich noch vereinbaren. Gestützt wurde diese Ansicht auf die Anknüpfung des Rundfunkgesetzgebers in § 3 Abs. 3 S. 1 RfStV a.F. an die Indizierung nach dem GjSM (in gleicher Weise nimmt § 4 Abs. 1 S. 1 Nr. 11 und Abs. 2 S. 1 Nr. 2 JMStV auf § 18 JuSchG Bezug), der in § 1 Abs. 2 Nr. 2 GjSM (jetzt § 18 Abs. 3 Nr. 2 JuSchG) eine Kunstklausel enthielt.[873] Ohne eine Ergänzung der Verbotstatbestände um einen Kunstvorbehalt würden sich im Übrigen kaum plausible Differenzen zwischen beiden Regelungsmaterien ergeben.[874] Ohne auf diese Argumentation, die sich aufgrund des nunmehr nach dem JMStV bestehenden umfassenden Verbotes indizierter Inhalte sowieso relativiert hat, im Detail einzugehen, ist sie abzulehnen. Es würde eindeutig zu weit führen, einen im JuSchG niedergeschriebenen Vorbehalt auf sämtliche Verbotstatbestände des JMStV auszudehnen und von dem gesetzgeberischen Willen umfasst zu sehen, nur weil der Staatsvertraggeber in einer einzigen Regelung des JMStV Rechtsfolgen an Handlungen knüpft, die nach dem JuSchG (das noch dazu als Bundesgesetz von einem anderen Gesetzgeber herrührt) vorgenommen wurden und dieses fremde Gesetz einen entsprechenden Vorbehalt enthält. Naheliegender wäre es dann noch, einen entsprechenden Willen des Staatsvertraggebers aufgrund dem in § 4 Abs. 1 S. 2 JMStV niedergeschriebenen Kunstvorbehalt anzunehmen, was jedoch – wie vorstehend erläutert – ebenfalls abzulehnen ist.

(b) Abwägung mit der Kunstfreiheit aufgrund eines unmittelbaren Rückgriffs auf Art. 5 Abs. 3 S. 1 GG

Borgmann ist der Auffassung, dass sich die nach der Verfassung erforderliche Einzelfallabwägung zwischen Jugendschutz und Kunstfreiheit unmittelbar aus Art. 5 Abs. 3 S. 1 GG ergebe und daher keiner ausdrücklichen Normierung durch

872 Vgl. *Birkert*, Landesmediengesetz Baden-Württemberg, § 55 Rn. 17; *Herkströter*, AfP 1992, 23, 31; *Schulz*, RuF 1993, 339, 356.
873 *Herkströter*, AfP 1992, 23, 31; *Schulz*, RuF 1993, 339, 356.
874 So *Herkströter*, AfP 1992, 23, 31.

den Gesetzgeber bedürfe.[875] Nur wenn der Gesetzgeber sich wie bei § 1 Abs. 2 Nr. 2 GjSM (nunmehr § 18 Abs. 3 Nr. 2 JuSchG) für einen generellen Vorrang der Kunstfreiheit entschieden habe und damit die Abwägung bereits selbst vornehme (sie mithin nicht der Exekutiven überlasse), bedürfe es einer Regelung durch den Gesetzgeber.

Mit dieser Auffassung isoliert *Borgmann* sich schon insofern, als er es entgegen der vorherrschenden Meinung ablehnt, § 1 Abs. 2 Nr. 2 GjSM so auszulegen, dass der darin niedergeschriebene Kunstvorbehalt der Kunst gegenüber dem Jugendschutz keinen generellen Vorrang einräumt, sondern verfassungskonform so auszulegen ist, dass die Kunstfreiheit lediglich vorgeht, wenn sie bei der Einzelfallabwägung gegenüber den Belangen des Jugendschutzes überwiegt.[876]

Die Ansicht *Borgmanns* ist auch deshalb wenig überzeugend, weil sie mit dem Wesentlichkeitsgrundsatz unvereinbar ist. Der Vorbehalt des Gesetzes verlangt, dass staatliches Handeln in bestimmten grundlegenden Bereichen durch förmliches Gesetz legitimiert wird.[877] Nach der auf diesem Grundsatz basierenden Wesentlichkeitstheorie ist der parlamentarische Gesetzgeber verpflichtet, die für die Grundrechtsverwirklichung maßgeblichen Regelungen im Wesentlichen selber zu treffen.[878] Die Rechtslage muss für den Betroffenen erkennbar sein, damit er sich mit seinem Verhalten darauf einrichten kann.[879] Dies wäre hier nicht der Fall. Für den Rundfunkveranstalter wäre in keiner Weise erkennbar, dass er die Ausstrahlung doch vornehmen dürfte, wenn die Belange der Kunst im Einzelfall überwögen. Je schwerwiegender also die Auswirkungen einer Regelung sind, desto genauer müssen die Vorgaben des förmlichen Gesetzgebers sein. Den Gesetzgeber trifft diese Pflicht insbesondere, wenn ein Grundrecht nach dem Wortlaut der Verfassung vorbehaltlos gewährleistet ist und mit einem anderen Verfassungsgut in der Weise kollidiert, dass deren jeweilige Grenzen fließend und nur schwer auszumachen sind.[880] Er muss daher die verfassungsimmanenten

---

875 *Borgmann* (JuS 1992, 916, 918) und offenbar bereits *Bauer*, JZ 1965, 41, 47 a.E. Dieser Ansicht scheinen wohl auch *Hartstein/Ring/Kreile/Dörr/Stettner* (RfStV, Bd. III, C 3, § 4 JMStV Rn. 62) zu sein, wenn sie ausführen, dass es nach der Rspr. des *BVerfG* (*BVerfGE* 83, 130 ff.) bei offensichtlich schwer jugendgefährdenden Inhalten für die Anwendung der sich aus dem Jugendschutzrecht ergebenden Beschränkungen unerheblich sei, ob es sich hierbei um Kunstwerke handle (womit sie die Aussage der „Mutzenbacher"-Entscheidung verkennen bzw. in ihr Gegenteil verkehren) und nur *deshalb* den Schutz des Art. 5 III GG nicht auf § 3 I Nr. 3 RfStV a.F. als Rechtfertigungsgrund anwenden wollen.

876 Vgl. hierzu ausführlich oben Teil 2 B. V. 2. b), S. 232 ff.

877 *BVerfGE* 98, 218, 251.

878 *BVerfGE* 61, 260, 275; 77, 170, 230 f.; 83, 130, 142, 152; 98, 218, 251.

879 *BVerfGE* 52, 1, 41; 62, 169, 182 f.; 64, 261, 286.

880 *BVerfGE* 83, 130, 142.

Schranken der Kunstfreiheitsgarantie so weit selbst bestimmen wie sie für ihre Ausübung wesentlich sind.

Mit eben dieser Argumentation hat das *Bundesverfassungsgericht* festgestellt, dass der Gesetzgeber den Ausgleich von Kunstfreiheit und Jugendschutz im Bereich jugendgefährdender Schriften selbst regeln muss,[881] und die den Kunstvorbehalt regelnde Vorschrift des § 1 Abs. 2 Nr. 2 GjS für erforderlich gehalten. Das *Bundesverfassungsgericht* geht demzufolge eindeutig davon aus, dass die Kunstfreiheitsgarantie des Grundgesetzes keine unmittelbare Wirkung entfaltet. Andernfalls hätte es Art. 5 Abs. 3 S. 1 GG in seiner „Mutzenbacher"-Entscheidung direkt auf § 6 GjS, für den ein Kunstvorbehalt nicht ausdrücklich vorgesehen war, anwenden können und müssen. Das Gericht hat stattdessen nicht nur § 6 GjS verfassungskonform dahingehend auslegt, dass der Kunstvorbehalt des § 1 Abs. 2 Nr. 2 GjS auf § 6 GjS Anwendung finden sollte. Es hat darüber hinaus § 1 Abs. 2 Nr. 2 GjS für die Anwendung auf § 6 GjS insoweit modifiziert, als er „[...] jedoch in diesen Fällen nicht zu einem generellen Vorrang der Kunst führt, sondern zu einer Abwägung im Einzelfall verpflichtet".[882] Diesen in doppelter Hinsicht umständlichen und nicht ganz sauberen Weg hätte das *Bundesverfassungsgericht* sicherlich nicht gewählt, wäre es der Ansicht gewesen, einfach auf Art. 5 Abs. 3 S. 1 GG zurückgreifen zu können.

Borgmann hat allerdings zutreffend darauf hingewiesen, dass dann die §§ 90 a, 131, und 184 StGB, bei denen die Rechtsprechung und die allgemeine Ansicht in der Literatur trotz Fehlens eines niedergeschriebenen Kunstvorbehaltes eine Abwägung mit der Kunstfreiheit verlangen, aus gleichen Gründen verfassungsrechtlichen Bedenken ausgesetzt sein müssen.[883] Eine unter diesem Gesichts-

---

881 *BVerfGE* 83, 130, 142 f.

882 *BVerfGE* 83, 130, 144 f.

883 S. *Borgmann*, JuS 1992, 916, 918 Fn. 34. Obgleich teilweise bezweifelt wird, dass Grundrechte aufgrund ihres weiten und unbestimmten Inhalts selbst Rechtfertigungsgründe bilden können (vgl. *Kühl*, Strafrecht AT, § 9 Rn. 112), sind einige von ihnen als Rechtfertigungsgründe anerkannt. So wird Art. 5 III S. 1 GG ganz überwiegend als Rechtfertigungsgrund angesehen (*Lenckner/Perron*, in: Schönke/Schröder, StGB, § 184 Rn. 5 a; *Roxin*, Strafrecht AT I, § 18 Rn. 50; *Kühl*, in: Lackner/Kühl, StGB, vor § 32 Rn. 28; *ders*., Strafrecht AT, § 9 Rn. 114; *Fischer*, Die strafrechtliche Beurteilung von Werken der Kunst, S. 68; *Roggemann*, JZ 1992, 934, 941 f.; *Herkströter*, AfP 1992, 23, 27 und wohl auch *BGH*, NJW 1990, 3026, 3027. *Liesching* und *v. Münch* wollen die Kunstfreiheit sowohl auf Tatbestandsebene berücksichtigt sehen, als auch als Rechtfertigungsgrund, wenn trotz einer erweiterten Auslegung [das Vorliegen der Kunstkriterien soll Einfluss auf die Annahme der Pornographie haben können] der Tatbestand bejaht wurde. Die Kunstfreiheit sei daher als „gesamttatbewertendes" Korrektiv zu begreifen, vgl. *Liesching/v. Münch*, NStZ 1999, 85; *dies*., AfP 1999, 37, 38 f., 41). Teilweise wird aber auch vertreten, die geforderte Einzelfallabwägung könne bereits zum Tatbestandsausschluss führen

punkt kritische Würdigung der Straftatbestände würde den Umfang dieser Arbeit sprengen. Es muss daher vorliegend dahingestellt bleiben, ob diese Regelungen anders als § 4 Abs. 2 S. 1 Nr. 1 JMStV aufgrund strafrechtsspezifischer Besonderheiten mit der Verfassung im Einklang stehen.[884]

Die Ansicht *Borgmanns* ist insgesamt abzulehnen. Neben ihrer Unvereinbarkeit mit der Wesensgehaltsgarantie spricht gegen sie, dass bei einer solchen Sichtweise auch die anderen mit dem Jugendschutz kollidierenden Grundrechte auf die rundfunkrechtlichen Bestimmungen unmittelbaren Einfluss in der Weise gewinnen müssten, dass die rundfunkrechtlichen Beschränkungen und Verbote hier ebenfalls nur bei einem Überwiegen der Belange des Jugendschutzes nach

(*Beisel*, Die Kunstfreiheitsgarantie des Grundgesetzes und ihre strafrechtlichen Grenzen, S. 165. Diesen Gedanken ziehen auch *Tröndle/Fischer* [StGB, § 184 Rn. 8] in Erwägung, halten die dogmatische Einordnung der Kunstfreiheitsgarantie im Rahmen des Strafrechts jedoch für zweifelhaft). Erstere Auffassung ist zu bevorzugen. Es ist nicht einleuchtend, warum beispielsweise Kunst, die gleichzeitig Pornographie ist, nicht dem insoweit eindeutigen Wortlaut des § 184 StGB unterfallen sollte. Der Kunstfreiheitsgarantie kann dann nur noch im Rahmen der Überprüfung der Rechtswidrigkeit als Rechtfertigungsgrund Rechnung getragen werden. Die Verortung bei der Rechtswidrigkeit entspricht auch ihrem Wesen, die Probleme kollidierender Interessen zu lösen (vgl. zum Wesen der Rechtfertigungsgründe: *Lenckner*, in: Schönke/Schröder, StGB, vor §§ 32 ff. Rn. 7). Eine gerechtfertigte Handlung unterscheidet sich von einer tatbestandslosen Handlung gerade dadurch, dass hier der soziale Zusammenhang in dem sie steht Berücksichtigung findet und diese Wertekollision durch eine Abwägung zu lösen ist (*Jakobs*, Strafrecht AT, 6. Abschn. Rn. 51; *Roxin*, Strafrecht AT I, § 10 Rn. 21; *Fischer*, Die strafrechtliche Beurteilung von Werken der Kunst, S. 67).

884 Ein Unterschied könnte darin liegen, dass Grundrechte im Bereich des Strafrechts erst auf der Ebene der Rechtswidrigkeit eines tatbestandlichen Handelns als Rechtfertigungsgründe unmittelbare Geltung erlangen, während die Norm des § 4 JMStV Verhaltensregeln für Rundfunkveranstalter aufstellt und es eine Ebene der Rechtfertigung hierbei nicht gibt. Eine eventuelle Wertekollision und deren Konfliktlösung muss daher bereits in dem Tatbestand der Norm selbst zum Ausdruck kommen, wenn sie Einfluss auf die Verbote haben soll. Rechtfertigungsgründe, die aufgrund des Prinzips der Einheit der Rechtsordnung für die Normen aller Rechtsgebiete Gültigkeit besitzen, können im Bereich des Zivilrechts oder des öffentlichen Rechts, wo es die Rechtfertigungsebene grundsätzlich nicht gibt, nur insoweit Berücksichtigung finden, als der Tatbestand ausdrücklich ein widerrechtliches Verhalten voraussetzt (z.B. § 823 I BGB). Im Übrigen ist dem Strafrecht die Heranziehung eigenständiger, außerstrafrechtlicher Rechtfertigungsgründe bekannt und daher nicht systemfremd. Neben vielen Grundrechten wird beispielsweise auch das Widerstandsrecht aus Art. 20 IV GG einhellig als Rechtfertigungsgrund anerkannt (*Lenckner*, in: Schönke/Schröder, StGB, vor §§ 32 ff. Rn. 65; *Jakobs*, Strafrecht AT, 15. Abschn. Rn. 1 ff.; *Jescheck/Weigend*, Lehrbuch des Strafrechts, AT, § 31 II 4, S. 326).

einer Abwägung – beispielsweise mit der Informations- oder der Rundfunkfreiheit – eingreifen dürften. Letztlich würde eine einfachgesetzliche Norm niemals gegen Grundrechte verstoßen, wenn diese immer unmittelbare Anwendung finden würden und auf diese Weise Rechtsbestimmungen unabhängig von ihrem Wortlaut und dem Willen des Gesetzgebers gegebenenfalls in ihr Gegenteil verkehren könnten. Normen würden so jeglicher Bestimmtheit entbehren. Fraglich ist zudem, wie dieser Auffassung zufolge wohl eine Vorschrift gestaltet sein sollte, mit der der Gesetzgeber dem Jugendschutz absoluten Vorrang vor der Kunstfreiheit einräumen wollte. *Borgmann* müsste in diesem Fall verlangen, dass der Gesetzgeber die Ausstrahlung nicht lediglich verbietet oder beschränkt, sondern explizit darauf hinweist, dass dies unabhängig von dem Vorliegen eines Kunstwerkes gelten soll.

(3) Zwischenergebnis und Vorschlag für eine neue Regelung

Das absolute Pornographieverbot des § 4 Abs. 2 S. 1 Nr. 1 JMStV lässt die Kunsteigenschaft eines Werkes unberücksichtigt und verstößt daher gegen Art. 5 Abs. 3 S. 1 GG.

Der Staatsvertraggeber kann der Kunstfreiheitsgarantie im Rahmen dieser Vorschrift auf verschiedenen Wegen gerecht werden. Eine Möglichkeit liegt darin, die Vorschrift mit einer Kunstklausel zu versehen, die bewirkt, dass das Verbot einfach pornographischer Sendungen nur dann eingreift, wenn nach einer Abwägung im Einzelfall die Belange des Jugendschutzes gegenüber der Kunstfreiheit überwiegen. Für diesen Weg haben sich die vertragsschließenden Länder in § 4 Abs. 1 S. 2 JMStV und der Bundesgesetzgeber in § 18 Abs. 3 Nr. 2 JuSchG (ehemals § 1 Abs. 2 Nr. 2 GjS) entschieden. Der Staatsvertraggeber könnte der Verfassung darüber hinaus entsprechen, wenn er die Möglichkeit der Erteilung von Ausnahmegenehmigungen durch die Landesmedienanstalten schaffte, sofern im Einzelfall die Kunst gegenüber den Belangen des Jugendschutzes überwiegen würde. Auch eine den Telemedien entsprechende Regelung, welche die Verbreitung schlichter Pornographie in geschlossenen Benutzergruppen im digitalen Fernsehen stets zuließe, würde dazu führen, dass der Eingriff in die Kunstfreiheit gerechtfertigt wäre, da der Eingriff dann weitaus weniger schwer wöge. Hiermit würde dem künstlerischen Kommunikationsinteresse Rechnung getragen bzw. für die Vermittlung des Werkes an Erwachsene über den Weg des Rundfunks Raum gelassen werden. Die Kunstfreiheitsgarantie gebietet es, dass die an der Kunst Interessierten zu dieser auf zumutbare Weise Zugang erhalten können. Die Verfassung erfordert dagegen nicht, Minderjährigen künstlerische Pornographie zugänglich zu machen. Weder der Künstler selbst noch der Vermittler der Kunst können sich auf Art. 5 Abs. 3 S. 1 GG berufen, um Pornographie Kindern und Jugendlichen darzubieten.

Die zuerst genannte Lösung ist abzulehnen. Im Gegensatz zu den anderen beiden Ansätzen wäre sie nicht geeignet, die – berechtigterweise – gegen die „Mutzenbacher"-Entscheidung erhobenen Bedenken auszulöschen. Das *Bundesverfassungsgericht* hatte § 6 GjS, der den Eintritt der Indizierungswirkungen in den Fällen schwerer Jugendgefährdung ohne Einschaltung eines Indizierungsorgans oder -verfahrens kraft Gesetzes anordnete, verfassungskonform so ausgelegt, dass dieser daneben voraussetzte, dass der Jugendschutz im konkreten Einzelfall bei einer Abwägung mit der Kunstfreiheit überwog.[885] *Gusy* kritisierte die Entscheidung insofern, als das Gericht die automatische Aufnahme in die Liste jugendgefährdender Schriften nach § 6 GjS von einer Abwägung zwischen Kunstfreiheit und Jugendschutz abhängig machte. Da die Indizierung bzw. Schriften, die ohne Aufnahme in die Liste gem. § 6 GjS wie indizierte Schriften zu behandeln waren, Verbote und Beschränkungen zur Folge hatten, die strafbewehrt waren, ergäbe sich das Problem, dass im Falle des § 6 GjS die Verbreiter von Schriften das Risiko einer falschen Abwägung zwischen Kunstfreiheit und Jugendschutz treffen würde.[886] In Anbetracht der Schwierigkeit, eine Schrift zunächst überhaupt als Pornographie oder Kunst einzuordnen, und sodann die noch problematischere Abwägung zwischen beiden Verfassungsgütern korrekt vorzunehmen, würde das Risiko einer Strafverfolgung für die Betroffenen nahezu unkalkulierbar werden. Unter Rechtssicherheitsaspekten ist es dem betroffenen Grundrechtsträger nicht zumutbar, das gesamte Risiko einer eigenen falschen Abwägung tragen zu müssen. Etwas anders wäre die Lage zu beurteilen, wenn der Gesetzgeber dem Staatsbürger für die von ihm selbst zu treffende Abwägung Hinweise für die Gewichtung der widerstreitenden Belange an die Hand geben würde. Aber selbst bei Vorgabe von Abwägungungskriterien wäre eine danach vorgenommene Abwägung nicht risikofrei und der Betroffene würde sich wohl eher dafür entscheiden, von einer Vermittlung des Werkes ganz abzusehen. Eine solche Regelung würde der Kunstfreiheitsgarantie daher lediglich in der Theorie gerecht werden. Mit dem gleichen Problem würde sich jedoch ein Rundfunkveranstalter konfrontiert sehen, sofern das Verbot der Ausstrahlung pornographischer Sendungen i.S.d. § 4 Abs. 2 S. 1 Nr. 1 JMStV dann nicht zum Tragen käme, wenn nach einer Einzelfallabwägung die Kunstfreiheit gegenüber den Belangen des Jugendschutzes überwiegen würde. Die Rundfunkveranstalter müssten zunächst darüber befinden, ob eine Sendung pornographischen Inhaltes ist und dieser Inhalt daneben als Kunst zu qualifizieren ist. Hätten sie diese nicht leicht

885 *BVerfGE* 83, 130, 144.
886 *Gusy*, JZ 1991, 470, 471.

zu entscheidenden Fragen positiv beantwortet, müssten sie eigenständig die komplexe und Sachverstand erfordernde Abwägung zwischen Jugendschutz und Kunstfreiheit vornehmen. Das Risiko einer fehlerhaften Abwägung wäre hierbei sehr groß. Aufgrund der aus einer Fehleinschätzung resultierenden Gefahr würde ein Rundfunkveranstalter bei pornographischen Inhalten vermutlich erst gar nicht versuchen, eine Abwägung zwischen Jugendschutz und Kunstfreiheit durchzuführen, sondern den sicheren Weg der Nichtverbreitung gehen. Damit käme es durch eine solche Regelung zu einer faktischen Beeinträchtigung der Kunstfreiheit.

Dieses Problem würde sich bei § 4 Abs. 2 Nr. 1 JMStV jedoch weder ergeben, wenn eine Ausnahmegenehmigung möglich wäre, noch bei der Ausstrahlung in geschlossenen Benutzergruppen. Im ersten Fall hätten die Rundfunkveranstalter Sicherheit, indem sie die Abwägung nicht selbst vornehmen müssten, sondern für jeden diffizilen Inhalt eine Ausnahmegenehmigung bei dem hierfür zuständigen Organ beantragen könnten. Bei dem zweiten Fall ergäbe sich erst kein Konflikt, weil sie jede schlicht pornographische Sendung bei Einrichtung entsprechender Vorkehrungen ausstrahlen dürften.

Im Bereich des analogen Fernsehens ist der verfassungsrechtliche Konflikt – in Ermangelung der Möglichkeit der Einräumung von geschlossenen Benutzergruppen – somit lediglich dadurch zu schlichten, dass die Erteilung einer Ausnahmegenehmigung bei einem Überwiegen der Belange der Kunst gegenüber denen des Jugendschutzes vorgesehen wird. Im Bereich des digitalen Fernsehens ist dagegen die Möglichkeit der Einrichtung von geschlossenen Benutzergruppen eindeutig zu bevorzugen, denn gegen beide anderen Lösungen spricht, dass sie die Kinder und Jugendlichen beim Überwiegen der Kunstfreiheit im Einzelfall ungeschützt lassen bzw. – da man solche Regelungen immer gleichzeitig mit Sendezeitbeschränkungen versehen wird – schlechter schützen.

c) Zwischenergebnis

Im Ergebnis verstößt das absolute Verbot der einfachen Pornographie im Bereich des digitalen Fernsehens damit gegen die Rundfunkfreiheit und die Informationsfreiheit Erwachsener. Das Verbot ist darüber hinaus aufgrund eines Verstoßes gegen die Kunstfreiheitsgarantie verfassungswidrig. Schließlich verstößt das absolute Verbot offensichtlich schwer jugendgefährdender Inhalte gegen die Kunstfreiheit.

C. Zusammenfassung verbunden mit einer Empfehlung zur Schaffung eines alle Medien umfassenden Bundesjugendschutzgesetzes sowie Vorschlägen für die Neufassung einiger Vorschriften

1. Der JMStV ist formell verfassungsgemäß. Der Bund verfügt über die konkurrierende Gesetzgebungszuständigkeit i.S.d. Art. 74 Abs. 1 Nr. 7 GG für den gesamten Bereich des Jugendmedienschutzes. Da der Bundesgesetzgeber den Jugendschutz im Rundfunk und in den Telemedien bisher nicht geregelt hat, beruht die Gesetzgebungskompetenz der Länder auf Art. 72 Abs. 1 GG.
Der Regelungsgegenstand des Jugendschutzes im Rundfunk weist sowohl Sachbezug zu der Materie des Rundfunks, die in die legislative Zuständigkeit der Länder fällt, als auch zu der des Jugendschutzes auf, die dem Bereich der öffentlichen Fürsorge zuzuordnen ist und somit der konkurrierenden Gesetzgebungskompetenz des Bundes gem. Art. 74 Abs. 1 Nr. 7 GG unterliegt. Über den Ausgang dieses Kompetenzkonfliktes entscheidet, weil andere Zuordnungskriterien zur Lösung keine geeigneten Anhaltspunkte bieten, der überwiegende Sachzusammenhang der Materie zu dem Kompetenzthema Jugendschutz. Während der Jugendschutz im Rundfunk zum Rundfunkwesen nur einen sachlichen Bezug aufweist, indem entsprechende Bestimmungen im Rundfunkbereich Rechtsfolgen entfalten, werden die Regelungen einzig um des Jugendschutzes willen geschaffen. Die zwar gravierenden Auswirkungen auf die Rundfunkfreiheit sind lediglich Mittel zum Zweck und ein Mittel kann sich nicht über seinen Zweck erheben. Regelungen des Jugendschutzes kollidieren zwangsläufig mit anderen Sachgebieten und entfalten dort Wirkungen. Deshalb verlieren sie jedoch nicht ihren dem Jugendschutz dienenden Charakter.
Derselbe Kompetenzkonflikt ergibt sich für die Regelungsmaterie des Jugendschutzes in den Mediendiensten: Die Länder verfügen nach weit überwiegender Ansicht über die generelle Gesetzgebungskompetenz zur Regelung der Mediendienste. Zu lösen ist der Widerstreit ebenfalls zugunsten des Bundes.
Ungeachtet des Ergebnisses des bestehenden Streitstandes über die Gesetzgebungszuständigkeit für Teledienste ist der Bund jedenfalls für den Jugendschutz in den Telediensten zuständig. Steht dem Bund die Zuständigkeit für Teledienste zu, ergibt sich bereits kein Konflikt. Nimmt man dagegen an, die Länder besäßen die Hauptgesetzgebungszuständigkeit für Teledienste, würde die Bundeszuständigkeit aus vorstehender Argumentation zum Rundfunkjugendschutz folgen.
Eine bundesgesetzliche Regelung ist zur Wahrung der Rechtseinheit im gesamtstaatlichen Interesse zudem erforderlich i.S.d. Art. 72 Abs. 2 GG. Die

Schaffung des im gesamten Bundesgebiet gültigen JMStV durch die Länder vermag die Erforderlichkeit nicht zu suspendieren. Wenngleich der verfassungsändernde Gesetzgeber mit der Ablösung der Bedürfnisklausel durch die Erforderlichkeitsklausel eine Stärkung der Rolle der Länder im Bereich der konkurrierenden Gesetzgebung bewirken wollte, intendierte er damit nicht, bundeseinheitliche Bundesgesetzgebung durch bundeseinheitliche Landesgesetzgebung zu ersetzen. Eine andere Sichtweise würde einen Wettlauf zwischen Bund und Ländern im Bereich der konkurrierenden Gesetzgebungskompetenz provozieren, welcher in der untragbaren Konsequenz gipfelte, dass nicht mehr das Grundgesetz über die Verteilung der Gesetzgebungskompetenz entscheiden würde, sondern der Ausgang des Interessenkampfes von Bund und Ländern. Im Übrigen würden Absprachen über die Gesetzgebungszuständigkeiten zunehmen, die – selbst wenn sie sich im Rahmen des verfassungsrechtlich Möglichen bewegten – grundsätzlich nicht wünschenswert sind. Konkret auf den Jugendmedienschutz bezogen vermögen die Länder ohnehin keine Rechtseinheit herzustellen, denn der Jugendschutz im Bereich der Offlinemedien unterliegt unstreitig der Bundeskompetenz.

De lege ferenda: Trotz formeller Verfassungsmäßigkeit des JMStV sollte der Bund von seiner umfassenden Gesetzgebungskompetenz Gebrauch machen und im Interesse eines einheitlichen Jugendschutzes den Jugendmedienschutz unter Einbeziehung des Rundfunks und der Telemedien in einem Gesetzeswerk regeln. Insbesondere aufgrund der zunehmenden Konvergenz der Medien ist eine Differenzierung zwischen Online- und Offlinemedien nicht mehr opportun und eine klare Abgrenzung zwischen diesen Bereichen ohnehin nicht durchführbar. Dies offenbaren die neuen Regelungswerke selbst, indem sie nicht nur wechselseitig aufeinander Bezug nehmen und ineinander greifen, sondern darüber hinaus die ursprünglich beabsichtigte klare Trennung zwischen Online- und Offlinemedien nicht konsequent einhalten und schließlich schwammige und damit untaugliche Abgrenzungskriterien vorgeben.

Bei der Schaffung eines einheitlichen Gesetzes ist darauf Acht zu gegeben, dass eine lediglich dogmatische Verbesserung der Rechtsgrundlagen die Konvergenz der Medien nicht hinreichend berücksichtigt. Anders als bei dem JMStV, der zwar endlich zumindest die Onlinemedien einem einheitlichen Regelungswerk unterwirft, zwischen ihnen jedoch weiterhin teilweise sachlich ungerechtfertigte materielle Unterschiede trifft, sollten unter Gesichtspunkten des Jugendschutzes relevante Inhalte in allen Medien vergleichbaren Verboten und Beschränkungen unterliegen. Statt medienbezogene Differenzierungen vorzunehmen, sind inhaltliche Unterscheidungen zu treffen, deren konkrete Rechtsfolgen selbstverständlich medienspezifisch auszurichten sind.

2. Die Einführung des JMStV hat gegenüber der alten Rechtslage durch das absolute Ausstrahlungsverbot für indizierte Medien und schlicht pornographische Angebote im Rundfunk eine Verschärfung mit sich gebracht. Für indizierte Medien bestand zuvor die Möglichkeit der Erteilung einer Ausnahmegenehmigung (vgl. § 3 Abs. 3 S. 2 RfStV a.F.) und die Ausstrahlung schlicht pornographischer Inhalte war gem. § 3 Abs. 1 Nr. 1 RfStV a.F. i.V.m. § 184 StGB a.F. erlaubt, sofern der Inhalt verschlüsselt gesendet wurde und zusätzlich eine im System angelegte effektive Barriere den Zugang für Minderjährige regelmäßig verhinderte.
   Darüber hinaus hat der Staatsvertraggeber die materiellrechtlichen Regelungen für Rundfunk und Telemedien zum Teil verschieden ausgestaltet, wodurch sich zwischen den Medien, insbesondere bei schlicht pornographischen, indizierten und offensichtlich schwer jugendgefährdenden Inhalten, Unterschiede im Schutzniveau ergeben.
   Einige Vorschriften des JMStV sind daher materiell verfassungswidrig (vgl. die nachstehenden Ziffern 5, 6, 8, 9 und 10).
3. Art. 22 Abs. 1 FsRL steht einer Überprüfung des ausnahmslosen Verbotes der einfachen Pornographie an dem Maßstab des deutschen Verfassungsrechts nicht entgegen, da dieser nur die harte Pornographie einem absoluten Ausstrahlungsverbot unterwirft. Im Gegensatz zu dem deutschen Verständnis des Begriffs der Pornographie, welches bereits die einfache Pornographie einschließt, umfasst der gemeinschaftsrechtliche Begriff der Pornographie – als gemeinsamer europäischer Nenner – lediglich Kinderpornographie, Sodomie, gewalthaltige oder die Menschenwürde verletzende Sexualdarstellungen. Die Ausstrahlung einfacher Pornographie ist nach der hier befürworteten Auslegung des Gemeinschaftsrechts gem. Art. 22 Abs. 2 FsRL erlaubt, soweit die Veranstalter dafür Sorge tragen, dass Minderjährige entsprechende Inhalte üblicherweise nicht wahrnehmen.
   Die Auslegung des in Art. 22 Abs. 1 FsRL enthaltenen unbestimmten Rechtsbegriffs der Pornographie darf nicht in das Ermessen der einzelnen Mitgliedstaaten gestellt werden, sondern ist von allen Mitgliedstaaten einheitlich vorzunehmen. Es ist davon auszugehen, dass der Gemeinschaftsrichtliniengeber diesen Begriff nicht von der mit der Vorschrift verfolgten Harmonisierung des Minderjährigenschutzes bei der Ausstrahlung von Fernsehsendungen ausnehmen wollte. Hierfür spricht insbesondere, dass die Vorschrift weder eine ausdrückliche, noch eine stillschweigende Verweisung auf nationale Begriffsinhalte enthält und eine nationale Begriffsbestimmung überdies im klaren Widerspruch zu der Systematik des Verfahrens nach Art. 2 a Abs. 2 S. 1 FsRL stünde. Zudem ist eine Harmonisierung von Verboten sinnlos, wenn deren Inhalt nicht kongruent gedeutet wird.

4. Ausnahmslose Ausstrahlungsverbote für bestimmte Inhalte im Bereich des Rundfunks greifen nicht nur in den Schutzbereich der Rundfunkfreiheit i.S.d. Art. 5 Abs. 1 S. 2 2. HS GG ein. Sie berühren daneben den Schutzbereich der Informationsfreiheit, obgleich Art. 5 Abs. 1 S. 1 2. HS GG lediglich das Recht des Einzelnen schützt, sich aus allgemein zugänglichen Informationsquellen ungehindert unterrichten zu können und ein Verbot von Inhalten dazu führt, dass es erst gar nicht zur Schaffung entsprechender allgemein zugänglicher Informationsquellen kommt.
   Der Rezipient hat zwar keinen Anspruch auf die Ausstrahlung bestimmter Sendeinhalte, jedoch lässt sich aus der Informationsfreiheit ein Abwehrrecht gegen die staatliche Untersagung der Entstehungsmöglichkeit bestimmter Informationsquellen ableiten. Das Grundrecht muss bereits vor einer Behinderung des Anbietens von Informationen schützen, weil der Staat andernfalls steuern könnte, welches Informationsmaterial seiner Bevölkerung überhaupt zur Verfügung steht. Durch eine solche Dispositionsmöglichkeit des Staates würde die Informationsfreiheit, die gerade gewährleisten soll, dass die Bürger sich frei von staatlicher Einflussnahme ihre Meinung bilden können, in ihrem Kern gegenstandslos. Der Schutzbereich der Informationsfreiheit knüpft nur deshalb in der Regel erst an schon bestehende Informationsquellen an, weil nicht dem potentiellen Rezipienten, sondern allein dem Kommunikator die Entscheidungsfreiheit über die Eröffnung einer Quelle zukommen soll. Keinesfalls soll damit der Staat über die Eröffnung oder Nichteröffnung nicht staatlicher Informationsquellen entscheiden. Es darf nicht sein, dass der Staat den Schutzbereich eines Grundrechts durch einfaches Recht festlegen kann.
5. Diese mit den kategorischen Ausstrahlungsverboten indizierter Trägermedien und einfach pornographischer Inhalte i.S.d. § 4 Abs. 2 S. 1 Nr. 1 und Nr. 2 JMStV bewirkten Eingriffe in die Schutzbereiche der Rundfunkfreiheit und der Informationsfreiheit Erwachsener sind verfassungsrechtlich nicht gerechtfertigt. Die Totalverbote sind zwar geeignet und erforderlich, da alternativ einsetzbare Mittel nicht unzweifelhaft gleich wirksam sind. Angemessen ist das Pornographieverbot aber nur im analogen Fernsehen. Das Verbot der Ausstrahlung indizierter Trägermedien ist selbst im Bereich des analogen Fernsehens lediglich angemessen, soweit es sich auf indizierte Trägermedien bezieht, die eine schwer jugendgefährdende Wirkung befürchten lassen.
   Davon abgesehen ist weder das Pornographieverbot, noch das Verbot der Ausstrahlung indizierter Trägermedien im Fernsehen gerechtfertigt. Wenn auch aufgrund des vom Fernsehen ausgehenden besonderen Gefahrenpotentials für Kinder und Jugendliche Beschränkungen in diesem Bereich in verstärktem Maße hinzunehmen sind, so ist gleichwohl zu berücksichtigen, dass die durch die absoluten Ausstrahlungsverbote hervorgerufenen Eingriffe in

die Rundfunk- und Informationsfreiheit schwer wiegen: Den Rundfunkveranstaltern wird durch die Verbote eine gesamte Gattung von Filmen ihrer ansonsten freien Programmgestaltung ausnahmslos entzogen und Erwachsenen wird die Möglichkeit der Wahrnehmung entsprechender Inhalte über einen äußerst relevanten Verbreitungsweg vollständig verwehrt.

Im Bereich des analogen Fernsehens ist das generelle Verbot indizierter Trägermedien, von denen eine leichte oder mittlere Jugendgefährdung ausgeht, unverhältnismäßig. Für diese Fälle kann nicht von vornherein von einem absoluten Vorrang des Jugendschutzes ausgegangen werden, so dass zumindest die Möglichkeit der Erteilung von Genehmigungen vorgesehen sein muss.

Der uneingeschränkte Vorrang des Jugendschutzes ist im digitalen Fernsehen ebenfalls nicht gerechtfertigt. Ein effektiver Jugendschutz hätte hier durch eine weniger einschneidende Maßnahme sichergestellt werden können. Der durch die Einräumung der Möglichkeit von geschlossenen Benutzergruppen nur unerheblich weniger gute Erfolg für den Jugendmedienschutz muss im Hinblick auf das erhebliche Mehr an Freiheit, das hiermit für die Rundfunk- und Informationsfreiheit gewonnen wäre, hingenommen werden.

De lege ferenda: Im Bereich des analogen Fernsehens kann es bei dem absoluten Ausstrahlungsverbot für pornographische Inhalte bleiben. Für das Verbot der in den Teilen A und C der Liste nach § 18 Abs. 2 JuSchG aufgenommenen Trägermedien sollte dagegen im analogen Fernsehen die Möglichkeit der Erteilung von Ausnahmegenehmigungen für Fälle von lediglich leichter oder mittlerer Jugendgefährdung vorgesehen werden. Selbstverständlich sollte die Ausstrahlung dieser Inhalte selbst bei Erteilung einer Genehmigung entsprechend der alten Rechtslage des § 3 Abs. 3 RfStV a.F. nur möglich sein, wenn sie innerhalb festgesetzter Sendezeiten erfolgt.

Für den Bereich des digitalen Fernsehens sollte die Ausnahmeregelung des § 4 Abs. 2 S. 2 JMStV auf Angebote im Rundfunk erweitert werden. Die derzeitige Rechtslage ist weder mit Art. 5 Abs. 1 GG noch mit Art. 3 Abs. 1 GG (s. Ziffer 8) zu vereinbaren. Um den Anbietern mehr Rechtssicherheit zu bieten, sollte der Gesetzgeber auch näher ausführen, welche Voraussetzungen die Einrichtung geschlossener Benutzergruppen erfüllen muss. Diese sollten hinreichend abstrakt gehalten werden, damit Raum für neue technische Entwicklungen besteht.

6. Die ausnahmslosen Verbote der Ausstrahlung schlicht pornographischer und offensichtlich schwer jugendgefährdender Inhalte im Rundfunk verstoßen gegen Art. 5 Abs. 3 S. 1 GG, weil § 4 Abs. 2 S. 1 Nr. 1 und Nr. 3 JMStV dem Jugendschutz einen absoluten Vorrang gegenüber der Kunstfreiheitsgarantie einräumt, obwohl keinem dieser Verfassungsgüter ein genereller Vorrang gebührt.

Kunst und Pornographie stehen nicht im Verhältnis der Exklusivität, so dass ein Werk gleichzeitig künstlerische und pornographische Komponenten aufweisen kann. Für den Schutzbereich der Kunstfreiheit ist es des Weiteren unerheblich, dass Pornographie vornehmlich einer kommerziellen Nutzung dient, da sich hierdurch nichts an dem formal zu bestimmenden Charakter des Kunstwerks ändert.

Ein vom Gesetzgeber selbst geregelter Ausgleich zwischen Kunstfreiheit und Jugendschutz muss bereits daran scheitern, dass er zwangsläufig die im konkreten Fall einzustellenden Ausprägungen beider Rechtsgüter unberücksichtigt lässt. Ein Abwägungsergebnis kann nicht unabhängig von dem Charakter des Kunstwerks und der Einbettung der jeweiligen jugendgefährdenden Darstellungen in die Gesamtkonzeption des Kunstwerkes erzielt werden. Eine starre gesetzliche Regelung, die sich von vornherein für oder gegen die Kunstfreiheit entscheidet, verbietet sich daher. Die notwendige Abwägung im Einzelfall wird weder entbehrlich, weil der Eingriff im Wirkbereich erfolgt, noch dadurch, dass die Verbreitung des Kunstwerks nicht gänzlich, sondern „lediglich" über den Weg des Rundfunks, der einen für die Übermittlung eines filmischen Kunstwerkes wesentlichen Verbreitungsweg darstellt, verboten wird. Selbst wenn in Fällen schwerer Jugendgefährdung dem Jugendschutz in der Regel der Vorzug einzuräumen sein wird, kann eine Vielzahl weiterer Gesichtspunkte in ihrer Gesamtheit gleichwohl einen Vorrang der Kunstfreiheit begründen, so dass die Schwere der Jugendgefährdung die Abwägung nicht entbehrlich macht. Zudem wäre die gegenüber Erwachsenen wirkende Einschränkung der Kunstfreiheit im Interesse eines effektiven Jugendschutzes im digitalen Fernsehen gar nicht notwendig gewesen, weil die Verbreitung des jugendgefährdenden Kunstwerks in geschlossenen Benutzergruppen der Kunstfreiheit gerecht werden würde und diese Möglichkeit für Kinder und Jugendliche nur eine minimal geringere Schutzintensität bedeuten würde.

Schließlich kommt eine verfassungskonforme Auslegung der Vorschriften in dem Sinne, dass die Verbotsnormen lediglich greifen, wenn bei jugendgefährdenden Inhalten mit künstlerischem Gehalt der Jugendschutz nach einer Einzelfallabwägung gegenüber der Kunstfreiheit überwiegt, nicht in Betracht. Eine dementsprechende Auslegung widerspräche nicht nur dem eindeutigen und abschließenden Wortlaut der Vorschrift, sondern ließe sich auch nicht mit dem Willen des Staatsvertraggebers vereinbaren. Ein redaktionelles Versehen der vertragsschließenden Länder ist auszuschließen, da sie an anderer Stelle des § 4 JMStV einen Kunstvorbehalt zum Tragen kommen lassen und folglich weder die Bedeutung der Kunstfreiheit übersehen haben, noch von deren unmittelbaren Eingreifen ausgegangen sind. Gegen eine direkte Geltung der Kunstfreiheitsgarantie im Rahmen des § 4 Abs. 2 S. 1 Nr. 1 und Nr. 3 JMStV spricht zudem die Unvereinbarkeit mit dem Wesentlichkeitsgrundsatz. Es wäre dann auch nicht mehr erklärbar, warum Grundrechte nicht grundsätzlich auf einfachgesetzliche Normen unmittelbaren Einfluss gewinnen sollten. Eine Rechtsvorschrift würde bei einer solchen Sichtweise niemals verfassungswidrig sein, da die von ihrem Wortlaut und dem Willen des Gesetzgebers unabhängige Anwendung der Grundrechte auf sie dazu führte, dass die Bestimmung unter Umständen in ihr Gegenteil verkehrt werden würde.

De lege ferenda: Zur Herstellung der praktischen Konkordanz zwischen Kunstfreiheit und Jugendschutz sind drei Lösungen denkbar. Im Bereich des digitalen Fernsehens lässt sich der verfassungsrechtliche Konflikt vorzugsweise dadurch schlichten, dass die Ausstrahlung schlicht pornographischer und offensichtlich schwer jugendgefährdender Werke in geschlossenen Benutzergruppen generell erlaubt wird. Eine solche Regelung bietet einen angemessenen Ausgleich, indem das künstlerische Werk zwar nur technisch gesichert, dafür in diesem Rahmen aber immer ausgestrahlt werden darf und Minderjährige so stärker geschützt werden als durch die anderen Lösungen, die beim Überwiegen der Kunstfreiheit die Ausstrahlung bereits innerhalb bestimmter Sendezeiten zulassen. In Ermangelung der Möglichkeit, geschlossene Benutzergruppen im analogen Fernsehen einzurichten, ist für diesen Bereich die Erteilung einer Ausnahmegenehmigung durch die *KJM* bzw. die zuständige Landesmedienanstalt bei einem Überwiegen der Belange der Kunst gegenüber denen des Jugendschutzes vorzusehen. Gegenüber einer Kunstklausel entsprechend den Vorschriften des § 18 Abs. 3 Nr. 2 JuSchG und § 4 Abs. 1 S. 2 JMStV ist diese Lösung aus Gründen der Rechtssicherheit zu bevorzugen, da sie dem Rundfunkveranstalter nicht das Risiko einer fehlerhaften Abwägung aufbürdet.

7. Das Ausstrahlungsverbot für indizierte Medien im Rundfunk i.S.d. § 4 Abs. 2 S. 1 Nr. 2 JMStV verstößt nicht gegen die in Art. 5 Abs. 1 S. 3 GG garantierte Kunstfreiheit, weil das JuSchG, nach dem die Aufnahme in die Liste jugendgefährdender Medien erfolgt, in § 18 Abs. 3 Nr. 2 JuSchG einen Kunstvorbehalt enthält. Dieser ist ebenso wie seine Vorgängervorschrift verfassungskonform in der Weise auszulegen, dass eine Indizierung nicht bereits ausgeschlossen ist, wenn ein Inhalt sich als Kunst qualifizieren lässt, sondern erst, wenn zusätzlich die Belange der Kunst bei einer Abwägung zwischen Kunstfreiheit und Jugendschutz im konkreten Fall überwiegen. Ein genereller Ausschluss von künstlerischen Inhalten aus dem Kreis der indizierbaren Medien wäre mit der Verfassung nicht zu vereinbaren.

   Es ist jedoch unverständlich, warum der Bundesgesetzgeber die sich ihm bei Schaffung des JuSchG gebotene Gelegenheit ungenutzt gelassen hat, der insofern gefestigten Rechtsprechung und überwiegenden Ansicht in der Literatur

im Gesetzestext Ausdruck zu verleihen, statt eine dem Wortlaut nach nicht mehr haltbare Vorschrift aus dem alten Gesetzeswerk zu übernehmen.
De lege ferenda: Der Bundesgesetzgeber sollte in § 18 Abs. 3 Nr. 2 JuSchG klarstellen, dass der Kunstvorbehalt erst eingreift, wenn die Belange der Kunst gegenüber denen des Jugendschutzes im konkreten Fall überwiegen.

8. Die in § 4 Abs. 2 S. 2 JMStV nur für den Bereich der Telemedien vorgesehene Ausnahme von den Verboten der Verbreitung einfacher Pornographie, indizierter und offensichtlich schwer jugendgefährdender Werke bei Einrichtung einer geschlossenen Benutzergruppe verstößt gegen Art. 3 Abs. 1 GG. Es existiert kein vernünftiger, sachlich einleuchtender Grund, die Anbieter von Telemedien und die Veranstalter digitalen Rundfunks in dieser Hinsicht ungleich zu behandeln.
Schlechte Kontroll- und Durchsetzungsmöglichkeiten im Internet berechtigen den Gesetzgeber nicht, in diesem Bereich von vornherein ein niedriges Schutzniveau zu verfolgen. Eine solche Argumentation der Resignation ebnet den Weg dafür, das Internet – welches ob seiner vielen illegalen und jugendgefährdenden Inhalte staatliche Schutzgewährung und Freiheitsbeschränkung in besonderem Maße erfordert – vollständig sich selbst zu überlassen. Die aufgrund der Globalität des Netzes notwendigen und im Gegensatz zu nationalen Bestimmungen sehr viel sinnvolleren internationalen Regelungen werden sich erwartungsgemäß erst dann entwickeln, wenn – gewissermaßen als erster Schritt – nationale Gesetze den Jugendschutz ernsthaft verfolgen.
Dass der Rundfunk im Gegensatz zu den Telemedien eine größere Publikumsreichweite aufweist, spielt unter Gesichtspunkten des Jugendschutzes keine Rolle. Das von den Medien ausgehende Gefährdungspotenzial für Kinder und Jugendliche reduziert sich nicht, weil andere Minderjährige sich häufiger eines anderen Mediums bedienen. Eine unterschiedliche Wirkungsintensität zwischen den Medien muss im Hinblick auf deren zunehmende Konvergenz bezweifelt werden. Einem Spielfilm kann nicht deshalb eine geringere Wirkungsintensität zugesprochen werden, weil er nicht als Rundfunksendung empfangen, sondern als Video abgerufen wird.
Schließlich rechtfertigen auch die technischen Möglichkeiten die Ungleichbehandlung zwischen Anbietern von Telemedien und Veranstaltern digitalen Rundfunks nicht. Im Gegensatz zu dem analogen Fernsehen ist im Bereich des digitalen Fernsehens die Einrichtung einer geschlossenen Benutzergruppe nicht nur technisch möglich, sondern die Methoden der Altersprüfung versprechen zudem einen gleichsam zuverlässigen Schutz wie bei den Telemedien. Die nach dem JMStV bei Telemedien verlangten Anforderungen an die Einrichtung einer geschlossenen Benutzergruppe lassen sich ebenso gut im Bereich des digitalen Fernsehens umsetzen: Veranstalter digitalen Fernsehens

können sowohl dafür sorgen, dass die Volljährigkeitsprüfung während eines persönlichen Kontaktes erfolgt, als auch den Zugriff auf jede einzelne jugendgefährdende Sendung von der Authentifizierung des Rezipienten abhängig machen. Des Weiteren darf nicht außer Acht gelassen werden, dass die Voraussetzungen für die geschlossene Benutzergruppe in Telemedien in Anlehnung an eine Entscheidung des *Bundesverwaltungsgerichts* aufgestellt worden sind, die zu dem rundfunkrechtlichen Pornographieverbot der alten Rechtslage ergangen ist. Es liegt bereits von daher auf der Hand, dass sie sich im Rundfunk verwirklichen lassen. Auch die von der *KJM* konkret anerkannten Systeme sind im Bereich des digitalen Fernsehens denkbar.

De lege fernda: Unter Einbeziehung des bereits erzielten Ergebnisses, dass ein absolutes Ausstrahlungsverbot indizierter und schlicht pornographischer Inhalte im digitalen Fernsehen gegen die Rundfunkfreiheit und die Informationsfreiheit Erwachsener verstößt (s. Ziffer 5), kann eine verfassungskonforme Lösung des Konflikts mit dem Gleichheitssatz allein darin liegen, die Ausnahmeregelung des § 4 Abs. 2 S. 2 JMStV auch auf Angebote im Rundfunk zu erstrecken.

9. Die zwischen Telemedienanbietern und Veranstaltern digitalen Rundfunks durch § 9 Abs. 2 JMStV und § 11 Abs. 2 JMStV getroffene Unterscheidung bei den technischen und sonstigen Mitteln i.S.d. § 5 Abs. 3 Nr. 1 JMStV, die bei entwicklungsbeeinträchtigenden Angeboten als Alternative zu der Einhaltung der Sendezeitgrenzen eingesetzt werden dürfen, verstößt gleichfalls gegen Art. 3 Abs. 1 GG. Es ist kein sachgerechter Grund ersichtlich, der es rechtfertigen würde, warum ein Anbieter von Telemedien zur Erfüllung seiner Verpflichtung aus § 5 Abs. 1, Abs. 3 Nr. 1 JMStV zwischen anbieter- und nutzerseitig einzurichtenden Schutzvorkehrungen wählen darf, während ein Veranstalter digitalen Fernsehens dieser Verpflichtung ausschließlich durch von Anbieterseite zu errichtende Schutzvorkehrungen entsprechen kann.

   Die differenzierende Behandlung ist aus den in der vorstehenden Ziffer genannten Gründen weder dadurch gerechtfertigt, dass eine Inhaltskontrolle sich in Telemedien schwieriger bewerkstelligen lässt als im Rundfunk und sich die Durchsetzbarkeit staatlicher Regelungen des Jugendmedienschutzes in diesem Bereich als diffiziler erweist, noch lässt sie sich mit der von den Medien ausgehenden unterschiedlichen Reichweite oder der teilweise behaupteten anderen Wirkungsintensität rechtfertigen.

   Schließlich gewährleisten nutzerseitige Sperrsysteme im Bereich des digitalen Fernsehens kein niedrigeres Schutzniveau als im Bereich des Internets, so dass technische Unterschiede zwischen den Medien die Differenzierung ebenfalls nicht rechtfertigen. Um den Anforderungen des § 11 Abs. 1 JMStV, der auch für die von Nutzerseite zu treffenden Sperrsysteme eine Mitwirkung der

Anbieterseite voraussetzt, zu genügen, kommt für den Telemedienanbieter von den derzeit existierenden nutzerseitigen Sperrsystemen lediglich das System des Page-Labelings in Frage, da die anderen Systeme kein Mitwirken des Anbieters voraussetzen. Gerade dieses System ist jedoch in seiner Wirkung mit dem in den USA verwendeten V-Chip, bei dem es sich um eine im digitalem Fernsehen einsetzbare nutzerseitige Vorkehrung handelt, vergleichbar. Zudem ist die Austauschbarkeit von nutzer- und anbieterseitigen Sperrsystemen bei den Telemedien schon für sich gesehen inakzeptabel. Von Nutzerseite zu errichtende Sperrsysteme – weisen sie auch die Mitwirkung von der Anbieterseite auf – bieten ein wesentlich geringeres Schutzniveau als AVS-Systeme.

De lege ferenda: Eine Neuregelung sollte für beide Medien anbieterseitig zu errichtende Sperrsysteme voraussetzen, weil nutzerseitige Sperrsysteme in beiden Medien einen äußerst niedrigen Schutz versprechen und in ihrer Wirksamkeit als Mittel des Jugendschutzes (zumindest derzeit) selbst Sendezeitbeschränkungen noch nachstehen. Dieser Weg sollte nicht nur eingeschlagen werden, um einen effektiven Jugendmedienschutz zu gewährleisten, sondern auch um zu vermeiden, dass Anbieter bei Erfüllung ihrer gesetzlichen Verpflichtung zwischen Mitteln wählen können, die ein unterschiedliches Schutzniveau bieten.

10. Ferner verstößt es gegen den Gleichheitssatz des GG, dass die Anbieter von Telemedien und die Veranstalter von Rundfunk bei Angeboten, die eine entwicklungsbeeinträchtigende Wirkung allein auf Kinder befürchten lassen, ungleich behandelt werden. Während die Rundfunkveranstalter auch bei diesen Angeboten ihrer aus § 5 Abs. 1 JMStV resultierenden Verpflichtung lediglich durch die Beachtung von Sendezeitgrenzen oder den Einsatz technischer oder sonstiger Mittel nachkommen können, wurde den Anbietern von Telemedien mit § 5 Abs. 5 JMStV die Möglichkeit eingeräumt, dieser Verpflichtung alternativ dadurch zu entsprechen, dass sie ein solches Angebot getrennt von für Kinder bestimmten Angeboten verbreiten oder zum Abruf bereit halten. Ein sachgerechter Grund für diese Differenzierung liegt nicht vor, da eine entsprechende Trennung von Beiträgen im Rundfunk gleichfalls möglich wäre. Dürften Angebote, die eine entwicklungsgefährdende Wirkung nur auf Kinder vermuten ließen, nicht in programmatischem Zusammenhang oder zeitlicher Nähe zu den speziell für Kinder bestimmten Angeboten ausgestrahlt werden, wäre dies dem Jugendschutz ebenso dienlich. Wenngleich damit aufgrund der andersartigen Angebotsstruktur in Telemedien und Rundfunk noch kein dauerhaft geschützter Raum für Kinder im Rundfunk geschaffen würde, wäre doch gewährleistet, dass Kinder nicht im Anschluss an für sie bestimmte Angebote mit schädlichen Angeboten konfrontiert werden würden. Das Risi-

ko, dass Kinder Stunden später eventuell auf demselben Programm ein für sie gefährdendes Angebot wahrnehmen können, liegt nicht höher, als dass sie im Internet von einer auf die Bedürfnisse von Kindern zugeschnittenen Website zu einer anderen Website wechseln. Zur Vermeidung dieser Gefahr ist in beiden Fällen die Mitwirkung der Eltern vorausgesetzt. Sinn einer entsprechenden Vorschrift kann damit sowohl im Bereich der Telemedien als im Bereich des Rundfunks ohnehin nur sein, den Erziehungsberechtigten die häusliche Medienkontrolle zu erleichtern.

De lege ferenda: In Anbetracht der Tatsache, dass es im Hinblick auf die Rundfunkfreiheit und die Informationsfreiheit Jugendlicher und Erwachsener zu weit führen würde, lediglich für unter 14-Jährige schädliche Angebote erst nach 20 Uhr oder durch technische Vorkehrungen geschützt verbreiten zu dürfen, sollte eine Neuregelung Rundfunkveranstaltern erlauben, entsprechende Angebote ausstrahlen zu dürfen, sofern sie nicht in zeitlicher Nähe oder programmatischem Zusammenhang mit für Kinder bestimmten Angeboten gesendet werden.

11. Die Vorschrift des § 9 Abs. 2 JMStV ist verfassungskonform in der Weise auszulegen, dass sie nicht zu einer Privilegierung der privaten gegenüber den öffentlich-rechtlichen Rundfunkveranstaltern führt. Der Ausschluss des öffentlich-rechtlichen Rundfunks aus dem Anwendungsbereich der Bestimmung hat demgemäß nicht zur Konsequenz, dass die öffentlich-rechtlichen Rundfunkanstalten bei digitaler Verbreitung entwicklungsbeeinträchtigender Inhalte auf eine Ausstrahlung im Rahmen der klassischen Sendezeitgrenzen beschränkt sind. Sie können sich vielmehr ebenso wie die Veranstalter privaten Rundfunks der Verschlüsselung und Vorsperrung bedienen. Die Anforderungen an die technischen oder sonstigen Mittel i.S.d. § 5 Abs. 3 Nr. 1 JMStV können weder niedriger gestellt werden, noch sind andere Mittel als im Bereich des privaten Fernsehens denkbar.

Maßstab für die bei anderer Auslegung der Vorschrift bestehende Ungleichbehandlung ist das sich aus dem Rechtsstaatsprinzip ergebende Willkürverbot, da sich öffentlich-rechtliche Rundfunkanstalten nicht auf Art. 3 Abs. 1 GG berufen können. Müssten sich öffentlich-rechtliche Rundfunkveranstalter bei der digitalen Form der Übertragung den strengen Zeitgrenzen unterwerfen, während die Veranstalter privaten Rundfunks hiervon abweichen dürften, indem sie sich der Technik der Verschlüsselung und Vorsperrung bedienten, wäre dies willkürlich. Der Einsatz dieser bisher aus dem Bereich des Pay-TV bekannten Verschlüsselungstechnik muss dem öffentlich-rechtlichen Rundfunk ebenfalls gestattet sein, da die Bestands- und Entwicklungsgarantie des öffentlich-rechtlichen Rundfunks ansonsten stark gefährdet wäre. Dies ist insbesondere vor dem Hintergrund zu sehen, dass die analoge Übertragung bis

zum Jahre 2010 vollständig durch die digitale Form der Übertragung ersetzt werden soll. Die öffentlich-rechtlichen Rundfunkanstalten könnten den besonderen Mehrwert des digitalen Fernsehens nicht voll ausschöpfen, wenn sie an die strengen Sendezeitgrenzen gebunden wären. Hierdurch wäre ihre Konkurrenzfähigkeit zum privaten Rundfunk und damit verbunden die Erfüllung ihres Programmauftrages nicht mehr hinreichend gewährleistet.
De lege ferenda: § 9 Abs. 2 JMStV sollte den öffentlich-rechtlichen Rundfunk in seinen Anwendungsbereich einbeziehen.

12. Während jugendgefährdende Fernsehfilme teilweise lediglich wie entwicklungsbeeinträchtigende Angebote i.S.d. § 5 Abs. 1 JMStV zu behandeln sind, ist die Ausstrahlung jugendgefährdender Trägermedien unabhängig von dem Grad der Gefährdung oder deren Evidenz ganz verboten, weil nach dem JuSchG (das auf Fernsehsendungen keine Anwendung findet) indizierte Filme dem absoluten Ausstrahlungsverbot des § 4 Abs. 1 S. 1 Nr. 11, Abs. 2 S. 1 Nr. 2 JMStV unterliegen. Diese Differenzierung bei der Ausstrahlung jugendgefährdender Filme, die eigens für das Fernsehen gefertigt worden sind und solchen, die zunächst für die öffentliche Vorführung bestimmt bzw. als Trägermedien im Verkehr erhältlich sind, verstößt nicht gegen Art. 3 Abs. 1 GG.
Obgleich die ungleiche Behandlung unter dem Gesichtspunkt des Jugendschutzes nicht besonders sinnvoll erscheint, ist sie doch gerechtfertigt. Grund hierfür ist, dass die Hersteller ausschließlich für das Fernsehen produzierter Sendungen deutlich stärker belastet werden würden, unterlägen ihre Filme unabhängig von dem Ausmaß ihrer jugendgefährdenden Wirkung einem Totalverbot. Anders als die Produzenten von Trägermedien könnten sie die Inhalte dann faktisch gar nicht mehr verwerten. Unter Berücksichtigung des Umstandes, dass der Gleichheitssatz nicht die Wahl der zweckmäßigsten, vernünftigsten oder gerechtesten Lösung verlangt und zwischen den vorgefundenen Unterschieden und der differenzierenden Regelung ein innerer Zusammenhang besteht, ist dies als sachgerechtes Differenzierungskriterium zu erblicken.
De lege ferenda: Allerdings wäre es begrüßenswert, wenn der Gesetzgeber ein in sich stimmigeres Regelungsgefüge schüfe, da zwischen den beiden Gruppen von Filmen unter Aspekten des Jugendschutzes keinerlei Unterschiede bestehen. Zu erreichen wäre ein solches bereits, indem im Bereich des analogen Fernsehens für indizierte Trägermedien die Möglichkeit von Ausnahmegenehmigungen bei leichter oder mittlerer Jugendgefährdung vorgesehen werden würde. Im Bereich des digitalen Fernsehens müsste die Ausstrahlung beider Arten von Filmen bei Gefahr für Kinder und Jugendliche zwar grundsätzlich und unabhängig vom Grad der Gefährdung verboten wer-

den, bei legalem Inhalt jedoch in geschlossenen Benutzergruppen erlaubt sein. Damit wäre dem Interesse der Produzenten von Fernsehfilmen ebenso Rechnung getragen, wie dem Interesse an einem wirksamen Jugendmedienschutz. Zudem würden bei einer solchen Lösung beide Gruppen gleich behandelt werden, was dem Wunsch nach Vereinheitlichung des Jugendmedienschutzes Rechnung trüge. Diese Lösung ist ohnehin im Hinblick auf die Rundfunkfreiheit und die Informationsfreiheit Erwachsener geboten (vgl. Ziffer 5).

Literaturverzeichnis

Albrecht, Hans-Jörg/ Hotter, Imke, Rundfunk und Pornographieverbot, Eine (auch rechtsvergleichende) Untersuchung zur Reichweite des Pornographieverbotes im Rundfunk im weiteren Sinne, München 2002.

Altenhain, Karsten, Kommentierung zum GjS, in: *Roßnagel, Alexander* (Hrsg.), Recht der Multimedia-Dienste, Kommentar zum IuKDG und zum MDStV, Loseblattsammlung München 2005, Teil 9, Stand: Jan. 1999.

–, Jugendschutz, in: *Hoeren, Thomas/ Sieber, Ulrich* (Hrsg.), Handbuch Multimedia-Recht, Rechtsfragen des elektronischen Geschäftsverkehrs, Loseblattsammlung München 2006, Teil 20, Stand: Feb. 2000.

Badura, Peter, Kommentierung zu Art. 73 Nr. 7 GG, in: *Dolzer, Rudolf/ Vogel, Klaus/ Graßhof, Karin* (Hrsg.), Bonner Kommentar zum Grundgesetz, Bd. VIII (Art. 73 – 79), Heidelberg, Stand der Loseblattsammlung: Dez. 2005.

Bartl, Harald, Handbuch Btx-Recht, Mit einem Kommentar zum Bildschirmtext-Staatsvertrag, Heidelberg 1984.

Bauer, Fritz, Grundgesetz und „Schmutz- und Schundgesetz", JZ 1965, 41-47.

Beisel, Daniel, Die Kunstfreiheitsgarantie des Grundgesetzes und ihre strafrechtlichen Grenzen, Heidelberg 1997.

–/ *Heinrich, Bernd*, Die Strafbarkeit der Ausstrahlung pornographischer Sendungen in codierter Form durch das Fernsehen, JR 1996, 95-99.

Bender, Rolf, Kommentierung zum GjS, in: *Engel-Flechsig, Stefan/ Maennel, Frithjof A./ Tettenborn, Alexander* (Hrsg.), Beck'scher IuKDG-Kommentar, München 2001.

Berger, Christian, Jugendschutz im Internet: „Geschlossene Benutzergruppen" nach § 4 Abs. 2 Satz 2 JMStV, Am Beispiel personalausweiskennziffergestützter Altersverifikationssysteme, MMR 2003, 773-778.

Bernhardt, Rudolf/ Sacksofsky, Ute, Kommentierung zu Art. 31 GG, in: *Dolzer, Rudolf/ Vogel, Klaus/ Graßhof, Karin* (Hrsg.), Bonner Kommentar zum Grundgesetz, Bd. V (Art. 20 – 37), Heidelberg, Stand der Loseblattsammlung: Dez. 2005.

Bethge, Herbert, Medienrechtliche Befugnisse und Instrumente zur Gewährleistung des Jugendschutzes nach BayMG und RStV, in: BLM-Symposion Medienrecht 2001, Zwischen Intendantenbefugnis und Zensurverbot: Jugendschutz in privaten Rundfunkangeboten in Bayern, München 2002.

–, Kommentierung zu Art. 5 GG, in: *Sachs, Michael* (Hrsg.), Grundgesetz Kommentar, 3. Aufl. München 2003.

Bettermann, Karl August, Bundeskompetenz für Jugendschutz?, AöR Bd. 83 (1958), 91-110.

Beucher, Klaus/ Leyendecker, Ludwig/ Rosenberg, Oliver v., Mediengesetze, Rundfunk, Mediendienste, Teledienste, Kommentar zum Rundfunkstaatsvertrag, Mediendienste-Staatsvertrag, Teledienstegesetz und Teledienstedatenschutzgesetz, München 1999.

Birkert, Eberhard, Landesmediengesetz Baden-Württemberg, Kommentar, Stuttgart (u.a.) 1993.

Bleisteiner, Stephan, Rechtliche Verantwortlichkeit im Internet, unter besonderer Berücksichtigung des Teledienstegesetzes und des Mediendienste-Staatsvertrages, Köln (u.a.) 1999.

Bonin, Andreas v./ Köster, Oliver, Internet im Lichte neuer Gesetze, ZUM 1997, 821-829.

Borgmann, Klaus, Kann Pornographie Kunst sein? – BVerfGE 83, 130, JuS 1992, 916-920.

Bornemann, Roland, Ordnungswidrigkeiten in Rundfunk und Mediendiensten, Ein Handbuch für die Praxis, Heidelberg 2001.

–, Der Jugendmedienschutz-Staatsvertrag der Länder, NJW 2003, 787-791.

–/ *Kraus, Volker/ Lörz, Nikolaus*, Bayerisches Mediengesetz, Kommentar und Textsammlung, Baden-Baden, Stand der Loseblattsammlung: Aug. 2000.

Bothe, Michael, Kommentierung zu Art. 70 und 74 GG, in: *Denninger, Erhard/ Hoffmann-Riem, Wolfgang/ Schneider, Hans-Peter/ Stein, Ekkehart* (Hrsg.), Reihe Alternativkommentare, Kommentar zum Grundgesetz für die Bundesrepublik Deutschland, Bd. II (Art. 18 – 80), Neuwied, Stand der Loseblattsammlung: Aug. 2002.

Brand, Torsten, Rundfunk im Sinne des Artikel 5 Abs. 1 Satz 2 GG, Eine Analyse der Reichweite des verfassungsrechtlichen Rundfunkbegriffs unter besonderer Berücksichtigung neuerer medialer Angebotsformen, Berlin 2002.

Brockhorst-Reetz, *Bettina*, Repressive Maßnahmen zum Schutze der Jugend im Bereich der Medien Film, Video und Fernsehen, München 1989.

Bröhl, Georg M., Rechtliche Rahmenbedingungen für neue Informations- und Kommunikationsdienste, CR 1997, 73-79.

Bullinger, Martin/ Mestmäcker, Ernst-Joachim, Multimediadienste, Struktur und staatliche Aufgaben nach deutschem und europäischem Recht, Baden-Baden 1997.

Bundschuh, Anja, Fernsehen und Jugendschutz in Europa, Eine Politikfeldanalyse zum Verhältnis von staatlicher Regulierung und Selbstkontrolle, Baden-Baden 1999.

Bussek, Axel, „Le Regard croisé" – Mit gekreuztem Blick, Wie der Fernsehsender ARTE Jugendmedienschutz für zwei Nationen praktiziert, Interview in: tv diskurs 2002, Heft 20, 12-17.

Castendyk, Oliver, Jugendschutz im Fernsehen – Zweiter Akt, MDR 1993, 192-195.

Crans, Cornelius, Vorsicht bei Gewalt, keine Angst bei Sex, Interview in: tv diskurs 1997, Heft 2, 28-33.

Dannecker, Gerhard, Die Entwicklung des Strafrechts unter dem Einfluss des Gemeinschaftsrechts, Jura 1998, 79-87.

Degenhart, Christoph, Kommentierung zu Art. 70 bis 74, in: *Sachs, Michael* (Hrsg.), Grundgesetz Kommentar, 3. Aufl. München 2003.

–, Staatsrecht I, Staatsorganisationsrecht, 19. Aufl. Heidelberg 2003.

–, Kommentierung zu Art. 5 Abs. 1 und 2 GG, in: *Dolzer, Rudolf/ Vogel, Klaus/ Graßhof, Karin* (Hrsg.), Bonner Kommentar zum Grundgesetz, Bd. II (Art. 5), Heidelberg, Stand der Loseblattsammlung: Dez. 2005.

Dippelhofer, Mischa, Jugendschutz im Internet? Rechtspflichten und Möglichkeiten für Anbieter von Internet-Diensten, RdJB 2000, 52-61.

Ditzen, Christa, Das Menschwerdungsgrundrecht des Kindes, NJW 1989, 2519-2520.

Döring, Martin/ Günter, Thomas, Jugendmedienschutz: Alterskontrollierte geschlossene Benutzergruppen im Internet gem. § 4 Abs. 2 S. 2 JMStV, MMR 2004, 231-237.

Dörr, Dieter, Die Einflüsse europarechtlicher Entwicklungen auf das Bund-Länder-Verhältnis im Rundfunkwesen, Rechtsgutachten erstattet im Auftrag des Bundesministers für Post und Telekommunikation, München 1992.

–/ *Cole, Marc*, Jugendschutz in den elektronischen Medien – Bestandsaufnahme und Reformabsichten, Eine Untersuchung der verfassungsrechtlichen Vorgaben unter besonderer Berücksichtigung des Rundfunks, München 2001.

Dreier, Horst, Kommentierung zu Art. 31 GG, in: *ders.* (Hrsg.), Grundgesetz Kommentar, Bd. II (Art. 20 – 82), Tübingen 1998.

Duttge, Gunnar/ Hörnle, Tatjana/ Renzikowski, Joachim, Das Gesetz zur Änderung der Vorschriften über die Straftaten gegen die sexuelle Selbstbestimmung, NJW 2004, 1065-1072.

Eckhardt, Josef/ Mohr, Inge/ Windgasse, Thomas, Mediennutzung bei Kindern: Radio im Abseits? – Ergebnisse einer Repräsentativbefragung in Berlin/Brandenburg und Nordrhein-Westfalen, MP 2002, 88-102.

Engel-Flechsig, Stefan/ Maennel, Frithjof A./ Tettenborn, Alexander, Das neue Informations- und Kommunikationsdienste-Gesetz, NJW 1997, 2981-2992.

Engels, Stefan, Das Recht der Fernsehwerbung für Kinder, Rechtliche Regulierung der Fernsehwerbung unter Aspekten des Kinder- und Jugendschutzes, Baden-Baden 1997.

–, Kinder und Jugendschutz in der Verfassung – Verankerung, Funktion und Verhältnis zum Elternrecht, AöR Bd. 122 (1997), 212-247.

Erdemir, Murad, Anmerkung zu dem Urteil des OLG Düsseldorf v. 17.2.2004 – III-5 Ss 143/03 – 50/03 I (LG Düsseldorf, AG Neuss), MMR 2004, 410-412.

–, Jugendschutzprogramme und geschlossene Benutzergruppen, Zu den Anforderungen an die Verbreitung entwicklungsbeeinträchtigender und jugendgefährdender Inhalte im Internet, CR 2005, 275-282.

Faber, Tim, Jugendschutz im Internet, Klassische und neue staatliche Regulierungsansätze zum Jugendmedienschutz im Internet, Berlin 2005.

Fechner, Frank, Medienrecht, Lehrbuch des gesamten Medienrechts unter besonderer Berücksichtigung von Presse Rundfunk und Multimedia, 3. Aufl. Tübingen 2002.

Feierabend, Sabine/ Klingler, Walter, Medien- und Themeninteressen Jugendlicher, MP 2002, 9-21.

–, Was Kinder sehen – Eine Analyse der Fernsehnutzung von Drei- bis 13-Jährigen 2002, MP 2003, 167-179.

–, Kinder und Medien – Ergebnisse der Studie KIM 2002 zum Medienumgang Sechs- bis 13-Jähriger in Deutschland, MP 2003, 278-289.

–, Medienverhalten Jugendlicher in Deutschland – Fünf Jahre JIM-Studie Jugend, Information, (Multi-)Media, MP 2003, 450-462.

Feser, Frank, Anmerkung zum Urteil des LG Düsseldorf v. 31.1.2003 – XXXI 34/02 (AG Neuss), MMR 2003, 419.

Fischer, Klaus Andreas, Die strafrechtliche Beurteilung von Werken der Kunst, Frankfurt am Main (u.a.) 1995.

Gabriel-Bräutigam, Karin, Rundfunkkompetenz und Rundfunkfreiheit – Eine Untersuchung über das Verhältnis der Rundfunkhoheit der Länder zu den Gesetzgebungszuständigkeiten des Bundes, Baden-Baden 1990.

Geis, Max-Emanuel, Josefine Mutzenbacher und die Kontrolle der Verwaltung, NVwZ 1992, 25-31.

Gentz, Manfred, Zur Verhältnismäßigkeit von Grundrechtseingriffen, NJW 1968, 1600-1607.

Gerecke, Marco, Die Rechtsprechung zum Internetstrafrecht im Jahr 2003, ZUM 2004, 443-451.

–/ *Liesching, Marc*, Anmerkung zum Urteil des LG Düsseldorf v. 31.1.2003 – XXXI 34/02, CR 2003, 456-457.

Germann, Michael, Gefahrenabwehr und Strafverfolgung im Internet, Berlin 2000.

Gersdorf, Hubertus, Neue Dienste zwischen Gesetzgebungskompetenz von Bund und Ländern, in: *Prinz, Matthias/ Peters, Butz* (Hrsg.), Medienrecht im Wandel, Festschrift für Manfred Engelschall, Baden-Baden 1996.

–, Pornographieverbot im Fernsehen und Verfassungsrecht, epd medien 2001, Heft 46/47, 21-27.

–, Grundzüge des Rundfunkrechts, Nationaler und europäischer Regulierungsrahmen, München 2003.

Gesellensetter, Catrin, Der Jugendschutz in digital verbreiteten privaten Fernsehprogrammen, Die Rechtslage nach dem Fünften Rundfunkänderungsstaatsvertrag, AfP 2001, 369-373.

Goerlich, Helmut/ Radeck, Bernd, Rundfunk und Empfänger – zur Mediatisierung subjektiver Rechte, NJW 1990, 302-304.

Gödel, Christoph, Kommentierung zum GjS, in: *Löffler, Martin*, Presserecht, Kommentar zu den Landespressegesetzen der Bundesrepublik Deutschland mit einem Besonderen Teil und einem Textanhang, 4. Aufl. München 1997.

Gottberg, Joachim v., Jugendschutz in Europa. Brauchen wir internationale Regelungen?, tv diskurs 1997, Heft 1, 28-39.

Gounalakis, Georgios, Der Mediendienste-Staatsvertrag der Länder, NJW 1997, 2993-3000.

–/ *Rhode, Lars*, Elektronische Kommunikationsangebote zwischen Telediensten, Mediendiensten und Rundfunk, CR 1998, 487-492.

Grapentin, Sabine, Neuer Jugendschutz in den Online-Medien, Pflichten für Online-Anbieter nach dem neuen Jugendmedienschutz-Staatsvertrag, CR 2003, 458-464.

Gubelt, Manfred, Kommentierung zu Art. 31 GG, in: *Münch, Ingo v./ Kunig, Philip.*, Bd. II (Art. 20 – 69), 5. Aufl. München 2001.

Gusy, Christoph, Anmerkung zum Beschluss des BVerfG v. 27.11.1990 – 1 BvR 402/87, JZ 1991, 470-471.

–, Anmerkung zum Urteil des BVerwG v. 26.11.1992 – 7 C 22.92 (OVG Münster), JZ 1993, 796-798.

Hartstein, Reinhard/ Ring, Wolf-Dieter/ Kreile, Johannes/ Dörr, Dieter/ Stettner, Rupert, Rundfunkstaatsvertrag Kommentar, Bd. I, II und III (Jugendmedienschutz-Staatsvertrag, Kommentar), Heidelberg (u.a.), Stand der Loseblattsammlung: Juli 2005.

Hasebrink, Uwe, Jugendmedienschutz im internationalen Vergleich, Untersuchungen zur Wirksamkeit von Richtlinien und V-Chip, MP 1998, 454-462.

Helberger, Natali, Die Konkretisierung des Sendestaatsprinzips in der Rechtsprechung des EuGH, ZUM 1998, 50-60.

Helling, Ulrike Anthea, Die Programmstandards der EG-Fernsehrichtlinie im Spannungsfeld von Gemeinschaftsrecht, Welthandelsordnung und Verfassungsrecht, Köln 1999.

Herkströter, Dirk, Rundfunkfreiheit, Kunstfreiheit und Jugendschutz, Zu den Auswirkungen der „Mutzenbacher-Entscheidung“ des Bundesverfassungsgerichts vom 27. November 1990 auf die Jugendschutzbestimmungen im Rundfunkrecht, AfP 1992, 23-31.

Herrmann, Günter/ Lausen, Matthias, Rundfunkrecht, Fernsehen und Hörfunk mit Neuen Medien, 2. Aufl. München 2004.

Hertel, Felix, Kommentierung zu § 3 RfStV, in: *Hahn, Werner/ Vesting, Thomas* (Hrsg.), Beck'scher Kommentar zum Rundfunkrecht: Rundfunkstaatsvertrag, Rundfunkgebührenstaatsvertrag, Rundfunkfinanzierungsstaatsvertrag, Jugendmedienschutzstaatsvertrag, München 2003.

Herzog, Roman, Kommentierung zu Art. 5 Abs. 1 und 2 GG, in: *Maunz, Theodor/ Dürig, Günter u.a.*, Grundgesetz Kommentar, Bd. I (Art. 1 – 5), München, Stand der Loseblattsammlung: Nov. 2005.

Hess, Wolfgang/ Gorny, Nele, Jugendschutz im digitalen (Bezahl-) Fernsehen – Rechtliche und methodische Probleme bei der Einführung und Anwendung veranstalterseitiger Vorsperrsysteme, ZUM 1999, 881-889.

Hesse, Albrecht, Rundfunkrecht, Die Organisation des Rundfunks in der Bundesrepublik Deutschland, 3. Aufl. München 2003.

Heyl, Cornelius v., Teledienste und Mediendienste nach Teledienstegesetz und Mediendienste-Staatsvertrag, ZUM 1998, 115-120.

Hoeren, Thomas/ Pichler, Rufus, Zivilrechtliche Haftung im Online-Bereich, S. 381-471, in: *Loewenheim, Ulrich/ Koch, Frank A.* (Hrsg.), Praxis des Online-Rechts, Technische Grundzüge, Vertragsrecht, Zulassung als Anbieter, Elektronischer Rechtsverkehr, Warenbetrieb, Werbung, Urheberrecht, Kennzeichenrecht, Haftung, Strafbarkeit, Datenschutz, Weinheim (u.a.) 1998.

Höfling, Heribert/ Möwes, Bernd/ Pechstein, Matthias, Europäisches Medienrecht, Textausgabe mit Erläuterungen, EG-Fernsehrichtlinie und Europarats-Fernsehübereinkommen in Gegenüberstellung der Einzelregelungen sowie Europaratsempfehlungen zum Videoprogramm-Vertrieb und zum Recht auf Fs-Kurzberichterstattung, München 1991.

Hoffmann-Riem, Wolfgang, Kommunikations- und Medienfreiheit, S. 191-262, in: *Benda, Ernst/ Maihofer, Werner/ Vogel, Hans-Jochen* (Hrsg.), Handbuch des Verfassungsrechts der Bundesrepublik Deutschland, 2. Aufl. Berlin (u.a.) 1994.

–, Kommentierung zu Art. 5 Abs. 1 und 2 GG, in: *Denninger, Erhard/ ders./ Schneider, Hans-Peter/ Stein, Ekkehart* (Hrsg.), Reihe Alternativkommentare,

Kommentar zum Grundgesetz für die Bundesrepublik Deutschland, Bd. I (Art. 1 – 17a), Neuwied, Stand der Loseblattsammlung: Aug. 2002.

Hofmann, Hans, Kommentierung zu Art. 20 GG, in: *Schmidt-Bleibtreu, Bruno/ Klein, Franz*, Kommentar zum Grundgesetz, 10. Aufl. Neuwied 2004.

Holznagel, Bernd, Rundfunkrecht in Europa, Auf dem Weg zu einem Gemeinrecht europäischer Rundfunkordnungen, Tübingen 1996.

–, Multimedia zwischen Regulierung und Freiheit, ZUM 1999, 425-435.

–, Konvergenz der Medien – Herausforderungen an das Recht, NJW 2002, 2351-2356.

–/ *Kibele, Babette*, Vorfragen zu Rundfunk-, Medien- und Telediensten, in: *Hoeren, Thomas/ Sieber, Ulrich* (Hrsg.), Handbuch Multimedia-Recht, Rechtsfragen des elektronischen Geschäftsverkehrs, Loseblattsammlung München 2006, Teil 5, Stand: Aug. 2003.

–/ *Kussel, Stephanie*, Jugendmedienschutz und Selbstregulierung im Internet, RdJB 2002, 295-306.

Hopf, Kristina, Zwischen Intendantenbefugnis und Zensurverbot: Jugendschutz in privaten Rundfunkangeboten in Bayern, Tagungsbericht zum 4. BLM-Symposion Medienrecht 2001, ZUM 2002, 126-130.

–, Jugendschutz im Fernsehen, Eine verfassungsrechtliche Prüfung der materiellen Jugendschutzbestimmungen, Frankfurt am Main (u.a.) 2005.

Horn, Eckhard/ Wolters, Gereon, Kommentierung zu § 184 StGB, in: *Rudolphi, Hans-Joachim/ Horn, Eckhard/ Samson, Erich/ Günther, Hans-Ludwig*, Systematischer Kommentar zum Strafgesetzbuch, Bd. II (Besonderer Teil, §§ 80 – 358), Neuwied, Stand der Loseblattsammlung: März 2005.

Horst, Rutger von der, Rollt die Euro-Pornowelle? Zur Strafbarkeit von aus dem Ausland gesendeter Porno-Satellitenprogramme nach deutschem Strafrecht, ZUM 1993, 227-230.

Huber, Peter M., Kommentierung zu Art. 31 GG, in: *Sachs, Michael* (Hrsg.), Grundgesetz Kommentar, 3. Aufl. München 2003.

Isensee, Josef/ Axer, Peter, Jugendschutz im Fernsehen, Verfassungsrechtliche Vorgaben für staatsvertragliche Beschränkungen der Ausstrahlung indexbetroffener Sendungen, München 1998.

Jakobs, Günther, Strafrecht Allgemeiner Teil, Die Grundlagen und die Zurechnungslehre, 2. Aufl. Berlin (u.a.) 1991.

Jarass, Hans D., Kommentierung zu Art. 3, 5 und 19 GG, in: *ders./ Pieroth, Bodo* (Hrsg.), Grundgesetz für die Bundesrepublik Deutschland, Kommentar, 7. Aufl. München 2004.

Jeand'Heur, Bernd, Anmerkung zum Urteil des BGH vom 21.06.1990, Strafverteidiger 1991, 165-167.

–, Verfassungsrechtliche Schutzgebote zum Wohl des Kindes und staatliche Interventionspflichten aus der Garantienorm des Art. 6 Abs. 2 Satz 2 GG, Berlin 1993.

Jescheck, Hans-Heinrich/ Weigend, Thomas, Lehrbuch des Strafrechts, Allgemeiner Teil, 5. Aufl. Berlin 1996.

Kalm, Harald v., Zum Verhältnis von Kunst und Jugendschutz, DÖV 1994, 23-27.

Kleist, Thomas, Informationsfreiheit für Pornographie? Instrumente des nationalen und europäischen Medienrechts als Schranken der Technik, ZUM 1994, 142-146.

Kloepfer, Michael, Informationsrecht, München 2002.

Knoll, Joachim H., Pornographie, Jugendliche, Fernsehen – Prolegomena zur Wirkungsforschung, tv diskurs 2001, Heft 15, 54-59.

Knothe, Matthias, Neues Recht für Multi-Media-Dienste, Die Ländersicht, AfP 1997, 494, 498.

Köhne, Michael, Jugendmedienschutz durch Alterskontrollen im Internet, NJW 2005, 794-795.

Kreile, Johannes, Die Anforderungen an den Jugendschutz im grenzüberschreitenden Rundfunk, ZUM 1989, 407, 413.

–/ *Diesbach, Martin*, Der neue Jugendmedienschutz-Staatsvertrag – was ändert sich für den Rundfunk?, ZUM 2002, 849-858.

Kröger, Detlef/ Moos, Flemming, Regelungsansätze für Multimediadienste – Mediendienstestaatsvertrag und Teledienstegesetz, ZUM 1997, 462-471.

–, Mediendienst oder Teledienst?, Zur Aufteilung der Gesetzgebungsmaterie Informations- und Kommunikationsdienste zwischen Bund und Ländern, AfP 1997, 675-680.

Kuch, Hansjörg, Der Staatsvertrag über Mediendienste, ZUM 1997, 225-230.

Kühl, Kristian, Strafrecht, Allgemeiner Teil, 5. Aufl. München 2005.

–, Kommentierung vor § 32 StGB und zu § 184 StGB, in: *Lackner, Karl/ ders.*, Strafgesetzbuch mit Erläuterungen, 25. Aufl. München 2004.

Kunczik, Michael, Gewalt im Fernsehen – Stand der Wirkungsforschung und neue Befunde, MP 1993, 98-107.

–, Wirkungen von Gewaltdarstellungen – Zum aktuellen Stand der Wissenschaft, S. 125-144, in: *Friedrichsen, Mike/ Vowe, Gerhard* (Hrsg.), Gewaltdarstellungen in den Medien: Theorien, Fakten und Analysen, Opladen 1995.

–/ *Zipfel, Astrid*, Wirkungsforschung I: Ein Bericht zur Forschungslage, S. 149-159, in: *Hausmanninger, Thomas/ Bohrmann, Thomas* (Hrsg.), Mediale Gewalt – Interdisziplinäre und ethische Perspektiven, München 2002.

Kunig, Philip, Kommentierung zu Art. 72 bis 74 GG, in: *Münch, Ingo v./ ders.*, Bd. III (Art. 70 – 146), 5. Aufl. München 2003.

Ladeur, Karl-Heinz, „Regulierte Selbstregulierung" im Jugendmedienschutzrecht, Zugleich Anmerkungen zum Urteil des Verwaltungsgerichts Berlin zum Fall „Der Soldat James Ryan", ZUM 2002, 859-868.

Lahrmann, Markus, Wehrlose Wächter, RdJB 1997, 419-425.

Landmann, Dieter, Die Ausstrahlung jugendgefährdender Fernsehsendungen – strafbar?, NJW 1996, 3309-3312.

–, Jugendmedienschutzrecht, S. 261-295, in: *Eberle, Carl-Eugen/ Rudolf, Walter* (Hrsg.), Mainzer Rechtshandbuch der Neuen Medien, Heidelberg 2003.

Langenfeld, Christine, Die Neuordnung des Jugendschutzes im Internet, MMR 2003, 303-310.

Lenckner, Theodor, Kommentierung vor § 32 StGB, in: *Schönke, Adolf/ Schröder, Horst*, Strafgesetzbuch, Kommentar, 26. Aufl. München 2001.

–/ *Perron, Walter*, Kommentierung zu § 184 StGB, in: *Schönke, Adolf/ Schröder, Horst*, Strafgesetzbuch, Kommentar, 26. Aufl. München 2001.

Lerche, Peter, Aktuelle Grundfragen der Informationsfreiheit, Jura 1995, 561-566.

Liesching, Marc, Jugendmedienschutz in Deutschland und Europa, Die historische und die gegenwärtige Entwicklung des gesetzlichen Jugendmedienschutzes in Deutschland mit rechtsvergleichendem Blick auf die Staaten der Europäischen Union sowie der Schweiz, Regensburg 2002.

–, Zur Gesetzgebungskompetenz der Bundesländer für den Bereich „Jugendschutz in Rundfunk und Telemedien", ZUM 2002, 868-875.

–, Das neue Jugendschutzgesetz, NJW 2002, 3281-3286.

–, Pornografieverbote in Staaten der Europäischen Union, MMR 2003, 156-163.

–, Anmerkung zu dem Urteil des VG München v. 04.11.2004 – M 17 K 02.5297, ZUM 2005, 224-226.

–/ *Münch, Maximilian v.*, Reichweite der Kunstfreiheit, NStZ 1999, 85.

–, Die Kunstfreiheit als Rechtfertigung für die Verbreitung pornographischer Schriften, AfP 1999, 37-41.

Muennel, Frithjof, Kommentierung zu § 8 MDStV, in: *Engel-Flechsig, Stefan/ ders./ Tettenborn, Alexander* (Hrsg.), Beck'scher IuKDG-Kommentar, München 2001.

Mahrenholz, Ernst Gottfried, Brauchen wir einen neuen Pornographie-Begriff?, ZUM 1998, 525-529.

Maiwald, Manfred, Anmerkung zum Urteil des BGH v. 21.6.1990 – 1 StR 477/89 (LG Stuttgart), JZ 1990, 1141-1143.

Maunz, Theodor, Kommentierung zu Art. 70 und 74 GG, in: *ders./ Dürig, Günter u.a.*, Grundgesetz Kommentar, Bd. V (Art. 70 – 99), München, Stand der Loseblattsammlung: Nov. 2005.

Meier, Christoph, Kommentierung zu § 2 MDStV, in: *Roßnagel, Alexander* (Hrsg.), Recht der Multimedia-Dienste, Kommentar zum IuKDG und zum MDStV, Loseblattsammlung München 2005, Teil 4, Stand: Jan. 1999.

Meirowitz, Karel, Gewaltdarstellungen auf Videokassetten, Grundrechtliche Freiheiten und gesetzliche Einschränkungen zum Jugend- und Erwachsenenschutz, Eine Verfassungsrechtliche Untersuchung, Berlin 1993.

Merz, Bernd, Ein Schritt vor und zwei zurück, Zur geplanten Reform des Jugendmedienschutzes, epd medien 2002, Heft 54, 3-6.

Mestmäcker, Ernst-Joachim/ Engel, Christoph/ Gabriel-Bräutigam, Karin/ Hoffmann, Martin, Der Einfluss des europäischen Gemeinschaftsrechts auf die deutsche Rundfunkordnung, Baden-Baden 1990.

Meyer-Hesemann, Wolfgang, Kompetenzprobleme beim Jugendschutz im Rundfunk, Zur Unanwendbarkeit des Gesetzes über die Verbreitung jugendgefährdender Schriften (GjS) auf Rundfunksendungen, DVBl. 1986, 1181-1185.

Michaelis, Wolfgang, Mediengewalt und Pornographie: Das japanische Paradox, tv diskurs 2000, Heft 13, 46-53.

Möwes, Bernd, Europäische Entwicklungen im Kommunikationsrecht, Leipzig 1998.

Mohr, Inge, Jugendschutz im Fernsehen: Aktuelle Entwicklungen – Medienpolitische Diskussion und empirische Befunde, MP 1999, 119-127.

Morhart, Claus, Kontrollierte Kontrolleure, Die Jugendschutz-Reform muss den Praxis-Test bestehen, epd medien 2002, Heft 64, 3-4.

Müller, Dagmar, Die Gesetzgebungskompetenz im Berufsbildungsrecht, Analyse der Beratungen der Gemeinsamen Verfassungskommission zur Neufassung des Art. 72 GG, RdJB 1994, 467-490.

Nanclares, José Martín-Pérez de, Die EG-Fernsehrichtlinie, Rechtsgrundlage, Kommentierung und Umsetzung in das Recht der EG-Mitgliedstaaten sowie Österreichs und der Schweiz, Frankfurt am Main (u.a.) 1995.

Nikles, Bruno W./ Roll, Sigmar/ Spürck, Dieter/ Umbach, Klaus, Jugendmedienschutzrecht, Kommentar zum Jugendschutzgesetz (JuSchG) und zum Jugendmedienschutz-Staatsvertrag (JMStV) mit Erläuterungen zur Systematik und Praxis des Jugendschutzes, Neuwied 2003.

Nolden, Dirk, Neues Eckpunktepapier zur Reform der Medienordnung im Bereich Jugendschutz verabschiedet, JMS-Report 2002, Heft 2, 8.

–, Bundestag verabschiedet neues Jugendschutzgesetz, Bundesrat stimmt Verschärfungen zu, Bayern will Änderungsgesetz mit mehr Verboten, JMS-Report 2002, Heft 3, 59-60.

Oeter, Stefan, Kommentierung zu Art. 72 und 74 GG, in: *Mangoldt, Hermann v./ Klein, Friedrich/ Starck, Christian*, Kommentar zum Grundgesetz, Bd. II (Art. 20 – 82), 5. Aufl. München 2005.

Osterloh, Lerke, Kommentierung zu Art. 3 GG, in: *Sachs, Michael* (Hrsg.), Grundgesetz Kommentar, 3. Aufl. München 2003.

Ory, Stephan, Jugendschutz in Neuen Medien, ZUM 1986, 123-130.

–, Gesetzliche Regelungen des Jugendschutzes beim Rundfunk, NJW 1987, 2967-2974.

Palzer, Carmen, Anmerkung zum Urteil des VG Berlin v. 27.6.2002 – VG 27 A 398.01, MMR 2003, 58-61.

Pappi, Urban, Teledienste, Mediendienste und Rundfunk, Ihre Abgrenzung im Recht der elektronischen Medien, Baden-Baden 2000.

Pernice, Ingolf, Kommentierung zu Art. 5 Abs. 3 GG, in: *Dreier, Horst* (Hrsg.), Grundgesetz Kommentar, Bd. I (Art. 1 – 19), Tübingen 2. Aufl. 2004.

Pieroth, Bodo, Kommentierung zu Art. 30, 72 und 74 GG, in: *Jarass, Hans D./ ders.* (Hrsg.), Grundgesetz für die Bundesrepublik Deutschland, Kommentar, 7. Aufl. München 2004.

Pilcher, Rufus, Haftung des Host Providers für Persönlichkeitsrechtsverletzungen vor und nach dem TDG, MMR 1998, 79-88.

Ramberg, Klaus, Erfahrungen bei der Strafverfolgung der Verbreitung von Pornographie via Satellit, ZUM 1994, 140-143.

Reinwald, Gerhard, Jugendmedienschutz im Telekommunikationsbereich in Bundeskompetenz?, Verfassungsrechtliche Überlegungen im Umfeld des Art. 74 Abs. 1 Nr. 7 GG, ZUM 2002, 119-126.

Rengeling, Hans-Werner, Gesetzgebungszuständigkeit, S. 723-856, in: *Isensee, Josef/ Kirchhof, Paul* (Hrsg.), Handbuch des Staatsrechts der Bundesrepublik Deutschland, Bd. IV (Finanzverfassung – Bundesstaatliche Ordnung), 2. Aufl. Heidelberg 1999.

Ricker, Reinhart/ Schiwy, Peter, Rundfunkverfassungsrecht, München 1997.

Ridder, Christa-Maria, Paradigmenwechsel im Jugendmedienschutz? – Anmerkungen zur Neuregelung der Jugendschutzbestimmungen im 4. Rundfunkänderungsstaatsvertrag, MP 2000, 213-224.

Ring, Wolf-Dieter, Der Vierte Rundfunkänderungsstaatsvertrag – Rechtsfolgen für die Praxis, ZUM 2000, 177-183.

–, Begrüßungsrede, in: BLM-Symposion Medienrecht 2001, Zwischen Intendantenbefugnis und Zensurverbot: Jugendschutz in privaten Rundfunkangeboten in Bayern, München 2002.

–, Medienrecht, Vorschriftensammlung, Bd. IV (EU-Recht, Europäisches Recht, Internationale Rechtsquellen), München, Stand der Loseblattsammlung: Nov. 2005.

Röger, Ralf, Internet und Verfassungsrecht, Materielle und kompetentielle Problem eines neuen Mediums, ZRP 1997, 203-211.

Roggemann, Herwig, Von Bären, Löwen und Adlern – zur Reichweite der §§ 90 a und b StGB, JZ 1992, 934-942.

Roll, Sigmar, Das neue Jugendschutzgesetz, Wie wurde das „alte" JÖSchG in das neue Gesetz aufgenommen?, KJuG 2002, Heft 4, 112-113.

Roßnagel, Alexander, Neues Recht für Multimediadienste, Informations- und Kommunikationsdienste-Gesetz und Mediendienste-Staatsvertrag, NVwZ 1998, 1-8.

Roxin, Claus, Strafrecht, Allgemeiner Teil, Band I (Grundlagen, Der Aufbau der Verbrechenslehre), 3. Aufl. München 1997.

Rozek, Jochen, Kommentierung zu Art. 70 GG, in: *Mangoldt, Hermann v./ Klein, Friedrich/ Starck, Christian*, Kommentar zum Grundgesetz, Bd. II (Art. 20 – 82), 5. Aufl. München 2005.

Rüfner, Wolfgang, Grundrechtsträger, S. 485-524, in: *Isensee, Josef/ Kirchhof, Paul* (Hrsg.), Handbuch des Staatsrechts der Bundesrepublik Deutschland, Bd. V (Allgemeine Grundrechtslehren), 2. Aufl. Heidelberg 2000.

–, Kommentierung zu Art. 3 GG, in: *Dolzer, Rudolf/ Vogel, Klaus/ Graßhof, Karin* (Hrsg.), Bonner Kommentar zum Grundgesetz, Bd. I (Einleitung – Art. 4), Heidelberg, Stand der Loseblattsammlung: Dez. 2005.

Rybak, Hubertus/ Hofmann, Hans, Verteilung der Gesetzgebungsrechte zwischen Bund und Ländern nach der Reform des Grundgesetzes, NVwZ 1995, 230-235.

Sachs, Michael, Kommentierung zu Art. 20 GG, in: *ders.* (Hrsg.), Grundgesetz Kommentar, 3. Aufl. München 2003.

–, Verfassungsrecht II, Grundrechte, 2. Aufl. Berlin (u.a.) 2003.

Sannwald, Rüdiger, Kommentierung zu Art. 72 GG, in: *Schmidt-Bleibtreu, Bruno/ Klein, Franz* (Hrsg.), Kommentar zum Grundgesetz, 10. Aufl. Neuwied 2004.

Scholz, Rainer, Jugendschutz, Gesetz zum Schutze der Jugend in der Öffentlichkeit, Gesetz über die Verbreitung jugendgefährdender Schriften und Medieninhalte und andere Vorschriften, Textausgabe mit Erläuterungen, 3. Aufl. München 1999.

–/ *Joseph, Peter*, Gewalt- und Sexdarstellungen im Fernsehen, Systematischer Problemaufriß mit Rechtsgrundlagen und Materialien, Bonn 1993.

–/ *Liesching, Marc*, Jugendschutzrecht, Kommentar, 4. Aufl. München 2004.

Scholz, Rupert, Anmerkung zu dem Beschluss des BVerfG v. 14.7.1994 – 1 BvR 1595/92 und 1 BvR 1606/92, NStZ 1995, 42-43.

–, Multimedia: Zuständigkeit des Bundes oder der Länder?, S. 523-541, in: *Ziemske, Burkhardt/ Langheid, Theo/ Wilms, Heinrich/ Haverkate, Görg* (Hrsg.), Staatsphilosophie und Rechtspolitik, Festschrift für Martin Kriele zum 65. Geburtstag, München 1997.

–, Kommentierung zu Art. 5 Abs. 3 GG, in: *Maunz, Theodor/ Dürig, Günter u.a.*, Grundgesetz Kommentar, Bd. I (Art. 1 – 5), München, Stand der Loseblattsammlung: Nov. 2005.

Schorb, Bernd/ Theunert, Helga, Jugendmedienschutz – Praxis und Akzeptanz, Eine Untersuchung von Bevölkerung und Abonnenten des digitalen Fernsehens zum Jugendmedienschutz, zur Fernseherziehung und zum Jugendschutzinstrument Vorsperre, Berlin 2001.

–, Jugendmedienschutz im digitalen Fernsehen: Genügen technische Angebote? Ergebnisse einer Familienbefragung im Abonnentenkreis von DF1 und Premiere, MP 1998, 446-453.

Schraut, Bernhard, Jugendschutz und Medien, Zur Verfassungsmäßigkeit des Jugendschutzes im Rundfunk und bei den übrigen audiovisuellen Medien, Baden-Baden 1993.

Schreibauer, Marcus, Das Pornographieverbot des § 184 StGB, Grundlagen, Tatbestandsprobleme, Reformvorschläge, Regensburg 1999.

Schroeder, Friedrich-Christian, Pornographie, Jugendschutz und Kunstfreiheit, Heidelberg 1992.

Schuler-Harms, Margarete, Kommentierung zu § 38 RfStV, in: *Hahn, Werner/ Vesting, Thomas* (Hrsg.), Beck'scher Kommentar zum Rundfunkrecht: Rundfunkstaatsvertrag, Rundfunkgebührenstaatsvertrag, Rundfunkfinanzierungsstaatsvertrag, Jugendmedienschutzstaatsvertrag, München 2003.

Schulz, Wolfgang, Gewaltdarstellungen im Fernsehen im Spannungsfeld zwischen Jugendschutz und Kommunikationsgrundrechten, RuF 1993, 339-358.

–, Jenseits der „Meinungsbildungsrelevanz" – Verfassungsrechtliche Überlegungen zu Ausgestaltung und Gesetzgebungskompetenzen bei neuen Kommunikationsformen, ZUM 1996, 487-497.

–, Jugendschutz bei Tele- und Mediendiensten, MMR 1998, 182-187.

–/ *Held, Thorsten*, Inkonsistenzen optimieren – Anregungen für verbesserten Jugendmedienschutz, epd medien 2002, Heft 58, 27-31.

–/ *Korte, Benjamin*, Jugendschutz bei non-fiktionalen Fernsehformaten, ZUM 2002, 719-732.

Schulze-Fielitz, Helmuth, Kommentierung zu Art. 5 Abs. 1 und 2, in: *Dreier, Horst* (Hrsg.), Grundgesetz Kommentar, Bd. I (Art. 1 – 19), Tübingen 2. Aufl. 2004.

Schumann, Heribert, Zum strafrechtlichen und rundfunkrechtlichen Begriff der Pornographie, S. 565-584, in: *Eser, Albin/ Schittenhelm, Ulrike/ Schumann, Heribert* (Hrsg.), Festschrift für Theodor Lenckner zum 70. Geburtstag, München 1998.

Schwind, Hans-Dieter, Kriminologie, Eine praxisorientierte Einführung mit Beispielen, 15. Aufl. Heidelberg 2005.

Sedelmeier, Klaus, Kommentierung zu § 7 LPG, in: *Löffler, Martin*, Presserecht, Kommentar zu den Landespressegesetzen der Bundesrepublik Deutschland mit einem Besonderen Teil und einem Textanhang, 4. Aufl. München 1997.

Selg, Herbert, Pornographie, Psychologische Beiträge zur Wirkungsforschung, Bern (u.a.) 1986.

Sieber, Ulrich, Verantwortlichkeit im Internet, Technische Kontrollmöglichkeiten und multimediarechtliche Regelungen, zugleich eine Kommentierung von § 5 TDG und § 5 MDStV, München 1999.

Spindler, Gerald, Kommentierung zum TDG, in: *Roßnagel, Alexander* (Hrsg.), Recht der Multimedia-Dienste, Kommentar zum IuKDG und zum MDStV, Loseblattsammlung München 2005, Teil 2, Stand: Jan. 1999.

–, Haftungsrecht, in: *Hoeren, Thomas/ Sieber, Ulrich* (Hrsg.), Handbuch Multimedia-Recht, Rechtsfragen des elektronischen Geschäftsverkehrs, Loseblattsammlung München 2004, Teil 29, Stand: Feb. 2000.

Spürck, Dieter, Das neue Jugendmedienschutzrecht, Dringender Gesetzgebungsbedarf, KJuG 2002, Heft 4, 113-116.

Stammler, Dieter, Paradigmenwechsel im Medienrecht, ZUM 1995, 104-114.

Starck, Christian, Zur notwendigen Neuordnung des Rundfunks, NJW 1980, 1359-1363.

–, Kommentierung zu Art. 3 und 5 GG, in: *Mangoldt, Hermann v./ Klein, Friedrich/ ders.*, Kommentar zum Grundgesetz, Bd. I (Präambel, Art. 1 – 19), 5. Aufl. München 2005.

Stein, Ekkehart/ Frank, Götz, Staatsrecht, 19. Aufl. Tübingen 2004.

Stern, Klaus, Das Staatsrecht der Bundesrepublik Deutschland, Bd. I (Grundbegriffe und Grundlagen des Staatsrechts, Strukturprinzipien der Verfassung), 2. Aufl. München 1984; Bd. III (Allgemeine Lehren der Grundrechte): Halbbd. 1 (Grundlagen und Geschichte, nationaler und internationaler Grundrechtskonstitutionalismus, juristische Bedeutung der Grundrechte, Grundrechtsberechtigte, Grundrechtsverpflichtete), München 1988, Halbbd. 2 (Grundrechtstatbestand, Grundrechtsbeeinträchtigungen und Grundrechtsbegrenzungen, Grundrechtsverluste und Grundpflichten, Schutz der Grundrechte, Grundrechtskonkurrenzen, Grundrechtssystem), München 1994.

Stettner, Rupert, Kommentierung zu Art. 70, 72 und 73, in: *Dreier, Horst* (Hrsg.), Grundgesetz Kommentar, Bd. II (Art. 20 – 82), Tübingen 1998.

–, Der neue Jugendmedienschutz-Staatsvertrag – eine Problemsicht, ZUM 2003, 425-437.

Streinz, Rudolf, Europarecht, 6. Aufl. Heidelberg 2003.

Strick, Rainer, Mehr schlecht als Recht, Anmerkungen zum neuen Jugendschutzgesetz aus Sicht der Praxis, KJuG 2002, Heft 4, 117-118.

Tettenborn, Alexander, Kommentierung vor § 1 TDG, zu § 2 TDG und vor MDStV sowie zum GjS, in: *Engel-Flechsig, Stefan/ Maennel, Frithjof A./ ders.* (Hrsg.), Beck'scher IuKDG-Kommentar, München 2001.

Tettinger, Peter J., Schutz der Kommunikationsfreiheiten im deutschen Verfassungsrecht, JZ 1990, 846-854.

Thilges, Jean-Pierre, Auf kleiner Flamme, Jugendmedienschutz hat in Luxemburg wenig Bedeutung, Interview in: tv diskurs 1999, Heft 8, 4-9.

Tröndle, Herbert/ Fischer, Thomas, Kommentierung zu § 184 ff. StGB, Strafgesetzbuch und Nebengesetze, Kommentar, 53. Aufl. München 2006.

Ukrow, Jörg, Jugendschutzrecht, München 2004.

Ulich, Ilona, Der Pornographiebegriff und die EG-Fernsehrichtlinie, Baden-Baden 2000.

Umbach, Dieter C./ Clemens, Thomas, Grundgesetz, Mitarbeiterkommentar und Handbuch, Heidelberg 2002.

Vesting, Thomas, Kommentierung zu § 18 MDStV, in: *Roßnagel, Alexander* (Hrsg.), Recht der Multimedia-Dienste, Kommentar zum IuKDG und zum MDStV, Loseblattsammlung München 2003, Teil 4, Stand: Jan. 1999.

Vlachopoulos, Spyridon, Kunstfreiheit und Jugendschutz, Berlin 1996.

Waldenberger, Arthur, Darf's noch ein bisschen mehr sein? – Deutscher Jugendschutz in globalen Kommunikationsnetzen, MMR 2002, 413-414.

Wallander, Erik, Streng bei Gewalt, großzügig bei Sex – Jugendschutz in Schweden, Interview in: tv diskurs 1998, Heft 6, 4-15.

Weides, Peter, Der Jugendmedienschutz im Filmbereich, NJW 1987, 224-233.

Weigend, Thomas, Strafrechtliche Pornographieverbote in Europa, ZUM 1994, 133-140.

Wendt, Rudolf, Der Garantiegehalt der Grundrechte und das Übermaßverbot, AöR Bd. 104 (1979), 414-474.

–, Kommentierung zu Art. 5 GG, in: *Münch, Ingo v./ Kunig, Philip*, Grundgesetz-Kommentar, Bd. I (Präambel – Art. 19), 5. Aufl. München 2000.

Schriften zum Wirtschafts- und Medienrecht, Steuerrecht und Zivilprozeßrecht

Herausgegeben von Jürgen Costede und Gerald Spindler

Band 1 Reiner Fu: Die stille Gesellschaft im internationalen Steuerrecht aus deutscher Sicht. 1997.

Band 2 Kirsten Forsblad: Restschuldbefreiung und Verbraucherinsolvenz im künftigen deutschen Insolvenzrecht. 1997.

Band 3 Vassilios Tountopoulos: Die Reichweite der registerrechtlichen Gründungsprüfung einer AG. Eine Untersuchung unter rechtsvergleichendem Aspekt. 1998.

Band 4 Franc Pfahl: Die Maßgeblichkeit der Handelsbilanz, ein dem Steuerbilanzrecht vorgegebenes Grundprinzip? Von der Notwendigkeit einer steuerrechtlichen Begründung der durch § 5 Abs. 1 EStG in das Steuerrecht übernommenen handelsrechtlichen Vorschriften der Gewinnermittlung. 1999.

Band 5 Michael Schröder: Die Wertpapierhandelsaufsicht nach dem Zweiten Finanzmarktförderungsgesetz. 1998.

Band 6 Daniela Hasche: Die Sachgründung der GmbH. 1999.

Band 7 Oliver Wendt: Die rechtliche Problematik von Strahlenschäden. Rechtliche und rechtstatsächliche Aspekte der Haftung für Strahlenschäden unter Einbeziehung der Vorfälle in der strahlentherapeutischen Abteilung des Universitäts-Krankenhauses Eppendorf. 2000.

Band 8 Susanne Matussek: Zum Werbungskostenbegriff im Einkommensteuerrecht. 2000.

Band 9 Klaas Ziervogel: Rufausbeutung im Rahmen vergleichender Werbung. Veränderungen im Zuge der gesetzlichen Regelung vergleichender Werbung. 2002.

Band 10 Sven Wortberg: Lösungsklauseln und Insolvenz. 2003.

Band 11 Eva Ullrich: Die Zurechnung von Buchgutschriften. Zufluß und Leistungsfähigkeit im Einkommensteuerrecht. 2004.

Band 12 Carmen Werner: Einkommensteuerrechtliche Zurechnungen bei mittelbaren Beteiligungen an Personengesellschaften. 2003.

Band 13 Ulf Andreas Nissen: Die Online-Videokonferenz im Zivilprozess. 2004.

Band 14 Oliver Wiegmann: Grund, Grenzen und Wirkungsweise des § 105 InsO. 2004.

Band 15 Holger Seidler: Eigene Aktien. Eine Analyse des Aktien-, Handelsbilanz- und Kapitalmarktrechts zur Ermittlung von Deregulierungspotential und Regulierungsbedarf. 2004.

Band 16 Stefan Eck: Providerhaftung von Konzernunternehmen. Rechtliche Zusammenschau von Konzernunternehmen bei der Verbreitung rechtsverletzender Informationen im Internet. 2004.

Band 17 Frauke Fasold: Die einkommensteuerliche Problematik der Buchwertfortführung. Übertragung stiller Reserven und Gewinnrealisierung im Einkommensteuerrecht. 2005.

Band 18 Thomas Linke: Selbstregulierte Streitlösung für deutsche Domains. 2005.

Band 19 Malte Abel: Pfändungsschutz nach § 851 ZPO. Speziell die Pfändung zweckgebundener Forderungen. 2005.

Band 20 Harriet Eidam: Typische Risiken des elektronischen Rechtsgeschäftsverkehrs. 2005.

Band 21 Katharina Schmitz: Haftung für Links. Zur Verantwortlichkeit des Hyperlinksetzers und Suchmaschinenbetreibers unter besonderer Berücksichtigung von Verkehrs- und Garantenpflichten. 2006.

Band 22 Thomas Miserre: Rundfunk-, Multimedia- und Telekommunikationsrecht. Abgrenzung der Anwendungsbereiche von Art. 5 I 2 GG, Rundfunkstaatsvertrag, Teledienstegesetz, Mediendienstestaatsvertrag und Telekommunikationsgesetz. 2006.

Band 23 Mona Bandehzadeh: Jugendschutz im Rundfunk und in den Telemedien. Eine Würdigung des Staatsvertrages über den Schutz der Menschenwürde und den Jugendschutz in Rundfunk und Telemedien unter verfassungsrechtlichen Aspekten. 2007.

Band 24 Judith Volkmann: Mediation im Zivilprozess. Rechtliche Rahmenbedingungen für ein gerichtsinternes Mediationsangebot. 2006.

www.peterlang.de

Peter Lang · Europäischer Verlag der Wissenschaften

Kristina Hopf

Jugendschutz im Fernsehen

Eine verfassungsrechtliche Prüfung der materiellen Jugendschutzbestimmungen

Frankfurt am Main, Berlin, Bern, Bruxelles, New York, Oxford, Wien, 2005.
XX, 317 S., 4 Tab., 3 Graf.
Europäische Hochschulschriften: Reihe 2, Rechtswissenschaft. Bd. 4149
ISBN 3-631-53768-9 · br. € 56.50*

Angeregt durch die immer wiederkehrende Diskussion in der Öffentlichkeit über die Zunahme von Gewalt, Hass und Pornographie im Fernsehen versteht sich die Untersuchung als ein Beitrag zur Ermittlung der Bedeutung und der Funktion des Jugendschutzes in Deutschland. Unter Berücksichtigung empirisch-soziologischer Erkenntnisse befasst sich die Arbeit mit der Überprüfung der Verfassungsmäßigkeit der seit 1.04.2003 geltenden materiellen Jugendschutzbestimmungen des Jugendmedienschutz-Staatsvertrags. Die Untersuchung geht dabei insbesondere der Frage nach, ob und inwieweit die materiellen Jugendschutzbestimmungen im privaten Fernsehen in Deutschland die verfassungsrechtlich gebotenen Grenzen ausreichend beachten.

Aus dem Inhalt: Die Bedeutung des Jugendschutzes im Fernsehen · Entwicklung der Jugendschutzbestimmungen im Fernsehen · Die bisher geltenden Jugendschutzbestimmungen des § 3 RStV · Jugendschutz als Verfassungsauftrag · Verantwortung für den Jugendschutz im Fernsehen · Der Schutzbereich der Rundfunkfreiheit und seine Schranken · Die allgemeine Sendezeitbeschränkung · Das Ausstrahlungsverbot bei indizierten Sendungen · Vorsperre und Verschlüsselung in digital verbreiteten Programmen · Die Kennzeichnungspflicht · Das Pornographieverbot · Informationsfreiheit · Kunstfreiheit · Die Menschenwürde · Elternrecht · Berufsfreiheit · Gleichheitssatz

Frankfurt am Main · Berlin · Bern · Bruxelles · New York · Oxford · Wien
Auslieferung: Verlag Peter Lang AG
Moosstr. 1, CH-2542 Pieterlen
Telefax 0041 (0) 32/376 17 27

*inklusive der in Deutschland gültigen Mehrwertsteuer
Preisänderungen vorbehalten

Homepage http://www.peterlang.de

FSC
www.fsc.org
MIX
Papier | Fördert gute Waldnutzung
FSC® C083411

Kolibri 360 GmbH
Ferdinand-Jühlke-Straße 7
99095 Erfurt, Deutschland
produktsicherheit@kolibri360.de

Druck:
CPI Druckdienstleistungen GmbH
im Auftrag der
Kolibri 360 GmbH
Ferdinand-Jühlke-Str. 7
99095 Erfurt